新时代国际关系教材系列

TEXTBOOK SERIES OF
INTERNATIONAL RELATIONS IN A NEW ERA

国际安全导论

International Security Studies
An Introduction

陈 拯 编著

复旦大学出版社

"新时代国际关系教材系列"编委会

主 任
苏长和　张　骥

委 员
（按姓氏笔画排序）

包霞琴　刘季平　苏长和　张建新　张　骥
陈玉聃　郑　宇　徐以骅　潘忠岐　薄　燕

"新时代国际关系教材系列"总序

当今世界正处于百年未有之大变局时期。世界大变局不只是表现在物质和生产方式层面,同时也体现在知识和文化层面。一方面,各门知识的新陈代谢在加快,另一方面,世界的知识格局的多极化也在推进。与此同时,中华民族也处于伟大复兴重要征程上,中国开辟了一条新的现代化道路模式,中国与世界的相互联系、相互依靠前所未有,彼此之间的相互理解也更加迫切。这些都对高等教育特别是哲学社会科学教育和育人提出新的要求。就育人来说,一个重要环节就是教材体系建设和完善,以适应新时代人才培养的需求。

复旦大学国际关系与公共事务学院历来重视教材建设,"卓越为公,作育国士"是学院在育人上的共识。从20世纪80年代开始,当时的国际政治系(学院的前身)教师们就投入很大精力,集体合作,接力工作,编写了政治学、国际关系、行政管理等一系列教材,总计有几十种,蔚为大观。这些教材在社会上产生较大的影响,也为我国政治学、国际关系、公共管理人才培养发挥了重要的作用。

近些年来,学院除了组织教师对经典教材进行修订完善以外,愈来愈觉得随着时代的变化以及课程育人的新要求,迫切需要建设一批新教材。学院在科研上重视中国政治学自主知识体系建设,在教材方面,则要同步将较为成熟的中国政治学自主知识转化到新教材的写作中,发挥科研和教材同步同向育人的效应。

学院拥有政治学、公共管理、国家安全学、国别区域研究等多个一级学科。多年来,这些学科共为一体、互相支持、各有分工,形成了较好的学科融合发展的生态和文化,构成复旦大学大政治学学科集群的独特优点。为了传承学院融合发展的学科和育人文化,承担一流学科为党育人、为国育才的使命,更好地将习近平新时代中国特色社会主义思想、党的创新理论、中国国际关系和外交理论成果、世界上最新的国际关系知识等融入教材写作之中,我们组织了以中青年教师为主体的写作力量,计划在"十四五"期间,完成"新时代国际关系教材系列"建设工作。

复旦大学出版社向来支持院系教材建设,过去为学院教师们出版了一批优秀教材,深受读者喜爱。学院很高兴能够再次与复旦大学出版社合作,希望双方共同努力,把这套教材编写好、建设好,更好地服务新时代育人工作。

复旦大学国际关系与公共事务学院
"新时代国际关系教材系列"编委会
2022 年 8 月 25 日

前　言

本书是针对高等教育相关专业本科高年级及研究生"国际安全"课程的教材,也可作为其他相关课程的教学参考书,还可供关心国际关系问题的学生及一般大众自学时参考。

除导言外,全书由"学科基础""国际安全竞争""国际安全合作"三个部分构成。第一编是学科基础,在对安全和国际安全进行概念辨析的基础上,梳理安全理念与国际安全研究的发展脉络,介绍国际安全研究的主流理论与分析方法,着重勾勒一个以"讨价还价"与"合作"这两种基本社会互动模式为中心,以制度为关键背景,以实力、利益与信息的分布为核心要素的分析框架。第二编分析国际安全竞争,主要从"讨价还价"的基本视角,围绕"战争与和平"的基本问题,从讨论战争的起源出发,延伸至威慑与强制性外交、解决冲突等国际安全的经典问题。第三编分析国际安全合作,主要从合作互动的基本视角,围绕推动和阻碍合作的各种要素,梳理和探讨同盟与集体安全、军备控制、环境与气候变化、全球公共卫生等安全议题。

本书以学理分析为主,力图紧密结合学术前沿进展,更好地传授国际安全研究的思路及技巧,着重培养读者的学术分析能力。全书各章节在结构上具有一定的统一性。每一章开头的导学为即将讨论的议题开篇,阐明每一章所涉内容范围,列出关键知识点,说明学习目标和要求。在具体章节中,在介绍基本知识、概述相关领域现状的基础上,本书主要针对一些具体困惑,介绍学术前沿进展和当前争论,说明我们如何通过构建并调整分析框架来更好地提出、分析和解决问题。在不影响论述思路与行文连贯性的前提下,有时也通过专栏的形式展示经典论述和关键争论,对一些具体议题和案例进行更深入的阐释或者探索。各章还通过小结的方式,对内容和重点进行概括,点明当前研究存在的问题以及可以进一步探索的方向。各章最后提出一系列思考题,帮助读者加深对核心主题的理解,也可以用作研讨班的讨论话题或课程作业。

借鉴国内外先进教材经验,本书在编写过程中充分考虑到了专业学生和业余爱好者自学的需要。在具体课堂教学过程中,师生可以结合各院校及具体课程的实际情况,特别是不同的培养方案和课时安排,对各章节内容进行取舍、整合与补充,略过某些(专题性)课程可能涉及的重复性内容(如本书第二章第二节和第四节的内容主要是为缺乏相关基础的自学者准备的,也可供其他学生作为知识回顾时的参考),或增补一些本书未涉及的内容。就本科生课程而言,教师可以将本书作为讲授时的教材使用,并将部分内容设为学生自学。就研究生研讨课而言,教师可以将本书作为学生自学材料,同时结合国内外前沿文献,组织学生进行研讨。

读者在使用过程中发现有何问题及不足,敬请通过电子邮件与编著者联系:chenzheng@fudan.edu.cn。

目录

导言 001

第一章 安全与国际安全 007

第一节 安全与国际安全：概念分析 008
一、安全的基本含义 008
二、安全概念的展开 009
三、国际安全与国家安全 012
四、安全化与去安全化 014

第二节 安全理念的演进与非传统安全 017
一、传统安全观与冷战时期安全观念的演进 017
二、非传统安全观念的发展 021

第三节 中国的安全理念 023
一、当代中国安全观的演进 023
二、新时代总体国家安全观 025
三、共同、综合、合作、可持续的全球安全观 028
四、新时代中国国际安全实践 030

小结 032

第二章 国际安全研究 034

第一节 国际安全研究的演进 035
一、国际安全学科的演进 035
二、当前国际安全研究动向 037

第二节 国际安全研究的主要理论 038
一、现实主义 039
二、自由主义 043
三、建构主义 044

第三节 国际安全研究的分析框架 047

一、行为体及其利益偏好　　047
　　二、互动模式：合作与"讨价还价"　　048
　　三、互动进程：信息传递与社会交往　　053
　　四、制度：组织、机制与规范　　055
　　五、整合：解释国际安全　　057
 第四节　国际安全研究方法　　059
　　一、评判和比较理论的标准　　059
　　二、实证分析方法　　060
　　三、非实证研究路径　　066
 小结　　067

第三章　国家间战争　　070
 第一节　有关战争的讨论　　071
　　一、战争的性质　　071
　　二、战争形态的演进　　073
　　三、正义战争论　　074
 第二节　分析战争原因的"讨价还价"路径　　076
　　一、战争与"讨价还价"　　077
　　二、信息问题与战争　　078
　　三、承诺难题与战争　　080
　　四、对象的不可分割性与战争　　082
　　五、国家间战争减少的原因："讨价还价"思路的应用举例　　084
　　六、对"讨价还价"路径的评价　　085
 第三节　经济相互依赖、权力转移与战争　　087
　　一、经济相互依赖与和平　　087
　　二、权力转移理论　　093
 小结　　097

第四章　国内政治与战争　　100
 第一节　战与和的国内利益博弈　　101
　　一、领导人　　102
　　二、军队、官僚及利益集团　　104

第二节　国内制度与国际互动：以民主和平论为例　108
　　一、什么是民主和平论？　108
　　二、成本收益机制：代表权与回应负责　109
　　三、信息传递机制：民主体制与"讨价还价"　111
　　四、对民主和平论的批评　113
　第三节　内战　115
　　一、内战涉及何种行为体及动机？　116
　　二、不满何时会导致武装反抗？　117
　　三、内战原因的"讨价还价"分析　120
　　四、内战中的暴力策略及其应对　122
　小结　125

第五章　战略强制　127
　第一节　威慑与威逼　128
　　一、威慑与威逼的定义与比较　128
　　二、强制的策略及其互动进程　131
　　三、威慑与威逼的有效性　135
　第二节　核威慑　137
　　一、核威慑理论的提出　138
　　二、核威慑理论的发展　140
　　三、对核威慑理论的批评及辩论的发展　142
　　四、中国的核思维与核战略　146
　第三节　国际制裁　147
　　一、制裁有效性　148
　　二、制裁为何难以奏效？　149
　　三、为什么还要制裁？　151
　　四、基于市场和技术优势的结构性强制　153
　小结　154

第六章　冲突管理与解决　157
　第一节　谈判对话与信息传递　158
　　一、外交谈判与对话　158
　　二、谈判中的信息传递与信号可信性　160

第二节　国际危机管理　163
　一、危机管理的性质和挑战　164
　二、危机防范与管理机制建设　165
　三、危机沟通与应对　167
　四、建立信任措施　169
第三节　国际调停与维和　171
　一、国际调停　171
　二、国际仲裁　172
　三、缔造和平与维持和平　173
小结　176

第七章　同盟政治与集体安全　179
第一节　同盟起源与功能　180
　一、作为制度安排的同盟　180
　二、同盟的起源　181
　三、同盟对国家间互动的影响　185
第二节　同盟管理　188
　一、同盟困境　189
　二、同盟管理机制　191
第三节　集体安全与联合国　194
　一、集体安全　194
　二、联合国与集体安全的困境　195
　三、应对集体安全挑战的制度设计　196
第四节　其他形式安全合作　198
　一、准同盟、议题同盟与联合阵线　198
　二、伙伴关系　200
　三、多元安全共同体　200
小结　203

第八章　军备控制　206
第一节　军备控制与裁军　207
　一、军备建设与军备控制　207
　二、军备控制的三重逻辑　210

三、军备控制的具体形式　　212
　　四、军备控制协议的核实　　215
　第二节　军控与禁忌　　216
　　一、禁忌与军备控制　　216
　　二、禁忌与核武器　　218
　　三、禁忌与生化武器　　219
　　四、禁忌与常规武器　　220
　第三节　核扩散的政治　　222
　　一、核扩散问题的基本状况　　222
　　二、沃尔兹-萨根辩论　　225
　　三、对核扩散行为的解释　　226
　小结　　230

第九章　人权与国际干预　　232
　第一节　人权与国际政治　　233
　　一、国际人权的构成　　234
　　二、国际人权保护的争议　　236
　　三、国际人权保护的动因　　237
　第二节　人的安全　　244
　　一、什么是人的安全？　　244
　　二、有关"人的安全"的争议和辩论　　245
　　三、国际社会在促进人类安全方面的作用　　247
　第三节　人道主义干预与保护的责任　　248
　　一、人道主义干预争论　　249
　　二、"保护的责任"的兴起和发展　　250
　　三、"保护的责任"的跌宕实践　　252
　小结　　255

第十章　技术与国际安全　　257
　第一节　技术革新与国家安全竞争　　258
　　一、技术革新如何影响国际关系　　258
　　二、国际竞争如何影响技术革新　　260
　第二节　网络和信息安全　　263

一、网络信息安全的问题构成　　264
　　二、典型的网络安全互动　　266
　　三、网络安全治理　　268
第三节　敏感技术与国际安全　　270
　　一、弱人工智能的安全冲击　　270
　　二、核安全及其治理　　275
小结　　279

第十一章　环境与气候变化　　282
第一节　环境安全　　283
　　一、环境问题的全球化　　283
　　二、环境问题与国家安全：以气候变化对中国的影响为例　　284
　　三、环境问题的社会根源　　286
第二节　全球环境治理的合作难题　　287
　　一、环境外交与全球治理的兴起　　288
　　二、国际体系与环境治理合作的障碍　　289
　　三、环境问题的治理之道与制度安排　　291
第三节　全球环境治理中的"讨价还价"　　293
　　一、外部性问题与"讨价还价"　　294
　　二、环境治理难题的国际体系根源　　296
　　三、国际制度与环境合作　　297
小结　　300

第十二章　全球卫生安全　　303
第一节　全球卫生安全问题　　304
　　一、公共卫生问题的全球化　　304
　　二、传染性疾病的安全化　　306
　　三、全球卫生问题安全化的不足与争议　　307
第二节　全球卫生治理　　309
　　一、公共卫生安全的全球公共品属性　　309
　　二、全球公共卫生安全机制　　311
　　三、全球公共卫生合作治理的障碍　　314
第三节　对新冠疫情早期应对的检讨　　316

一、新冠肺炎疫情大流行与安全危机	316
二、应对新冠肺炎疫情的多重障碍	316
三、建设人类卫生健康共同体	319
小结	321

主要参考文献 324

后记 326

导　言

一

安全是人的基本需求,驱动并塑造着包括国际政治互动在内的各种人类社会行为。无论是个人、社群还是国家,都要求免受威胁和免于恐惧,而这正是"安全"一词的基本含义所在。在政治学与国际关系的教学与研究视野中,安全既关涉国家,也关涉各种非国家行为体;既涉及各种政治斗争与军事对抗,也涉及各种全球性的风险与挑战。在国际体系中,国家及其国民的安全遇到了哪些挑战?为什么会出现这些问题?针对这些问题和挑战,各种行为体采取了怎样的作为,展开了怎样的互动,又如何导致了不同的后果?国际安全理论是针对上述问题所积累形成的知识体系,与国际政治经济学共同构成国际关系学的两大核心领域,在很长的一段时间里甚至可以说是国际政治研究的中心。

学习并积累国际安全知识,对于深入地认识人类社会政治互动机理,制定适宜的战略策略十分必要。二战特别是冷战结束以来,虽然世界大战得以避免,但战火与争斗、恐惧与匮乏却从未消失。近年来,大国政治冲突重新抬头,民族、宗教、领土与海洋权益争端加剧,核扩散和恐怖主义挑战凸显,技术革新所带来的风险与不确定性上升,人类和平与发展遇到的威胁和挑战有不断增长之势。特别是新冠肺炎疫情的出现和蔓延,一度给全人类带来了前所未有的威胁与冲击。对任何一个国家来说,威胁安全的来源,不仅是"国际的",同时也是"国内的";安全的主体不仅有"国家",也有"社会"和"个人"。今天的安全问题,不只有"传统安全",还有"非传统安全"。"传统安全"问题涉及维护领土主权完整、避免军事干预和强制胁迫等,主要通过军事和政治手段来应对。"非传统安全"威胁则主要是指非军事性质的安全挑战,诸如网络安全、经济和金融安全、环境安全、水资源安全、食品安全、生物安全以及公共健康安全等,这些问题如果不能有效和及时地对应对,同样将会实质性地损害一个国家的安全。

当前,世界百年未有之大变局加速演进,中华民族伟大复兴进入关键时期,我国面临的风险挑战明显增多也愈发复杂。在复杂的国际条件下,如何更好地维护中国自身的主权、安全和发展权益,同时让世界也变得更加安全? 这已成为日渐走向世界舞台中心的中国亟待求索的重大课题。在今天及未来的一段时间里,中国所面对的安全问题与挑战是非常复杂和多元的:既需要外部安全,又需要内部安全;既包含国土安全,又包含国民安全;既涉及传统安全,又涉及非传统安全;既事关自身安全,又事关共同安全。要更好地处理这些问题和挑战,我们的分析和思考不能简单地停留在现实层面特别是局限于中国自身的具体安全问题和安全策略,我们还需要了解学术界迄今的探索,究竟给我们准备了什么样的分析思路和探究工具,从而更加全面客观地审视、判断和处置中国在国际层面所面临的种种安全挑战。

二

与大多数现有教材不同,本书在知识传授之外,更强调分析思维与研究能力的培养。考虑到诸多现实议题快速发展变化的不确定性,本书控制了单纯信息传递的内容(在必要的情况下也提供有关线索,引导学生通过各种手段,自行获取和补充)。相反,本书的主体章节围绕着国际安全学科一些重要而紧迫的研究问题(puzzle)展开。这些研究问题往往来自于人们对现实世界的困惑及不满。例如,战争便是一个令人遗憾又困惑的现象。虽然人们大都同意战争源自人类群体间的利益冲突,但是注意到战争给打仗的国家带来的显著成本以及谈判妥协等其他方式的存在,人们可能就会疑惑,为什么就不能以其他方式来解决彼此的冲突呢?通过国际合作应对新冠肺炎疫情和气候变化所遇到的巨大困难同样也是个谜题。既然几乎人人都同意环境需要共同保护,疫情需要合作应对,且人人都能从合作中获得更大安全,为什么国家间的合作如此有限而困难呢?还有一些困惑则来自于解释差异和变化的需要,为什么有些国家间能够通过谈判等途径解决历史上长期存在的争端并实现和解,而另外一些国家依然在彼此仇恨的恶性循环中挣扎?又是什么原因导致了不同区域及议题的环境合作协议取得了不同的结果?国际安全研究就是要努力弄清这些谜题。解答这些困惑不仅具有学理上的丰富价值,对于我们制定和实践各种政策方案,同样具有重要意义。只有搞清楚问题由来与障碍所在,我们才能更好地化解各种安全问题。

针对各种问题与困惑,国际安全研究已积累了大量的成果。由于社会现象的动态复杂性与社会机制的多重性,没有哪一种学说能够充分回答本书所涉及的所有困惑,更遑论社会现实还在不断日新月异。相对于梳理各派学者的观点主张,罗列具体研究的成果,本书的核心任务是提供国际安全问题的分析路径,搭建探究相关问题的思维框架,勾勒需要注意的要素与机制。这将有助于学生自主思考和解决层出不穷的各种困惑。

简而言之,这个思维框架以行为体间的互动为核心,由一个核心机制(即社会互动,既包含利益博弈也兼顾社会互动)、两类基本模式(合作与议价)、三项核心要素(即实力、偏好、信息的分布)以及一个关键背景(即制度)构成。它们共同提供了分析相关问题的路径。①

以下我们着重阐释这个思维分析框架的三个基本要素。

行为体及其偏好与实力

考察相关行为体的偏好和实力,是我们分析各种社会现象的起点。**偏好**考察的是各种行为体(个人及社群,特别是国家)希望通过其选择与行动所实现的目标,是他们对自身选择可能产生的结果的排序,既包括物质利益也包括精神利益。安全本身就是一类关键利益。"安全"一词也是针对某种需要保护和拓展的具体对象及价值而言的。在描述、分析及解释各种相关现象和问题的过程中,我们很难预先假定某个行为体或某种安全利益是最重要的,需要具体分析。有时,我们将国家视为追求权力、自主或安全等目标的行为体是有效的。在其他情况下,对于国家外交政策行为及其国际政治后果发挥关键影响的可能是为了保住权位或实现抱负的政客,或是追逐利润最大化的工商业人士,或是关注保护其成员工作与福利的工会,抑或是有某种强烈的价值观和意识形态信仰的跨国倡议者。利益和偏好可以在社会互动中被建构和改变。**实力**则是实现偏好的资源和能力,需要在互动的背景下加以比较测量。

互动

这是两个或多个行为体的选择与行动彼此相互作用产生政治结果的过程,是社会科学分析的重点。当我们观察到某种国际安全现象或结果,比如战争冲突、保护人权或环境的国际合作,它们都体现了许多行为体选择的共同作用。各方都基于自己的偏好,依靠自身的实力,通过行动追逐自己的目标,但总难免受到他人的影响和制约,需要考虑其他人的利益与反应。比如,战争就是一种互动,因为它至少需要两方:其中至少一方发动进攻,而另一方必须选择防御或反击。同样地,诸如环境保护等议题上的国际合作需要多个国家协调他们的选择与行动,以实现一个共同的目标。

冲突与合作是国际安全互动的两种基本模式。前者反映了行为体间利益的零和性与社会关系的对抗性,主要表现为一个讨价还价(或称"议价")的过程。后者则反映了某种"帕累托改进"的利益分布与互补性的社会关系,主要表现为

---

① 本书的这一思路借鉴和效仿了弗里登、舒尔茨、莱克所著经典教材《世界政治:利益、相互作用和制度》(Jeffry A. Frieden, David A. Lake, and Kenneth A. Schultz, *World Politics: Interests, Interactions, Institutions*, 4th edition, New York, NY: W. W. Norton, 2019)。同时,本教材结合国际安全领域的特殊性,对他们主要基于自由主义学派立场、以理性主义和策略互动为基础的分析框架做了进一步改动,纳入了现实主义实力分布,特别是建构主义所强调的社会性互动等分析要素。

合作博弈的过程。国际关系理论的不同流派对基本互动关系的判断不同。同时，在分析的意义上，就安全互动过程而言，则有理性分析路径所关注的策略性互动和社会理念分析路径所关注的社会性互动（如说服等）两种基本形态。行为体的具体互动过程，除了受到利益关系的影响，还受到彼此间实力分布以及信息（包括理念）分布的制约。前者反映了某一行为体将自身强加给其他行为体的能力，体现为一种权力关系。而后者则反映信息分布与传递的特征以及行为体间交往沟通的成本。这些都影响到行为体能否寻找到彼此可接受的，且可持续的冲突解决或合作方案。

在国际安全事务中发挥作用的行为体，以及它们之间利益、实力和信息分布的多样性意味着我们将看到三个层面的互动。在国际层面，具有各自偏好和实力的国家间展开互动，有时在国际制度的背景下展开。在国内层面，具有不同偏好和实力的次国家行为体——政治家、官僚、经济组织、社会组织、普通民众——在国内制度环境中互动，决定国家的外交政策选择。在跨国层面，各种跨越国界的团体——如跨国公司、跨国宣传网络甚至恐怖组织——试图通过影响国内和国际政治来追求其利益。这些层面彼此相互关联。国家在国际安全互动中的目标和偏好往往来自其国内政治过程，而其实力也受到国内因素的影响与制约。例如，一个国家的政府能否推动与其他国家的合作，取决于国内支持力量能否压倒反对力量。同样，一国领导人可能会利用与其他国家的冲突来加强他们对国内的控制。由于这些复杂的相互联系，我们不会简单机械地将一个层面的分析置于其他层面之上。

制度

互动以一定的制度为背景。此处的制度是广义的，指以特定方式构建互动的一套规则，是影响和塑造社会互动（包括上述几大要素）的关键性背景。制度定义了"游戏规则"与"行为规范"，通常体现在正式的条约和法律以及联合国等正式组织（及其发布的决议）中，但也时常表现为非正式的组织及规则。制度建立了共同决策的程序，如投票规则；它们还规定了可接受的行为标准，有时甚至包括监测遵守情况和惩罚违反规则者的规定。制度可以对行为体及其互动发挥调节性、约束性和构成性作用。制度环境存在很大差异，这与所涉及的问题有关。

将上面这些应用于具体安全问题的分析。我们首先思考谁是（最）相关的政治行为体，他们有什么样的偏好和理念，他们彼此间的偏好关联、力量对比与社会关系分布如何，他们在一个怎样的制度性背景下展开互动。我们需要考察每个行为体可以有哪些选择或策略；这些选择间如何相互作用从而产生社会实践结果；对策略相互作用的预期和判断又如何反过来影响行为体实际决定做什么。

我们还要考虑可能存在哪些制度(如果有的话)来塑造他们的行为。

当我们确定了具体的偏好、权力、信息、互动模式与进程以及制度背景后,它们共同作用于我们希望解释的事件或事件模式时,一个基本分析框架就出现了。这个框架是灵活的。在对哪些利益、互动和制度是重要的进行判断时,持一种开放性的立场,在理论上秉持一种务实的分析折中主义。它提供了一个分析各种国际安全现象的思路指引和要素清单。

三

本书由学科基础知识、传统安全议题与非传统议题三个部分构成。

第一编是学科基础介绍,对安全和国际安全做概念辨析,帮助读者建立基本思考框架,梳理安全理念与国际安全研究的发展变革,介绍了国际安全研究的主流理论与分析方法,特别是着重勾勒本书试图推广的一个基本分析框架:以合作与议价两种基本社会互动模式为中心,注意利益博弈、信息传递与社会沟通过程,以实力、利益与信息的分布为核心分析要素,以国际与国内制度为关键背景。

第二编聚焦国际安全中的冲突与竞争性互动,主要关注各种传统安全问题,以讨价还价为主要分析视角,从有关战争的分析出发,延伸至威慑与威逼、冲突解决等国际安全和国际战略研究的经典问题。第三章讨论国家间战争这个国际安全研究的最经典问题。首先讨论战争的基本性质,兼及历史上战争形态的演进以及有关正义战争的辩论等基础知识,接着着重介绍讨价还价路径,揭示信息不对称、承诺难题与对象不可分性三大机制对解释具体战争原因的重要性。进而,结合未来一段时间的中国对外战略需要,在国家间互动的层面,辨析经济相互依赖及大国权力转移对于国家间战与和的影响。第四章进一步讨论国内政治对国家间战争与和平的影响,在讨价还价模型基础上,主要关注各种国内行为体对国家政策的影响以及国内政治因素,特别是借助对民主和平论的批判性讨论为中心,讨论国内制度对国家间互动的影响,讨论内战(包括族群冲突)问题,讨论非常规战争这个日益重要的国际安全现象。第五章继续对国家间冲突及竞争性互动的讨论,关注国家如何在避免战争或大规模冲突的前提下利用各种强制性手段来达成自身外交与战略目的,也即以威慑和威逼为主题的战略强制问题,突出信息传递和承诺可信性的重要性,并具体讨论了核威慑与国际制裁(包括所谓"经济相互依赖的武器化")这两个重要问题。第六章讨论国家如何在就安全与权益展开冲突的过程中,有效管控危机,化解冲突,在谈判和对话中通过有效传递信息等解决问题,同时介绍了国际调停与维和在冲突解决中的作用。

第三编关注各种形式的国际安全合作,以各种非传统安全议题为主,从合作互动的基本视角,梳理同盟政治、军备控制、环境与气候变化、全球公共卫生等安全事务。第七章讨论同盟、集体安全以及正在出现的其他安全合作模式,主要分析同盟和集体安全等出现和形成的原因、存在的障碍、遭遇的挑战,以及它们对国际关系的影响等。第八章讨论军备控制问题,主要介绍军备控制的基本知识,特别是梳理了军备控制合作产生的逻辑和方法,着重讨论禁忌作为一种社会规范在限制大规模杀伤性武器上的作用以及有关核扩散的一系列实证研究成果。第九章讨论人权与国际干预问题,主要讨论国际人权保护体系的构成与国际人权保护的相关争论和障碍,介绍了"人的安全"理念的发展与内部争议,并分析了人道主义干预特别是"保护的责任"理念的发展和影响。第十章讨论技术与国际安全,主要涉及技术革命如何影响国际关系,国际竞争特别是大国竞争又如何作用于技术革新和扩散,具体从国际政治变动的视角讨论了网络信息安全与人工智能安全问题。第十一章讨论环境安全特别是气候变化问题,在梳理环境问题全球化及其对国家安全的影响的基础上,着重分析国际环境(特别是气候变化)治理在合作性互动与竞争性互动的层面所遇到的各种难题。第十二章讨论全球公共卫生安全,主要涉及全球公共卫生问题安全化的过程和存在的问题,全球公共卫生合作的机制和障碍,并从国际关系视角对新冠疫情的早期应对做了检讨。

第一章

安全与国际安全

本章导学

如有学者所言,"在国际关系领域,没有哪个概念有像'安全'这样寓意深刻的冲击力,也没有哪个概念在学科中的影响力如此之大"[1]。作为全书开篇,本章首先分析"安全"和"国际安全"这对基本概念,构建描述和思考相关问题的思路框架,并展示"安全化"这一重要的分析路径;其次梳理安全理念的演进,着重介绍非传统安全的基本内容;最后讨论我国的国际安全理念,着重介绍总体国家安全观的国际维度以及"共同、综合、合作、可持续"的全球安全观。

本章学习目标

1. 知道安全的基本含义,建立从多个维度及侧面观察、思考和分析各种安全问题的意识;
2. 了解国际安全演进的过程与非传统安全议题的重要性,建立传统与非传统安全议题兼顾的视野;
3. 重点是理解中国国际安全理念的演进,熟知总体国家安全观与"共同、综合、合作、可持续"的全球安全观的内涵;
4. 进一步了解并掌握概念分析的重要性和基本操作思路;了解"安全化/去安全化"学说的概貌,并能将其应用于具体问题分析。

---

[1] James Der Derian, "The Value of Security, Hobbes, Marx, Nietzsche, and Baudrillard", in James Der Derian, *Critical Practices in International Theory: Selected Essays*, London: Routledge, 2009, p.149.

第一节　安全与国际安全：概念分析

概念是人类认知世界的基本工具，也是学术研究的核心要件。概念既是描述和思考的工具与材料，也是描述和思考的对象与结果。概念是日常交流与学术研究的基本工具。观察、描述、分析和预测都离不开概念运用。学术研究的发展与概念的发展密不可分。概念创新来源于对事实更全面、更深入、更广泛的把握，往往是理论认识突破的先导。概念分析是所有人文社会科学研究的共同方法，也是课堂教学不可缺少的基本要素。概念辨析有助于发现并解决诸如"概念混乱""概念模糊""虚假概念""概念误用"等问题，是测量、描述与推理的基础，是有效沟通的前提。在教学中，概念分析也有助于我们更清楚地把握学习对象的范围和边界，建立起思考与讨论的视角与框架，从而认识和理解具体实际，构建起知识体系。定义分析、词源分析、日常用法分析、跨文化分析等则是概念分析的基本方法。

一、安全的基本含义

在概念上，安全与"威胁"和"危险"相关联。根据《辞海》（第七版），"安全"一词在汉语中习惯上有三个含义：没有危险；不受威胁；不出事故。根据《韦氏英语大词典》，"security"一词在英文中的词义更宽泛些，既可指安全的状态，即免于危险，没有恐惧，也有维护安全的含义，亦指安全措施或机构等。二者虽略有差别，但基本意思是明确的：安全是不存在威胁和危险。

这意味着，安全涉及主观与客观两个维度。客观方面是指某种状态，主观方面则指某种心态。在国际关系研究中，阿诺德·沃尔弗斯（Arnold Wolfers）提供了对"安全"的经典定义，即"安全，在客观的意义上，表明对所获得价值不存在威胁，在主观的意义上，表明不存在这样的价值会受到攻击的恐惧"[①]。总之，所谓安全，就是客观上不存在威胁，主观上不存在恐惧。

就其基本含义而言，安全是主观和客观的结合。没有安全的客观状态，是不安全，而没有安全的主观心态，也很难说是安全的。当然，一般来说，安全的客观状态

[①] 其英文原文是"... security, in an objective sense, measures the absence of threats to acquired values, in a subjective sense, the absence of fear that such values will be". Arnold Wolfers, *Discord and Collaboration: Essays on International Politics*, Baltimore: Johns Hopkins University Press, 1962, p.150.

与人们对安全的主观认知之间在正常情况下是大体对应的。一种客观事态是否构成威胁，是否具有安全意义，最终取决于人的主观判断，但客观上受到威胁，在主观上很难没有反映。不过，由于各种行为主体掌握信息存在差异，并受其认知能力及其他因素的影响，现实中也会出现主观的安全感与客观的安全态势脱离的情况。人们有时可能高估较小的威胁，有时又可能低估较大的威胁。一种事态对国家的安全是否构成威胁，不同的人会有不同的分析和判断。当然，对于一个国家来说，政治决策者的判断是最重要的。在国际政治中，决策者也会受到主观偏好、信息缺乏、时间限制以及大众情绪的影响，由之表现出来的安全认知也可能会与客观威胁存在不一致。在高估的情况下，行为体有可能会作出过度反应，从而导致原本可以避免的紧张局面。在低估的情况下，身处险境的国家可能会疏于必要的防卫，从而使自己遭受原本可避免或抵御的损害。

安全，除了是一种状态和心态，也是人类社会的关键价值。1948年《世界人权宣言》明确"免予恐惧和匮乏"是"普通人民的最高愿望"，强调"人人有权享有生命、自由和人身安全"。2000年《联合国千年宣言》，强调所有人都"有权在享有尊严、免于饥饿和不担心暴力、压迫或不公正对待的情况下过自己的生活"，各国将竭尽全力，应对各种不安全的状况，包括"国内战争和国家间战争""大规模毁灭性武器造成的危险""种族灭绝""国际恐怖主义""极端贫穷状况""不可持续的生产和消费方式""自然灾害""毒品"以及"主要疾病的祸害"等。安全的重要性已得到国际社会的普遍认可。当然，需要注意的是，安全是个人、家庭、国家及其他行为体的关键价值，但安全并不是他们唯一重视的东西。有时追求安全可能意味着要牺牲其他价值。安全是有代价的，这就涉及权衡取舍的问题，而不同行为体的选择可能不同。安全又是一个程度的问题，绝对的安全是不存在的，有必要结合具体情境加以讨论。

二、安全概念的展开

如果不加说明地随意模糊使用安全或国家安全概念，可能是危险的。基于其基本定义，我们可以延伸出一系列问题，从而更好地应用安全概念，对具体的安全问题更好地予以澄清。

谁的安全？

一个没有明确主体的安全概念是空洞的。安全涉及许多相互联系的国家、机构、群体和个人。实际中，对"谁的安全"这一问题的回答是广泛的：个人（一些、大多数或所有个人）、国家（一些、大多数或所有国家）、国际体系等，而具体选择则取决于要解决的特定问题。

哪些价值的安全？

个人、国家和其他社会行为体有许多价值需要加以保护。这些价值可能包括人身安全、经济福利、自主权、心理健康等。讨论安全(特别是国家安全)必须注意具体的对象和问题。国家安全的概念传统上将政治独立和领土完整作为需要保护的价值，但有时也会纳入其他诸如经济发展等价值。不过，如果安全被指定为对一个国家所有已获得的价值的威胁，那么它几乎就成了国家利益的同义词，对于区分政策目标几乎没有帮助。

何种威胁？来自何处？

那些可能会侵害安全利益(安全目标和安全能力)的因素就是安全威胁。判断安全威胁可以从威胁方的意图与能力两个角度来考虑。客观安全维度往往侧重考察物质层面，认为一国威胁他国或威慑敌人的可能性基于其物质能力；主观安全维度通常强调历史和规范、恐惧心理以及与此相关而形成的行为体社会关系(如朋友、中立者、对手、敌人等)的重要性。

这里所讨论的危险与威胁，可能是现实的，也可能是潜在的。现实的威胁是直接的客观存在。潜在的威胁是指威胁的可能，是一种较长远的趋势。在未发生实际危险之前，人们谈论安全与不安全，其实只是对于威胁的主观判断。现实的和潜在的威胁都是国家所要面对和处理的。一个国家对安全威胁作出的反应取决于其对威胁的感知(perception of threat)，而威胁感(perceived threat)未必与真实危险是一致的。在对安全威胁的程度难以作出估计的时候，最坏打算(worst-case assumption)是军事计划人员常用的思路。

威胁可能来自许多方面。使用安全一词时，人们通常想到的是特定类型的威胁。例如，对国家安全的理解长期通常是针对其他国家的。在冷战期间，安全的概念被过分狭隘化和军事化：所识别的威胁则主要来自外部世界，并且基本上是军事性质的；所设计的实现目标和克服威胁的手段相应地也主要是军事性质的，等同于防务政策。冷战后期，特别是冷战结束以来，这种倾向在一定程度上得到了纠正。例如，经济安全(经济的发展和人民的福祉)也被视作国家安全的重要目标。同时，对国家安全的威胁不仅有外部的，也有内部的，还有内外交织的；其性质既有军事的，涉及暴力的使用或威胁，也有非军事的，涵盖了经济、环境、生态等不同领域。

多大程度的安全？

安全作为一种价值也有程度的问题，虽然在测量上不乏挑战。一个国家可以拥有更多或更少的安全，并为之或多或少地投入。明确一个国家拥有或寻求的安全程度是很重要的，因为人们无可回避地要遇到如何在相互竞争的目标间分配稀缺资源的问题。沃尔弗斯在其经典论文《作为一个模糊象征的"国家安全"》中指出,绝对安全(absolute security)是不可能实现的事,除非一国有能力支配世界,而在那种情形下,不安全和恐惧将"内部化"且很可能被进一步放大。国家在某种程度上必须"危险地生存着"。考虑到投入的边际效用递减,额外增加那么一点安全(但依旧只是相对安全)也变得不具什么吸引力。此外,若目标水平定得过高,基于权力累积的国家安全政策将会自取失败,因为"抵抗的力量"和"侵犯的力量"之间无法被清晰准确地加以区分。一国通过权力增强其安全的行为可能被他国解读为对其安全的威胁,结果一方的努力引发另一方的反措施,而这又抵消了前者之所获(这正是"安全困境"的逻辑所在)。规避这一恶性循环需要一种稳健和自我克制的安全政策,把安全目标水平保持在适度边界内。①

通过什么手段实现安全?以什么为代价?

像财富一样,安全的目标可以通过各种工具和手段来实现。一些安全研究学者倾向于完全从如何"威胁、使用和控制军事力量"的角度来定义安全,但这种思路面对形势的变化显得越发狭隘。安全不是无成本的。追求安全总是要付出代价。在思考安全问题时,就像思考其他政策目标一样,需记住"世上没有免费的午餐"。为安全(特别是绝对安全)而付出的代价和牺牲使相关政策不可避免地成为道德评价与政策辩论的对象。鉴于历史与现实中,不少国家内部的一些势力以"国家安全"名义犯下了种种罪行,这是一个需要认真思考的问题。

在怎样的时间范围?

安全威胁除了轻重,还有缓急之分。同样,某一安全政策及手段的短期效应和长期效应也存在差别,有时甚至恰恰相反。在短期内,高院、深墙可能是保护自己不受邻居打扰的有用方法,从长远来看却非邻里相处之道。某些在短期内有效的安全政策可能会制造长期的安全威胁。一个例子就是以色列在约旦河西岸和加沙地带修建的隔离墙。

总之,要更好地使用安全概念,需要从其核心出发具体展开。我们可以从需要得到保障的行为体、相关的价值、安全或危险的程度、威胁的种类及其影响、应对威胁的手段及相应的成本,以及相关的时间段等角度更为具体地界定安全。具体讨论重点根据任务需要而变化。每一维度都可以进一步细化为一系列子问题。在界定安全时,忽视这种多维性不行,但面面俱到恐怕也没有必要。多数情况下,有意义的讨论至少需要说明,针对哪些行为体的哪些价值存在哪些威胁,正在通过何种方式寻求多大的安全。

最后,对安全的概念分析还需注意与之相关联的一系列其他概念。一是补

---

① Arnold Wolfers, "National Security as an Ambiguous Symbol", in Arnold Wolfers, *Discord and Collaboration: Essays on International Politics*, Baltimore: Johns Hopkins University Press, 1962, pp.158-159.

充性概念,如战略、威慑、遏制、人道主义等,在更具体和限定性的问题中揭示安全的具体含义;二是竞争性概念,如源自冷战时期和平研究的"和平",或者21世纪引起广泛争论的"风险"或"意外"等,有时它们在内涵上与"安全"存在相互替代的意味。值得注意的是,在当代国际关系学科中,"安全"与"和平"的概念既有本质区别又密不可分,而"安全研究"与"和平研究"则是彼此分离的两个领域。"安全研究"更强调在以国家为主体的分析语境中,将暴力与强制等作为核心问题。但"和平研究"则往往是一种以世界主义的和平价值为导向的规范性和批判性研究。和平研究的主体常常是"人民",而不是"国家",其更重视实现停火、危机控制和冲突预防的技术性操作。这有助于推进安全概念研究的深化和清晰化。一般认为,和平研究,尤其是其最独特的批判性路径,并不从属于安全研究。

三、国际安全与国家安全

在安全研究中,对于"谁的安全"问题的讨论,主要涉及国家安全、国际安全、人的安全及全球安全等概念的辨析。国家安全(national security)是安全研究中最早出现也最为重要的概念。通常我们讨论安全基本都是以国家安全为中心展开的。"国家安全是指国家政权、主权、统一和领土完整、人民福祉、经济社会可持续发展和国家其他重大利益相对处于没有危险和不受内外威胁的状态,以及保障持续安全状态的能力。"[①]简言之,国家安全就是确保国家的各种主要利益(价值)免受来自外部和内部的威胁。由于国家利益是综合的,维护国家安全就可能涉及各种不同的问题。就一国而言,安全可能既涉及国内事务,也涉及国际事务。国家维护安全离不开国际互动的背景,并产生超出国界范围的影响。国家间必然发生超出主权管辖范围的安全问题,即国际安全问题。

国际安全很大程度上是一个分析概念。除了与国家安全相重合的部分,也即国家围绕各种安全问题所展开的国际互动,国际安全还针对各种区域及全球性的安全挑战,涉及各种非国家行为体的行动,指的是国际体系的和平与稳定以及涉及国际社会的各国家及其人民的生存与发展的共同利益得到了保证。因为国家是国际关系中最基本的单元和最主要的行为体,从国际关系角度谈论安全,通常是指国家在国际互动背景下所面临的安全问题。不过,除非具有国家间政治背景,个人、社区、地方等层面的安全问题通常不在国际安全研究的范畴之内。一国所面临的纯粹内部安全问题,如政变、分裂、地方间冲突等,一般也不属于国

---

① 《中华人民共和国国家安全法》第一章第二条。

际安全范畴。但是,国家的内部安全问题与国际安全问题又经常是相互交织在一起的。现时代,国家在谋求自身安全时几乎不可避免地带有某种国际色彩,从而构成国际安全问题。必须看到,国际安全的核心还是国家。无论是国家安全还是国际安全都要靠国家来维护;而国家参与各种国际安全活动,归根结底还是要实现国家安全。

此外,还有全球安全和人类安全等概念。全球安全(global security)以全球化进程的推进为背景,将人类居住的地球视作一个整体,并且强调全球化的影响,特别是安全的全球化。1994年,全球治理委员会在其题为《天涯成比邻》(*Our Global Neighborhood*)的著名报告中提出并且阐述了"全球安全"概念,除了关注战争与冲突以外,还特别强调那些超越国家边界的跨国及全球性问题,如环境问题、能源问题、恐怖主义、传染性疾病、走私和有组织犯罪等新的安全挑战,包括具有国际性影响的非国家角色及其行动网络。[1] 类似地,一些人提出的世界安全(world security)概念强调各国建立集体防范机制,共同面对那些更加多元化的紧迫问题。

人类安全或人的安全(human security)实际所指的就是作为整体的人的安全,将注意力集中到影响人类的基本安全问题上。人类安全有两根支柱,即免受匮乏和免受恐惧。关注平民的平安与福祉受到威胁的状况,体现为个人本位和全球视野的混合。联合国开发计划署从1990年开始,连续就人类发展状况及人类所面临的一些紧迫问题与挑战提供年度性报告。其中的《1994年人类发展报告》成为"人的安全"领域的标志性文件,概括了人类安全的七大方面:经济、粮食、健康、环境、个人、共同体和政治。[2] 个人安全(individual security)与人类安全都以人作为分析单元,主要差别在于人类安全更为强调整体性视野。同时,与人类安全的概念相比,个人安全更加重视个人在社会和文化生活中具有自主选择和积极行动的自由,强调享有充分的公民权利和人权的保护。

需要注意的是,当人类安全与个人安全等概念将分析和政策聚焦于"人"这一主体的时候,在国家安全和国际安全的视野中,人的安全只是它们所要实现的几个目标中的一个。更为重要的是,人类安全、个人安全的概念经常还意味着一些国家的本国政府可能是威胁的主要来源,并且经常暗示削弱国家主权的必要性,因而带有某种意识形态色彩。这就需要我们在实践中结合具体情况加以辨

---

[1] The Commission on Global Governance, *Our Global Neighborhood: The Report of the Commission on Global Governance*, https://www.gdrc.org/u-gov/global-neighbourhood/, accessed by February 24th, 2022.

[2] UNDP (United Nations Development Programme), *Human Development Report 1994: New Dimensions of Human Security*, http://hdr.undp.org/sites/default/files/reports/255/hdr_1994_en_complete_nostats.pdf, accessed by February 24th, 2022.

别。与此同时，"国际安全"的使用者虽然逐步将注意力集中在威胁到人类的生存和发展的那些非传统安全问题上，但很大程度上仍强调国家的中心地位以及对弱小国家主权的保护。

另一个与国家安全密切相关，需要加以辨析的概念是政权安全。国家不等于其政权。政权的不安全因素源于内部和外部两个层面。内部因素主要指反对派势力对政府的控制能力、合法性和体制等的威胁与挑战。外部因素主要指国外势力通过颠覆、干涉、扶植反对势力、意识形态渗透等方式对一国政府的控制能力、合法性和体制等的威胁与挑战。对政权的挑战是政治斗争的一种常态。如果不同政治派别间的斗争是按合法程序，在一定的制度框架内进行的，一般不认为构成政权安全问题，例如政党通过选举轮替执政，领导人因被弹劾而下台等。不过，如果政治行为超出宪制框架，斗争的目的在于削弱或颠覆合法政府的控制能力，颠覆现有政治体制与国内秩序，甚至自拥武装，割据破坏，那就会对政权安全构成威胁。这对于所有国家政权都是难以容忍的。从国际政治的视角看，政权安全受威胁的主要表现则是国内政治制度和政治秩序受到外部的渗透、干预和破坏。从主权和不干涉内政的基本原则来说，国际社会不能决定一个国家的内政。选择者和决定者是该国人民。不过，在现实中，任何国家都不可能完全免于外部势力对内部事务的影响。这种干预可能来自其他的主权国家，也可能来自国际组织包括非政府组织。外部势力可能会鼓励社会动乱以动摇政权的合法性基础，可能直接或间接地为政权的反对势力提供军事、经济、政治和道义支持，支持和协助其推翻政府，如所谓"颜色革命"，也可能是直接发动战争推翻别国的执政政权，如美英联军将伊拉克萨达姆政权赶下台。在国际安全的视域下，对政权安全的影响因素存在国内与国际的联动效应。一方面，国内的反对势力与外部支持者之间可能存在密切的联系。另一方面，一国的政权变化也极易在邻国或其他国家形成一种外溢和示范效应。在苏东剧变和所谓"阿拉伯之春"的过程中，这种内外联动的效应都有突出的表现。政权安全对于解释许多国家（特别是一些政治发展水平较低的国家）的内政和外交政策有着关键影响。

四、安全化与去安全化

由于不同的种族、民族、阶级、性别、职业、地缘等因素，不同的主体不可避免地会有不同的立场和观念，在这种情况下，同一个政治群体内，人们可能难以找到界定安全的共同标准。识别和界定安全就包含深刻的社会政治过程。哥本哈根学派的主要成员，巴瑞·布赞（Barry Buzan）、奥利·维夫（Ole Waever）和迪·怀尔德（Jaap de Wilde）在一系列文章中，特别是在三人合著于1997年出版的《安全:一种新的分析框架》(Security: A New Framework for Analysis)一书中提出并论证了"安全化"的研究议程。

在思考世界政治(一般情况)以及国内和国际安全问题(特殊问题)时,人们通常采取物质主义视角,而哥本哈根学派强调"威胁"是一种社会政治建构,进而提出了"安全化"(一些问题被当作一种威胁被指定和被接受)和"去安全化"(从威胁目录清单中删除)等新概念。其中,安全化指的是特定现象、人或实体被认可属于需要采取紧急措施的存在性威胁的政治过程,关注的是"安全威胁"的话语政治建构。布赞、维夫和怀尔德认为"安全化"使政治超越了已经建立的游戏规则,将一项议题或者设定为一类特别的政治议程,或者说高于普通的政治议程。换言之,安全化是一种极端的政治化。① 相应地,去安全化指的是一个相反的过程。它涉及将一项议程移出紧急模式,进入日常的政治和政策过程。②

哥本哈根学派主张,各种关切可以被安全化,并置于安全议题的框架下。某些主体(被称为"安全化行为体")将一项已经政治化的议题表述为对指涉对象(referent object,如国家、集团、国家主权、意识形态和经济)的存在性威胁(existential threat),宣称它必须采取超越政治领域常规规范的非常态手段。哥本哈根学派提供了一种区分议题的谱系。某个具体议题可能被(非)政治化或(去)安全化。当一项议题不需要国家采取行动,也没有加入公共辩论,这项议题是非政治化的。当一项议题在政治体系中被加以处置,它就被政治化了。一个政治化的议题是"公共政策的一部分,要求政府作出决定、分配资源,或者更不常见的做法是,采取某些其他形式的共同治理"③。最后,如果一项议题需要采取超越国家标准政治与行政程序的紧急行动,它就被安全化,居于谱系的另一端了。

哥本哈根学派还提出了包括两个阶段的安全化过程分析框架,用于解释某项议题如何及何时被视为对指涉对象安全的存在性威胁,并因此而采取非常规的政治行动。其中,第一阶段是将特定议题、个人或实体描述为对某种参照对象的存在性威胁。这种安全化的最初行动可以由一国政府或政治精英启动,也可以由其他行为体启动。非国家行为体被布赞等人视为安全化模型中的重要行为体。不过,安全化通常还是由国家及政治精英所主导,表现为国家权力在某个领

---

① Barry Buzan, Ole Waever, and Jaap de Wilde, Security: A New Framework for Analysis, Boulder, CO: Lynne Rienner, 1998, p.23.
② Ibid., p.4.
③ Ibid., p.23.

域的扩张,反映出安全化行为体的权力和影响。① 需要注意,使用安全的语言并不意味着某个议题会自动转化为安全问题。相反,对于威胁的社会构建必须要有足够的说服力,才能达到实质性的政治效果。只有在安全化行为体成功地说服相关受众(公共意见表达者、政治家、军官或其他精英)认可某种对象和价值受到存在性威胁,这时才能施行超越常态的安全措施,安全化的第二个重要阶段才能够成功完成。由于国内大众或国际相关方面已经接受了安全存在紧迫的存在性威胁,他们就可以容忍使用正常政治过程边界之外的行动。

安全化的核心社会机制是"言论行为"(speech act),即如何用话语表达(discursive presentation)将一项特定议题界定为对指涉对象安全的存在性威胁。安全化推动者运用语言从安全角度来表述议题,并说服相关受众接受,进而为安全行为体提供动员国家权力、超越传统规则的空间。一项议题依靠言论行为就可能成为安全议题,而不管威胁和危险是否客观存在。对于安全化过程,我们就有必要分析相应的主体、受众以及情境。② 每一个安全化行动都涉及政治决策与竞争,是政治及社会互动的结果。

安全化的影响在于确立一项议题的紧迫性。成功的安全化行为赋予安全化行为体运用非常态手段的权力,为采取额外和紧急措施提供了动力。一项议题的安全化可以提供某些有形的政治好处,包括更高的议程优先级,以及汲取、动员并分配更多资源等。如果某个问题仅仅被视为政治或政策问题,就无法实现这样的目的。相应地,就有必要强调和警惕安全化的危险。毕竟什么构成了非常态措施并不总是界定清晰的。这一过程可以被滥用,进而将某些极端做法合法化。在实行紧急安全措施期间,对权力的约束与制衡一般也极其有限,这为滥用权力创造了条件。在"9·11"事件后的背景下,美国政府将议题表述为威胁的频率越来越高,以保卫公民自由的名义滥用诸如监听等行动。安全化行动可能导致权力过大和滥用权力。在这个意义上,去安全化可能是有利的,因为它将一个议题再次引入政治化领域。我们需要通过扎实的经验研究来分析非常态措施的政策有效性,并注意它们可能导致的意料之外的后果。

总之,哥本哈根学派提供了确定一项具体议题如何及被谁安全化或去安全化的框架,考察了安全概念在政治实践中的使用,目前已被应用于包括健康、跨

---

① Alan Collins, "Securitization, Frankenstein's Monster and Malaysian Education", *Pacific Review*, Vol. 18, No. 4, 2005, pp. 565-586.
② Thierry Balzacq, "The Three Faces of Securitization: Political Agency, Audience and Context", *European Journal of International Relations*, Vol. 11, No. 2, 2005, pp. 171-201.

国犯罪、贸易投资以及国际制度等在内的广泛议题的经验研究。① 可供进一步经验研究的问题可以是为什么某些安全化行动可以成功说服受众,其他行动却做不到这一点,以及如何更好地展示各方在"安全化-去安全化"间的交锋过程,包括各种策略运作的条件和效果,从而更好地理解从谱系的政治化一端到安全化一端的相互转换。

第二节 安全理念的演进与非传统安全

"安全"不是一个新的概念,而是一个在不断发展的概念。这种演进源自并反映着世界政治的变化,又体现了国际安全研究自身的发展。上一节介绍了安全的基本概念,提出了概念分析的基本思路。本节梳理安全理念在历史上的演进,特别是说明非传统安全观念的兴起,进一步深化我们对于安全的理解。在冷战期间,安全的概念被过分狭隘化,局限于国家视角和政治军事问题。自冷战中后期以来,特别是冷战结束之后,国际安全理念发生了重大转变。

这种转变主要体现在以下四个方面。一是关于"谁的安全"问题。传统安全研究直接把国家优先作为安全的关怀对象,这一点在后冷战时代被突破,全球安全和人类安全等理念兴起,一方面回归个体本位,一方面又强调全球视野,与以国家作为分析单元的国家安全概念形成明显反差。二是关于"谁或什么威胁安全"问题。逐步超越传统安全只把国外威胁作为安全考虑范围的局限,同时将国家内部威胁和国家外部威胁,以及威胁的内外交织互动纳入安全的考虑范围。安全问题的性质既有军事的,涉及暴力的使用或威胁,也有非军事的,涵盖了经济、环境、生态等不同的领域。三是关于"谁保障安全"问题。主体从军事部门扩大到其他部门乃至非国家行为体以及国际社会。四是关于"怎样保障安全"问题,即越来越强调合作安全。

一、传统安全观与冷战时期安全观念的演进②

在人类政治事务中,对客观的安全状态与主观的安全感的重视久已有之。以中国为例,基于独特的忧患意识,中国人很早就有了有关安全的思想。《易经》

---

① Thierry Balzacq ed., *Securitization Theory: How Security Problems Emerge and Dissolve*, London: Routledge, 2011.
② 本小节以下相关内容参考了任晓:《安全——一项概念史的研究》,《外交评论(外交学院学报)》2006年第5期,第36—45页。

中有这样的说法:"是故君子安而不忘危,存而不忘亡,治而不忘乱,是以身安而国家可保也。",由此衍生出成语"安不忘危"。① 孟子"出则无敌国外患者,国恒亡""生于忧患,死于安乐"的格言中,柳宗元"敌存灭祸,敌去召过"的警示中,以及欧阳修"忧劳可以兴国,逸豫可以亡身"的告诫中,都体现了对于安全问题朴素的辩证认识。② 对中国古代的统治者来说,最关心的就是王朝政权的安稳,这除了涉及国家内部君民关系问题,还涉及同其他政权的关系问题。同样,在长期的军事斗争中形成的以《武经七书》(特别是《孙子兵法》)为代表的兵书,更是人类战略思想的重要遗产。近代以来,在救亡图存的过程中,在诸如"本末体用""海防与塞防"等辩论中,"开眼看世界"的先驱们也开始在新的世界图景中求索维护国家安全之道。当然,古代人所讲的安全与现代的"国家安全"是有差异的。

有关安全的学术思考经历了一个发展的过程。空前惨烈的第一次世界大战后,国际关系开始作为独立学科出现。在反思战争、寻求持久和平的过程中,人类社会出现了"集体安全"(collective security)这一重要的安全思想,而国际同盟则是对其的实践尝试。不过,在国际关系研究的文献中,"安全"(security)概念的出现要更晚些。从词源上讲,一般认为,其最早出现在沃尔特·利普曼(Walter Lippmann)1943年的著作《美国外交政策:共和国的盾牌》中。③ 二战结束后,这个提法逐渐成为国际政治的通行概念。④ 阿诺德·沃尔弗斯在1952年发表了前述的经典文章《作为一个模糊象征的"国家安全"》。

安全概念分析的另一项早期成果是约翰·赫兹(John H. Herz)在1950年代初提出的"安全困境"这一经典概念。赫兹指出,国家为满足其安全需要而进行的自主尝试,无论其意图如何,都会导致其他国家的不安全感上升,每个国家都将自己的措施解释为防御性的,而将其他国家的措施解释为潜在的威胁性。为了获得安全感,国家被驱使获得越来越多的权力,以规避他人权力的影响。这反过来又使其他国家更加不安全,迫使他们为最坏的情况做准备。因为在这样一个由竞争单位组成的世界里,没有一个国家会感到完全安全,权力竞争随之而

---

① 周振甫:《周易译注》,中华书局1991年版,第264页。
② 杨伯峻:《孟子译注》(第三版),中华书局2010年版,第276页;柳宗元:《柳宗元集校注》,中华书局2013年版,第1342页;欧阳修:《新五代史》(卷三十七伶官传二十五),中华书局1974年版,第397页。
③ Walter Lippmann, *U. S. Foreign Policy: Shield of the Republic*, Boston: Little Brown, 1943, p. 5. 于铁军教授指出,1940年前后,以历史学家爱德华·米德·厄尔(Edward Mead Earle)为中心的普林斯顿大学"军事研究项目"(又称"普林斯顿研究小组")率先提出并对"国家安全"这一概念进行了较为系统的研究。参见于铁军:《霸权的护持:冷战时期美国的国家安全研究》,《国际政治研究》2022年第5期,第13—14页及第10页注3。
④ Peter Mangold, *National Security and International Relations*, London: Routledge, 1990, p. 2.

来，安全和权力积累的恶性循环开始了。①

> **赫兹与安全困境**
>
> 赫兹认为，"安全困境"是诸权力单位（如国际关系中的各个国家）发现自身处在一种社会状况下，源自相互猜疑和相互恐惧的不安全感驱使它们为了获取更大的权力而竞争，以便获得更大的安全。这是一种自我破坏式的努力，因为彻底的安全最终是不可获得的。由于无政府状态存在，个人及群体为了保障自身不被攻击、统治或消灭，必须"十分在意如何确保自身安全"。为了享有安全，他们迫于无奈去谋求更多的权力，最可靠的方式就是增加自身力量，尤其是军事力量。但是，这种自保行为使得其他群体感到不安，"迫使后者从最坏处打算"，最终得出了符合逻辑的结果："在一个充满竞争的世界里，没有人能够感到彻底安全，对权力的持续争夺产生了，不断累积的安全的恶性循环也就形成了。"
>
> (John H. Herz, "Idealist Internationalism and the Security Dilemma", *World Politics*, Vol.2, No.2, 1950, pp.157-180.)

由冷战发端直到 20 世纪 80 年代初，"国家安全"一语为人们所普遍使用。不过，安全在这一时期基本上是在政治特别是军事的意义上被使用的。具体地说，所规定的目标集中于保持国家的有形利益，特别是政治利益；所识别的威胁则主要来自外部世界特别是敌对国家，且基本上是军事性质的；所设定的目标和克服威胁的手段相应地也主要是军事性质的，安全被等同于防务政策。同时，"安全"概念自身在很长一段时间内没有被充分注意。一个重要的例外是1957 年卡尔·多伊奇（Karl Deutsch）等人提出的"安全共同体"（security community）思想。

> **多伊奇与"多元安全共同体"**
>
> 1957 年，多伊奇及其合作者出版了《政治共同体与北大西洋地区》一书。在这一开创性研究中，安全共同体被定义为类似一群人整合达到了这一程度，"真正确保此共同体的成员相互之间不会发生身体上的冲突，而是将以某种其他方式解决他们的争端"。多伊奇等区分了两类安全共同体。一类是合成型

---

① John H. Herz, *Political Realism and Political Idealism: A Study in Theories and Realities*, Chicago: University of Chicago Press, 1951, p.7.

> 安全共同体（amalgamated security community），当两个或两个以上此前是独立的单位正式合并为一个较大的单位，出现某种类型的共同政府时，就形成了合成型安全共同体。美国是其实例。另一类是多元安全共同体（pluralistic security community）。这种安全共同体保留了不同政府的法律独立性，具有核心价值观的相互适应性，它来自于共同机构和相互反应——一种相互认同和忠诚，一种"我们"感（we-feeling）——并整合达到各成员抱有"和平变迁的可靠预期"。数十年后，国际关系理论界"重新发现"这一概念。
>
> （Karl W. Deutsch, et al., *Political Community and the North Atlantic Area*, Princeton, N.J.: Princeton University Press, 1957.）

当冷战进入到中后期，对安全的理解和思考有了重要的突破性发展，出现了一系列新的理念。在冷战中心的欧洲，各国试图寻求缓和，提出了"合作安全"的理念。其中，1975年在赫尔辛基举行的欧洲安全与合作会议产生了深远的影响。35个与会国经过谈判达成的《最后文件》提出，安全有相辅相成的政治和军事两方面，通过合作性措施建立起对所有各方和平意图的信任，以及通过重视人道主义问题和国际行为的各项原则，安全将能得到增强。就促进安全的手段而言，欧洲安全与合作会议及其文件提出了一系列在互信建设方面可操作的具体措施，如相互通知并在自愿基础上相互邀请观察员观看军事演习等。进入20世纪80年代，安全思想在欧洲又有新的发展。裁军与安全问题独立委员会（又称"帕尔梅委员会"）推出了《共同安全：一个生存蓝图》报告，呼吁将以军事为基础的安全观转化为通过国际合作、非军事化、裁军等途径实现更广泛的"共同安全"（common security）的观念。在某种意义上，这是赫尔辛基进程的延续。该委员会还提出，欧洲的安全不仅是一个限制和削减军备的问题。它跟欧洲国际关系的状态和范围有关，强调商业、文化事务、人员和思想交流方面的合作。可以说，共同安全与合作安全是对那种认为安全是排他的传统观点的重要突破。共同安全的提倡者相信，各国有可能通过相互合作达到共赢的结果，实现共同安全。合作安全则强调各方在追求自身安全利益时充分尊重其他国家的理念和利益，通过相互合作实现共同的安全目标。这两种理念的倡导者都认为，国际机制提供了解决欺骗和相对获益问题的关键手段。

这一时期，人们还越来越认识到，对安全的威胁不仅是国家可能受到的有形伤害以及随之而来的恐惧，不仅是国家生存面临的挑战，而且还可能包括因为各种匮乏而产生的威胁。"综合安全"（comprehensive security）的概念和思想开始兴起。综合安全认为安全威胁是多种多样的，安全的目标也是多样的，包括经济安全、能源安全等许多方面，所要采取的途径和手段也是多面向的，应当统筹经济、文化等各种手段。在"综合安全"理念的发展中，亚洲国家扮演了关键角色。1973年的石油危机对日本构成巨大冲击。1978年11月，日本前首相大平正芳把"综合安全保障战略"列为日本的基本政策之一，强调把经济力量、外交力量、文化创造力量等全部力量都综合集聚起来保障安全。一时间，"综合安全保障"成为日本政界、学界广泛接受的重要概念。除日本外，东南亚国家也大力倡导该理念，其影响力逐渐扩展到整个国际社会。

二、非传统安全观念的发展

20世纪80年代末90年代初，冷战走向终结。世界政治的重大变化对人们的安全理念产生了深刻影响。伴随两极对立消失，军事对抗风险下降，其他方面的问题重要性上升，本就在发展中的各种全球性问题日益凸显。所谓高阶政治和低阶政治之间的差距逐渐缩小。譬如能源资源短缺、国际环境保护和跨国犯罪等得到了各国更多关注。人们越来越注意到，安全概念必须包括针对人类生存和福祉所面对的所有重大威胁，而不仅是军事威胁。同时，随着各国不再需要选择"阵营"，区域观念兴起，全球主义也得以发展，对以合作求安全的接受度提升。这些都对安全理念产生重要影响，并汇聚成非传统安全思潮。

这种变化的关键背景是一系列全球性威胁的发展。冷战结束前后，经济全球化重新启动并迅猛发展，各种经济要素高度流动，形成地区和全球范围内的产业链和销售网络。人员高度流动，形成跨国跨境的网络。相互依存和互联互通既创造了更多的机会和收益，也带来了新的安全威胁。这些威胁的特征是明显的。一是跨国性。全球性威胁具有不受国界限制的流动性和随机蔓延特征。隐形的病原体、污染的空气及计算机病毒等随时可以轻易越过边界，在不同国度之间穿梭往来。即便采取最严密的防范措施，也难以完全控制。二是全覆盖性。全球性威胁是对全人类、对整个国际社会的威胁，超越了种族、国家、信仰、意识形态、政治体制、经济水平和社会形态差异。这些年出现的重大威胁，无论是新冠肺炎疫情，还是金融危机、气候变化、恐怖主义等，概莫能外。2008年的全球金融危机覆盖了几乎所有重要的经济体，新冠肺炎疫情则使全球化程度深、相互依存度高的国家几乎都遭遇了灾难性打击。三是非排他性。全球性威胁面前，任何国家都无以独善其身。不论实力多么强大，任何国家都没有办法仅凭自身的力量消除威胁，保全自身。新冠肺炎疫情迅速蔓延世界，而如果不是所有地方的病毒被全部消灭，疫情就随时可能卷土重来，再行蔓延。这样的威胁和危险，敌人、意图、目标都无从寻找，但危害性完全可能超出任何传统安全挑战。只有整个国际社会的全面安全，才会有每一个成员的自身安全；也只有每一个成员安全,才能实现国际社会的整体安全。每个国家的命运都与国际社会的命运联系在一起,整个人类正成为休戚与共的命运共同体。

总之,随着时代的发展,人们日益认识到,安全并不等于国防,不局限于所谓的高阶政治议题,也不等于保持某种特定的国际关系,它所涉及的范围要大得多。举凡各种威胁和危险,如贩毒、非法移民、海盗、洗钱、传染病流行、恐怖主义、民族分离主义、武器扩散等,都是安全问题。人们对于安全所涉及的价值领域和威胁来源的认识不断拓展,表现为在"安全"一词前加上各种修饰词。从大的方面看,人们使用经济安全、文化安全、社会安全等语词。从各个功能性领域看,又有环境安全、能源安全、粮食安全、信息安全、金融安全等之分。为了概括林林总总的这些问题,出现了一个新的名词"非传统安全"作为统称。学者们勾勒出它和传统安全之间的界限,主要表现在四个方面。

第一,传统安全主要研究"国家与国家之间"(inter-state)的安全互动或安全问题,而非传统安全则主要指向"跨国家"(trans-state/transnational)的安全互动,以及国家内部(intrastate)出现的安全威胁。例如冷战后,内战和种族冲突已成为比国家间战争更为常见的现象,并且时常外溢并制造地区及全球层面的不稳定与危险。安全问题的国内与跨国维度成为非传统安全研究的一个重要课题。

第二,如果说传统安全研究的是"国家行为体"之间的安全互动,并把敌对国家视为主要的安全威胁,那么,非传统安全还关注各种"非国家行为体"所带来的安全挑战。这些"非国家行为体"包括恐怖主义势力、极端民族和宗教势力、跨国贩毒和人口走私组织以及煽动暴力和反人类思想的邪教组织等。

第三,如果说传统安全研究侧重安全议题中的军事安全,那么,非传统安全则研究的是各种"非军事安全"对国家和国际安全造成的影响。非军事威胁之所以成为"安全问题",是因为它们同样对人类的和平、发展与价值构成巨大危害。非传统安全的"问题领域"广泛,但基本上可以分为五大类:一是与人类可持续发展密切相关的各种安全问题,包括环境安全、资源利用、全球生态问题以及传染性疾病的预防与控制;二是人类社会活动中个体国家或者个体社群失控失序而对国际秩序、地区安全乃至国际稳定所造成的威胁,包括经济安全(如金融危机)、人道主义灾难、难民等问题;三是跨国界的有组织犯罪,如贩卖人口、毒品走私等;四是非国家行为体对现有国际秩序的挑战和冲击,最典型的是国际恐怖主义;五是由于科技发展以及全球化所产生的安全脆弱性问题,如网络信息安全以及生物基因工程安全。"非传统安全"的出现,大大促进了国际安全研究的深入和发展。

第四,传统安全更倾向于将"国家"视为安全主体,强调安全问题的本质是"国家安全",而非传统安全则希望完成对安全观念的重构,更多将"人"——在概念解释中无差异、无区别的人类整体,或是抽象意义上的个人,视为安全主体和实现安全的目的。换言之,传统安全致力于保障主权、领土和利益差异基础上的国家安全,而非传统安全则将重点转向超越国家差异之上的社会和人的安全,以人类维持日常生活、价值和免于匮乏与免于恐惧为最基本的内容和目的。这里的"人",既是个体意义的,又是集体意义的。人的安全的理念不那么关注武器,而更关注人的福利和尊严。如此一来,安全考察的单位以及安全的含义发生了重大变化。

对安全的理解,从"传统"走向"非传统",是冷战结束后全球化时代国际局势发展的结果,是人类社会发展到今天,安全挑战多样化、多元化和复杂化的结果。安全已超越了国家间的安全,并且跨越了军事威胁的传统范畴。但是,这种前所未有的拓展和转变也并不是全无问题。在批评者看来,安全一语如此泛化和横向地铺开,以至于包罗万象,其中却包含着某种风险,那就是研究焦点的模糊化和连贯性的丧失,反而使研究者忽视安全的本质内涵。安全概念的伸展使之包括每一种可以想象到的威胁,这可能使"安全"概念失去作为分析工具的效用和价值,日益泛化和空洞化。"什么是安全?"又成为了一个大问题。此处,前面提到的哥本哈根学派或许提供了一种可能的缓解思路。安全虽然包含有争议性的内容,然而关注的主要问题是社会主体的关键价值如何受到了威胁。通过区分政治化和安全化,将种类多样的安全议题与相对明确的生存或者说存在性威胁标准相挂钩,将安全议题放在政策和政治过程中加以动态考察,在一定程度上提供了区别安全议题与一般议题,避免安全概念滥用的思路。

第三节 中国的安全理念

中国是一个有着独特文明传统与历史发展经验的国家。随着内外环境的改变以及自身需要的调整,在当代中国,党和政府的安全观也在不断演变,在对安全环境研判、安全内容认知、安全维护手段等方面,实现了向以人民安全为宗旨、以合作对话为手段的总体国家安全观的转变,并在新时代以"共同、综合、合作、可持续"的安全观为中心展开了一系列新的国际安全实践。

一、当代中国安全观的演进

自中华人民共和国成立至改革开放前,中国的安全观是一种典型的传统安全观,将国家政治安全视为核心。从 1978 年改革开放启动至 2012 年中共十八大召开,历经邓小平、江泽民和胡锦涛三代领导人的发展,中国逐渐形成了新安全观。①

(一) 中华人民共和国成立至改革开放前

自中华人民共和国成立至改革开放启动前,在冷战的大背景下,中国的安全观是一种典型的传统安全观,将政治安全视为核心,以军事安全作为主要维护手段。在当时的安全环境下,考虑的威胁主要是外部的军事入侵和内部的反动势力。国际安全的主要目标是保证主权独立、政权稳定和领土完整。于是,军事力量成为维护安全的首要手段,其他经济安全、社会安全等服从于政治安全和军事安全。基于增强军事安全的目标,在国内大力加强军事力量建设,研制"两弹一星",实施"三线"建设,在国际上则积极寻求盟友(如一度的"一边倒"战略),支持第三世界国家(如"三个世界理论"的提出),拓展"中间地带"来增强国际安全,倡导"和平共处五项原则"以维护国际和平与安全。探索中的一些失误也引发了国家经济发展因安全问题受限的困难,但"三线"建设等客观上也推动建立了独立的工业基础。

(二) 改革开放后至中共十八大:逐步形成新安全观

改革开放至2012年中共十八大召开,历经邓小平、江泽民和胡锦涛为代表的三代领导集体,中国逐渐发展形成了新安全观。

中共十一届三中全会后,以政治和国防安全为核心的传统安全观开始向更具综合性的新安全观转变。党和政府确定了"和平与发展"的时代主题的判断,确立了以经济建设为中心的基本路线,强调外交等为国内经济建设服务,努力推动世界政治多极化,倡导构建国际政治经济新秩序。在军事力量建设中保持克制,限制国防开支,采取了裁减军队等做法,以便将更多的资源投入国家经济建设当中。在安全维护手段方面,这一时期倾向于对话与合作。针对台湾、香港和澳门问题提出了"一国两制"的解决办法。与周边国家不断通过谈判方式解决领土争端。针对领土和海洋权益争端提出了"搁置争议,共同开发"的模式。但在一些问题上,也坚决采取强硬的手段。中国逐渐确立"不结盟"政策,坚定地执行独立自主的对外政策。这一时期对政治安全依旧高度重视,"稳定压倒一切"的思想鲜明地体现了这一点。

进入20世纪90年代,冷战结束,热点地区局部冲突和内战不断,各种非传统安全威胁日益增加。信息革命带来了军事技术和军事战略的革新。中国的国际和国内安全环境更趋复杂。针对冷战结束后新形势的变化,中国认为世界的

---

① 本小节内容参考整理了凌胜利、杨帆:《新中国70年国家安全观的演变:认知、内涵与应对》,《国际安全研究》2019年第6期,第3—29页。

主题仍是"和平与发展",更加注重包括经济安全、军事安全等在内的综合安全挑战。中共十五大报告明确采用了"国家经济安全"概念,对环境安全、文化安全、社会安全等一系列问题的关注增加。值得一提的是,江泽民同志顺应时代形势提出了"互信、互利、平等、合作"的新安全观,倡导各国通过对话和合作解决争端。在安全手段方面,中国尽可能通过和平、合作的方式来实现安全,更加注重军事方面质量的提升,再次实施裁军。

进入新世纪,世界仍然很不安宁,局部冲突和热点问题此起彼伏,全球经济失衡加剧,传统安全威胁和非传统安全威胁相互交织,同时分裂活动内外联动,严重扰乱了社会稳定和经济发展。以胡锦涛为总书记的党中央推动了新安全观的进一步发展,提出了和谐世界理念。首先,在安全环境的判断上依然肯定"和平与发展"是时代主题,强调把握战略机遇期,对内求发展、求和谐,对外求合作、求和平。其次,粮食安全、气候安全、公共卫生安全、金融安全等不断进入中国安全的视野,并成为"科学发展观"的重要组成部分。最后,在安全手段方面,倡导互信、互利、平等、协作的新安全观,寻求实现综合安全、共同安全、合作安全;强调捍卫国家核心利益是国家安全的底线所在。中国依然坚持不结盟和不干涉内政政策,对国际安全合作的态度更加积极,积极参与国际维和行动,探索海外利益保护,不断促进国际热点和地区冲突的解决,为维护世界和平、应对全球性挑战发挥了重要作用。

二、新时代总体国家安全观

进入新时代,我国面临更为严峻的国家安全形势,外部压力前所未有,传统安全威胁和非传统安全威胁相互交织,"黑天鹅""灰犀牛"事件时有发生。面对百年未有之大变局下愈加复杂的国内外安全环境,以习近平同志为核心的党中央审时度势,提出了总体国家安全观。2014年4月,在中央国家安全委员会第一次会议上,习近平总书记首次提出了"总体国家安全观",强调"当前我国国家安全的内涵和外延比历史上任何时候都要丰富,时空领域比历史上任何时候都要宽广,内外因素比历史上任何时候都要复杂,必须坚持总体国家安全观,以人民安全为宗旨,以政治安全为根本,以经济安全为基础,以军事、文化、社会安全为保障,以促进国际安全为依托,走出一条中国特色国家安全道路。贯彻落实总体国家安全观,必须既重视外部安全,又重视内部安全,对内求发展、求变革、求稳定、建设平安中国,对外求和平、求合作、求共赢、建设和谐世界;既重视国土安全,又重视国民安全,坚持以民为本、以人为本,坚持国家安全一切为了人民、一切依靠人民,真正夯实国家安全的群众基础;既重视传统安全,又重视非传统安全,构建集政治安全、国土安全、军事安全、经济安全、文化安全、社会安全、科技安全、信息安全、生态安全、资源安全、核安全等于一体的国家安全体系;既重视发展问题,又重视安全问题,发展是安全的基础,安全是发展的条件,富国才能强兵,强兵才能卫国;既重视自身安全,又重视共同安全,打造命运共同体,推动各方朝着互利互惠、共同安全的目标相向而行"。①

相较以往的非传统安全观,总体安全观的内容认知更加丰富,涉及的领域更加广泛。总体国家安全观的提出是中国国家安全观的重要变革,实现了内外安全、国土和国民安全、传统安全与非传统安全、发展与安全、自身安全与共同安全等多重统筹。根据总体国家安全观,国家安全体系涉及政治、国土、军事、经济、文化、社会、科技、网络、生态、资源、核、海外利益、太空、深海、极地、生物等多个领域安全。

> **政治安全** 政治安全攸关我们党和国家安危,其核心是政权安全和制度安全。维护政治安全的主要任务包括:坚持中国共产党的领导,维护中国特色社会主义制度,坚持马克思主义的指导地位,发展社会主义民主政治,健全社会主义法治,强化权力运行制约和监督机制,保障人民当家作主的各项权利。
>
> **国土安全** 国土安全涵盖领土、自然资源、基础设施等要素,是指领土完整、国家统一、海洋权益及边疆边境不受侵犯或免受威胁的状态。国土安全是立国之基,是传统安全备受关注的首要方面。
>
> **军事安全** 军事安全是指国家不受外部军事入侵和战争威胁的状态,以及保障这一持续安全状态的能力。军事安全既是国家安全体系的重要领域,也是国家其他安全的重要保障。
>
> **经济安全** 经济安全是国家安全体系的重要组成部分,是国家安全的基础。核心是要坚持社会主义基本经济制度不动摇,不断完善社会主义市场经济体制,坚持发展是硬道理,不断提高国家的经济整体实力、竞争力和抵御内外各种冲击与威胁的能力,重点防控好各种重大风险挑战,保护国家根本利益不受伤害。
>
> **文化安全** 文化是民族的血脉,是人民的精神家园。文化安全是国家安全的重要保障。维护国家文化安全,必须坚持社会主义先进文化前进方向,坚持以人民为中心的工作导向,坚持文化自信,增强文化自觉,加快文化改革发展,加强社会主义精神文明建设,建设社会主义文化强国。

---

① 《坚持总体国家安全观 走中国特色国家安全道路》,《人民日报》2014年4月16日,第1版。

社会安全 社会安全是国家安全的重要内容,包括防范、消除、控制直接威胁社会公共秩序和人民群众生命财产安全的治安、刑事、暴力恐怖事件,以及规模较大的群体性事件等。

科技安全 科技安全是指科技体系完整有效,国家重点领域核心技术安全可控,国家核心利益和安全不受外部科技优势危害,以及保障持续安全状态的能力。科技安全是国家安全体系的重要组成部分,是支撑国家安全的重要力量。

网络安全 网络空间成为与陆地、海洋、天空、太空同等重要的人类活动新领域。同时,网络安全问题也相伴而生,世界范围内侵害个人隐私、侵犯知识产权、网络犯罪等事件时有发生,网络监听、网络攻击、网络恐怖主义活动等成为全球公害。网络安全已成为我国面临的最复杂、最现实、最严峻的非传统安全问题之一。

生态安全 生态安全是指一个国家具有支撑国家生存发展的较为完整、不受威胁的生态系统,以及应对内外重大生态问题的能力。维护生态安全直接关系人民群众福祉、经济可持续发展和社会长久稳定,生态安全成为国家安全体系的重要组成部分和基石。

资源安全 从国家安全的角度看,资源的构成包括水资源、能源资源、土地资源、矿产资源等多个方面。资源安全的核心是保证各种重要资源充足、稳定、可持续供应,在此基础上,追求以合理价格获取资源,以集约节约、环境友好的方式利用资源,保证资源供给的协调和可持续。

核安全 核能的开发利用给人类发展带来了新的动力。同时,核能发展也伴生着核安全风险和挑战。维护核安全,要采取措施防范核攻击、核事故和核犯罪行为,坚持核不扩散立场,确保核设施和核材料的安全,防止和应对偷窃、蓄意破坏、未经授权的获取、非法贩运核材料等违法行为,防范恐怖分子获取核材料、破坏核设施等。

海外利益安全 海外利益是国家利益的重要组成部分。海外利益安全主要包括海外能源资源安全、海上战略通道以及海外公民、法人的安全,其维护方式多种多样,如开展海上护航、撤离海外公民、应急救援。随着新一轮对外开放的全面推进,特别是"一带一路"建设加快实施,海外利益安全日益关乎我国整体发展利益和国家安全,维护海外利益安全成为一项重要任务。

太空安全、深海安全、极地安全、生物安全等新型领域安全 我国在太空、深海和极地等战略新疆域有着现实和潜在的重大国家利益,人员安全进出、科学考察、开发利用等方面面临安全威胁和挑战。中国也加入了相关国际公约,认真履行公约义务。有必要以法律的形式,把公约赋予我国的权利以及我国现实和潜在的利益明确下来,为依法保障自身相关活动、资产和人员的安全提供法律保障。

(摘编自国安宣工作室:《总体国家安全观的"16种安全"》,中国科技网,http://www.stdaily.com/cehua/20210414/2021-04/14/content_1114342.shtml,访问日期:2022年2月15日。)

与以往中国的安全观相比,中共十八大以来提出的总体国家安全观的安全内容认知进一步丰富。总体国家安全观以人民安全为宗旨,其重点在于以政治安全为根本,以经济安全为基础,以军事、文化、社会安全为保障,以促进国际安全为依托,必须坚持底线思维、居安思危、未雨绸缪,坚持国家利益至上,统筹发展和安全,统筹开放和安全,统筹传统安全和非传统安全,统筹自身安全和共同安全,统筹维护国家安全和塑造国际安全。这些深刻地体现了新时代的安全内涵。

三、共同、综合、合作、可持续的全球安全观

在"总体国家安全观"和"人类命运共同体理念"的指导下,针对国际安全问题,中国党和政府还发展出了"共同、综合、合作、可持续"的全球安全观。2014年5月,习近平在亚信峰会上首次向国际社会阐述了"共同、综合、合作、可持续"的"亚洲新安全观"。其中,共同安全是目的。共同安全即意味着安全是不分彼此、不分强弱、不分贫富,所有国家都应该共同享有。综合安全是内容。综合安全要注意到安全问题的多样性、多元性,不能仅关注军事安全或政治安全。合作安全是手段,要求通过对话合作促进各国和本地区安全,增进战略互信,以合作谋和平,以合作促安全,以和平方式解决争端。可持续安全是目标。可持续安全注重安全的阶段性、长远性,体现了发展安全的理念。可持续安全就是要实现安全与发展的良性互动、相互促进。以发展促安全,以安全保发展。2015年9月,习近平在联合国大会一般性辩论的讲话中提出:"我们要摒弃一切形式的冷战思维,树立共同、综合、合作、可持续安全的新观念。我们要充分发挥联合国及其安理会在止战维和方面的核心作用,通过和平解决争端和强制性行动双轨并举,化干戈为玉帛。我们要推动经济和社会领域的国际合作齐头并进,统筹应对传统和非传统安全威胁,防战争祸患于未然。"[①]2015年发布的《中国关于联合国成立

[①] 《习近平谈治国理政》(第二卷),外文出版社2017年版,第523—524页。

70周年的立场文件》明确倡导这一新的安全观。2017年1月,习近平在瑞士日内瓦联合国总部发表"共同构建人类命运共同体"的演讲时,强调坚持共建共享、建设一个普遍安全的世界,提出"各方应该树立共同、综合、合作、可持续的安全观"①。同月,中国政府发布《中国的亚太安全合作政策白皮书》,指出中国的亚太安全理念是共同、综合、合作、可持续的安全观。2019年7月,中国发布的《新时代的中国国防白皮书》,再次肯定了"共同、综合、合作、可持续"安全理念对地区安全合作的积极指导意义。从此,中国倡导的共同、综合、合作、可持续的新安全观已不仅仅局限于亚洲,而是面向全球,成为中国解决地区和世界安全问题的重要方案。

共同,就是要尊重和保障每一个国家安全。安全应该是普遍的,不能一个国家安全而其他国家不安全,一部分国家安全而另一部分国家不安全,更不能牺牲别国安全谋求自身所谓绝对安全。安全应该是平等的,各国都有平等参与地区安全事务的权利,也都有维护地区安全的责任。安全应该是包容的,恪守尊重主权、独立和领土完整、互不干涉内政等国际关系基本准则,尊重各国自主选择的社会制度和发展道路,尊重并照顾各方合理安全关切。要维护全球战略稳定,实现共同普遍安全。

综合,就是要统筹维护传统领域和非传统领域安全,通盘考虑安全问题的历史经纬和现实状况,多管齐下、综合施策,协调推进地区安全治理。既要着力解决当前突出的地区安全问题,又要统筹谋划如何应对各类潜在的安全威胁,避免头痛医头、脚痛医脚。

合作,就是要通过对话合作,促进各国、地区和全球安全,通过坦诚深入的对话沟通,增进战略互信,减少相互猜疑,求同化异、和睦相处。培育合作应对安全挑战的意识,不断扩大合作领域、创新合作方式,以合作谋和平、以合作促安全。要坚持多边主义和协商对话,加强以联合国为核心的多边裁军机制的权威性和有效性。

可持续,就是要发展和安全并重以实现持久安全。发展是安全的基础,安全是发展的条件。贫瘠的土地上长不成和平的大树,连天的烽火中结不出发展的硕果。应该聚焦发展主题,积极改善民生,缩小贫富差距,不断夯实安全的根基。要推动共同发展和区域一体化进程,努力形成区域经济合作和安全合作良性互动、齐头并进的大好局面,以可持续发展促进可持续安全。

---

① 《习近平谈治国理政》(第二卷),外文出版社2017年版,第542页。

四、新时代中国国际安全实践

总体国家安全观在原有安全观的基础上更具总体性和世界性。总体国家安全观的目标是对内求发展、求变革、求稳定、建设平安中国,对外求和平、求合作、求共赢、建设人类命运共同体。贯彻落实总体国家安全观,主要是对内健全完善国家安全体系,对外不断加强国际安全合作。

党和政府着力推进国家安全体系和能力建设,设立中央国家安全委员会,完善集中统一、高效权威的国家安全领导体制,完善国家安全法治体系、战略体系和政策体系,建立国家安全工作协调机制和应急管理机制。党把安全发展贯穿国家发展各领域全过程,注重防范化解影响我国现代化进程的重大风险,坚定维护国家政权安全、制度安全、意识形态安全,加强国家安全宣传教育和全民国防教育,巩固国家安全人民防线,推进兴边富民、稳边固边,严密防范和严厉打击敌对势力渗透、破坏、颠覆、分裂活动,顶住和反击外部极端打压遏制,开展涉港、涉台、涉疆、涉藏、涉海等斗争,加快建设海洋强国,有效维护国家安全。

实现国家的总体安全,关键在于加强风险防范,完善国家安全体系。在中共十九大和2018年4月召开的中央国家安全委员会第一次会议上,习近平总书记都多次强调要维护政治安全、健全国家安全制度体系、完善国家安全战略和政策、强化国家安全能力建设、防控重大风险、加强法治保障、增强国家安全意识等方面工作。中共十八大以来进行了一系列重大改革。首先,在顶层设计方面,2013年成立国家安全委员会,意在加强对国内外安全的全面统筹,实施更为有力的统领和协调。其次,为了适应新时期国家安全的需要,中国军队的领导指挥体制也实行了改革,按照"军委管总、战区主战、军种主建"原则,强化军委集中统一领导和战略指挥、战略管理功能。再次,中国的安全战略与政策也作出调整。2015年,《国家安全战略纲要》通过,强调以总体国家安全观为指导,坚决维护国家核心和重大利益,以人民安全为宗旨,在发展和改革开放中促安全,走中国特色国家安全道路。最后,中国不断健全和完善各种安全立法,加强国家安全法治建设,逐步完成了《中华人民共和国国家安全法》《中华人民共和国反间谍法》《中华人民共和国反恐怖法》等相关法律的修订和制定工作。

国际安全是国家外部安全的重要支撑。随着中国的不断发展壮大,中国已日益成为国际社会的重要成员,中国的安全也与国际安危更加密切相关,国内安全与国际安全的双向互动日益增强。中国奉行独立自主的和平外交,坚持走和平发展的道路,将中国安全与世界安全紧密联系起来,努力构建人类命运共同体和新型国际关系。首先,国际安全方面强调维护好中国的主权和领土完整及发展权益,包括日益扩大的海外利益。其次,新时代中国对周边安全的认知更加统筹协调。中共十八大以来,中国对周边地区更加重视,注意到周边安全的复杂性、差异性和阶段性,注重安全与发展的协调,致力于创造良好的周边环境,坚持与邻为善、以邻为伴,坚持睦邻、安邻、富邻的周边外交工作方针,积极落实亲诚惠容的周边外交理念。最后,作为安理会常任理事国,中国主动履行大国责任,积极参与国际维和,为其他国家提供援助,为世界和平提供安全支持。以共同、综合、合作、可持续的安全观为指导,中国推动构建平等互信、合作共赢的新型安全伙伴关系,将"结伴而不结盟"视为实现国际安全的重要路径,更加注重"中国作为"在国际安全中的积极作用,广泛参与全球安全治理,在反恐、维和、缉毒、军事援助、军事培训、军事演习等诸多领域,中国对国际安全合作的参与更加广泛和深入,不断深化双边和多边安全合作,积极参与军控与裁军等领域事务,提出全球安全倡议,为重大问题解决和重要规则制定贡献中国方案。在很多国际和地区安全问题中,中国都力所能及地发挥积极作用。

2022年4月,习近平主席提出了全球安全倡议,指出:要坚持共同、综合、合作、可持续的安全观,共同维护世界和平和安全;坚持尊重各国主权、领土完整,不干涉别国内政,尊重各国人民自主选择的发展道路和社会制度;坚持遵守联合国宪章宗旨和原则,摒弃冷战思维,反对单边主义,不搞集团政治和阵营对抗;坚持重视各国合理安全关切,秉持安全不可分割原则,构建均衡、有效、可持续的安全架构,反对把本国安全建立在他国不安全的基础之上;坚持通过对话协商以和平方式解决国家间的分歧和争端,支持一切有利于和平解决危机的努力,不能搞双重标准,反对滥用单边制裁和"长臂管辖";坚持统筹维护传统领域和非传统领域安全,共同应对地区争端和恐怖主义、气候变化、网络安全、生物安全等全球性问题。

自中华人民共和国成立以来,中国的国家安全观随着内外安全环境的变化而不断调整。总体来看,中国的国家安全观经历安全主体日趋多元、安全内容认知日益丰富、安全维护手段逐渐增加的发展过程,形成了相对全面系统的国家安全观。中共十八大以来,中国党和政府形成了"总体国家安全观"和"人类命运共同体"等理念,多领域、多层面地看待国家安全,重视国际安全合作,提出了全球安全倡议。当前,中国的国家安全面临着更加复杂多变的内外环境,总体国家安全观的提出在某种程度上回应了这种复杂形势。作为总体国家安全观和人类命运共同体理念的倡导者与实践者,中国正在对内建立和完善国家安全体系、不断增强安全能力建设,对外积极参与国际安全治理,不断促进世界和平与发展,坚持推进国际共同安全,高举合作、创新、法治、共赢的旗帜,推动树立共同、综合、合作、可持续的全球安全观,加强国际安全合作,完善全球安全治理体系,共同构建普遍安全的人类命运共同体。

小 结

本章讨论了安全概念的基本含义：客观上不存在危险，主观上不感到恐惧。为了使安全概念对实际的研究和决策有用，需要对之由核心出发进行具体展开，由此出发对安全概念的具体应用必须注意"谁的安全""哪方面的安全""什么威胁安全""多大程度的安全""谁保障安全""（以怎样的代价）怎样保障安全""在什么样的时空区间"等问题，从而有个较为全面周到的观察、描述和判断。在讨论安全时，要说明的维度的数量和所需的具体程度都会随着具体的学术研究和现实需要而变化。每一个维度都可以进一步地展开探讨。在界定安全时，忽视这种多维性是草率的，但按照这种多维性进行面面俱到的界定也不可行。"国际安全""国家安全"和"世界安全"等概念表现了安全的不同层次。对安全概念的使用是政治性的。在安全概念分析的过程中，一个重要的任务是要保持这一术语的明确性，避免其过分泛化和被过度滥用，以至丧失意义，甚至造成恶果。"安全化"理论提供了区分安全议题与其他议题的标准，并提供了分析相关政策过程，展示一项具体事务如何被安全化或去安全化的思路。这是哥本哈根学派对安全研究的贡献。

本章还讨论安全理念的演进，着重介绍了"非传统安全"理念的丰富内涵。安全思想源远流长，而安全作为一个学术概念，在二战后以来经历了一个发展的过程，逐步突破了以国家为中心、关注政治军事问题、强调军事威胁和手段的传统安全理念。冷战后，伴随着东西方对峙的结束，安全问题日趋复杂化，安全主体也更加多元化。除了对于威胁的认知，安全理念本身变得更加多元复杂综合，出现了"人的安全""共同安全""合作安全""综合安全"等一系列新理念，体现了世界政治的变迁。非传统安全需要考虑如何将"安全"同"发展"（特别是可持续发展）、"治理"（特别是全球治理）等建立起联系。这些都比单纯从政治、军事及传统的战略层面进行思考的安全议题复杂得多。

本章还梳理了新中国国家安全特别是国际安全理念的演进，重点展示了总体国家安全观和"共同、综合、合作、可持续"的国际安全观的指导意义。总体国家安全观是相对全面、系统、可持续的安全观，强调做好国家安全工作的系统思维方法，涵盖政治、军事、国土等诸多领域，且不断与时俱进地拓展调整。在总体国家安全观和人类命运共同体理念的指导下，中国的国际安全实践不断成熟稳健,正越来越具有大国风范。

思考讨论题

1. 什么是安全？请选择一个当前中国的现实国际安全问题,从多维度加以展开说明。
2. 传统安全与非传统安全的区别表现在哪些方面？什么驱动了国际安全理念的演进？
3. 安全与非安全问题的边界在哪里？你对有关安全概念泛化的辩论怎么看？
4. 什么是安全化和去安全化？如何更好地推进安全化研究？
5. 总体国家安全观与新时代全球安全观间存在着怎样的关联,有哪些具体的实例说明？

扩展阅读

中共中央党史和文献研究院编:《习近平关于总体国家安全观论述摘编》,中央文献出版社2018年版。总结了党的十八大以来,习近平总书记围绕总体国家安全观发表的一系列重要论述,是学习相关课程的基本政治指引。

中共中央宣传部、中央国家安全委员会办公室编:《总体国家安全观学习纲要》,人民出版社2022年版。系统阐释了总体国家安全观的丰富内涵、核心要义与实践要求,是学习相关课程的基本政治指引。

Arnold Wolfers, *Discord and Collaboration: Essays on International Politics*, Baltimore: Johns Hopkins University Press, 1962.（中译本见阿诺德·沃尔弗斯:《纷争与协作——国际政治论集》,于铁军译,世界知识出版社2006年版）。包含对国际安全诸多核心议题的经典讨论,富于哲理,其所讨论深度至今仍难以超越。

Barry Buzan, Ole Waever, and Jaap de Wilde, *Security: A New Framework for Analysis*, Boulder, CO: Lynne Rienner, 1998. 展示了哥本哈根学派对安全问题的独到思考,特别是对"安全化"及"去安全化"的经典论述。

第二章

国际安全研究

本章导学

国际安全是国际政治学科最核心的教学和研究领域之一。顾名思义,国际安全学科主要研究国家之间以及整个国际体系中的各种安全问题,探讨这些问题的来龙去脉以及国家围绕它们展开的各种实践。狭义上,国际安全研究聚焦于国家间的安全问题。广义上,诸如恐怖主义、族群冲突等国家与准政府组织或者准政府组织之间的安全议题,以及带有国际背景的单个国家的安全议题也会被纳入国际安全研究的范围。以气候安全和公共卫生安全为代表的非传统安全问题近年来更是成为国际安全研究的热点。

本章介绍国际安全研究的基础知识,首先对国际安全作为一个学科领域的发展进行简要的梳理,辨识学科发展脉络和当前趋势,接着回顾和整理与国际安全相关的国际关系理论及国际关系研究方法,重点在于构建"一个核心过程"(互动,以策略博弈为主,兼顾社会性交往)、"两个基本模式"(合作与"讨价还价")、"三个要素分布"(即实力、利益、信息)以及"一个关键背景"(即制度)的分析思路。

本章学习目标

1. 了解国际安全研究演进的过程,把握驱动学科发展特别是议程转换的动力因素,主动思考和了解学科前沿和动态;
2. 巩固对于国际关系学科基本理论和主流方法的认识和理解,进一步思考各种理论与方法的优长与局限,将之与国际安全研究相结合,探讨如何取舍和统筹应用的路径;

3. 初步把握本书在理论综合基础上所提分析要素的含义以及它们的关联整合,开始建立自己的分析框架与研究思路。

第一节 国际安全研究的演进

战争与和平、结盟同军备、疾疫和灾变,几个世纪以来,这些议题一直是人类思考的重要议题。在二战之前,国际安全研究已经在军事战略、集体安全等方面取得了一系列成果。一般认为,20世纪40年代,国际安全作为一个专门学科领域出现在美国。最初,它主要关注的是外敌威胁及军事力量的使用,几乎是战略研究或防务研究的代名词。20世纪五六十年代,国际安全研究进入了一个"黄金时代",在核威慑等领域取得了突出进展,迎来了一个理论化高峰。到20世纪60年代末,国际安全已发展成为国际关系研究的核心与主干。此后,经济制裁、能源、资源和环境等议题不断被纳入研究议程,国际安全领域在20世纪80年代后出现了又一轮的理论争鸣。进入21世纪,国际安全已成为一个成熟的研究领域,并越来越表现出跨学科属性。过去几十年间,国际安全研究始终处于发展演变中。大国政治、技术革新、重大事件、学术争论、学科制度化等是推动学科发展的几大力量。

一、国际安全学科的演进

20世纪40年代,在冷战压力的刺激下,在军事经验和学术研究的交叉点上,产生了一类独特的研究和教学领域,其旨在提供与防务和对外政策相关的知识,被称为安全研究。在美国,这一动态与核武器所带来的震撼密不可分,更受到苏联在意识形态、经济和军事方面对美国所构成的全方位挑战的刺激。持续高强度的国防动员促进了民间对相关问题的关切和参与,进而使相关问题超越了传统军事的范畴,成为了大学等学术机构的研究对象。

就研究领域而言,在20世纪五六十年代,安全研究取得了一系列丰硕成果,影响力不断扩大,并出现了第一个理论化高峰。威慑理论是其典型范例,兼具创新性、专业性以及重大的政策意义。政策导向推动学理研究的另一个例子是旨在解决武力结构和资源分配问题,通过运筹学思想等所产生的"防务经济学"。这一时期,世界其他地区,特别是西方世界,也效仿美国出现了学术意义上的安全研究。

在20世纪六七十年代,安全和战略研究的重要领域包括系统控制与规划、军备控制及扩散、同盟政治、战略情报、政府机构和官僚政治与组织决策(受古巴导弹危机刺激)以及反叛乱作战(受越南战争影响)等。还有一些新的学术发展(突出的是对心理认知因素和组织决策过程的讨论)旨在暴露并处理传统安全研究的不足。在这一时期,国际安全研究由跨学科领域逐步被纳入政治学的范畴,并时常被视为与国际政治经济学并列的国际关系两大支柱之一。在学术建制上,大学越来越强调基础性研究,而智库日渐演变为倾向于解决具体政策和技术性问题的机构。

在20世纪八九十年代,一系列雄心勃勃的理论化努力及随之而来的大辩论为学界所关注。这在大西洋两岸逐渐沿着不同轨迹发展。在美国,理论范式间以及范式内部的辩论与创新非常突出。国际安全领域成为范式间辩论的重要载体。现实主义理论的影响依旧最大,但其他理论流派都贡献了自己的视角和理论。学界就进攻性现实主义和防御性现实主义、国际制度与规范的影响、理性选择范式的适用边界,以及民主和平论等展开了一系列学术争鸣。这些争论基本遵循实证主义路径,试图基于经验证据,通过统计计量或案例研究等手法,对变量因果效应展开检验,进而提出政策建议。[①] 与之不同,在欧洲,理论研究更具哲学思辨色彩,各种或多或少带有批判性的学说互相展开了争论,涌现出了安全批判研究、女权主义、哥本哈根学派、巴黎学派与后结构主义等流派。同时,欧洲安全理论更多地倾向于批判和反思性分析,更具"知识分子"而非"专家"的色彩。

冷战结束以来,伴随着形势的巨大变化,原来的安全研究框架已无法涵盖越来越趋于复杂化的国际安全挑战。生态安全、金融安全、能源安全、信息安全等新的安全问题和安全范畴的出现,安全合作、全球安全治理、安全共同体等新的安全认知和研究范式不断涌现。与此同时,对于传统安全议题的研究也越发走向成熟和精深。国际安全研究的学术格局基本定型。如今,国际安全研究已从关注军事政治问题、具有国家中心主义倾向的传统安全研究(如战略研究),发展到关注经济安全、环境安全、社会安全、人的安全、粮食安全等问题的非传统安全研究。传统的现实主义学派继续发展,包括建构主义、后殖民主义、批判学派、后结构主义、女性主义学派等在内的国际关系学派也不断介入国际安全研究领域,

---

① 值得一提的是,主流国际安全与战略研究领域受到经济学等学科的影响很小,没有出现过度注重数理建模与计量统计的倾向。虽然也有《冲突解决杂志》(Journal of Conflict Resolution)这样的刊物,但作为业界标杆的《国际安全》(International Security)和《安全研究》(Security Studies)较少发表数理模型与定量统计分析的文章,至少这类文章未得像《国际组织》(International Organization)或者《国际研究季刊》(International Studies Quarterly)那样的青睐。这两大刊物发表的论文大都以运用历史案例分析为主,通过过程追踪和案例比较来检验因果假设。

推动国际安全研究不断扩展与深化。同时,在学术建制上,随着学术研究与政策研究的进一步分化,特别是由于学者们的研究越来越聚焦于某一个具体的学理议题,越来越多的人开始反思二者间脱节的问题。

二、当前国际安全研究动向

如今,安全研究在上述基础上有了进一步拓展,出现了一系列新的发展。一是与时俱进地出现了新的研究议程,推进学理研究和政策研究的融合,加强了对战略和现实问题的回应。安全研究正日益关注金融危机、环境恶化与气候变化、疾疫流行、颠覆式科技创新、能源安全和大规模杀伤性武器扩散等多元化的安全挑战。此外,有关后冷战时代单极格局下的帝国与制衡问题以及美国大战略的辩论,有关民主和平论的争论以及有关恐怖主义的研究,有关所谓的"权力转移"(美国衰弱、中国崛起)与大国战略竞争都与特定的时势密不可分。不过,国际安全研究在适应国际关系变迁的同时,也存在着延续性与继承性,比如威慑与威逼、军备控制、核扩散等一直是该领域的关注点,传统国际安全研究也一直有很强大的生命力。近年随着大变局下大国战略竞争的回归,与之相关的一系列议题,如同盟和制衡、经济强制与科技竞争等,在未来相当长一段时间内将保持着主流地位。二是新的学术视野、国际关系领域的诸多研究路径都在安全领域得以拓展及发展壮大,批判研究、性别研究、人类安全等新视角给人们全新的启示,推动重提价值判断的重要性,强调理论的目的性和批判性。同时,随着非西方大国和各种边缘性力量的崛起,国际安全研究面临着如何摆脱西方中心与大国中心的现实挑战。人工智能、基因工程等颠覆性科技创新所带来的冲击,更可能促使人们开启全新的安全视野。三是新的研究路径不断涌现。安全研究越来越成为一个跨学科的领域,心理学家、生物学家、社会学与人类学家都将其学科的理论思想、分析思维和研究方法引入了安全研究领域。

我们可以发现,就学理研究而言,当前国际安全领域内出现了三个特征。第一,议题导向的研究逐渐成为主流,围绕大国竞争等重大国际安全议题在具体维度及领域开展的讨论成为研究的重点。在研究这些重大安全议题的基础上,构建新的理论与模式。在大理论创新贫乏的今天,这成为被普遍采用的务实选择。第二,中层理论和微观理论成为目前理论创新的生长点,研究者逐渐将注意力集中到中层理论和微观理论的创新。随着分析技术等方面的革新,个人层次的理论与行为主义分析方法正在重新受到重视。第三,研究方法更为多元和精细。无论在数据生成,还是在收集和处理的各个环节,新的手段不断出现。来自其他学科,比如脑科学与认知科学、大数据和计算机编程等的创新突破不断被引入。

同时越来越多的学者倾向于均衡认知并统筹使用多种方法。①

国际安全研究是一个议题庞杂的领域,一些经典议题长期存在,在新的时期会出现新特征,重新生长出学术生命力。国际关系学界对国际安全研究的争议从来没有停止过,这种争议不仅得出了不同的结论,还反映了不同的研究取向、以及学者们所遵从的价值信念和研究方法。更重要的是,这些争议恰恰说明了独立的、深刻的学术研究对于丰富多彩的人类社会所特有的观照功用。

第二节 国际安全研究的主要理论

了解和研究国际安全不仅仅需要知道已经或正在发生什么,还要探究它们为什么会发生,进而判断其可能的发展趋势。事实本身不能提供解释与预测,但可以作为解释及预测的证据基础。这就是社会调查及学习历史等对社会科学研究如此重要的一大原因。解释并不是一连串的事实罗列。解释需要理论。历史研究等提供了对所发生的事情的描述,而理论则提供了对各类事件的一般性总结。

理论是一组陈述,用以解释人们感兴趣的现象。当我们面对"为什么会发生这种情况?"的困惑时,理论指明了在我们试图理解的事件中起作用的要素,并展示这些要素是如何组合在一起并发挥作用的。例如:有关战争的理论解释了战争发生的原因,并确定了使战争更有可能或更不可能出现的条件;有关国际环境合作的理论确定了促进或阻碍这一领域合作的因素。除了解释的主要作用外,理论还帮助我们更好地描述、预测、规划及指导实践。人们不可能对所有的事件事无巨细且毫无章法地加以观察和记录,理论通过确认哪些因素(更可能)是重要的,引导我们对证据作出取舍及编排。比如说,在叙述某场战争的缘起时,我们需要理论来过滤哪些事件需要纳入考虑,哪些则可以忽略。理论也帮助我们进行某种预测,它提供了一种世界如何运作的图示,推断某些因素的变化,经由怎样的过程,将如何导致行为和结果的变化。理论还可以帮助制定政策,确定需要作出什么改变来实现更好的结果。就像了解人体如何运作对预防治疗疾病很重要一样,对战争发生的原因有更好的理解,就有可能采取措施来规避战争。认识"世界如何运作"是"使世界变得更好"的关键一步。

---

① 参见左希迎:《国际安全研究的新进展:核心议题与研究趋势》,《教学与研究》2015年第2期,第89—97页。

最重要地，理论为复杂动态的现象提供了可行的简化的解释。个人和团体的行动及其结果受到众多因素的影响，难以穷尽列举。因此，任何理论都注定是简化的。但这正是理论化的意义所在。建立理论并不是因为我们相信世界是简单的或机械的。相反，建立理论恰恰是因为我们了解并承认世界是异常复杂的，而理解重要现象的唯一方法是简化处理某些复杂性，去提炼那些最为重要的因素和机制。因此，任何一般性的解释都有其边界和缺陷。鉴于社会事实的复杂动态性，我们一般能期待的是得到某些概率性而非决定性的认识，把握增加或减少特定结果发生概率的因素与机制。例如，发现增加或减少战争危险的条件，总结促使保护人权或环境合作的因素。实际上，即便是获得一个令人信服的概率化认识也非易事。反过来，观察到某些例外未必就构成对一种理论的实质挑战。

理论限制了我们看待现实的方式。理论不是空中楼阁，不是象牙塔里自娱自乐的玩具，它是指导外交和国内政策选择的关键因素，虽然有时可能是无意识的。理论解释不仅仅是学术界所追求的东西，对于决策者来说亦至关重要。决策者必须前瞻性地作出决定，当他们采取行动时，可以借助理论识别出需要寻找的事实，以整理出相互竞争的解释及策略，并加以评估，推测可能的结果，进而帮助决策。我们对有关国际关系的论点和证据的理解既取决于事实，也取决于理论视角。人都戴着自己的认知透镜在观察世界，这种使用未必都是经过慎思明辨的，值得我们时时反躬自省。

长期以来，传统的国际安全研究，一直遵循的是现实主义范式，均势、结盟、军备竞赛与军控、核威慑与防扩散，以及冲突与和平等议题，国际安全研究在某些议题上与现实主义国际关系理论有高度的契合性，但是国际安全是一个研究领域，并不单单属于某一理论流派，不同的理论流派都可以有自己的视角和理论，通过不同的假定，以自己的方式简化我们所认识与相信的东西。

一、现实主义

现实主义思想可以在修昔底德、马基雅维利、霍布斯等人的著作中找到思想渊源，在中国古代法家与兵家思想中也有类似体现。现实主义国际关系理论以两个关键假定为出发点：其一，强调国家，认为单一自主的国家是世界政治的主导性行为体；其二，国际体系以无政府状态为基本特征。在现实主义者看来，无政府状态深刻地塑造了世界政治中的利益和互动关系。由于对暴力强制等缺乏外部约束，各国都生活在对彼此的怀疑和恐惧之中，必须首先为自己的生存和安全着想。实力是安全的最可靠基础，也是维护和拓展利益的最重要手段。通过积累实力并确保潜在的敌人不会变得更强大，国家可以减少他们面对攻击和征服的脆弱性。不幸的是,由于国家关注的是安全和权力,几乎所有的互动都具有零和性,人与人间的信任也很有限。每个国家试图为自己争取更大的份额,一个国家的收益就是另一个国家的损失。利益的分配取决于实力的大小,而物质资源的分配决定了权力关系与讨价还价的结果。战争、冲突与强制的威胁笼罩下,每个国家都会担心获得更多收益的国家能借之来获得未来的更大好处。因此,即使合作的潜在收益很大,各国更关注相对收益,更担心利益分配,而不是整体收益。如果国家预期将处于不利地位,它们可能会放弃眼下互利的交换。现实主义者的结论是,合作是困难和少见的。现实主义者断言,由于国际体系的无政府性质,国际制度的效能很弱,对世界政治的独立性影响很小。像联合国和世界贸易组织等只是反映了占主导地位的国家的利益和权力,这些国家在其创建和设计中拥有最大的发言权。规则不太可能被遵守,国家最终总是会遵循物质利益和权力考虑。

总之,现实主义具有明显的悲剧意识,看到的是人世的黯淡与人性的局限。暴力冲突与强制是国际关系中一个永恒的因素,没有什么可以阻止一些国家在符合其利益时发动战争和攻击。战争的风险可以通过审慎的外交和面临共同威胁的国家间的临时性同盟来克制,但无论是国内还是国际制度都无法提供持久的和平。甚至国际经济关系也被权力之争所限制和支配,对贸易和资本流动的限制就往往成为增加或保持一个国家的相对权力的重要手段。国家间合作是困难的,因为各国都在为自己着想,而国际制度通常太弱,无法构成有力的约束和引导。现实主义者对国际合作与共同利益,如保护人权和全球环境等未能实现并不感到惊讶,甚至讥讽它们为"大幻想"。在伦理层面,现实主义者特别是古典现实主义者强调共同体整体利益与审慎务实克制的品格。汉斯·摩根索(Hans Morgenthau)把审慎视为政治的最高品德。肯尼思·沃尔兹(Kenneth Waltz)也明确指出,权力只是可用的手段,明智的政治家总是追求适度的权力,过度扩张的国家不免走向自我挫败的命运。以约翰·米尔斯海默(John Mearsheimer)为代表的进攻现实主义学者将国家对权力的追求绝对化,凸显出现实主义的悲剧意识和权力政治色彩,但他们对"离岸平衡"等的推崇也还是体现出某种克制色彩。

现实主义并非一种单一的理论,而是一个理论家族。从理论的分析层次和变量的范围可以划分为人性现实主义、国家中心现实主义和体系中心现实主义。人性现实主义强调根源于人性的动机,特别是由恐惧、欲望、荣誉等而来的权力欲望,以及外在约束的不足所带来的政治影响。古典现实主义者(包括近代以来为现实主义提供思想渊源的诸多政治哲学家)大多可以归入这一范畴。摩根索在《国家间政治:权力斗争与和平》一书中,对现实主义基本原则的第一条就是关于人性的假定,即"政治受到根植于人性的客观法则的支配"。在他看来,"政治人"本质上有着支配他者的倾向,寻求权力的斗争是政治的核心,这是人类的天性所致。① 与之不同,体系中心现实主义以国际体系的无政府状态为立论基础,由此探求对国家间互动和国际体系变动的精练解释。在现实主义思想中,这一脉传统也很悠久。霍布斯的"自然状态说"可视为最经典的阐述。沃尔兹则将其上升为建构国际政治理论的基本前提,由此发展出结构现实主义理论。以米尔斯海默为代表的进攻性现实主义以及其他一些学者支持的防御性现实主义也属于此类。进而,国家中心现实主义从国家的角度(包括国家属性、国家利益、国内政治等)寻求对国际关系和国家行为的解释。特别是新古典现实主义就试图在体系与单元两个层次之间建立联系,强调国内因素在体系诱因与国家行为之间的传导作用。从分析层次的角度只能对理论进行较为宽泛的归类。在每一层次内部,学者们所选取的自变量也存在差异。近年来,许多争论围绕着体系诱因与单元要素的作用问题展开,无论是在现实主义阵营内部还是外部,越来越多的学者开始强调架构层次间,特别是体系与单元之间的联系,但如何将二者紧凑地合成到统一的理论体系之中,还有待进一步探索。

防御性现实主义与进攻性现实主义间的辩论是现实主义学派内部的一大争鸣主题。首先,二者最根本的分野在于对国家战略的不同偏好(即对于哪种战略才是在无政府状态下实现自助的可行方式)的判断不同。防御性现实主义认为,自助体系中的大国要想实现生存、安全和地位等目标,必须阻止其他大国获得超强的实力,最佳策略是通过内部和外部制衡行为来维持均势局面。进攻性现实主义则认为,大国最优的安全政策是不断扩充自己的实力,尽可能谋求体系中的霸权地位。唐世平指出,这种分野进一步来源于它们对于如何处理对他者意图的不确定性以及由此导致的恐惧的差别上。进攻性现实主义认为,必须对其他国家的意图作最坏的假定,而防御性现实主义则认为国家不能轻率地假定其他国家秉持着最坏的意图。进攻性现实主义认为,无政府状态下国家间的合作天然是困难的,这源于国家对于相对收益的担忧,以及欺诈动机的普遍客观存在(被欺诈的高昂代价以及发现欺诈行为的困难)。国家仅能在面临严重共同威胁时结成暂时性的同盟。防御性现实主义则认为安全合作是可行的自助方式,在很多环境下都可以形成,现实主义的核心假定并不能导出排除合作的结论。进攻性现实主义假定国家内在地富于侵略性,而这种侵略性只受限于国家实力。防御性现实主义则不认为国家并不一定有意威胁彼此,进而至少还有避免代价

---

① [美]汉斯·摩根索:《国家间政治:权力斗争与和平》(第七版),徐昕、郝望、李保平译,北京大学出版社2006年版,第28页。

高昂的冲突与对抗的共同利益。在这个意义上,二者对于合作的不同立场源于一个更为根本的假定分歧:无政府状态下是否存在共同利益,从而提供合作的可能。其次,进攻性现实主义认为最大化权力不会招致任何危险,国家必须尽可能地获取更大的权力,而防御性现实主义则强调其风险,招致制衡和安全困境而弄巧成拙。进攻性现实主义认为,无政府状态下,实现安全唯一可行的手段是最大化相对权力,追求权力和追求安全本质上是相同的。防御性现实主义则并不这样认为。虽然相对收益的担忧有时可能使合作更加困难,但并非总是如此。① 根据社会演化理论,唐世平认为防御性现实主义和进攻性现实主义存在于不同的体系环境或时代背景下。具体而言,进攻性现实主义的逻辑曾长期占据主导,体系的基本逻辑是"要么征服要么被征服"。由此导致的客观结果是,一方面剩余国家的数目下降,另一方面剩余国家的领土、人口和物资资源增长,同时进攻战略与防御战略占优性逐步转换。国际体系在1648年以来从进攻性现实主义世界向防御性现实主义世界转变,征服不再是一种占据支配的观念,进攻性现实主义的逻辑由此不再居主导地位,主权意识和民族主义观念的扩散遂使国家的范围更加确定。1945年后,世界范围内的一些地区变得更加规则化且更加和平。②

此外,现实主义学派内部还有均势现实主义和霸权现实主义的争论。均势现实主义认为,体系中的国家(尤其是大国)为了自己的生存总是力图阻止霸权国的出现。当一个大国企图取得体系霸主地位时,其他大国通常会采取平衡而非追随强者的政策,通过内部平衡和外部联合,对其进行制衡,而体系终将趋向平衡。但是,霸权现实主义不同意上述主张,认为国际体系中的霸权会周期性地出现,霸权国通常会建立一套政治、经济结构以及行为规范来管理体系,权力的集中而非分散会带来体系的稳定,大战通常是挑战者与霸权国之间的霸权更替战争。这一派包括了以奥根斯基(A. F. K. Organski)为代表的权力转移学派、以罗伯特·吉尔平(Robert Gilpin)为代表的霸权稳定论以及以乔治·莫德尔斯基(George Modelski)等为代表的领导权长周期理论等。

现实主义的内部争论反映了这一学派的内部复杂性,也提供了进一步思考和探究的空间。当前以唐世平、刘丰为代表的一些中国学者,正在探索如何化解相关辩论,以及寻找范式内综合之道,取得了一定成果。③

---

① 唐世平:《我们时代的安全战略理论:防御性现实主义》,林民旺、刘丰、尹继武译,北京大学出版社2016年版。
② 唐世平:《国际政治的社会演化:从公元前8000年到未来》,董杰旻、朱鸣译,中信出版社2017年版。
③ 刘丰:《范式合成与国际关系理论重构——以现实主义为例的分析》,《中国社会科学》2019年第8期,第187—203页。

二、自由主义

现代自由主义思想发源于启蒙运动,植根于洛克、康德以及斯密等人的著作中。国际关系自由主义学派强调民主共和制、国际经济交流和国际法的作用,在权力结构之外更关注利益和信息分布,并将对国际制度的研究推向中心。自由主义将国家视为最重要的行为体,但它也强调了各种非国家行为体:政府间国际组织、非政府组织、跨国公司等在世界政治中的重要性。与现实主义不同,自由主义也不假定安全或是别的国家利益压倒其他利益。相反,自由主义理论赋予国家及其他行为体相当灵活多样的动机和目标。现实主义强调国家单一自主性,有关安全和权力的国家利益来自于无政府世界中生存和竞争的需要,而自由主义者更倾向于认为政府的利益来自于内部政治过程,即来自于在国内政治制度环境中不同国内行为体的相互作用。由于经济财富可以作为满足许多不同欲望的手段,自由主义者认为,为了各种实际目的,行为体高度重视经济福利的最大化。

自由主义者对世界政治中的合作可能性持更乐观的态度。在现实主义者看来,大多数情况都涉及权力与利益的零和性冲突,而自由主义者则认为,行为体在很多领域或维度有着明显的共同利益,可以作为合作的基础。国家以及社会间的合作并不一定那么困难。甚至在冲突占主导的情况下也有合作的空间和必要。例如:战争的巨大代价意味着各国在避免冲突方面存在共同利益;有利可图的市场交易为降低贸易壁垒以及建立国际制度以促进经济交往创造了共同利益;对控制传染性疾病,以及对清洁的空气和水的共同需求为开展治理合作提供了基础。尽管自由主义者承认世界政治经常为冲突所围绕,但他们并不认为冲突是不可避免或难以约束的。相反,他们认为,冲突往往是因为行为体未能认识到共同利益的存在或根据共同利益采取行动。在自由主义视角下,行为体是否能够采取合作以促进他们的共同利益,在很大程度上取决于信息的分布,进而取决于国内和国际制度条件。在国内层次,自由主义者认为民主体制是解决一系列问题,推动政府采取合作性外交政策的最佳选择。在国际层次,国际制度通过解决战略互动中出现的信息及其他障碍,从而促进合作。不同时间和地域的国际政治并不相同;它只是在某些地方和特定时期才是"现实主义"的。在安全研究领域,自由主义者与现实主义者都承认国际政治表现出高度的冲突性特征,然而二者对它是否"必定"或"一向"如此持不同看法。自由主义对于改善国内政治持基本乐观的态度,相信国际政治处于演变之中,将越来走向相互依存、合作、和平和安全。

在具体分析中,自由主义接受了国际体系对国家行为产生重要影响的观念,但强调两个单元层次因素：一是国内行为体的权力和偏好，二是国内政治体制的性质。在自由主义者看来，与其说国家是单一自主的行为体，不如说是在政府内部，主要精英及重要利益集团之间持续斗争的反映，是观念、偏好以及精英和官员决策的结果，时常与一国政治体制的性质相关。因此，国际政治性质的变化很大程度上取决于其中国家的性质及其目标。国家间并不相同，国际政治的运作方式倾向于反映不同的国家特质。在这个意义上，自由主义很大程度是一种"由内向外"地描述和解释国家为何行动的路径。

国际关系自由主义学派同样是一个包括复杂观点与实践分歧的家族。在国际关系领域，可将自由主义划分为如下类型来简单梳理：商业（或经济）自由主义、制度自由主义和共和自由主义。商业（或经济）自由主义源于18世纪和19世纪早期形成、影响力逐渐扩大的自由贸易观念，而今则不仅包括商品的自由流动，也涉及资本的自由流动，还同时考虑国内和国际经济活动。商业自由主义相信，经济相互依赖的增长将减少冲突，有助于带来和平与安全。制度自由主义则期待通过国际组织推动国际合作和国际安全。其中，功能主义的解释认为互动的增加产生了管理和协调的必要，建立国际组织是为了满足这些需要，引导国家放弃部分主权，以建立负责管理的国际组织和机制，来提高决策效率。罗伯特·基欧汉（Robert Keohane）提出的新自由制度主义强调信息因素，强调国际组织与国际机制提供信息和解决分歧的程序，方便集体决策，抑制"搭便车"和欺骗行为，可以对遵约作出监督，对其效果作出评估。因为它们可以降低交易成本（transaction costs），因此国际制度一旦建立并开始运作就具有了黏性和韧性。共和自由主义相信，自由民主国家因为其政权类型、决策规则与政治文化有着独特的外交政策，具有民主和法治精神的共和国组成的群体可在国际法原则下最终达到"永久和平"。这一点为所谓的民主和平论所强化，充分反映了西方学界的政治立场及倾向。

总之，自由主义乐观地设想了一个有可能取得进步的世界，通过传播民主体制、加强国际制度和促进经济相互依存来减少战争与冲突的危险，从而使各国的福利联系起来。经济活动也有可能创造巨大的财富，带来共同的利益。而全球挑战可以催生出国际制度和全球治理的需求，使合作成为可能。现实中，自由主义也被批评为不过是西方大国的说辞，或者外部干涉的掩饰，并为跨国垄断资本的扩张张目。

三、建构主义

建构主义作为相对较新的国际关系分析路径，主要源于现代社会学思想。

与自由主义者一样,建构主义者大多也关注世界政治中行为体及其利益的多样性,认为国际制度特别是各种软性国际制度(国际规范)可以发挥独立效应,甚至能带来变革性的影响。然而,建构主义者与自由主义者不同,他们不再强调利益的物质来源,而是关注理念和社会性因素(如思想、文化、语言和规范)的作用。建构主义者强调,行为体的利益偏好并非是给定的,而是为社会文化、观念和自我身份所形塑。国家是否认为有共同或冲突的利益,不仅取决于它们的相对军事力量或经济联系,还取决于它们的自我认识以及彼此间的社会性关系。现实主义者所描述的危机四伏的国际体系并不是由无政府状态决定的,也不是国际体系既定的或自然的特征;它源自国家接受的观念,是我们让它变成了这样的。如果行为体以不同的方式来理解他们的利益和关系,他们关于适当行为的概念就会发生巨大的变化。"无政府状态是由国家建构的"就表达了这样的意思。[1]

建构主义的一个重要思想是强调规范或广义制度的构成性作用以及人类行为的恰当性、习性(habitus)与关系性逻辑。建构主义认为国际体系中的观念、身份和互动具有重要意义。人类世界并不仅仅是给定的或自然的,恰恰相反,人类世界是一个人为的世界,是通过行为体自身的思考与行动而建构的。主流的理性主义流派认为行为体是有目的的,根据对不同选项的成本-收益的预期与比较来作出选择,而建构主义者则认为人们追求自认为正确和恰当的东西,而这与他们对"自己是谁"以及他们希望别人如何看待自身的理解密切相关。因此,符合某些行为标准的愿望可以压倒其他利益。如果各国普遍相信使用某种武器是"非文明"或"不恰当"的,那么希望被视为文明的国家可能会决定放弃这些武器,即使使用这些武器会增强其安全。制度与规范体现了恰当行为的社会规则。对国际制度的遵守不仅取决于其监督和执行条款的能力,还取决于成员的社会期待。

在建构主义的视野下,我们创造了我们生活的世界,它也在影响着我们。关于适当行为的想法可以改变,建构主义者认为世界政治有很大的变化潜力,甚至可能发生根本性的转变。身份和利益随时间和地点而发生变化,促使行为体改变其关系,可能从敌对性转向合作性(也可能相反)。国家行为可以通过有意识的努力来改变,包括促进新的规范,如反对使用某些武器的规范,促进干预种族灭绝性冲突的规范等。在这方面,建构主义者特别强调跨国行为体的作用,如人权或环境活动家的倡议网络,关注他们如何在全世界传播各类规范。建构主义议程的重要组成部分就是展示身份和利益在不同时间和空间中并不是一成不变

---

[1] Alexander Wendt, "Anarchy is what States Make of it: The Social Construction of Power Politics", *International Organization*, Vol.46, No.2, 1992, pp.391-425.

的,并对变革和修正采取开放性的态度。

需要指出的是,建构主义应该被视为一种研究或分析路径,而非实质性理论。它关注如何将行为体和结构之间的关系概念化,而没有世界政治行为模式的具体主张和假设。类似地,我们通常所知的理性选择(rational choice)也是一种社会理论,它提供了一个思维框架来理解行为体如何基于固定的偏好,在一系列的约束条件下实现利益最大化。它对这些偏好及约束条件的内容没有任何主张。类似于理性选择理论,建构主义不是一种实质性的理论,为了产生具体实质性的主张,学者们必须确定谁是主要行为体,他们的身份、利益和能力是什么,以及构成和制约他们的规范结构的内容是什么。建构主义路径指导下的研究可能强调不同的要素和分析层次,有时也存在分歧甚至对立。尽管如此,它们都从一个基本的洞察点开始,即社会现实是人类有意识的产物;这种主体意识和社会意义是通过社会知识创造和构成的,这种知识和意义可以在社会生活中被制度化;而这种制度化反过来又影响社会现实的构建。理性主义路径在理解安全方面关注物质力量,建构主义认为观念和物质因素建构了我们周围的世界,特别是我们赋予世界的意义。它对安全研究的重要性不仅在于将安全概念化,也在于提供了对安全的替代性阐释。建构主义分析路径主张"安全"可以被社会建构,提供了以替代性方式解读安全的可能,成为后冷战时代安全研究变革的重要推动因素之一。

建构主义也不是单一的研究路径,我们可以将建构主义宽泛地划分为在方法论与如何探究特定知识和认同方面有所差别的两大阵营:常规建构主义和批判建构主义。常规建构主义者倾向于接受国家的中心地位,承认运用科学或实证主义方式来理解现象的重要性,将建构主义视为理性主义和反思主义路径的中间桥梁。批判建构主义则与国家中心假定和实证主义方法保持距离,甚至对其持批判态度。常规和批判建构主义者在处理身份问题上也存在差异。相较而言,批判建构主义认为身份更加复杂和多元化,而常规建构主义者倾向于认为身份是单一而固定的,忽视了背后的权力及代表性问题。批判建构主义者指出,语言等构造我们的现实,发挥着建构性作用,而常规建构主义者倾向于忽视或淡化这一点。批判建构主义认为依赖实证主义是有问题的,区分观念和物质世界不过是再次制造了某种二分对立。批判建构主义者比常规建构主义者更加将权力、身份、规范等问题化,倾向于认为身份是复杂而不是稳定的,不是坚实与给定的,而与权力运作密切相连。此外,批判建构主义者更加关注语言,并指出了它在建构现实中的作用,关注语言如何在理解含义、解读语言和世界的关系方面发挥重要作用,主张我们必须关注权力、文本和语言的重要性,并且批判地研究它们。总之,常规建构主义与批判建构主义两大分支的核心差别就是在什么程度上可以接受什么是"固定的",必须更积极地研究身份以揭示其含义和构建。

总之,国际关系理论的三大主流学派——现实主义、自由主义、建构主义——都对世界政治的重要问题提出了各自的见解。然而,每一学派都倾向于强调某一特定方面,从而为了知识的纯粹和简洁性而牺牲了解释的覆盖性和灵活性。毫不奇怪,越来越多的学者转向了范式综合的分析折中主义以及具体问题解决导向的研究。我们已经很难将学者和他们的工作简单归入某一流派。绝大多数研究的目标不是解决范式争论,而是要回答国际安全的重要难题,综合各种路径来帮助我们理解当今日益复杂且变动迅速的安全现实。

第三节 国际安全研究的分析框架

我们研究国际安全是为了深入理解各种冲突与合作现象。我们试图理解为什么会出现某些安全问题,国家及其领导人为什么会作出某些选择,为什么我们会观察到某些结果。下文将勾勒一个分析框架,关注战略博弈与社会交往两种基本社会互动过程,以"讨价还价"与合作两种基本社会互动模式为中心,以制度为关键背景,以实力、利益与信息的分布为核心要素,提供如何综合运用各种理论,开展具体问题研究的参考性指南。[①] 其中,利益(动机和意愿)是政治分析的基本构成部分。对国际政治事件的解释首先要明确相关的行为体(如美国、特朗普、朝鲜)和他们的利益偏好(如权力或安全)。当行为体基于自身的条件和能力,追求自己的利益偏好时,他们会与其他行为体进行互动;这些互动在一定的制度背景下发生,受到利益、权力与信息分布的影响,互动过程与模式会影响到结果以及行为体是否能得到他们想要的东西。制度(如联合国等)塑造利益,提供信息,也可以通过提供促进合作的规则来影响互动的结果。上述框架可以用来分析和理解后面几章所描述的难题,以及各种本书未及讨论的其他安全难题。

一、行为体及其利益偏好

社会科学分析往往由这样的问题开始:相关现象涉及哪些人和组织,这些人

[①] 在教材中提出一个简要分析框架以及对这个分析框架的界定受到弗里登、舒尔茨、莱克所著经典《世界政治》教材的启发,并对他们以理性主义和策略互动为基础的分析框架做了进一步的改动,纳入了建构主义的分析要素。参见 Jeffry A. Frieden, David A. Lake, and Kenneth A. Schultz, *World Politics: Interests, Interactions, Institutions*, 4th edition, New York, NY: W. W. Norton, 2019。

与组织又有着怎样的意图与能力？国际安全事务涉及各式各样的人及其互动。我们把个人和这些由个人组成的群体都称为行为体。行为体是一个分析性概念。同一个现象往往涉及许多行为体，具体选择以哪些行为体为焦点，需要看是否有助于解释被观察到的结果。在国际关系中，至关重要的毫无疑问是国家，但有时也有必要打开国家这个"黑箱"，考察各种国内行为体。

讨论意图，就涉及利益。所谓"利益"，就是好处，是行为体希望通过政治行动实现的东西。国家维护安全，本质上是维护本国的利益，维护对国家安全有好处的现状或改变对国家安全不利的现状，并且谋求为国家安全所需要的各种好处。作为行为的驱动力，利益是政治分析的基本组成部分。在分析过程中，利益是行为体对各种状态和结果的偏好，决定了如何对相应的各种策略进行排序取舍。利益可以是多种多样的，同样取决于所研究的具体政策与事件。

在确定行为体的利益偏好时，相关分析有时会利用既有的理论判断，有时则依靠分析对象自身的声明或行动推断，有时则直接假定行为体有某种特定的利益。人们通常将利益笼统分为三类：权力或安全、经济或物质福利，以及理念或意识形态目标。学者们长期以来一直在争论是否有一种利益概念比其他概念更普遍、更真实、更有用。实际上，关于行为体的利益（应该）是什么的各种争论（例如对于国家利益的争论），往往同在特定情况下应该追求何种目标、采取何种政策的争论联系在一起。很难说有一种利益总是能更好地帮助解开国际安全的难题，同样取决于面对的问题与分析的目的。国家利益受到实力的制约（如现实主义所强调的），反映了国内政治（如自由主义和马克思主义所指出的）并受到制度规范与社会实践的构建（如建构主义所强调的）。要更好地理解行为体及其利益，必须考察行为体之间的互动以及所处的制度环境。

二、互动模式：合作与"讨价还价"

行为体作出选择并展开行动是为了促进他们的利益，实现他们的目标。策略是对目的和手段的权衡，与对利益和实力分布的判断密切相关，实力通常被理解为产生预期效果的能力，以军事或经济资源为基础，并通过战略来导向特定的目的。实力大小往往决定行为体在社会体系中的位置，进而反过来塑造对于利益和目标的界定。在面对某些挑战或追求某些目标时，资源和能力的效果都是相对的。政治结果不仅取决于一个行为体的选择，也取决于其他行为体的选择。在分析国际关系事件的过程和结果时，我们必须研究相关行为体的选择与行动，以及它们如何在相互作用中产生特定的结果。这就要求行为体了解他方可以作出的选择，以及会使自己的选择受挫或有利的可能。战略的本质在于如何处置这些相互依存的选择。

互动是指两个或更多行为体的行为交互,相互影响,从而产生某种政治结果的过程。在互动中,行为体受到他者的影响,必须预判他人的潜在选择,并在充分考虑到这些选择后作出自己的决定。我们也把这种情况称为"战略互动"。在战略互动中,每个参与者的策略或行动与其他人的策略和行动相互影响,共同作用产生某种结果。行为体将根据自身利益以及他人可能采取的行动来制定战略,作出在他们看来对他人的预期策略的最佳回应,就像在象棋、围棋等游戏中所做的那样。不过,理性的战略性选择并不能保证行为体会获得其所最期待的结果。实际上,任何特定的行为体并不总是能够,甚至在大多数情况下都不能得到其最喜欢的结果。理解由两个或更多行为体的战略互动可能是复杂而困难的。人们发展了博弈论等分析工具来研究战略互动。①

（一）合作与"讨价还价"

根据所涉及的利益关系特征,互动大体可归为两大基本类型,即合作型互动和"讨价还价"型互动。一般的政治互动在不同程度上涉及这两种基本形式的混合。

当行为体在实现某一结果方面有共同的利益,通过相互适应、彼此协调、共同行动才能实现这一目标时,互动便是合作性质的。当两个或更多行为体采取的政策使至少一个行为体的情况得到改善,而任何其他行为体的情况不会恶化(即达到帕累托改进)时,互动关系就呈现出合作色彩。在国际安全事务中,国家间同样有很多机会进行合作,如协助彼此免受攻击、共同保护全球环境以及一起维护人权等。合作包括了相互的政策调整,增加了一些或所有伙伴所能获得的好处,而不减少任何参与者的福利。因此,我们把合作又称为"正和性博弈"。当然,合作的这种特性是从参与其中的人的角度界定的。合作使参与者受益,但也可能伤害到他人包括社会大众。

讨价还价则描述了一种不同的互动模式,或者说某些互动的另一维度。在这种互动中,一方得到的越多,另一方得到的就越少,行为体需要在某一方比另一方处境更好的结果中作出选择。例如,两个国家可能都想占据某种好处,比如同一块土地或海域。讨价还价描述的就是他们争夺进而划分领土的过程。他们可以进行谈判,或相互制裁,或展开战斗。所有这些都是讨价还价的具体表现。在这种情势下,一方偏好的实现改善以牺牲另一方的利益为代价。就如买卖东

---

① 战略选择是今天主流国际关系理性主义路径的基本分析思路,系统性的阐述参看 David A. Lake and Robert Powel, eds., *Strategic Choice and International Relations*, Princeton, N.J.: Princeton University Press, 1999。

西交易的时候(这个例子在另一个维度是合作性的,因为交易对双方都比不交易要好),你越省钱,店家赚得越少。因此,"讨价还价"有时被称为"零和博弈"。"讨价还价"反映的是再分配过程,不像合作那样创造额外的价值。我们通常将战争与危机谈判视作一种"讨价还价"的互动,我们将在第三章深入研究这一过程。

国际关系中的大多数互动都混合了合作和"讨价还价"模式,一如买卖东西的例子。在许多互动中,行为人同时进行着合作和讨价还价互动,而这两种互动的结果是相关联的。成功的合作会产生需要讨价还价的收益。如果行为人不能就收益的分配达成讨价还价,合作将会受到阻碍。

(二)影响合作互动的各因素

如果合作能使行为体的处境获得改善,福利得以提升,为什么他们有时不能合作?原因就在于,即使行为人在合作上具有共同利益,也存在某些私人利益动机导致他们选择不合作或"背叛"。由利益分布导致的"背叛"动机的强弱,在很大程度上决定了合作的前景。信息分布的不对称则是另一个关键的原因。

先考虑最简单的协调问题。在这种情况下,行为人只需要相互协调采取行动。一旦达成协议,没有人能从"背叛"中得到好处。一个典型的例子是决定汽车应该靠道路的哪一边行驶。司机们在避免撞车方面有共同的利益,只要决定所有人都靠右行驶或靠左行驶,他们就没有动机去偏离这个合作安排。换言之,在协调的情况下,合作是可以自我维持的。但是,如果一方有私利动机从合作中"背叛",即便合作可以使各方都得到更多的好处,那么就会出现更严重的合作难题。这通常用囚徒困境来说明。国际关系中的典型例子则是军备竞赛。即便双方都能从军备控制获益,相关国家都有动机在相关协议上"作弊",以达到(或保持)优势,并且相信对方也会这么想和这么做。结果,即便双方达成了一些军控协议,却都担心己方的克制会被对方利用,最终还是陷入了螺旋式的军备竞争。同时,即便行为体在寻求合作过程中没有基于私人利益的背叛动机,由于彼此间的不信任和信息不对称,合作也有可能无法实现。

此外,涉及公共产品提供时则出现了一种特定类型的合作问题,即所谓的"搭便车"问题。鉴于行为人无论是否为提供公益作出贡献,都可以享受其好处,在这种情况下,各方都有动机不做贡献,从其他人的努力中获益,而自己则不需要承担成本。例如,所有国家或许都期待能防控大规模疾疫的扩散,但许多国家又都希望其他国家能承担更多行动的成本。这也在一定程度上解释了为什么各国政府在各种全球问题上的合作会如此困难。

相关研究提出了一系列推动合作的机制。例如,无限次重复的"囚徒困境"博弈下,"一报还一报"的报复惩罚策略能够促使国际合作出现和维持,而国际制度则起到监督和执行合作协议的功能。如果行为人期望与相同的伙伴进行多次、重复的互动,那么在任何特定的互动中"叛逃"或"搭便车"的动机就可能被克服。在这种情况下,行为体可以通过威胁在未来不合作来控制彼此"作弊"。第一次世界大战的堑壕战出现了一个"你活我也活"的状态。战线上的不少地方都形成了一种自我克制的默契,双方士兵自觉地回避相互狙击偷袭,以避免对方报复。使合作成为可能的是,在同一地区长期部署的部队彼此僵持,在行动中创造了重复和互惠的关系。

同样,相对收益的争论还涉及合作一方是否会利用由相对收益带来的相对优势来压制另一方。此外,还有行为体的数量和相对规模等因素。少数行为体进行合作,更容易进行沟通,更容易观察并在必要时监督对方的行为,这些要比人数众多的行为体更容易做到。此外,当行为人有机会在不同问题上进行利益权衡与交换时,合作的可能性更大。与之密切相关的则是"关联"(linkage)概念,它将一个政策层面的合作与其他层面的合作联系在一起。重复使受害者能够通过扣留未来合作的收益来惩罚作弊者,而"关联"则使受害者能够通过停止其他问题上的合作来进行报复。美国和英国之所以能够维持深度合作的"特殊关系",原因之一是它们在许多不同的问题上紧密"关联"。

(三)"讨价还价"与权力

合作有可能使各方都获得改善,人们关心为何合作无法达成是自然的。而讨价还价则存在赢家和输家:一方的收益都是以牺牲别人的利益为代价的。那么,是什么决定了谁赢和谁输?为什么行为体会同意接受损失?为什么讨价还价能够达成?

在讨价还价过程中,核心是在谈判成功与失败这两种结果间的权衡。在解释讨价还价结果时,除了利益对比,还包括对意愿和决心的考察,最关键的还是实力对比,涉及权力关系,或一个行为体促使另一个行为体以某种方式行事的能力。权力是国际关系研究中最经常使用但又模糊不清的术语之一。在讨价还价的背景下,权力被看作是促使对方作出让步(并避免自己作出让步)的能力。一方的权力越大,它就可以期望在讨价还价中从别人那里获得更多的利益。为了使谈判失利结果对自己有利,行为人有三种生成或行使权力的基本方式:强制、外部选择和议题塑造。

1. 强制

行使权力最明显的策略是强制。强制意味着对其他行为体进行威胁或实际强加成本,促使其改变行为。国家可以利用其对他方施加代价的能力来获得更有利的交易结果。伊拉克战争前,美国要求萨达姆-侯赛因自行下台,否则用武力将其赶走,就是一个例子。当然,被强制的对象本身也可以"以彼之道,还施彼身"。这就要考察相关方对他方施加代价和抵御他人对自己所施加代价的能力,或者说看一方能否对另一方施加更大的代价。国际强制的手段除了军事力量还有经济等手段。拥有更大规模和更有能力的军队的一方通常具有优势(虽然未必总是如此)。同样,一国的经济规模对实施和/或承受经济制裁的能力也有影响。其他一些因素也可以成为讨价还价中的权力与强制资源。需要注意的是,使用武力是有成本及风险的,一个行为体接受成本和承担风险的意愿和决心也可以产生讨价还价优势。这有助于解释为什么弱国有时能打败大国。

2. 外部选择

权力还可能源自利益和偏好分布。外部选择(outside option)是参与方在"讨价还价"无果时的替代方案。如果拥有可行的外部选择,人们在谈判中就更加自如。握有更好替代方案的人能够更轻易地从谈判桌上走开,进而利用这种威胁的杠杆作用,迫使难于承受后果的对手作出妥协。与强制类似,最重要的是各方外部选择吸引力的对比。双方都可能有外部选择,外部选择更佳的一方能更可信地发出威胁,占据讨价还优势。例如,在有关全球气候变化的谈判中,美国一向不大愿与其他国家一起行动。鉴于其地理位置和经济资源等条件,美国比其他许多国家更有能力承受全球变暖与海平面上升的影响。这部分有助于解释美国为什么对签署和执行国际环境协议态度消极,将减少温室气体排放的责任和成本转移到其他国家。

3. 议题塑造与话语运作

在现实中,行为体还可以通过议程设置和话语运作等来获得谈判筹码,影响讨价还价的过程及结果。在一定的环境下,一方如果能够首先采取行动设定有利议程,就会改变其他人的选择。例如,考虑到其结构性优势,当美国基于国内需要放松对航空业和金融业的管制时,其他国家也被迫放松对其行业的管制。在全球性安全问题的治理谈判中,议程设置和对规则的利用是国家"讨价还价"优势的重要来源。同样,在国际谈判的过程中,对于自身诉求正当性的塑造,迫使对手"理屈词穷",也能带来一定的帮助。

利益和权力关系是复杂和微妙的,决心强弱有可能逆转实力强弱的影响。尽管讨价还价会产生赢家和输家,但只要讨价还价给所有各方的好处多于(或至少多于)从交易落空中得到的好处,讨价还价就可以达成,双方也就能避免更坏的结果。但是,除了利益和权力大小的不同,还有其他一系列原因,特别是信息维度的因素,也会阻碍人们达成交易。

三、互动进程：信息传递与社会交往

互动是一个进程，不能局限于简单的静态模式分析。除了利益和实力的分布，影响合作与讨价还价互动的另一个关键因素是信息及其传递。在社会互动中，行为体并不拥有对于环境及对方的完全信息，对于对方特质（quality）特别是意图与能力的判定，均处于信息不对称的状态中。这时候，国家间互动的障碍首先在于，无政府状态下私有信息的存在，以及一些国家存在掩盖、夸大和虚传信息的动机，使得国家传递的信息可信度低。当行为体缺乏关于另一方利益与行动的相关信息时，加上客观存在的各种不确定性要素，由此而生的误解与不信任往往导致合作与讨价还价的失败。其次，在无政府状态下，由于缺乏外在约束，一些国家作出的承诺可信度较低，无法可信地表明自己的良好意愿。形势的快速剧烈变化和对未来的各种不确定性也会成为合作的障碍。对后续执行问题的考虑影响着合作与讨价还价能否达成协议，只有在讨价还价中解决了落实问题（也可称之为"承诺的可信性"）才可能达成协议。这两个问题相互影响。国家之所以遵守国际协议，是因为在达成协议之前（亦即讨价还价阶段）已经找到了解决承诺可信性的办法，使得协议可以被可信地执行。[①] 就合作而言，在某些情况下，行为体很容易观察到一个伙伴是合作还是背叛，例如当合作需要某些公开的举动如共同参与和展开军事行动的时候。然而，在其他情况下，合作和不合作的行为可能很难被观察或辨别。例如，如果合作涉及军备控制，但国家仍可能秘密制造武器，而这种背叛可能不会被观察到。一个国家可能因此而采取背叛协议的做法，或者因为怀疑其他各方是否会遵守条款而不愿进行合作。误解会导致惩罚和合作的破裂，即使所有行为体都自认为在合作行事。

与不信任、信息与交易成本密切相关的，就是互动过程中的信号传递与沟通问题。信号分析关注如何在两个行为体之间减少信息不对称程度。在信号发送与接收的过程中，发送者需要作出决定：是否传递某一信息，以及如何传递这一信息。而接收者则涉及如何接受和解读相关信息的问题。发送信号这一行为，本身并不一定蕴含着"意图性"（intentionality）。即使是无意的行为也可以传递信息。因此，当行为体所展示的举动被另一方所观察、诠释的时候，我们才将其称为"信号"。

外交信号与语言表达密不可分，但沉默和行动也是有效的外交信号。精心

[①] James D. Fearon, "Bargaining, Enforcement, and International Cooperation", *International Organization*, Vol. 52, No. 2, 1998, pp. 269–305.

设计的沉默信号同样可以清晰表达国家的意图。在社会中，人可以通过肢体语言传递信息；非语言信号还包括国际会议的地点、形式与出席情况，国家对于参会代表的选择，国家领导人的旅行安排，外交礼节等，都能传递某些信息。除此之外，作为针对对方的警告与决心展示，国家调动军事力量等可以被视为信号。与语言沟通相似，有时国家不采取行动同样是一种信号。

一般认为，无论在国际还是国内政治中，信号与承诺要具有可信性，需要从三个方面考虑：可见性（visibility）、可理解性（intelligibility/understandability）、放弃灵活性（inflexibility）或者说不可逆转性（irreversibility）。假设甲向乙发出了某种信息和信号，作出承诺。如果这一信号和承诺是可信的话，那么首先必须让乙知道甲的这个信号和承诺（即可见性），而不同类型的信号清晰程度存在不同。其次，必须让乙相信这项信号和承诺对甲而言是理性的，甲会有很好的动机去采取行动实现这一承诺（可理解性），如果甲这么做的损失和乙一样大，甚至还更大，那么甲的承诺就缺乏可信度。除此之外，承诺可信性重要的机制在于不可逆转性，亦即要表明承诺是真实的，承诺的行为一旦付诸实践就很难中止，或者中止的成本相当高。不过，实际中，外交信号中有时存在着"建设性模糊"或者说"战略模糊"的倾向。这类信号的目的是为未来的政策选项留出空间，也可以保持足够的灵活性。信号的清晰性与模糊性各有其利弊，背后是各方各自的取舍与彼此的博弈。

上面讨论是以理性分析为基础，基于博弈论等来分析互动的，注重给定利益偏好的权衡和战略性行动选择。讨论互动和信号传递还有别的路径。首先就是认知和心理的路径（cognitive approach）。这一路径可用于解释外交信号如何被接收、诠释。既有研究已经深入探讨了认知结构、归因理论等认知因素在外交沟通中的作用。[①]

对于互动进程的分析，社会建构主义的路径也很重要。信号的含义需要在一定的社会情境中加以认识。比如，一个人挥挥手或是眨眨眼，在不同的社会情境下就可以有不同的阐释和解读。动物只有本能的冲动，而人却有着反思性的理智。人组成的社会与自然界有着本质的不同。人是具有沟通能力的行为体，他们积极主动创造或建构着社会世界和日常生活。社会建构路径将信号传递视为"话语实践"或"沟通行为"加以研究，强调互动是有意识、有意图、有意义的社会性过程，而信号作为符号互动能产生社会性效果，对参与者构成再塑造。言语不仅是主体的单方行动，也不仅仅是主体对客体的行动，还是行为体之间的相互

---

① Robert Jervis, *The Logic of Images in International Relations*, Princeton, N. J.: Princeton University Press, 1970.

行动与相互塑造;言语的意义也不仅仅是表达某种思想或是作为交流的工具,还是本身就包含着内容、自身就具有意义的行动,可能产生社会说服等一系列后果。交流过程不仅仅改变信息的构成,还能影响和塑造行为体偏好,改变利益的分布。利益和关系并不是固定的。自我的身份和利益是在与他者的互动过程中得以建构、产生意义并逐步发展起来的。人们之间的沟通,通过不同形式的交往,培养相互信任、社会关系与共同体意识。在自我意识和利益方面的部分,互动过程对身份和利益的建构作用,可以产生不同的身份定位,可以形成各种相互关系的定位。

四、制度:组织、机制与规范

制度在社会政治生活中发挥着重要作用,在国际安全事务中也是如此。我们通常将制度定义为一套规则或行动模式,由相关社会群体成员所共知和共享,从而以特定的方式影响和塑造互动。一些制度体现为明确的法律与组织实体。还有一些制度可能非正式,仅作为共同理解和接受的规则而存在。这些非正式制度,如广泛存在的各种国际规范,同样是重要的。制度的目标和具体规则各不相同。制度是社会科学研究的经典核心议题,积累了许多关于制度的理论思考,如社会学制度主义、理性制度主义和历史制度主义等,并具体应用到包括国际安全研究在内的国际关系研究中。

(一)制度如何推进合作?

国际安全不仅涉及冲突,合作也一样重要。在日常政治及社会生活中,制度促进合作的主要方式是通过执行规则并对违规者施加惩罚。国际制度通常缺乏对国家施加惩罚的能力,但国家在很大程度上依赖自助的事实并不意味着国际制度是无用的。一般来说,国际制度,即使是非正式的制度,也可以以自己的方式影响行为体互动。它们至少有四种方式促进合作:制定行为标准、核查遵守情况、降低具体决策的成本,以及解决争端。

制定并提供行为标准。明确的行为标准可减少模糊性,使其他人确定一方是否违反了协议。明确的标准对国际合作协议尤其重要,通过界定违规行为和违规者的识别标准,国际组织可以帮助化解许多麻烦与扯皮。规则不能消除所有的争端,不可能涉及和解决所有可能的情况,而且很可能存在可利用的含糊之处。但明确的标准有助于通过识别违规行为和允许执行程序发挥作用来支持合作。在社会建构主义的分析视野下,明确的行为规则通过"适当性逻辑"与社会压力等影响行为体的作为,使之符合一定的期待。

检验遵守情况。除了标准,制度还经常提供获取相关信息和核验遵约情况的方法。许多国际制度要求各国提交报告,记录其履约情况。这类程序可能看起来很弱,但它允许其他缔约方检查一国的自我报告,加以评估,并公布和批评任何不一致的地方。国家可能招致制裁,影响声誉和社会形象。一些国际协议还允许现场检查。例如,国际原子能机构(International Atomic Energy Agency,IAEA)根据1968年通过的《不扩散核武器条约》(Treaty on the Non-Proliferation of Nuclear Weapons,NPT)核查了70多个国家的申报核材料设施,防止将民用核反应堆的裂变材料转用于制造核武器。对一些国家的选举进行国际观察和监督也越来越常见。

推动集体决策,促进集体认同。通过降低集体决策的成本,制度使行为体更容易作出决定。想象一下,一个群体需要在没有任何商定规则的情况下决定政策事项。可能的决策规则和所要考虑的备选方案是庞杂甚至几乎是无穷无尽的。如果没有一些商定的集体决策规则,决策成本将非常之大,甚至大到足以让任何决定都不可能完成。出于这个原因,社会创建了各种组织和规则,规定了如何作出决定。国际制度也以同样的方式降低了国家间联合决策的成本。例如,联合国等提供了一个平台,各国可以在这里共同商讨并试图解决分歧。一套相对明确的规则决定了哪些问题要提交给大会,哪些要提交给安理会,而且每个制度都有具体的投票规则。这些规则降低了成员国互动谈判的成本。同时,国际组织平台和制度性互动有助于促进集体认同,形成社会网络,并为说服及模仿等社会性机制发挥作用提供平台。

解决争端。一些国际制度还通过提供争端解决机制来促进合作。当各方对一方或多方是否违反协议或如何解释协议条款有分歧时,事先确定如何处理这些分歧的渠道和办法可能会有帮助。在如世界贸易组织以及像北美自由贸易区这样的区域经济集团中,作为协议的一部分,国家创建了争端解决程序。通过建立这类机制,增加了维护承诺的期望,防止报复行为失控升级,解决协议的模糊之处,从而促成互利合作。争端解决机制有助于识别违规者和受害者,允许行为体更有效地采用自助性的制裁措施。

总而言之,制度以重要的方式促进国际合作。当然,尽管有完善的制度基础设施,国际政治在很大程度上仍然是一个自助的领域。国际机构所做的是通过澄清合作条款、提供信息并降低联合决策的成本,使遵守规则的可能性更大。

(二)制度对谁(更)有利?

制度本身就是合作和讨价还价互动的产物。制度可以帮助国家进行合作,在这个意义上说,它们可以使所有成员的境况变得更好。但是,制度很少能使每个人平等地受益,而是政治讨价还价的结果,赢家可以制定规则,或者至少对规则有不成比例的发言权。因此,规则从来都不是中立的;相反,它们体现了规则制定或修改时行为体的讨价还价能力,同时也包含了某些理念偏见。不同国际制度在其规则和政策偏向方面有很大的不同。许多组织,包括联合国大会,都采取一国一票的规则。与此同时,安全理事会的投票规则给予五大常任理事国一票否决权。一些组织(如国际货币基金组织)则有加权投票规则,并依据一定的标准对投票权进行调整分配。还有一些国际组织以一致同意的方式运作,允许任何成员否决一项行动。总之,制度很重要,它既是政治的塑造者(通过促进合作和塑造议程),也是政治行动的产物,反映了特定的政策意见,是政治辩论与斗争的持久对象。

(三)为什么遵循规则?

除了社会建构路径强调的社会性考虑,在理性主义的视野下,行为体遵从制度安排有三个原因。首先,国际关系中的许多问题结合了合作和讨价还价,行为体可能会同意遵守规则以促进更广泛的合作。在这些情况下,制度创造的合作价值超过了成本。各国遵守世界贸易组织规则,不仅仅是因为担心被惩罚,还因为世界贸易组织支持的更广泛的自由贸易体系能给他们带来更大好处。在这种情况下,持续的、互利的合作前景限制了违约的短期诱惑。其次,这些制度已经存在,即使有偏见,也往往比创建一个全新制度的成本更低。创建新的制度并不容易。行为体必须就成员构成、投票规则和许多其他程序达成一致,从而展开讨价还价。谈判新规则所花费的时间和精力可能是相当大的。在许多情况下,国家发现,维持既有制度,虽然远非理想,但比创建新制度要更有利。最后,遵循制度还有价值认同以及社会正当性的考虑。

制度是政治游戏的规则。制度因其所促进的合作而受到重视和尊重。然而,合作所需要的制度未必能够达成,构建制度的谈判努力可能失败。制度也不是解决国际问题的万能药。当背叛的诱惑太大,或者对被利用的恐惧太严重时,各国就会违反规则,就像国内行为体有时也会选择不遵守法律一样。

五、整合:解释国际安全

在概述了以互动的模式与进程为中心,以制度为关键背景,以权力、利益与信息的分布为关键的分析框架后,我们可以利用这些概念性的清单和组合来解开国际安全的各种谜题。

利益是政治的基本构成要素。对国际政治事件的解释,首先要明确相关的行为体及其利益偏好。国际安全涉及合作与讨价还价这两种基本互动以及它们的混合。合作是一种互动,涉及两个或更多的行为体共同行动,以实现一个理想的结果。成功的合作取决于所涉及的行为体的数量和相对规模,行为体之间互动的数量,以及他们所拥有的信息的准确性。讨价还价则是一种涉及固定价值分配的竞争与冲突性互动,一个行为体得到"更多",则其他人得到"更少"。在讨价还价中,结果很大程度上取决于在缺乏协议的情况下参与者的境况。权力既部分来源于此,也能通过改变相关选项的吸引力来改变讨价还价结果。信息同样是影响合作与讨价还价互动的关键要素。社会互动进程中的信号传递和社会性交往也很重要,能够发挥改变信息和偏好分布的效果。制度是一套规则。行为体遵守制度,既因为它们有利于促进和维持合作,能带来切实好处,还在于各种社会性期待与约束。规则限制了行为体能做什么和不能做什么,因此,它们使一些结果更有可能或更不可能。行为体在制度上进行斗争,努力将政策转向他们喜欢的结果。

前一节所回顾的国际关系三个主流理论学派代表了关于国际政治性质的不同世界观,多年来,支持者们为何种理论优越争论不休。而这里的框架试图对世界如何运作不抱任何先入为主的开放性看法。我们可以将现实主义、自由主义和建构主义投射到我们的框架中来理解它们之间的差异(见表 2-1)。每一个学派都是由一组关于哪些利益、互动和制度对理解世界政治最重要的假定而生发的,而我们的分析框架则明显吸收和综合他们各自的若干洞见。我们将在后续章节具体展示如何利用这一分析框架来增进我们对于国际安全问题的解释和理解。

表 2-1 国际关系理论三大流派与国际安全分析的基本要素

	利益-权力-信息分布	互动模式与过程	制度
现实主义	国家是主导的行为体。国家寻求安全和/或权力。国家的利益基本处于冲突之中。	国际政治互动主要是讨价还价,其中强制胁迫始终是一种可能性,具有决定性影响。不信任、背叛与欺骗是普遍而顽固的。	国际体系是无政府的,制度几乎没有独立的作用。国际制度反映了强大国家的利益。
自由主义	各种类型的行为体都很重要,没有单一的利益占主导地位。财富是许多行为体的共同目标。行为体往往有共同的利益,这可以作为合作的基础。国际政治有广泛的合作空间。	冲突并不是不可避免的,而是在行为体没有认识到共同利益或没有根据共同利益采取行动时发生的。信息问题非常重要,且能够解决。国内政治对信息分布与传递有重要影响。	国际制度通过制定规则、提供信息和建立集体决策的程序来促进合作。民主政治制度增加了国际政治反映个人共同利益的范围。

(续表)

	利益-权力-信息分布	互动模式与过程	制度
建构主义	许多类型的行为体都很重要。行为体的利益受到文化、身份和流行观念的影响。行为体的选择往往反映了适当行为的规范,而不是物质利益。	互动模式不是固定的。互动使行为体社会化,持有特定的利益,但由于对这些利益的不同理解,对利益和互动关系的理解可能发生转变。	国际制度通过适当的行为规范来界定身份和塑造行动。

第四节 国际安全研究方法

理论对我们理解和分析国际安全事务十分重要,而对于不同理论主张的检验和评估同样意义重大。理论命题的基本组成部分:假定、逻辑和推断。评价一个理论需要从以下几个方面加以考虑:理论命题内部的逻辑一致性;与实际经验的对应性;与替代理论的比较。逻辑和证据,而非个人的品位与价值偏向,是评估各种相互竞争的社会科学解释优劣的关键。人们经常作出价值判断,但不应将这些判断与针对某一理论的逻辑和证据检讨混为一谈。学术理论和解释都要接受相关实践经验的检验,并对其内在逻辑一致性进行审查。科学方法被认为是评估同一现象的其他解释的优点的最不主观和最有利的方式。

一、评判和比较理论的标准

国际安全研究的内容是丰富复杂的,对于研究方法的理解和讨论是多元的。根据学界现状,本教材所涉及的内容大多基于主流的实证主义立场。①

理论陈述了变量之间的预期关系。其中,因变量是我们希望解释的东西,自变量则提供了对其的全部或部分解释。关于自变量与因变量之间关系的陈述构成了理论的解释命题。每个理论推导都基于一套假定。假定是理论家简化现实的主要手段,规定了使理论预期成立的一系列简化条件,是理论的关键组成部分。在国际政治研究中,假定反映了研究者对国际事务的某些基本见解,以及由之而来的对研究取向的把握。例如,新现实主义理论感兴趣的是解释国际体系

---

① 刘丰:《实证主义国际关系研究:对内部与外部论争的评述》,《外交评论(外交学院学报)》2006年第5期,第96—102页。

何时稳定,何时不稳定。为此,他们假定国家是单一的行为体,决策者间的意见差异不足以影响相关预测。单一行为体的假定在某些情况下对分析是便利且有效的,在另一些情况下它则显得过度简化了现实。基于官僚政治和利益集团视角的研究拒绝接受国家是单一行为体的观点。结果,二者对战争风险作出了不同的预测,使我们能够测试这些理论的效用。通过假定,理论不可避免地简化了现实,以便使解释和预测变得可行和实用。这里的核心问题不是假定本身是否有说服力,而是假定是否限制了解释范围,以至于该理论显得过于有限。一个理论在有限的假定下能够解释的事件或事实越多,这个理论就越有用。

评判一个理论命题的质量首先要看其自身在逻辑上的一致性。理论内部模糊不清或不一致,人们就会对它到底解释和预测了什么产生相当大的困惑,而且有时候理论中的一些自我矛盾在逻辑上是不可调和的。自身内部的不一致意味着该理论至少有一部分在逻辑上是错误的。我们甚至不需要用事实来检验其有用性。我们可以通过尽可能清晰明确地陈述理论命题来防止这种疏忽。

针对国际安全现象,人们经常提出逻辑上都成立的解释性陈述,并且对他们各有偏好。基于品位差异的争论通常难有结果。正如不同的人可能觉得不同的食物、服饰、音乐、绘画、小说、电影有吸引力,不同的人可能对不同理论观点的说服力有不同的判断(因为他们的前提假定不同)。处理这种分歧的最好方法是把各种论点置于经验中加以检验,看看哪一种理论能解释更多有意义的事实,而不会造成更多的困惑。理论之间存在着比较和竞争。当几种理论都对某类现象或事件进行解释与预测时,如果一种理论能够解决竞争理论所解释的那些困惑,同时还能覆盖竞争理论所无法解释的额外事实,便可说这种理论比另一种要来得更好。同时,也只有在确切证据表明存在竞争或替代性的理论能更好地解释事实时,一种理论才会被放弃。可以说,我们的判断标准是相当务实的。实践中还是会有各种实际困难和争议,但至少让我们摆脱了关于个人品位的争论。对于国际政治中的绝大多数现象,学界还没有一种完满的共识性解释,而这恰恰赋予了这门学科以发展空间与无穷魅力。解释总是探究性的。对于证据的积累与推敲,是在那些彼此反驳与争鸣的猜想中作出选择的关键所在。

二、实证分析方法

主流国际关系学界几十年来一直力图把国际关系作为一门相对独立的科学来研究。科学研究主张通过观察事实、创立/修正理论、验证假说这个不断循环往复的过程可以获得比较可靠的知识。研究者重视逻辑思辨和可重复的经验验证,超越完全凭借智慧的一时闪光或个人经验的累积来研究国际关系的传统做法,更为深入地分析国际关系中的事件和行为,从而系统积累知识。科学的功能也就是通过有效的方法创立并发展表述、解释和预测客观现象的理论。科学研究的主要目的是释疑解惑,其基本性质是解释性的,试图揭示变量之间存在的因果关系,并且对因果机制作出说明,在解释的基础上,理论对现实也具有一定的预测性和指导性,可以延伸出对现实问题的解决方案和对策建议。

今天,在社会科学研究中占据主导的是温和的实证主义,强调社会科学研究具有客观性。由此,实证区别于聚焦价值判断的规范研究和主体诠释的阐释性研究。首先,研究对象是并不因为个人的意志和偏好而改变的客观社会事实和过程,如国际关系中的战争与和平、结盟与背叛、均势的反复和霸权的兴替。同时,研究主体在观察和研究过程中要力图消除或者降低个人偏好和是非判断对研究的影响,尽可能做到事实与价值相分离。其次,研究的核心在于揭示规律性现象之间的因果关系及其因果机制,主张知识在经验上可以系统性验证。科学的理论必须建立在经验基础之上,我们可以通过观察、试验或准试验等手段获取数据或证据,依靠这些来对知识加以验证并进行修正。经验证据是社会科学最重要的评判依据。

在具体研究过程中,实证主义的主张有一套严格的研究设计来体现,概言之,要求具有明确的经验问题,就此提出清晰的理论假设,对其中的核心变量进行操作化,利用经验证据进行假设检验等。社会科学的实证研究方法主要有以案例研究为主的定性分析方法、以统计计量分析为主的量化分析方法以及以数理建模为主的形式理论。它们在国际安全研究中都有着广泛的应用,也有着各自相对的优势和不足。

(一)案例研究法

定性方法,如个案研究、比较案例研究、田野调查、访谈、档案分析等都是科学研究中的常用方法。其中,案例研究是国际安全研究中最为传统和常用的。无论是传统主义、科学主义还是后现代和诠释学派,都会运用这种方法。在实证科学研究中,案例研究主要运用于理论假说的推导、提炼、厘清或检验。就国际安全研究而言,案例一般而言是指具体的国际事件,但是与历史学家等专注对事件本身的探究不同,社会科学研究注意的是某一事件(案例)相对于其所属样本总体的意义,即特定案例的代表性意义。比如,古巴导弹危机可以看作国家间冲突和外交危机这类事件中的一个案例,研究它的目的是考察国家在冲突和危机中的决策模式和行为方式。案例研究需要细致考察并准确把握历史事件,但并不局限于事件本身,而是聚焦于其中的某一方面,特别是其中体现出的解释要素间的关系。在实际应用中,案例研究往往要处理繁杂而难以分离的变量关系;在案例选择上难免体现了主观性,其代表意义与可推广性可能受到质疑;作为一种经验归纳,它相对缺乏推理的严密性和一般性,无法保证其解释力延展性。案例研究对研究者的能力与技巧同样有着很高要求。

案例选择必须遵循一定的标准和程序。需要小心的是,如果某个案例被选中仅仅是因为其与研究者的某一主张相一致,这一案例并不是对该理论主张准确性的有效而公平的检验。以"军备竞赛必然导致战争"为例。研究者可能考察拿破仑战争前、第一次世界大战前以及第二次世界大战前相关国家的情况,发现在每组案例中都出现了军备竞赛,于是就推断"军备竞赛必然导致战争"。但是,这一做法明显忽略了许多军备竞赛后并没有发生战争的例子。类似的,多数国际制度和国际规范研究背后的兴趣在于解释国家之间的合作。研究者通常会选择一个有明确合作结果的案例,然后从中寻找促进合作结果的国际制度或规范的存在,以此论证国际制度与规范的作用。也许这些作者对制度作用的评估是正确的,但这不能告诉我们相关制度是否也存在未能导致国际合作的情况,且不进一步了解制度出现和运作的背景,就无法准确评估制度到底起到了什么作用。此外,是否存在不需要制度就能实现高度安全合作的实例?答案也是肯定的。几十年来,美国和以色列政府在不依靠正式同盟协议的情况下表现出了高度的安全合作。同样,局限于考察非对称冲突中的以弱胜强现象就宣称"弱权即公理"也是不谨慎的。根据因变量选择案例,只挑选机制下合作的案例,就犯了"选择性偏误"。选择性偏误和幸存者偏差是我们在研究中应该警惕的问题。

此外,学者们有时试图借挑选所谓的"困难"的案例来为选择与其理论主张一致的案例辩护,不过需要小心这可能使得问题复杂化。毕竟通常某个案例之所以"困难",是因为它存在某些特点使之在样本总体中显得异乎寻常。我们选择案例是因为它们涵盖和代表了自变量和因变量的广泛变化。当然,一些情况下,通过使用哪怕是某个基于单一案例的研究,就有可能毫不含糊地确立或驳斥一种理论的某些主张,特别是涉及必要性及充分性的全称性判断时。比如发现一只黑天鹅就足以推翻"所有的天鹅都是白的"。如果一个理论作出的预测比必要条件、充分条件或充要条件所暗示的预测更弱,比如不过是预测"某事在某些条件下是可能"这样的存在性主张时,那么我们可以只用一个案例来证明这个说法。

这说明,在采用案例研究时,需要充分注意被检验的理论命题的逻辑形态。对于很多命题,单纯的案例检验恐怕是很不充分的。大多数关于国际关系或任何其他社会现象的理论,都不过是作出概率性的预测,而非有关充分或必要条件的陈述,通常的形式是"自变量值变化越大,因变量出现某种变化的可能性就越大",例如"敌对国家间的实力对比越接近,它们就越有可能彼此和平相处"。案例研究无法提供任何关于这种假设的充分验证。如果命题是概率性的,当观察更多的相关案例时,对一个主张或其反驳的信心就会提高。这种情况下,用统计量方法检验这类概率性假设通常比用少量的个别案例要更有效。

(二)定量分析法①

定量分析是对各种相关经验数据(包括实验性数据和观察数据)进行统计推论、从而对理论假设进行检验的过程。其主要目的是,在收集大量数据的基础上,利用相应的统计分析方法和工具考察变量之间的相关关系,并作出因果推论。随着社会数据的长期积累和系统搜集,定量方法在社会科学研究中已变得日益普遍和重要。这一趋势在国际关系学中也表现明显:早期的国际关系研究均以历史和思辨方法为主,但如今定量方法已经跻身于最重要的研究方法和路径之列。

具体来说,定量方法的使用开始于待检验的假设,该假设是关于概念之间清晰明确的因果关系,而这种关系通常是概然性(probabilistic)而非决定性(deterministic)的。对假设中的概念进行概念操作化后,定量方法通过把"概念"转换为"变量",将理论命题转化为统计命题。概念转化为变量后,即可以进行测量。测量要求系统化和标准化。确定了测量方法之后,研究者对现实进行观察,收集整理信息,形成数据,这些数据被称作变量的实在化(realization)。变量可以是定量的变量或定性的变量,但在定量研究中,一概采取数值形式。其中,定性变量的取值没有数值上的意义,只有类别或排序意义。数据的类型由变量类型决定,由明确的测量系统生成。研究者进而对数据进行统计分析,无论是复杂或简单的分析,其目的和最终结果都是对假设进行检验,并根据事先确定的标准,作出是否拒绝(reject)假设的决定。

其具体步骤可以划分为以下几步:第一步,确定研究问题是否适用定量方法;第二步,将理论形成待检验的假设;第三步,变量测量、样本抽样和数据生成;第四步,数据处理和描述性统计分析;第五步,选择或建立统计模型;第六步,参数估计和假设检验结果;第七步,模型假定的重新检查;第八步,研究者在让自己的假设经受了各种检验后,还必须对各种统计结果进行解读。整个定量研究过程中,要求概念定义-测量-数据生成-数据分析-假设检验等各个环节保持高度的透明,并以其他研究者能够重演(replicate)这一程序并取得相同结果为要求——即无论什么样的研究者,如果遵从该研究给定的定义、测量方法、数据生成和数据分析方法,能够得到相同的结果。

---

① 本节论述基于庞珣:《国际关系研究的定量方法:定义、规则与操作》,《世界经济与政治》2014年第2期,第5—25页。

在国际关系研究中，统计分析的应用相当普遍，这一方法的运用在很大程度上依赖于相关的数据库。国际关系领域已经建立了许多规模庞大、时间跨度长、涵盖面广的数据库，内容涉及国际冲突、国家实力、政权类型、贸易、同盟行为、国际组织等国家间交往的主要方面。国际关系中的数据问题多而复杂，恰恰意味着国际关系学者应该学习并掌握更多的统计知识和工具。同时这也意味着，国际关系学者可能对统计学本身的发展和为别的学科在定量分析方法上提供帮助。

国际关系定量研究的前提是清晰的理论命题。统计建模要求研究者对与研究问题相关的理论有全面的掌握和深入分析，以提出简洁的假设并控制替代解释的干扰。得到统计分析结果后，研究者还必须对实证结果进行理论上的解读和评估。因此，定量研究不能没有理论支撑，相反，若没有理论的话，则不需要、也不可能进行定量研究。当然，定量研究不适合复杂的或模糊的理论命题，不适合大理论（也即范式意义上的理论），也不适合更具思辨色彩的理论。单纯使用定量方法本身也不发展理论，它只检验理论，但在使用定量方法的过程中，研究者通常要根据理论、逻辑和（对具体案例的）观察先发展理论，再用定量方法来检验理论。在定量方法中，数据和统计模型的运用只是为了证伪理论和假设，而证伪在实际研究中具有暂时性。定量方法由于具有高度的透明性、可重复性和系统性享有很大优势，但这并不意味着定量方法在具体的研究中总是最好的选择。一个没有被现阶段数据和统计技术所证伪的假设，在将来有了新数据、新方法之后还要接受持续的检验。

当然，定量研究也有自己的局限性：对数据的获得和可靠性依赖度较大，这可能限制研究视野；其本身缺乏对因果机制的明晰表述，也无法单独提出和发展命题假说，更多只是一种验证手段；这一方法在很大程度上依赖于相关的数据库，需要耗费大量的时间和资金。通常需要更加专门的训练，此处不赘，需要强调的是，考虑到学科整体情况的变化，这是新一代中国国际关系学者应努力去掌握的研究技能。

（三）数理建模方法

数理分析或形式化建模（formal modeling），指将各种理论要素转化为数学语言符号，运用演绎法，推导出一定结果。其主要作用是发展理论命题，以及检验和澄清理论命题的逻辑一致性（而非经验解释力）。倾向于形式化建模的学者通常认为，数学语言优于日常语言，这是因为日常语言是含混不清的，而数学语言简洁明晰，因此利用数学语言建立的理论更加简明和准确，能保证逻辑上的严密和一致。

社会科学中形式模型的普遍基础是理性选择学说，假定个体具有某种给定的偏好，个人的决策是根据这些偏好排序而作出的，通常使用的形式是博弈论模型。对国际安全的博弈论分析现在已经很普遍了。它们已经触及了该学科的许多重要问题，如战争与和平、同盟与负担分担、军备竞赛与军备控制以及国际合作。[①]

博弈论模型并不都是静态的。它用三种方式来分析变化。[②]

第一种方法是利用静态模型，分析随时间变化的某些模型参数的外生性变化将如何转变均衡行为。例如，学者可能对某一特定技术的发展（如无人机）对战争可能性的影响感兴趣。为分析这个问题，我们可以采用现成的战争起源模型，确定其中受技术革新影响的一些参数。我们可以简单假定，无人机的使用降低了战争的成本，因为它避免将飞行员置于危险之中。比如，在标准的"讨价还价"模型中，其认为降低战争成本通常会增加战争发生的概率，因此可以推断，在国家的武库中增加无人机会使战争更有可能发生。

第二种方法是构建能描述内生变化过程的动态模型。首先，在信号传递和学习模型中，信念可以随着时间的推移而改变，各方都会更新对彼此以及世界的认识，然后根据他们的新信念采取新的策略行动。其次，国家的相对力量也可能会改变。如果各国在第一轮中选择发展一项技术，例如核武器，那么他们就可能在第二轮中选择使用这项技术。最后，甚至博弈参与者的数量也可以改变。在均势模型中，国家可以联合起来对付其他国家，如果他们打败并吞并了这些国家，那么下一轮就会少一些国家，进行相应调整。

第三种方法是演化博弈论分析，讨论如果博弈的参与者群体发生了变化，那么行为是如何随时间变化的。在演化博弈论模型中，参与者玩的是简单的游戏，但面临着某种选择和剔除压力，因此做得好的玩家在体系中的代表性增加，而做得不好的玩家数量减少。行为体可以通过他们追求的策略或他们的偏好来区分。自20世纪80年代以来，演化博弈论被用来分析合作的出现和破裂、国家的数量和性质，以及系统中战争的普遍性。不少学者认为，这种方法为分析大规模的历史变化，包括对未来的猜测，带来了最大的希望。

如此，博弈论可以在三个方面有助于我们对国际关系的未来进行思考。静态模型可以帮助我们理解不同的外生参数的影响，如战争成本、透明度水平或贸易收益。动态模型帮助我们理解未来和希望如何影响现在的行为，以及现在的

---

① Andrew Kydd, *International Relations Theory: The Game Theoretical Approach*, Cambridge: Cambridge University Press, 2015.
② 以下对三种方法的讨论基于 Andrew H. Kydd, "Game Theory and the Future of International Security", in Alexandra Gheciu and William C. Wohlforth eds., *The Oxford Handbook of International Security*, Oxford: Oxford University Press, 2018.

行为如何制约或促成未来的选择。演化博弈论模型可以勾勒在更长的时间范围内展开的过程,帮助我们理解诸如国际合作的上升和战争频次的下降等问题。

形式模型高度简约,具有高度的逻辑一致性,但是内部逻辑的完备未必就能与现实经验贴合,其本身作为一种逻辑演绎不可能被经验证实或证伪。鉴于我们没有关于未来的数据,类似于棋盘推演,形式化建模在指导我们进行推断方面有某种独特的优势。

以上简述了实证研究的三种主流方法。三者在认识论的逻辑上是一致的,都试图基于客观事实,建立逻辑上一致的模型或理论,从这些理论中导出可观察的内容,并且用经验观察或测量来检验这些内容,进而利用检验结果来推导如何对理论作出修正。由于它们在方法论上的差异,三者可能用于不同的研究目的,或者在研究过程的不同环节中起到的作用有所不同,各有其优劣得失。大多数从事国际关系研究的学者们日渐形成这样的共识:案例研究、统计分析和形式化建模三者并非相互排斥,各有其优势和局限。每一种方法的选择与研究的目的和议题有关。同时,这些方法在理论研究的不同环节(比如理论建构、检验和修正等环节)所起的作用有所差别。因此,我们对于方法的选择应当视研究的目的与对象的性质而定。一般情况下,在一个研究项目中反复或者协同使用不同的方法比单纯使用一种方法更加有利于研究的完善,当然所有的决定都要考虑到相应的成本。对研究的科学性的追求是不断推进、永无止境的过程。经过几十年的发展,各种研究手段和分析工具都臻于完善和精致,这也为运用多种方法协同开展研究提供了可能。而综合这些不同方法的前提是,要对每一种方法本身的短长有清醒的认识,并且具备在不同方法之间取舍和转换的能力。这意味着方法论上的自觉与积极主动的严格训练。

三、非实证研究路径

实证主义研究对国际关系学科发展起到了积极作用,但它的主导性地位也容易造成研究议程狭窄,反思性、批判性与"解放性"欠缺,忽视那些难以纳入科学研究的议题等问题。这招致了后实证主义阵营的批评。后实证主义的理论阵营松散庞杂,主要有批判理论、历史社会学、后殖民主义、女性主义、后现代主义等几种视角。尽管其中的各种观点大相径庭、相互间争议不断且很难调和,它们还是存在一些共性。首先,后实证主义质疑社会世界的客观性(或者说主观与客观的二分),认为包括国际关系在内的社会事实并非是客观的,而是由人的活动所参与建构的。强调事实与价值不可能分离。这也意味着实证主义所主张的知识的客观性、价值中立的研究立场是无法企及的,甚至其可能成为为现状辩护的工具。其次，正因为国际关系是人参与建构的，人的观念、信仰和活动在其中起作用，后实证主义主张诠释性理论，而非解释性理论，反对解释而主张理解。最后，后实证主义认为不存在客观中立的基础来对知识或真理进行评判。每种理论各自有其特定的有关事实、真理和知识的界定，所谓的事实并不是外在的、客观的，因此也就没有中立的立场来作评判。这些视角从各自不同的角度对实证研究进行质疑和批判。

科学研究的倡导者们也应该对自身的有限性和局限性有清醒的认知。在国际关系实践中，毕竟还有许多科学研究无法涵盖的领域，以及不能通过简化为变量与变量之间的关系来解释相关现象。对于这些领域和现象，就需要有其他的视角来认识和思考，比如人文的或者规范的，不能因为主张科学而否定其他知识存在的合理性。近年来，学界还出现了许多调和性的或者称之为"中间立场"的主张，试图在两种对立的观点之间架起沟通的桥梁。在本体论和认识论等方面进行调和折中，这些方案主要包括科学实在论（scientific realism）、批判实在论（critical realism）以及实用主义（pragmatism）等。无论是实证与非实证二者的对立、还是各种试图在二者之间架起桥梁的中间立场，彼此之间的差异依旧很大，以至于各方难有共同接受的基础，来进行对话或者综合。当然，这种局面并不意味着学术研究陷入了困境。学术争论的意义不一定在于找到某种最终的解决方案，争论的过程能澄清误解，增进了解。

小 结

本章回顾和介绍国际安全研究的基础知识，首先对国际安全这个学科领域的发展进行简要的梳理，帮助学生辨识学科发展脉络。国际安全研究随着外部环境与学术自身的逻辑而不断发展，逐渐发展成了一个相对独立的子学科，并在延续传统议题的同时，正变得越来越开放多元。当前国际安全研究领域内，议题导向的研究逐渐成为主流，围绕大国竞争、非常规战争、气候变化、科技革新等重大国际安全议题在具体维度及领域开展的讨论成为研究的重点。围绕重大现实议题，中层理论和微观理论成为目前理论创新的生长点，研究方法更加多元和精细，新的分析手段不断出现，越来越多的学者倾向于均衡认知并统筹使用多种方法。

本章还对国际安全研究的主要理论进行了梳理。传统的国际安全研究，长期以来遵循的是现实主义范式，其关注焦点是国家安全、威胁认知、国家间的安全关系。不过，自20世纪80年代以来，伴随着形势的巨大变化，原来的安全研究框架已无法涵盖越来越趋于复杂化的国际安全挑战。自由主义和建构主义学派也为理解和分析国际安全问题带来了独特的见解。每一学派对于世界政治都有自己的判断，由此形成了各自的前提假定与分析视角，都倾向于强调某一时空或维度。同时，学派内部也存在着不同观点和路径的辩论和竞争。毫不奇怪，越来越多的学者转向了范式综合的分析折中主义以及问题解决导向的具体研究。我们已经很难将学者和他们的工作简单归入某一流派。我们的目标不是解决范式争论，是要解答国际安全的重要难题，综合各种路径来帮助我们理解当今日益复杂且变动迅速的安全现实。

本章综合当前学理研究的前沿进展，着重介绍一个核心过程（即互动，以策略博弈为主，兼顾社会性交往）、两个基本模式（合作与"讨价还价"）、三个核心要素分布（即实力、利益、信息）以及一个关键背景（即制度）的分析思路。互动往往是相当复杂的，但它们对于理解利益如何转化为结果（往往是以矛盾的方式）至关重要。利益关系是政治的基本构成要素。对国际政治事件的解释，首先要明确相关的行为体及其利益。合作涉及两个或更多的行为体彼此配合以实现符合某种共同利益的结果。讨价还价则是一种涉及固定价值分配的竞争与冲突性互动，与权力的生成和应用密不可分。信息同样是影响合作与讨价还价互动的关键要素。互动进程中的信号传递和社会性交往能够发挥改变信息和偏好分布的作用。制度是一套规则，影响行为体能做什么和不能做什么，使一些结果更有可能或更不可能。行为体围绕制度的塑造与运行展开政治斗争。行为体遵守制度，既因为它们有利于促进和维持合作，能带来切实好处，还在于各种社会性期待与约束。在后续的章节中，我们将对之进行更为具体地展开和应用，帮助同学们进一步把握各个分析要素间的关系，并能够系统而灵活地加以应用。

理论对我们理解和分析国际安全事务十分重要，而对于不同理论主张的检验和评估也变得意义重大。任何理论都由假定、逻辑和推断构成，评价一个理论需要注意：理论命题内部的逻辑一致性、事实证据与理论的预测相匹配或相矛盾、是否存在优于被评估理论的替代理论。案例研究、统计分析和形式模型是三种主流的实证研究方法。三者并非相互排斥，各有其优势和局限。每一种方法的选择与研究的目的和议题有关。同时，这些方法在理论研究的不同环节（比如理论建构、检验和修正等环节）所起的作用有所差别。我们对于方法的选择应当视研究的目的与对象的性质而定。我们要对每一种方法本身的短长有清醒的认识，并且具备在不同方法之间取舍和转换的能力,并以此为目的进行积极主动的严格训练。同时,对安全研究应当引入哪些认识论和方法论一直存在争议。各种非实证理论和方法分别从不同的角度对实证研究进行了批判和反思。

最后,以开放、包容的态度对待理论及方法上的争论有利于学术的良性发展,但这并不意味着要把各种不同甚至对立的立场糅合在一起。不同类型的知识、不同目标之理论有不同的建构路径和评价标准,各种学术理论的探讨者都能够在自己所从事和坚持的学术领域中产生优秀的成果,作出重要的理论创造。

思考讨论题

1. 如何理解国际安全研究演进的逻辑,哪些因素、什么力量塑造了学科发展?
2. 当前国际安全研究在你感兴趣的某个具体领域的发展现状及趋向如何?
3. 国际关系主流理论在安全问题上的核心差别在哪里,学派间如何进行对接、综合与折中?
4. 尝试利用本章所提分析框架的某个要素,形成一个自己的组合,发展和丰富某个已有具体思考(比如自己之前的某篇文章)。
5. 国际安全实证研究几大代表性方法的长处和局限是什么,适用于哪些问题?检讨某个思考与探究(可以是自己的文章,可以是硕博士论文,也可是期刊论文)的方法论应用。

扩展阅读

Barry Buzan and Lene Hansen, *The Evolution of International Security Studies*, Cambridge: Cambridge University Press, 2009(中译本见巴里·布赞、琳娜·汉森:《国际安全研究的演化》,余潇枫译,浙江大学出版社 2011 年版).对西方国际安全研究的研究做了较为系统权威的梳理。

阎学通、孙学峰、张聪:《国际关系研究实用方法》,北京大学出版社 2021 年版。介绍国际关系科学研究方法的基础教材,说明了国际关系科学研究方法的操作规程。

David A. Lake and Robert Powell, eds. *Strategic Choice and International Relations*, Princeton, N.J.: Princeton University Press, 1999. 在国际关系理论理性主义框架内对利益、互动和制度进行了细致讨论,深刻影响了后续研究。

第三章

国家间战争

本章导学

本章讨论国家间的战争,特别是国家间战争的起源问题。这既在学术和现实层面具有重大意义,也为后续对国际安全冲突和竞争的讨论提供了基础。本章首先对战争的性质等展开讨论,梳理历史上战争形态的演进,并对正义战争论这一重要的伦理议题进行辨析。随后,作为本章以及本教科书的关键点之一,对战争原因的"讨价还价"路径进行说明,展示信息不对称、承诺不可信以及对象不可分三大机制对战争原因的解释,并对该路径的价值展开评估。进而,结合当前及今后一段时间内的现实需要,对经济相互依赖与权力转移这两个关键理论及相关学术辩论进行了梳理。

本章学习目标

1. 从政治的层面理解战争的本质,了解战争形态历史演进的过程,探究背后的影响动力与机制,思考战争的未来发展趋势,形成自己的判断并能加以论证;
2. 了解辨析战争正义性的一般框架,形成正确的价值判断;
3. 把握战争原因的"讨价还价"分析的基本要点,能够将之应用于具体事例的分析,并反思其适用条件和不足,深刻认识信息要素和承诺问题在国际安全问题分析中的重要性;
4. 就经济相互依赖与和平以及权力转移(即相关的"修昔底德陷阱"论)等形成并具体论证自己的判断。

第一节 有关战争的讨论

战争与和平可谓是国际安全学科最为经典的研究议题。人类历史,尤其是国际关系史上,伴随着各式各样的战争。这些战争以不同的方式塑造人类社会的历史。战争的性质、战争的演进以及战争的正义性等是人类政治思考的重要主题。

一、战争的性质

战争是有组织的群体之间的暴力冲突,是至少两方有组织地使用军事力量,而其严重程度超过一定限度的事件。这一定义的各要素都值得讨论。战争的根本属性是暴力冲突。战争的参与者是有组织的群体成员而非个人。战争意味着武力是被有组织地使用的,这就排除了自发的、无组织的暴力,如大规模骚乱。暴力是相互的,这将战争与政府(或某一团体)对一些不反抗的群体进行的大规模屠杀区分开来。战争作为使用暴力的冲突,其暴力程度应该达到一定标准。就此,国际学术界有一个得到较多认可的界定,即战争是指战场死亡1 000人以上的冲突。例如,斯德哥尔摩国际和平研究所年鉴对"重大武装冲突"就采取了这样的界定。这类最低门槛排除了在低水平上使用军事力量的情况,如短暂的小规模冲突或轻微冲突。战争可分为两类:一类是国家之间的战争,即所谓的国际战争(international war);另一类是一个社会之内为了争夺政权或因为民族分离而进行的战争,这种战争在得到国际支持的条件下有可能转化为国际战争。在本章中,讨论的重点是理解国家间战争。第五章则讨论涉及非国家行为体的冲突,包括内战。

战争涉及的战术、战争组织、武器、战后利益分配方式等,深深地影响了人类文明进程,塑造着历史的演进。按照克劳塞维茨的经典区分,所谓"现实战争"(real war)指的是那种为了实现政治目标而进行的有限战争,而不是那种致力于彻底打败敌人的"绝对战争"(absolute war)。正是因为战争是实现政治目标的手段,是政治的继续,历史上发生的绝大部分战争都是一种"现实战争"。①

---

① 如约翰·基根(John Keegan)指出的,作为一种复杂的社会现象,在人类历史上,不同地域、不同文明和不同社会中的战争往往具有独特性,甚至呈现出鲜明的文化属性。战争并非总充满理性,也并非总那么有规则,更不是一贯体现政治性。

克劳斯维茨论战争

克劳塞维茨认为,战争是迫使敌人服从我们意志的一种暴力行为,它包括三个方面。一是暴烈性。在纯粹概念的抽象领域内,战争暴力趋向极端,其表现是:战争是一种暴力行为,而暴力的使用是没有限度的;解除敌人武装或打垮敌人,使敌人无力抵抗,始终是战争行为的目标;要想打垮敌人,就必须根据敌人的抵抗力,最大限度地使用力量。而在现实战争中,暴力趋向极端的倾向将被修正,这是因为:战争绝不是孤立的行为,它同战前的国家生活密切联系;战争不是短促的一击,而是一系列连续的行动,力量不可能全部同时使用;战争的结局绝不是绝对的,失败可以被视为在将来的政治关系中可以得到补救的暂时不幸。二是概然性。战争具概然性特点,它经常而又普遍地同偶然性相连。但是,战争不是消遣和娱乐,而是为了达到严肃的目的而采取的严肃的手段。三是从属性。社会共同体的战争,特别是文明民族的战争,总是在某种政治形势下产生的,而且只能是某种政治动机引起的。

因此,战争是一种政治行为。战争无非是政治通过另一种手段的继续。战争不仅是一种政治行为,而且是一种真正的政治工具,是政治交往的继续,是政治交往通过另一种手段的实现。如果说战争有特殊的地方,那只是它的手段特殊而已。政治意图是目的,战争是手段,没有目的的手段永远是不可想象的。一切战争都可看作政治行为。我们在任何情况下都不应该把战争看作是独立的东西,而应该把它看作是政治的工具,只有从这种观点出发,才有可能不致和全部战争史发生矛盾,才有可能对它有深刻的理解;由于战争的动机和产生战争的条件不同,战争必然各不相同。总之,战争是上述三个方面的三位一体。其中,第一个方面主要同人民有关,第二个方面主要同统帅和它的军队有关,第三个方面主要同政府有关。这三种倾向像三条不同的规律,深藏在战争的性质之中,同时起着不同的作用。

总之,在克劳塞维茨看来,现实世界中的战争除了具有"战争要素原有的暴烈性"即"绝对战争"的本质属性之外,还具有"作为政治工具的从属性"。"政治工具的从属性"在整体上对"战争要素原有的暴烈性"有制约和限制。战争是政治的工具,战争必不可免地具有政治的特性,它必须用政治的尺度来加以衡量。因此,战争就其主要方面来说就是政治本身,政治在这里以剑代笔,但并不因此就不再按照自己的规律进行思考了。

二、战争形态的演进

战争是具体的和历史的。一般来说，不论是冲突还是战争，都可能具有比较复杂的结构，可能涉及多个主体，具有多个侧面和层面，涉及多方面的内容，有着不断变化的程度和范围。战争形态随着人类社会形态发展进步而不断呈现由简单到复杂、由单一到多样的演进趋势，相继经历了冷兵器战争向热兵器战争、机械化战争、热核化战争、信息化战争等形态的转变。

近代以来战争的烈度持续增加，破坏性在日益增大，到第二次世界大战达到前所未有的高度。在这背后，大众政治和工业化推动战争走向全面战争。近代以来，民族国家的组织形式发展和科技革命带来的技术进步两个核心因素推动战争呈现出前所未有的形态。总体战争伴随着现代科学技术的发展和工业化进程而出现，目的在于彻底打败对手，要摧毁的是对手的整个社会，而很少顾及对民用设施和民众的保护。由于目的在于彻底打败对手，因此对于人类社会来说，其破坏性也是最大的。两次世界大战就是这样的战争。核武器的出现及其运用，从根本上改变现代战争的性质和意义。其巨大的毁灭性以及数量的快速增长使得战争成为不合算的选择，一定程度上遏制了战争的烈度，使人类社会进入了有限战争时代。为数很少的核武器便具备极大的摧毁、甚至完全地灭绝为数可观的人类社会组织的能力。这就对传统的克劳塞维茨的"战争无非是政治通过另一种手段的继续"的观点提出了挑战，传统的"进攻"与"防守"的区分变得意义不大。尽管如此，冷战期间的有限战争仍保持了较高烈度。

今天，战争越来越表现为不对称的战争，表现为军事能力高度不对等的行为体之间的武装冲突，如叛乱团体或恐怖分子与强大的国家作战。新世纪的非常规战争在战术层次烈度显著降低，但并不意味着所带来的破坏和伤害就小。伴随着国家数量的日益增多和民族分裂进程的加剧，特别是在一些国家政权软弱无力和失去政治控制力的情况下，内战的频度明显加大了。同时，战争的技术形态正加速由信息化向智能化转变。科技进步导致武器技术和作战平台快速发展，这些创新都对战争的攻防转换与胜败有着重要影响。尤其是通信工具和信息技术的创新正在重塑战争的形态。以信息技术为核心的军事高新技术日新月异，武器装备远程精确化、智能化、隐身化、无人化趋势更加明显，战争形态加速实现向信息化战争演变，智能化战争初现端倪。

三、正义战争论

对于战争及其他大规模、有组织暴力使用的道德评判与论辩，从来就是政治哲学、政治伦理和政治实践中重大而困难的课题之一。正当性对战争发动者、参与者和关切者的动员能力、道德自信心或情感认同的巨大影响，是决定战争能力、战争胜负或战争之政治与心理后果的一大因素，具有重大的现实政治意义。

关于战争的正义性区分，中国春秋战国时期的诸子百家对此都有论述。例如，孔子、孟子都主张"慎战"，但同时也肯定反暴抗虐的合理性。在孟子看来，正义战争意味着"以至仁伐至不仁"①。墨子的"非攻"，是反对攻伐掠夺的不义之战；而"救守"，则是支持防守诛讨的正义之战。此外，中国古代兵书中也早有论述。春秋时期就开始使用"有道"与"无道"、"曲"与"直"等一系列概念，到战国时期，"义兵""义战""不义之战"等概念已被广泛使用。如《吴子兵法》就区分了义兵、强兵、刚兵、暴兵、逆兵等五种性质的战争，指出"禁暴救乱曰义，恃众以伐曰强，因怒兴师曰刚，弃礼贪利曰暴，国乱人疲，举事动众曰逆"②。只有除暴救乱才属于义兵义战，其他均为不义。

在西方，有关战争正义性问题的思考，最早可以追溯到古希伯来、古希腊和罗马时代关于战争的实际惯例和思想活动。安布罗斯(St. Ambrose)、奥古斯丁(St. Augustine)和托马斯·阿奎那(Thomas Aquinas)奠定了"正义战争论"(just war theory)的基本理论框架。16—17世纪，随着战争技术和战争形态的重大变化，弗兰西斯科·维多利亚(Francisco de Vitoria)、弗朗西斯科·苏亚雷斯(Francisco Suarez)和雨果·格老秀斯(Hugo Grotuis)等政治思想家或国际法学家将正义战争论推向一个新的高峰，尤其是注意到了战争过程中的正义问题，明确区分和系统阐述了"开战正义"(jus ad bellum)和"交战正义"(jus in bello)。19世纪以来，国际实在法在进一步澄清传统思想的同时又作出某些修正，部分正义战争思想被法律化。战争之正义性问题，一再成为国际政治学术研究和政策论辩的一个焦点问题。

不过，尽管"正义战争论"已存在了若干世纪，以至西方学者归纳了所谓"正义战争传统"，但是政治伦理和实践道德所固有的复杂性，以及诸如战争行为体的资格、理由、意图之正当性及手段与后果之善恶等众多评判标准的同等必要性，造成了分辨和选择的难题。对于战争的道德分析和评判，特别是对其中所包

---

① 杨伯峻：《孟子译注》，中华书局2010年版，第301页。
② 魏征等：《群书制要》，中华书局2014年版，第434页。

含的大量"道德两难",依旧存在着巨大的争议。反战主义者将通过战争来争取和平看成是一种以恶求善的行为,认为所有战争都是非正义战争。自然主义者以人的自然普遍性为出发点,重视目的和动机,认为出于不道德的动机和目的而发动的战争就是不正义的战争。他们往往坚持人权高于主权。现实主义者则以国家利益为出发点,特别注重的是秩序稳定与结果正当,反对将和平视为正义,倾向于认为主权高于人权。

尽管正义战争理论存在一些难以克服的缺陷,它还是大致提供了进行合理合法战争的基本原则,或者说一些争辩思路。[1]

(1)受侵害的前提。自卫不能是预防性的和进攻性的;所要求恢复的不可争议的权利应该得到国际社会大多数成员的公认;所惩罚的罪错必须是明显的和国际社会普遍认可的。

(2)正当的意图。正当的意图要求不将战争简单视为政策工具,战争的最终结果必须是更好的和平、秩序和正义,符合国际社会的普遍利益而不是仅仅满足一己私利。

(3)合法的权威。战争是国家和国际行为,它既不是为了私人和集团,也不针对私人和集团;涉及单个国家利益的正义战争由国家及其治理代表政府执行,涉及国际社会利益以及以维护他国权益为目的的正义战争由国际社会及其组织机构执行或授权执行,而非由单个国家或国家集团决定。

(4)正当的手段。慎重地选择和使用合理合适的战争方法和手段;不应违背普遍道德规范和正义原则,不应放弃或破坏恢复和平与社会重建目标。

(5)成功的可能性。必须有达成和平、秩序以及惩恶扬善的成功概率,不至于造成对和平、秩序和正义的更大破坏和伤害。

(6)最终手段。任何时候都不放弃和平解决的途径及其可能性;正义战争始终是最后考虑的不得已而为之的执行手段,开战之前必须确认所有非暴力手段已无可能。

(7)限制原则。限制战争的方法和手段,不使用大规模杀伤性武器、致命性武器以及严重破坏生态环境的武器。

(8)相称原则。公开宣战;不过度杀伤和重复伤害;根据战争目标和实际情况选择合理适当的战争方法和手段,使用相称的暴力;在最短时间内以最小代价结束战争。

(9)区分原则。区分军事人员和平民,区分军事设施和民用设施,不应对民

---

[1] 有关正义战争理论的总结和论述,摘编自周圭银、沈宏:《西方正义战争理论传统及其当代论争》,《国际政治研究》2004年第3期,第22—30页。

众生活基础以及生存环境造成不必要的破坏。

（10）保护原则。保护战俘、平民和非敌对第三国利益，保护历史文物及文化宗教信仰。

（11）人道主义原则。恪守人道主义原则，最大限度提供人道主义保护和救助，最大限度限制对人道主义原则的违反和破坏。

总之，正义战争与其说是一个理论体系，毋宁说是一种思想传统；与其说是一种规范和约定，毋宁说是一种态度和思维方法。尽管在理论和实践上面临着诸多困难，但还是提供了一系列限制战争和战争行为的基本原则。战争的正义性也就并非简单地取决于谁、为什么目的、以什么手段和方法、在什么条件下、怎样使用战争工具的问题，在很大程度上，它更取决于我们用来指导政治实践的道德判断。

第二节　分析战争原因的"讨价还价"路径①

战争是我们在人类社会政治生活中观察到的最悲惨、代价最大的现象之一。最明显就是生命的损失。20 世纪的国家间战争中共有 4 000 万人直接阵亡。此外，战争还使无数人受伤，背井离乡，陷入贫困和疾病，数千万人死于与战争有关的疾病，数千万人因遭遇与战争有关的其它困难而失去生命。战争也有直接或间接的经济和物质成本。据估计，从 2001 年到 2021 年，美国仅在阿富汗战争中就花费了 2.313 万亿美元。② 各国还花费了大量资金资源从事有关战争的军事准备。2020 年，在新冠肺炎疫情肆虐、全世界 GDP 下降近 4.4% 的背景下，全世界国家军费支出增至 1.98 万亿美元，平均到每个人约 256 美元。③

在国际安全研究中，似乎没有比国家为什么要打仗这个更令人注目的难题了。国家为何而战？乍一看，答案似乎很简单：国家之间打仗是因为它们在重要问题上存在激烈的利益冲突，比如两个国家都渴望得到同一块领土，一个国家可能反对另一个国家的政策、体制或意识形态。对任何战争的部分解释都要求我

---

① 本节相关论述与讨论参考了焦兵：《战争的讨价还价理论——探索战争的理性主义解释》，《世界经济与政治》2009 年第 2 期，第 13—23 页。
② U.S. Costs to Date for the War in Afghanistan, in $ Billions FY2001-FY2022, https://watson.brown.edu/costsofwar/figures/2021/human-and-budgetary-costs-date-us-war-afghanistan-2001-2022, accessed by February 20, 2023.
③ "World Military Spending Rises to Almost $ 2 Trillion in 2020", https://sipri.org/media/press-release/2021/world-military-spending-rises-almost-2-trillion-2020, accessed by February 20, 2023.

们找出背后的利益冲突。尽管这种解释是正确的,但同时也是不完整的。它们忽略了一个关键问题,即为什么战争(而非其他方式)会成为各国解决争端的选择。

一、战争与"讨价还价"

战争是国际政治的一个经常性现象,它的频率虽有所波动,却从未完全消失。同时,战争又可说是一种例外:虽然战争引人注目,但大多数国家间的绝大多数争端并没有走向战争,大多数国家在大多数时间里可说是和平相处的。在大多数年份,卷入战争的国家的百分比相当低。如果战争的反面是和平,那和平恐怕不能用不存在利益冲突来解释。在寻求解释战争时,我们不仅需要问"他们为了什么而战?"而且还要问:"他们为什么要选择战争?"战争的根源在于国家利益的冲突。战争不是为战斗而战斗,而是为了通过战斗或战斗的威胁来获得国家想要的东西。我们应该把战争等争端看成是国家间就有价值的物品或问题进行讨价还价的行为。要了解战争发生的原因,就需要找出那些阻碍国家通过和平谈判解决冲突的因素。

按照惯常的理解,国家之间发生战争是因为两国存在不可调和的矛盾,竞争是零和博弈。一方的所得必是另一方的所失,因此只能在战场上一决雌雄。这种观点的缺陷在于它没有认识到战争的高成本和高风险使得冲突双方在避免战争上存在着某种共同利益,因而有了谈判和妥协的空间。战争与武装冲突至少会对一个国家,在某些情况下甚至对所有参与国包括发起者都造成巨大甚至灾难性的损失。这些显著成本降低了战争对各国的预期价值。战争对各方的价值是它预期赢得的收益份额减去它预期发生的成本。如此,就形成了一个可以讨价还价的区间。在这个区间内,任何妥协都会使两个国家获得更多的净收益。既然战争对参与者都意味着某种成本,理论上谈判区间总是存在的。现实中战争的成本往往很显著,所以一般都存在对各方更优的解决方案。鉴于这一点,我们有理由追问,如果所有的参与者能达成一个避免冲突的解决方案,他们的处境或许会更好,那么他们为何还要选择打仗?解释战争要求对缘何未能达成这类协议作出解释。

存在利益冲突是战争发生的必要条件,但它们并不足以解释战争实际发生的具体原因。为了理解为什么一些冲突会变成战争,而另一些则不会,我们必须思考国家在寻求解决争端时所展开的战略互动。詹姆斯·费伦(James Fearon)在 1995 年发表的《战争的理性主义解释》一文中发展了谢林等人的早先讨论,提出了一个关键问题:由于战争有着显著的成本,原则上总是事先

(exante)存在某个可供达成协议的讨价还价范围(bargaining range)。这种协议不仅能够反映战后的预期结果,而且还能避免战争的成本。从成本-收益权衡的角度看,战争双方在战前通过讨价还价达成一个反映战后结果的协议要优于战争方案。按费伦的话说,战争是事后无效的(expost inefficient)。于是,这里就有一个理论困惑:为什么理性的国家不能在战前通过讨价还价来达成一个优于战争的和平方案?对此,费伦基于理性主义路径提出了三条解释,即信息不对称(information asymmetry)、承诺问题(commitment problem)及议题对象的不可分割性(issue indivisibility)。① 这一思路在后续研究中得到修正、深化和扩展,在国际安全研究中产生了重大影响。接下来几章对于国际安全竞争与冲突的讨论,很大程度上就是围绕这一模型展开的。

二、信息问题与战争

谈判涉及相关国对战争前景的评估。各国对战争的预期决定了它更倾向于谈判妥协而不是打仗。这就与信息密切相关。这里的"信息"主要有冲突双方的实力对比和决心两大方面,包括军事实力、基础资源、军事战略和战术、作战计划、盟友等外部力量的介入、领导层的战略意图和政治意志等要素。国家能够赢得战争的可能性有多大?人力、财力和政治成本会是多少?这些问题对于国家是否愿意发动战争至关重要,因为它们将影响战争的进程并决定战争的胜负,影响国家对进程和结果的预期。决心,则是一个更抽象的概念,指的是一个国家愿意承担的战斗代价,以及相对于这些成本,这个国家对争议对象的重视程度。决心不仅决定了一个国家是否愿意打仗,也决定了在发生战争的情况下,这个国家的潜在能力有多少会被实际调动起来。决心的大小对于战争的进程和结果有着重大影响,是诸多以弱胜强战例的关键原因。

当国家不能轻易观察或衡量决定对手战争预期价值的关键政治和军事要素时,信息不完全就会在危机谈判中出现。对于冲突双方的每一方而言,它仅仅掌握自身的信息而不确知对方的情况。换言之,各方掌握着对方无法了解的私人信息(private information)。这里不妨以扑克牌游戏打比方。在牌戏中,每个玩家比她的对手更了解自己手中牌的好坏,而至少有一些牌是隐藏起来的。隐藏的牌就是私人信息:每个人都知道自己手中的牌,而缺乏关于对手牌的信息。讨价还价博弈就是在这种不完全信息的条件下进行的。

---

① James D. Fearon, "Rationalist Explanations for War", *International Organization*, Vol.49, No.3, 1995, pp.379-414.

那么，信息问题如何导致谈判失败进而导向战争呢？当信息不完整不对称时，双方对于谈判区间的预期可能无法重合，有可能出现两种错误导致战争：其一，一个国家在面对要求时可能让步太少或根本不让步；其二，一个国家可能要求过高，误以为另一方会屈服。在任何一种情况下，即使可能有一个双方都可接受的解决问题的非战争方法，但是对方发动战争的能力和意愿的不确定性会阻止这种解决方案的达成。如果一个国家不确定其对手对争议对象的重视程度，那么它也不确定它必须让步多少才能防止战争。低估或高估对手的能力（相应地就会高估或低估自己的能力），以及曲解对手的意图（将防御性的意图理解成进攻性的，或者将进攻性的意图理解成防御性的），都只会加剧冲突的升级。一般认为，第一次世界大战全面爆发之前，欧洲列强普遍夸大了对手的进攻意图并高估了自己的能力。第二次世界大战之前，英法等国则普遍低估了法西斯国家的进攻意图与能力。两种截然不同的状况都刺激了危机的升级和世界大战的爆发。

不过，尽管关于相对实力和打仗决心的私人信息会导致冲突双方的错觉，但这并没有从理论上解决一个关键问题：既然私人信息经常引发高成本的战争，冲突双方应该认识到这一问题，而且私人信息问题一直存在，那么理性的国家为何不能通过有效的沟通交流来共享彼此的私人信息从而消除因为错误知觉而引发的高成本战争呢？既然信息不对称会导致谈判破裂和战争，为什么各国不设法传递自己有多大能力和决心，从而避免代价高昂的战争呢？

针对这一问题，费伦强调了"伪装私人信息"(misrepresent private information)的动机，即冲突双方故意向对方传递错误的信息。在获得一个好的谈判交易和尽量减少战争爆发的可能性之间存在着权衡。从理性主义的角度看，国家有着掩饰私人信息的战略动机。首先，通过"虚张声势"，向对手夸大自身的实力和打仗决心，国家可以慑止对手，或促使对手作出让步。玩过扑克牌的人都知道，有时虚张声势是很有效的——也就是说，表现得好像自己有一手好牌，促使别人退缩甚至认输。在国际危机中也存在类似的动机。在危机中，成功的虚张声势有时可以获得巨大的回报。其次，考虑到向对手公开自身的实力或决心将使得自身的战场态势变得脆弱，或者减少了第一次打击成功的可能性，理性的国家会选择有意地隐藏自身的实力和决心。最后，为了避免给外界造成一种侵略者的印象并招致制裁，国家同样会掩盖自身的意图。这种掩饰私人信息的战略动机使得原本就容易产生的错觉被加重。

由上可知，信息问题视角强调有关实力和决心的私人信息的不对称，特别是伪装私人信息的战略动机导致冲突双方无法形成重合的预期，扰乱了对讨价还价区间的判断，从而导致谈判失败，促使冲突双方选择使用武力。学者将这一机制引入对战争进程及其结果的解释中,从而极大地拓宽了信息不完整与不对称模型的适用范围。这种更新了的信息不对称模型把战争看作是整个讨价还价过程的一部分,即战争双方在打仗的过程中继续讨价还价(bargaining while fighting)。随着战场形势的发展,有关相对实力和决心的私人信息通过战场的较量得以暴露。因为战场是实力和意志的真实较量,能向冲突双方发出(signal)最真实可靠的信号。私人信息在战争过程中的被揭示与显现使得冲突双方就战争的可能结果和谈判空间的范围逐渐达成共识,加快谈判的步伐。进而,学者们在战争如何揭示信息以及揭示什么样的信息上做了进一步讨论。

上述讨论产生了若干使战争更有可能或更不可能条件的推测(注意,推测是概然性的)。一般来说,国家越难了解对方的能力和决心,不完全信息的障碍就越严重;对战争结果的预期越不一致,战争的风险就越高。如果国家政治体制相对不透明,即外界很难观察到它们的军事能力或政治决策过程,那么这类问题就相对更可能出现,并阻碍对谈判解决的追求。战略形势的变化(如第三方的可能态度和作为)也可能影响国家面临的不确定性程度。最后,这一讨论使我们注意到国家是否以可信的方式传递自身意图等信息的重要性。当国家能够找到某种方式来表明他们的实力、决心以及自我克制,从而说服他们的对手作出让步时,不完全信息的问题更有可能被解决。如何谋划和控制信息的传递,这也是后续几章将要一再涉及的问题。

三、承诺难题与战争

不完全信息与伪装动机为解答战争之谜提供了一个颇具启发性的思路:关于能力或决心的信息不对称与欺骗动机使得各国难以达成谈判解决方案。然而,即便找到这样一个解决方案也并不一定能避免战争。即使信息是对称的,即便冲突双方战前都认识到存在一个彼此都满意的谈判方案,对该方案可执行性与可延续性的怀疑也仍然会妨碍冲突双方事前达成谈判妥协以避免战争。

此处,谈判失败和战争原因源自另一个障碍:国家有时很难作出可信的承诺,保证此后不使用武力来挑战和修改解决协议。当可以预见一方将有很强的动机和机会撕毁并挑战协议,当一国不能以可信的方式作出将信守协议的保证时,就会出现承诺问题。即使信息是对称的,如果一方或双方担心它(们)本打算签订的协议在未来将被轻易撕毁,从而无法兑现承诺,即承诺是不可执行的(unenforceable)、不可信的(incredible)的,这种"未来的阴影"(shadow of future)导致它(们)无法达成和平协议,反而选择战争。

按西方学者的观点,国际政治中至少存在三种由承诺问题引发的战争,即先发制人的战争（preemptive war）、预防性战争（preventive war）以及由战略性资产（strategic assets）冲突引发的战争。先发制人战争和预防性战争都遵循"事不宜迟"（better now than later）的逻辑。前者指一国由于预期敌国即将攻击自己（迫在眉睫的即时性威胁）而抢先攻击，其目的是利用第一次打击（first-strike）或进攻优势。后者则是对未来威胁（而非即时威胁）采取的提前反应，例如一国基于权力转移的预期而发动战争来阻止其挑战者实力的继续增长，从而预防或推迟权力转移发生后的不利影响。

在先发制人战争的场景中，当地缘因素或军事技术等创造了"先下手为强"或进攻优势时，相关国家将面临一个承诺问题：当防御相对有效时，因为第一轮攻击可以被挫败或承受，一个国家可以采取守势，观察其对手是否会发动攻击。但是，当军事技术、战略和/或地理条件等使进攻相对更有利时，对手的第一次打击就可能是毁灭性的。结果，对被攻击的恐惧助长了放弃谈判而走向战场的动机。[①] 于是，任何一方都受到这种"先下手为强"的诱惑，任何一方都很难相信对方会遵守不首先进攻的承诺。相反，当防御占优、第一次打击并无明显优势时，任何一方都缺乏战略动机来发动先发制人的进攻，这时的和平承诺就更为可信。进而，战争在进攻战略占优时发生的概率就比防御占优时高。这种攻守策略态势构成了我们前面提到的安全困境讨论的一个重要组成部分，不过"进攻"与"防御"的区分是对这类研究的一个严峻挑战。

在预防性战争的场景中，假设甲是倾向维持现状的国家，乙是正处于实力上升期的挑战国。或许甲乙双方能在当期谈判中达成旨在避免战争的和平协议，但是如果缺乏能够保证协议执行的有效机制，那么很难保证乙在之后实力上升后背弃承诺而提出进一步的要求，而此时已更为弱势的甲将不得不向乙作出进一步的让步。基于上述预期，甲无法相信乙能遵守协议承诺，且对于甲而言，让步的风险往往要大于在第一阶段就发动战争的成本。结果，发动预防性战争就成为甲自认为的一种理性选择：为了阻止或减缓预期的转变，不如当下就赌上战争的风险。1981年，以色列空袭伊拉克的核反应堆是所谓预防性战争的经典案例。以色列担心一旦伊拉克拥有核武器，将改变力量平衡，迫使其大量让步，先发制人地摧毁其核反应堆。这种以防止对手在未来变得强大为目的的战争便是预防性战争。需要注意，只有在预期战争会阻止或大大延缓预期的权力变化时，比如战争可以成功地解除对方的武装或显著削弱其经济增长时，这种逻辑才是完备的。如果权力的转移无论如何都会发生，那么现在打仗也就没什么意义，而

---

① Keir Lieber, "Grasping the Technological Peace: The Offense-Defense Balance and International Security", *International Security*, Vol.25, No.1, 2000, pp.71-104.

要摧毁对手崛起之源,则意味着在权力转移背景下进行的战争往往规模更大,时间更长,代价更昂贵。

此外,某些具有经济和地缘战略价值的"战略资产"如战略性领土,对讨价还价结果(如战争的胜负)等有直接而重大的作用,同样影响到国家对战与和的抉择。它们可以为一方提供更有利的攻击或防御位置,或者(和)为战争提供持续不断的经济资源。国家不愿意让出这些战略资产还有更长远的考虑。如果甲国此时把战略资产转让给乙国,乙将从中获取更多的优势,但甲却不确定乙以后是否会利用这新获得的优势来进一步提要求。如果缺乏可靠的承诺保证,甲或宁愿承受战争也不愿作出让步。各国经常就领土归属出现争端。在某些情况下,一些领土具有特别的军事意义,也许是因为它包含能发动有效攻击的高地,或是位于战略航线上的岛屿,因而出现对获得该领土的国家撕毁协议并提出更多要求的担忧。这被用来解释为什么以色列将西奈半岛归还埃及而没有把戈兰高地归还给叙利亚。二者都对以色列防御进攻影响重大。但是,因为埃及萨达特政府承认了以色列的生存权并签署了有美国背书的《戴维营协议》,故而以色列可以有条件地将西奈半岛归还埃及。但是,以色列依然担心一旦把戈兰高地归还叙利亚,后者很有可能利用其居高临下的优势对以色列发动攻击。对武器项目的讨价还价也有类似的特点。近年来,美国试图对一些国家施压,要求这些国家放弃所谓"发展大规模杀伤性武器"计划。但是,一个同意放弃武器项目的政权会因此而变得更弱。利比亚于 2003 年 12 月同意终止其化学和核武器计划并接受国际检查。作为回报,美国和英国承诺推进与该国关系正常化。2011 年 3 月,利比亚内战爆发,卡扎菲在西方国家的军事干预中被赶下台,七个月后被杀。这给国际社会说服一些国家达成相关涉核协议带来了重要障碍。

可见,即便相关国家可以找到一个各方目前都能接受的解决方案,对各自在未来遵守交易的承诺可信性的担忧也会导致谈判失败与战争。这一讨论同样产生了一些关于战争更容易或更不容易发生的条件的预测。首先,当争议对象是重要权力来源(如战略资产)时,战争就更有可能发生。其次,当两个国家之间的军事平衡发生相对快速和巨大的变化时,战争就更有可能发生。最后,当军事战略形势为先发制人创造了巨大的优势时,讨价还价的失败就更为常见。

四、对象的不可分割性与战争

"对象的不可分割性"是指国家之间为之开战的对象本身是不容分割、难以妥协的。这或是因为某个对象对国家而言十分重要,也可能因为一国在此问题上的妥协可能殃及其他一系列重大利益。在社会科学分析的意义上,当我们说一个物品不能被分割时,所指的并非其字面上的含义,而是指当物品被分割时,其价值会损失很多,甚至全部。这一要素对于我们解释内战、民族主义战争、宗教战争、自杀性恐怖袭击等都很关键。以领土的不可分割性为例,大多数民族强烈地认同一块特定的领土,视之为与其民族的生存不可分离的"家园",对其国土的威胁无异于对其自身基本存在的威胁,也无法通过其他问题的"补偿性支付"来补偿一个国家或民族放弃部分领土的代价。例如,巴以冲突中的耶路撒冷归属问题,巴以双方都把耶路撒冷视为各自认同的神圣象征,妥协几乎是不可能的。

虽然不可分割性的逻辑很清楚,但是不那么清楚的是,在国际政治中这一问题多大程度上是难以化解的。费伦就认为与"信息不对称"和"承诺问题"相比,"对象的不可分割性"对战争的解释力有限,因为与战争相关的讨价还价问题可以是多维度的。通过给讨价还价创造一个新的维度,有可能使物品变得可分割。比如,与其争论人们该怎么分割某幅名画,不如说是争论一方愿意付给另一方多少钱来得到它。由于金钱通常是可以度量分割的,增加这个新的维度就为妥协创造可能性。争端各方可能会找到其他维度,从而受损者可以得到补偿。处理难以妥协的争议对象的困难可能不是来自不可分割性本身,而是缺乏可行的转换方法和薄弱的执行机制。在领土等问题上,真正的挑战在于难以作出可信的承诺,长期分享这类物品。一个可能的解决机制是共同控制,但这却很难落实。罗伯特·鲍威尔(Robert Powell)就认为"对象的不可分割性"本质上仍然属于"承诺问题"。因为即使争端问题是不可分割的,但由于战争的高成本,国家之间依然存在讨价还价的可能性,比如至少搁置争议。谈判失败的真正原因在于哪怕是最微小的让步都可能带来权力分配的剧变,这为获取权力优势的国家违背先前承诺而向对方提出进一步要求提供了机会。考虑到这种暗淡的前景,它宁愿战斗也不愿妥协。① 另外,值得注意的是,国家可能有策略性动机,公开声称他们不可能在某一特定问题上作出妥协,从而束缚自己的手脚,促使另一方提高报价或放弃要求。② 以上讨论并不是说不可分割的物品在国际政治中不存在。而是说,当争端的参与者声称某些事项是不可分割不可妥协时,我们有理由保持适当的怀疑。

---

① Robert Powell, "War as a Commitment Problem", *International Organization*, Vol. 60, No. 1, 2006, pp.169-203.
② Stacie E. Goddard, "Uncommon Ground: Indivisible Territory and the Politics of Legitimacy", *International Organization*, Vol. 60, No. 1, 2006, pp.35-68.

五、国家间战争减少的原因:"讨价还价"思路的应用举例

本节我们通过解释战争的减少趋势来展示"讨价还价"思路的应用。我们研究战争的原因不仅仅是为了了解战争发生的原因,也是为了找出可能减少或消除战争发生的因素。在过去的70年里,国家间战争的明显下降已成为社会科学界普遍关注的话题。此外,自1953年朝鲜战争结束以来,两个大国间还未发生过战争。我们需要谨慎对待这一趋势的持续性。历史上早期经历的战争频率的下降被证明是暂时的。[①] 不过,过去近70年来国家间战争减少的现象确实引人注目,且意义重大,足以促使我们提出以下问题:到底什么因素能解释二战以来国家间战争发生率的下降?

"讨价还价"路径为我们思考战争与冲突问题提供了不少有益的思路。"讨价还价"路径认为,当国家在一个有争议的问题上有利益冲突时,战争的代价使得冲突各方之间存在一个谈判空间,使得各方能偏好和平谈判而不是战斗对决,但是由于信息或承诺问题,或由于无法分割利益,讨价还价可能失败。从这一逻辑出发,战争的减少可能源自:历史上推动国家走向冲突的争议对象价值下降,战争成本的增加等导致互动过程的变化,或者制度的发展演变帮助国家更好地解决与不确定性和权力变化有关的信息或承诺问题,或者化解对象的不可分割性问题。我们有理由认为,所有这三个因素的变化都在使战争在整体上变得不太可能。

1. 变化的利益偏好

自1945年以来,世界政治的一个变化是,争夺领土在推动国家间冲突方面的影响显著下降。同时,一国成功征服或吞并领土的例子也越来越少。对这一现象的解释不胜枚举,但首先恐怕可从领土本身的价值变化开始。历史上,对土地和人口的控制是国家权力的决定性来源,而技术变革则逐渐削弱了这种联系。在一个拥有核武器、远程运载工具、精确制导武器和无人机的时代,军事力量不再取决于一个国家能派出多庞大的军队。此外,国际贸易和投资的增长意味着,通常而言,通过市场获取资源要比通过征服更容易。同时,民族主义思想的传播使外国更难控制被征服的人口和土地。因此,驱使国家争夺领土的一些利益已经变得不那么有力了。尊重主权与领土完整的国际规范的发展进一步强化了这一点。1945年后国际体系的变化降低了各国争夺领土的兴趣,这在历史上一直是国家间战争的一个主要原因。

---

① Steven Pinker, *The Better Angels of Our Nature: Why Violence Has Declined*, New York: Viking, 2011. 怀疑的观点,参见 Tanisha M. Fazal, "Dead Wrong? Battle Deaths, Military Medicine, and Exaggerated Reports of War's Demise", *International Security*, Vol. 39, No. 1, 2014, pp. 95-125.

2. 战争成本的上升

参与战争的主要抑制因素之一是它所带来的人力、经济、物质和心理成本。事实上，战争成本的增加扩大了讨价还价空间。随着战争的吸引力降低，各国更愿意作出妥协以避免战争。自二战结束以来，至少有两个重大发展增加了战争的预期成本。一个是核武器的出现。核战争的预期后果是如此可怕，"相互确保毁灭"的威胁使有核国家变得谨慎起来。美国和苏联在冷战期间有50年的激烈敌对，但这两个超级大国从未直接彼此发动战争。虽然关于这种所谓的长期和平的原因有很多理论，核武器肯定起到重要的作用。[1] 另一个重大发展是国际贸易和金融交易的爆炸性增长。随着各国在经济上的相互依存度越来越高，它们之间的战争成本会越来越高。自1945年以来，各国之间贸易和金融的相互依存度不断提高，是和平关系的一个促进因素，特别是在先进的工业国家之间。这一理论是否正确，一直是学术界激烈辩论的主题。我们将在下一节对这一认识进行深入讨论。

3. 制度与信息和承诺问题

国家间冲突的减少可能是由于国内和国际制度的演变帮助国家解决了可能导致谈判失败的信息和承诺问题。在国内方面，民主制度的传播被一些人认为是过去70年来国家间战争显著减少的部分原因。这是下一章要讨论的主题。在国际层面，国际组织的数量和活动也在二战后急剧扩大。这一时期见证了联合国的发展，以及众多致力于促进和平与安全的区域组织的出现。这些制度以各种方式提高国家解决信息和承诺问题的能力。首先，国际组织可以通过提供中立观察员等来提高透明度。联合国就经常提供监督员，帮助观察冲突各方是否履行了撤军或解除武装的承诺，从而减少对手对对方行动的不确定性。[2] 联合国等国际组织作为第三方可以通过监督和执行协议，为一方或双方提供安全保障使承诺问题更容易解决。总之，自1945年以来，一系列变化促使和平更有可能。虽然宣布战争已经过时，恐怕言过其实，但即使如此，这也是令人欣喜的变化。

六、对"讨价还价"路径的评价

战争的"讨价还价"路径通过分析国家间互动中存在的信息不对称、承诺和不可分割性这三大问题来寻找战争的直接原因。从分析层次上看，它超越了以

---

[1] John Lewis Gaddis, "The Long Peace: Elements of Stability in the Postwar International System", *International Security*, Vol.10, No.1, 1985, pp.99-142.

[2] Virginia Page Fortna, *Peace Time: Cease-Fire Agreements and the Durability of Peace*, Princeton, N.J.: Princeton University Press, 2004.

往战争研究所关注的个人—国家—体系三大层次区别,而聚焦于国家间的策略互动(strategic interaction),把国际关系研究引向具体进程。战争的"讨价还价"理论与以往的战争理论并非对立,它并不否认传统理论的有效性,而是认为传统理论忽视了战争的直接原因。可以说,战争的讨价还价理论与传统的战争理论是一种互补的关系:前者解释战争的直接原因,后者则解释战争的潜在或深层要素,而要想建立完备的战争理论,必须综合两者的真知灼见。

讨价还价路径具有广泛的适用性。传统的战争理论旨在解释战争发生的原因。而战争的讨价还价分析路径则把战争的前因后果都视为整个讨价还价进程的组成部分。理论上,其不仅可以解释战争发生的原因,而且能够解释战争的持续、中止及结果。战争发生的原因是战争双方由于信息不对称、承诺和不可分割性这三大阻碍因素而无法达成和平协议;战争的持续则是战争双方通过战场的表现来揭示成功的谈判所需的关键信息的过程;当关键信息被揭示后,战争双方就能够达成和平协议从而结束战争;而战争的结果则反映了双方讨价还价的最终结果。

同时,"讨价还价"路径不仅可以解释战争现象,而且能够运用于国际合作、国际危机、国际冲突等多个领域。由于这些领域涉及的核心议题是国家之间的谈判及其面临的冲突升级扩大危险。实际上,"讨价还价"理论也能够为解释这些领域的国家行为和促成国家间的良性互动提供重要的启示。例如,主流分析实际上把合作视为承诺问题,即如何保证合作双方能切实履行协议。但在"讨价还价"理论看来,这仅仅捕捉到了国际合作的"执行"(enforcement)问题,却忽视了达成国际合作协议过程中的"讨价还价"(bargaining)问题。尽管所谓的"未来的阴影"(shadow of future)使得执行协议变得更为容易,但它也可能促使国家为了得到一个对未来更好的协议而采取更加强硬的谈判立场,从而拖延谈判达成,这反而使得合作更加艰难。

不过,"讨价还价"路径也遇到了一些质疑和批评。这一路径认为信息不对称、承诺和不可分割性是导致战争的直接原因。但是,这些问题的存在很大程度上是国际政治的普遍特征(比如即便是完全信息条件下,国家也很可能对战争结果存在不同预期),无论是处于战争还是和平状态下的国家之间均或多或少地存在这些问题,那为什么这些原因并不总是导致战争呢?为什么在有的情况下国家之间达成了协议而有时却未能达成呢?费伦自己也意识到了这一问题,其辩解是"说明战争反复发生的因果机制必须优先于辨认那些导致该因果机制在特定的环境中产生某种结果(而非其他结果)的因素"[①]。毕竟没有哪个要素是决定

---

① James D. Fearon, "Rationalist Explanations for War", *International Organization*, Vol. 49, No. 3, 1995, p.401.

性的,具体的战争往往是多重要素共同作用的结果。

除此之外,还有理性路径之外的对于战争原因的讨论。一些研究强调误解、错觉或信息处理偏差的影响。这些学者们相信,考虑到战争不可避免的风险和代价,战争之所以发生,是因为决策者对他们的获胜机会或必须支付的成本估计不够准确。这种论点要么是基于认知心理学的研究,表明人们不善于权衡风险,经常陷入一厢情愿等心理偏差;要么是基于组织方法,强调僵化的组织惯例、政治和军事精英的意识形态和利益如何导致对战争的不正确特别是过于乐观的评估。如果领导人错误地判断了对手的实力、意愿,乃至错误地判断了第三国的实力和意愿,都可能引发战争。对这些理论的回应是,虽然感知上的陷阱是普遍存在的,但在战争问题上是相对罕见的。这些理论同样很难解释为什么战争会在某些时间点发生,而不是其他时间点。即便不考虑心理或组织问题,在讨价还价的战略背景下收集必要信息并达成一致判断也存在巨大困难。①

最后,如下一章所强调,战争的发生并不是因为它符合国家的利益,而是因为它符合国家内部有影响力的特定团体的利益。尽管战争的成本很高,但还是要打,因为这些成本并没有落在发号施令者身上。尽管本章在介绍"讨价还价"模式时,将国家作为单一行为体,而不考虑其内部政治经济过程,但如我们在下一章中将看到的,国内因素的作用可以很容易地纳入"讨价还价"框架。

第三节 经济相互依赖、权力转移与战争

经济相互依赖和权力转移如何影响国家间的政治关系已成为一个热点问题,受到各国政府部门和学术界的广泛关注,是国际安全领域中重要的理论增长点。随着大国战略竞争的发展,这在近年来更成为各方关注的焦点。

一、经济相互依赖与和平

经济相互依赖主要指不同国家之间在经济方面密切地相互影响和相互作

---

① 相关讨论参见 Jack S. Levy and William R. Thompson, *Causes of War*, Oxford: Wiley Blackwell, 2010, pp. 128–187。

用,一个国家某些经济利益的实现有赖于与另一国的合作。① 经济相互依赖的程度不是固定不变的。20世纪下半叶,尤其是20世纪90年代以来,不同国家间的经济联系和相互依赖程度日益加深。对于经济相互依赖对战与和的影响,相关研究层出不穷,但由于理论假定、研究视角和方法的差异,学者们得出了不同甚至相反的结论。某些核心问题至今未得到有效解决。② 以下分别对相关论证逻辑及质疑意见进行展示。

(一) 对经济相互依赖促进和平的论证

首先是对经济相互依赖如何促进和平的不同论证。国家间经济相互依赖能够促进和平的观点由来已久。亚当·斯密、大卫·李嘉图、杰拉米·边沁、约翰·斯图尔特·密尔、理查德·科布登等都认为自由贸易对各参与国家具有巨大的联结作用,消除贸易壁垒是实现永久和平的途径。20世纪70年代后,对经济相互依赖政治效应的科学实证研究兴起,研究内容也不再仅仅局限于贸易和平论,还拓展到国际投资和金融对国际关系的影响。③

商业自由主义的核心假设是:国家之间的商业和经济往来可以降低国家爆发战争和冲突的频率。换言之,国家之间的经济联系越紧密,交往越密切越自由,国家之间发生冲突的可能性就越小,国际体系也更加和平。随着时代的发展,自变量内涵和外延在不断发生变化,由简单的商品贸易发展到服务贸易、技术合作、国际金融、国际货币和对外投资等。经济相互依赖会提高战争的成本,加强信息交流,提高承诺的可信度以及生成国际制度和塑造与建构国家偏好,从而能够消除战争的诱因。

1. 机会成本说

大部分研究都从利益特别是战争的机会成本出发来研究经济相互依赖与冲突之间的关系。④ 经济相互依赖之所以能够促进和平,是因为国家间的经济交往能够使双方的资源得到有效的配置,增进国内福利和改善生活条件,而战争将切断这种经济交往,从而使国家遭受福利损失。为了避免这一损失,国家更可能会

---

① 不过,简单的经济联系并不等于相互依赖,基欧汉与奈在《权力与相互依赖》中认为:"所谓相互依赖,是指国家之间或不同的行为体之间,有赖于强制力或者说要付出代价的相互影响和相互作用",同时"如果交往并没有带来显著的需要各方都付出代价的结果,则它不过是相互联系而已"。[美]罗伯特·基欧汉,约瑟夫·奈:《权力与相互依赖》(第3版),门洪华译,北京大学出版社2002年版,第9—10页。
② 以下讨论参见邝艳湘:《经济相互依赖的和平效应:文献述评与展望》,《复旦国际关系评论》2011年第1期,第162—192页。
③ Solomon W. Polachek, "Conflict and Trade", *Journal of Conflict Resolution*, Vol.24, No.1, 1980, pp.57-78.
④ Richard Rosecrance, *The Rise of the Trading State: Commerce and Conquest in the Modern World*, New York: Basics Books, 1986.

自我约束，不主动挑起冲突，从而减少了冲突爆发的可能性。不仅如此，贸易的一个重要后果就是使国内经济更加专业化，更加融入国际分工，如果发生战争，不仅贸易被切断，而且经济资源也必须重新分配，或者寻找新的贸易伙伴，这些都要付出相应的代价。换言之，战争的机会成本还取决于经济资源的可转换性以及寻找新贸易伙伴的可能性。如果资源的可转换性很低，原来用于生产可贸易产品的资源不能用于其他产业，那么成本将会很高；如果寻找新贸易伙伴的可能性很低，或者代价高昂，同样成本也将非常高。结果，战争的机会成本远远大于贸易损失。

不过，上述机制是从单个国家的决策层面来进行研究，有其内在缺陷。具体表现在两个方面：首先，中断贸易所带来的成本不仅仅与国家之间的贸易量和贸易所得直接相关，还与国家对中断贸易的净成本的敏感性与脆弱性有关；其次，以上成本收益的计算仅是单个国家的考虑，但经济交往最少是在两个国家之间展开的，需要考虑其他方面包括整体的国际经济形势所提供的替代选择。国家是否挑起冲突，还依赖于对方的决定。一方自我约束的举动可能被对方所利用，向他们提出不合理或者过分的要求，从而引发争端。因此，考虑到国际冲突的互动性，我们需要回到"讨价还价"的思维路径中，从"讨价还价"区间的角度来认识成本方面的影响。经济相互依赖促进和平的原因并不能简单地从单方的成本与收益来解释，而应看作是信号传递和战略互动的过程，对经济相互依赖在两国战略互动中的影响加以考察。

2. 信号传递说

在国家的交往中，贸易和相互依赖可以成为可信信号的来源，增加国家在面临冲突危险时可使用的信号释放手段，从而降低不确定性，有助于和平解决争端。[①] 首先，国家之间的贸易联系和相互依赖成为国家发送可信信号的重要手段。存在商业往来的两个国家，如果甲先挑起争端，要求乙作出让步，此时乙也可以通过在贸易领域采取制裁和抵制等各种手段，来表示自己的决心，而不必诉诸军事手段。换言之，与没有经济联系的国家相比，经济上相互依赖的国家之间在冲突过程中，拥有更多的手段（如经济制裁和冻结财产等）来传递更加可信的政策信号，如能力和决心。其次，国家之间开展贸易和其他商业往来还可以降低不确定性，减少冲突。冲突往往是由于信息不对称引发的，而国家之间的经贸往

---

① Arthur A. Stein, "Trade and Conflict: Uncertainty, Strategic Signaling, and Interstate Disputes", in Edward D. Mansfield and Brian M. Pollins eds., *Economic Interdependence and International Conflict: New Perspective on an Enduring Debate*, Ann Arbor: the Universtity of Michigan Press, 2003, pp. 111–126; James D. Morrow, "How Could Trade Affect Conflict?", *Journal of Peace Research*, Vol. 36, No. 4, 1999, pp. 481–489.

来通常是公开的。通过发展经贸往来,可以在对方区域内开设更多的官方机构等,增强了各种信息的透明性。从这个意义上,经济相互依赖促进国际和平的真正原因在于对信息不对称问题的缓解。国际金融和国际投资等资本的跨国流动由于比贸易的规模更为庞大,因而更能有效地发送信号,从而使其抑制冲突的作用也更为突出。

3. 外溢效应说

随着时间的推移,合作的开展也可能由最初看重物质利益发展到改变彼此的态度和认识,功能领域的合作会扩展至其他更高层次领域的合作。经济上的相互依赖和自由贸易不仅能够产生客观的物质利益,更重要的是,能够促进各国人民的相互了解,改变彼此的看法,从而减少可能引发战争的误解,增进信任感和亲近感。贸易领域的合作机制可以扩展和外溢到其他领域,使合作领域不断扩大,层次不断提高,在不断加强和深化的合作中,有可能建立争端解决机制,确立共同的利益预期和规范,从而改变贸易伙伴国的态度和观念,使它们发展成为某种"安全共同体"。当然,持这种观点的学者大多属于自由主义学派。

(二) 对相互依赖和平论的质疑

对经济相互依赖的和平效应,学界不乏质疑和争议。现实主义者强调各国相互依赖具有不对称性,收益分配也不对等。国家对相对收益的重视会影响贸易和平论的实现。由于国际社会处于无政府状态,鉴于经济实力和政治实力之间的可转换性,因此,国家总是担心对方的经济实力会转换成军事进攻能力,对自己的安全构成威胁。同时,正是由于贸易量的上升,如果一方贸然中断贸易,可能让另一方承受相当高昂的成本。因此,当国家对贸易前景的预期较悲观时,它可能会选择战争,以避免届时对方中断贸易造成的损害。对两国间贸易前景的预期,在很大程度上决定了未来两国间战争或和平的走向。①

甚至有学者认为经济相互依赖更易导致冲突。沃尔兹就认为:"紧密的相互依赖意味着交往的密切,从而增加了发生偶然冲突的机会。"②阿尔伯特·赫希曼(Albert Hirschman)指出,国家可能故意与其他国家开展商业往来,造成对方对自己的依附,从而使对方难以摆脱自身的控制,借此来影响对方的对外政策,使其实施对自己有利的政策。由于国家对可能造成的依附的担心,合作将难以进行。③ 此

---

① Dale C. Copeland, *Economic Interdependence and War*, Princeton, N.J.: Princeton University Press, 2014.
② [美]肯尼斯·华尔兹:《国际政治理论》,信强译,上海人民出版社2003年版,第185页。
③ 他以二战前德国与中东欧国家的经济往来以及美国与夏威夷的经济联系为例,指出德国和美国作为大国,都力图通过经济手段来达到控制目的,且都成功了。Albert O. Hirschman, *National Power and the Structure of Foreign Trade*, Berkeley: University of California Press, 2018(1945).

外,经济相互依赖即便能给各国都带来利益,但是其收益在国内的分配却隐含着冲突的因素,因为与其他国家开展经济往来会使一部分集团获益,而使另一部分集团受损,享受不到经济开放所带来的好处的群体可能影响国内政治进程,并进而挑起与其他国家的冲突或者内战,以最大限度地实现或者维护自己的利益。现实主义者就认为,安全考量和军事因素支配着领导人对冲突效用的算计,必要时,国家会毫不犹豫地中断贸易联系,所以经济相互依赖根本制约不了国家的冲突倾向。战争并不一定减少战争双方之间的贸易,甚至有可能会扩大贸易往来,因此国家也不会因受到切断贸易的威慑而不敢发动战争。

(三)有条件的相互依赖和平论

针对上面两种意见的辩论,近年来,国内外学者对经济相互依赖的和平效应问题进行了广泛深入的研究,但是分歧也十分明显。为了弥合分歧,一些学者试图从以下三个方面着手:第一种思路是尝试将相互依赖划分为不同的类型,论证不同类型的相互依赖会导致不同的政治结果;第二种思路是考虑干预变量,认为经济相互依赖不会自动导致和平,需要辅以其他变量,如国内政治、政体形式、发展水平、贸易制度和国际组织等;第三种思路则从研究方法上来寻找原因,认为出现分歧主要是由于采用了不同的指标和数据。这也展示了处理学术分歧通常的几种思路。

1. 不同类型的经济相互依赖导致不同的结果

根据不同的标准,相互依赖可有不同的类型区分。从与相互依赖相关的代价角度来看,可以分为敏感性相互依赖和脆弱性相互依赖;从相互依赖的对称性来看,则可以划分为对称性相互依赖和不对称性相互依赖,其中严重的不对称性相互依赖又可称为"依附";此外根据相互依赖的重要性大小,还可以划分为战略性相互依赖和非战略性相互依赖;等等。不同类型的相互依赖所导致的结果是不同的。敏感性相互依赖与脆弱性相互依赖的最大区别在于成本的不同。"就依赖的代价而言,敏感性指的是在试图改变局面而作出变化之前受外部强加代价影响的程度。脆弱性可以定义为行为体因外部事件强加的代价而遭受损失的程度。"①简言之,敏感性相互依赖指外部环境变化时所造成的影响,但是脆弱性相互依赖则指为了适应外界的变化而作出调整所要付出的成本。相对于敏感性相互依赖来说,脆弱性的相互依赖是更加具有政治含义的概念。具有脆弱性的一方在国际谈判时容易作出妥协和让步。敏感性的相互依赖则较难有效约束国家的行为。从对称性维度来说,对称性的相互依赖和不对称的相互依赖所导致

---

① [美]罗伯特·基欧汉、约瑟夫·奈:《权力与相互依赖》(第3版),门洪华译,北京大学出版社2020年版,第14页。

的结果也是不同的。一般认为,对称的相互依赖有助于减少冲突,而不对称的相互依赖则导致更多的冲突。

还有的研究从相互依赖的战略性和非战略性来讨论相互依赖的政治后果。所谓战略性相互依赖,指双方交易的商品具有战略性(如石油),或者双方交易的商品供给和需求弹性较小。某个国家对另一目标国家的进口和出口的需求和供给弹性越小,行为体-目标国之间的冲突数量也越小。换言之,战略性的相互依赖有助于约束国家行为,而非战略性的相互依赖则难以起到约束国家行为的作用。

2. 引入条件或干预变量

第二种思路认为经济相互依赖不会自动实现和平,而是在一定的条件下才能实现和平。有西方学者片面认为,相对于发展中国家的经济往来,发达国家之间的经济相互依赖更加可能导致和平。一些人还相信,只有所谓"民主国家"间的相互依赖才会实现和平。① 还有学者认为,基于国际制度所发挥的功能,只有在贸易集团或者国际组织中各成员间的相互依赖才能推动实现和平,成员与非成员或者非成员相互之间的经济往来将导致更多的冲突。② 戴尔·科普兰(Dale Copeland)认为,真正决定战或和的变量并非当前的贸易水平,而是对未来贸易的预期,如果当前贸易水平很高,而对未来的预期很低,那么也有可能导致冲突,而如果当前贸易水平很低,预期很高,则有可能导致和平。③

3. 考察测量与考察维度

有意思的是,对相互依赖的认识,来自现实主义和自由主义的一些推断可能都在一定程度上合乎实际。相互依赖会增加国家间的摩擦,但是却能够降低军事化冲突,也就是说它有助于使摩擦不至升级。于是,相互依赖也许会增加国家参与某些形式的敌视的可能性,但是经济相互依赖同样也会阻止国家进行长时间的敌视或者参与高烈度的冲突。随着经济相互依赖程度加深,国际合作也相应地增多了。④ 要了解经济相互依赖对国家间政治关系的影响,还必须深入国内

---

① Håvard Hegre, "Development and the Liberal Peace: What Does It Take to Be a Trading State?", *Journal of Peace Research*, Vol. 37, No. 1, 2000, pp. 5-30; Christopher Gelpi and Joseph M. Grieco, "Economic Interdependence, the Democratic State, and the Liberal Peace", in Edward D. Mansfield and Brian M. Pollins eds., *Economic Interdependence and International Conflict: New Perspective on an Enduring Debate*, Ann Arbor: Universtity of Michigan Press, 2003, pp. 44-59.
② Edward D. Mansfield and Jon C. Pevehouse, "Trade Blocs, Trade Flows, and International Conflict", *International Organization*, Vol. 54, No. 4, 2000, pp. 775-808.
③ Dale C. Copeland, "Economic Interdependence and War: A Theory of Trade Expectations", *International Security*, Vol. 20, No. 4, 1996, pp. 5-41.
④ Jon C. Pevehouse, "Interdependence Theory and the Measurement of International Conflict", *The Journal of Politics*, Vol. 66, No. 1, 2004, pp. 247-266.

层次,将国际经济与国内政治进程结合起来考察。此外,值得一提的是,支持经济相互依赖促进和平的研究目前基本上采用的是二战后的案例或数据,而支持经济相互依赖导致冲突的研究大多采用的是二战前的数据或者案例。于是,最后归结为这样一个问题:为什么二战后,发展水平较高的国家之间、同为国际制度成员的国家之间的经济相互依赖更好地发挥了抑制冲突的效应?对此,学界并无有力解释,需要进一步的研究。

最后,讨论经济相互依赖政治效应的既有研究主要立足于发达国家的历史经验和现实。以中国为代表,越来越多新兴经济体介入经济全球化过程,且影响力越来越大。面对新情况,我们需要用新的方式来回答以下问题:如何预测中国等国家的经济崛起将对世界政治经济体系产生什么样的影响?全球性的经济相互依赖将如何影响这些国家的对外政策?如何使经济联系继续成为大国关系的压舱石而非导火索?针对经济相互依赖与国际安全的关系,我们需要立足新情况,提出新的研究纲领。

二、权力转移理论

权力转移理论的思想脉络贯穿于国际关系的悠久历史中。修昔底德在《伯罗奔尼撒战争史》中就有"雅典势力的日益增长,引起拉栖代梦人的恐惧,从而使战争成为不可避免的了"的说法。奥根斯基和罗伯特·吉尔平建立了较为系统的权力转移理论,其中尤以前者的研究独树一帜。

吉尔平指出:国家谋求与其权力相称的利益,只有当体系的利益分配与权力分布大致平衡的时候,这个国际体系才是稳定的;而当体系的利益分配与权力分布不匹配的时候,容易引发结构变革,而战争就是结构变革的重要方式。国际体系就不断从均衡到不均衡,再重新形成新的均衡。这里,"均衡"(equilibrium)指的是权力分布与利益分配之间大致对称。当权力与利益相当的时候,体系就不存在足够的变革动力,世界政治也就处于相对稳定的状态。但是这种稳定只是暂时的。随着大国之间权力增长的不平衡,大国间利益安排就可能滞后于权力的变更。因此,在有利可图的情况下,有的国家就会采取各种变革措施(如战争),来满足自己的利益诉求。当变革的边际成本大于或等于边际收益的时候,国际体系又趋于稳定,达到新的均衡。因此,国际体系总是从均衡到不均衡,战争也总是周而复始地出现。① 不过,吉尔平的理论后续发展有限,奥根斯基与他的学生则持续推进研究,形成了新的研究纲领,并将权力转移理论扩展至新的实

---

① 参见罗伯特·吉尔平:《世界政治中的战争与变革》,宋新宁、杜建平译,上海人民出版社,2007年。

践领域。

对均势理论的不满推动奥根斯基提出了权力转移理论。他质疑并挑战了均势理论的一些核心命题,包括均势是国际体系的自然状况,均势促进和平而权力差距则导致战争,权力过度集中时将形成制衡同盟来恢复均势等。他同时批评均势理论对权力的定义过于静态化,过分关注军事力量与同盟,而忽视了国家权力的内部源头与动能。在 1958 年出版的《世界政治》(*World Politics*)中,他考察了近 300 年的国际关系史,认为大国间权力关系的变化从而引发战争的最重要原因是彼此实力的接近。特别是当大国间权力的再分配出现"持平"(power parity)趋势时,战争爆发的可能是最高的。[1] 在 1968 年出版的该书修订版中,奥根斯基进一步修正和阐发了其主张,认为崛起后的大国常常对现有的国际秩序"不满",而主导性的大国作为既得利益者,想要维持现有秩序,是"满意国家"。这就形成了二者围绕着国际秩序主导权问题的竞争,"当不满意的国家认为有机会通过战争赢得秩序主导权的时候,他们就会毫不犹豫地通过战争来争取改变现状",战争就此爆发。[2]

1980 年,奥根斯基和他的弟子杰西克·库格拉(Jacek Kugler)出版《战争细账》(*The War Ledger*)一书,第一次为"权力持平"与"权力转移"将带来战争之间的变量关系提供了定量统计说明。他们发现:有潜力角逐全球领导者地位的国家间如果没有达到"权力转移"水平就不会有"战争";但如果这些"竞争者"之间发生了"主导者"可能易位的"权力转移",则一半的案例显示发生了战争。他们的结论是:国际关系中"主导国家"的位置因为"权力的重新再分配"而发生转移趋势,则常常在原来的"主导国"和竞争者中引发战争。这是大国战争的"必要条件",但不是"充分条件"。[3] 如今,在奥根斯基创立这一概念几十年后,权力转移理论仍然保持着蓬勃发展的势态,并在近年来由于中国崛起等变化而受到更多重视。

(一)权力转移理论的具体主张

权力转移理论认为,均势理论没有抓住国家发展速度的不均衡对国际体系的影响。国际体系等级并非静态,而是随国家权力与增长率的此消彼长而发生变化。增长率的不平衡主要由人口数量、经济生产力和国家政权从社会中汲取资源的政治能力,以及运用这些资源促进国家整体利益过程中发生的变化所驱使。在奥根斯基看来,不同的国家在现代化进程中的表现差别巨大,构成了出现

---

[1] A. F. K. Organski, *World Politics*, New York: Knopf, 1958.
[2] A. F. K. Organski, *World Politics*, 2nd ed. [rev.], New York: Knopf, 1968.
[3] A. F. K. Organski and Jacek Kugler, *The War Ledger*, Chicago: University of Chicago Press, 1980.

权力转移的基础。概括起来,这些差别有:是否启动和顺利地实施工业化进程,以及在这个进程中社会-经济系统的转型是否能有效地支持工业化的尽快发展,政府是否能通过提高组织与行政管理的效率来推动工业化的持续等。这一系列的因素成为判断国家间权力变化的"关键指标"。由于不同的国家在这些因素上表现不同,从而促成了剧烈变动的世界范围内的权力再分配,导致了国际系统中持续不断的"变动中的权力差异"(changing power differentials)。

主流国际安全理论不关心权力的国内产生方式,更关心权力的国际使用及后果。奥根斯基强调,权力变更最主要的因素包括背后的工业化能力以及相应的管理并调动资源的政治能力。权力转移理论力图超越传统国际关系权力要素的物质分析,而将其与近现代历史中更加深刻和广泛的全球性变革浪潮——以工业化为代表的现代化——挂起钩来。奥根斯基认为,权力转移最重要的原因是"内部因素",是"工业化"使得不同国家出现了增长差异,从而决定了大国间实力的再分配,而不再是军事结盟这样的"外在因素"。

权力转移理论另一个重要的命题是,一旦发生权力转移所具备的人口因素、经济与政治条件充足,外部行为体将很难对权力转移进程产生重大影响。换句话说,权力转移趋势很难被扭转。① 战争对长期增长的影响是暂时的,社会通常在一代人时间之内就会从战争中恢复,奥根斯基与库格勒将这个不可扭转过程描述为"涅槃"。② 这个趋势判断与权力转移理论对"权力"的理解密不可分。以一定的人口数量、政治能力、科技状态为基础,增长主要是内生性的。核心变量则是人口数量,提供了包括发展经济与军事能力等目的的资源库。如罗纳德·塔姆(Ronald Tammen)等人就认为,人口规模是国家权力潜力的决定性因素,人口数量与大国地位成正比。政府能够干预经济以提高生产力,插手政治以增强政治能力,但是却很难在短期内采取措施影响人口增长率。当具有相似政治能力的国家处于相同的发展阶段时,具有人口优势的国家将占据主导地位。大战往往发生在已经达到稳定增长的主导国与快速增长但对现状不满却拥有巨大人口优势的国家之间。③ 长远来看,人口因素极为重要,政治能力短期内影响巨大,经济增长则处于这两者之间。

奥根斯基和他的同事们通过国内生产总值来估量一国权力。如果一个大国的力量增长到至少为现主导国力量的80%,则该大国会被看作是现主导国及其

---

① Ronald Tammen, Jacek Kugler, and Douglas Lemke, *Power Transitions Strategies for the 21st Century* New York: Chatham House, 2000, pp.16-17.
② Organski and Kugler, *The War Ledger*, Chicago: University of Chicago Press, chap.3.
③ Ronald Tammen, Jacek Kugler, and Douglas Lemke, *Power Transitions Strategies for the 21st Century* New York: Chatham House, 2000, pp.17-18.

国际体系控制能力的"挑战者"。挑战国制造威胁是对现存国际体系不满的结果。主导国在建立国际体系过程中占据重要地位,可被定义为满意现状的国家。从现存国际体系中获益的其他大国以及中小国家亦被定义为满意现状的国家。它们支持主导国,与其结盟,并协助巩固当前的国际体系。但是仍然有一两个大国对国际体系现状并不感到满意。它们逐渐认识到现存的国际体系及其所包含的制度与规则会导致不公平的利益分配,而且并没有反映出其自身的权力与期望。这些国家更愿意改变现存国际体系并取代其领导者。然而,大多数不满现状的国家缺乏足够的资源威胁主导国与现存的国际体系,只有在其力量不断增长的情况下才可能构成真正的威胁。权力转移理论区分了主导国与崛起的挑战国之间爆发战争与保持和平的条件。如果不满现状的挑战国的力量超过了主导国,战争最容易爆发。而在崛起的挑战国推翻原主导国并确立自身的统治地位之后,战争爆发的可能性则会显著下降。

尽管权力转移理论学者对于关键的因果变量之间的准确关系并没有达成共识,但都认识到是权力接近、超越和不满等的共同作用导致发生战争。权力不满与接近这两者似乎都是主导国与挑战国之间爆发战争的必要条件。满足现状的挑战者即使超越了主导国的力量,战争也不会爆发(美国在19世纪末赶超英国),而不满现状的国家在与主导国势均力敌之前也不会挑起战争。这可以用19世纪末英美之间和20世纪初英德之间的权力转移的比较来说明。关键的差异在于美英共享同样的政治经济制度与自由民主文化,期待同样的国际政治经济秩序。美国认为其利益可以通过现存国际体系内部变动实现。英国领导人了解美国将会建立何种国际秩序,他们乐于作为一个多少被削弱的角色参与其中。但是,在英德之间的权力转移过程中,德国不满足于秩序现状,而英国也认识到这一点。

权力转移理论还在发展中。其早期研究重点关注整体的国际体系以及主导国和挑战国之间的关系。道格拉斯·莱姆基(Douglas Lemke)又将这一理论延伸至区域体系中,即按照形成全球体系特征的权力动力的同样安排,区域体系也有其自身的主导国、中等国家和弱小国家。各个区域体系的每一层级都包含在全球等级体系中。他发现在区域体系中,导致战争发生的条件同样是超越、均势和不满,在中东和远东地区表现尤甚,拉丁美洲与非洲同样如此。①

权力转移理论是国际政治研究中一个独特的研究领域。其区别于主流现实主义的关键在于,大多数国际冲突的现实主义理论解释强调军事力量的巨大作用,而奥根斯基及其同事却更为关注人口因素、经济能力与权力组织程度。尽管

---

① Douglas Lemke, *Regions of War and Peace*, Cambridge: Cambridge University Press, 2002.

权力转移理论对国家满意程度的强调重复了现实主义者对修正主义与非修正主义国家的区分,但它对具有相似政治制度与经济体制的重视同自由国际主义理论的论调相符合。权力转移理论为国际体系中解释权力动力的理论提供了除均势理论之外的又一选择。权力转移理论学者认为,考虑到客观条件,引起战争的三个变量中的两个(均势和超越)将在中美关系中出现,而核武器与其他技术在避免灾难性战争爆发的过程中仅起到次重要的作用。关键变量则是中国对美国为主导的国际体系的接受程度,而决定中国接受程度的决定性因素则包括制度的相似程度、经济相互依赖的程度和美国战略等。权力转移理论的诸多论断无疑值得我们结合现实加以批判思考。

小　结

　　战争是国际安全的经典与核心话题,也是思考国际安全冲突与竞争的切入点。本章首先结合克劳塞维茨等人的经典论述,对战争的本质进行了探讨,强调战争与政治的关联性。战争是具体的和历史的,战争形态随着人类社会形态发展进步而不断变化,与人类的技术水平和组织形态密不可分,需要结合当前科技与社会组织的演进思考战争形态的未来发展。本章还对正义战争思想传统进行了辨析,强调其跨文化传统渊源,指出对战争的正义性的判断取决于谁、为什么目的、以什么手段和方法、在什么条件下、怎样使用战争工具等一系列问题,涉及人们对于政治实践的基本道德判断。

　　本章的重点是介绍和讨论战争的"讨价还价"分析路径。由费伦等人发展起来的将战争视为"讨价还价"问题的分析路径,主旨正是解释哪些因素阻碍了国家之间通过和平谈判达成解决方案,从而避免战争。他们指出,由于战争的成本显著,通常存在一个各方都能接受的和平解决方案。战争之所以发生基本不是因为没有讨价还价的空间,而是由于存在种种阻碍谈判的机制而无法达成解决方案。当国家对彼此发动战争的意愿和能力不确定时,它们可能无法达成谈判的解决方案。即使国家能找到一个双方都能接受的讨价还价,如果他们不能可信地承诺遵守协议的条款,和平也会破裂。在相关分析中需要注意以下几个方面:争端中的对手对彼此发动战争的意愿和能力的看法,以及这些看法中的不确定性;每一方如何寻求传达其能力与决心,这些努力是否可信有效,以及它们在多大程度上会带来意外战争的危险或"锁定"不相容的谈判立场;

争端所涉是否是未来谈判力量的来源;对手之间的权力分配是否会因不同的经济增长率或技术进步等而发生变化;对手的军事技术和战略是否会产生相当大的先发优势;所涉内容是否因其与核心价值(如宗教认同)的密切联系而不可分割。

值得注意的是,即使信息往往是不完整的,可信的承诺很难作出,核心利益也很难妥协,但大多数国家在大多数时候都是相互和平的。这并不难理解,毕竟战争的巨大成本意味着并非每一个利益分歧都值得为之动用武力而进行战斗。尽管有许多事情可能出错并难以和平解决,但战争本身在国际政治中还是相对罕见的。信息不完整,承诺不可信,以及议题难以分割,由于这些障碍在不同的危机中以不同的程度和不同的组合出现,本章的核心问题并不存在单一答案。我们讨论的目的是进一步探讨和确定一系列可能阻碍争端和平解决的机制以及与它们的运作相关的条件及要素。这样,我们就能更好地理解和解释国际危机中的行为和结果。自1945年以来国家间战争明显减少,很大程度上是由于国家对领土征服的兴趣减少,核武器和经济相互依存导致战争成本增加,各种有助于解决信息和承诺问题的制度和技术的出现等改变国家间的互动关系。

对于经济相互依赖是否促进和平没有一致意见,学者们从多个方面尝试弥合分歧的努力也没有从根本上解决这一问题,但为进一步的研究提供了新的思路和方法,值得中国学者结合自身现实经验进行深入思考和探索。没有哪个理论可以单独为中国崛起以及中美关系的发展给世界体系的影响提供更普遍适用的框架。学者们需要博采众长,而基础是他们必须对理论命题的假设和范围保持清晰的认知,以指导自己的分析。

思考讨论题

1. 如何理解战争,战争的性质、目的与手段间的关系?中西战争观的异同?
2. 何谓正义战争?一个正当的战争理由应当包括哪些方面?你是如何理解的?
3. 什么是战争的"讨价还价"理论?这一理论被一些学者称为有关战争起源的统一理论,它能实现对其他解释的综合吗?战争的"讨价还价"理论还有何可待修正发展的空间?
4. 权力转移理论对我们有何启示?选择某一具体案例对相关理论进行检讨。
5. 如何评价经济相互依赖与和平关系的已有研究?其对分析现实问题有何启示?

扩展阅读

[德]克劳塞维茨:《战争论》,时殷弘译,商务印书馆 2016 年版。战争研究的理论经典,对近代西方军事思想的形成和发展产生了重大影响。

[美]史蒂芬·平克:《人性中的善良天使:暴力为什么会减少》,安雯译,中信出版社 2015 年版。有关战争与暴力的社会学分析,极具影响也极富争议。

[澳]杰弗里·布莱内:《战争的原因》,时殷弘译,商务印书馆 2011 年版。有关战争的历史研究,却很好展示了"讨价还价"分析的思想。

James D. Fearon, "Rationalist Explanations for War", *International Organization*, Vol. 49, No. 3, 1995, pp. 379-414. 战争"讨价还价"解释的经典表述。

第四章

国内政治与战争

本章导学

本章继续讨论战争问题,延续"讨价还价"分析路径,但将分析层次转向单元层次,探讨国内政治要素对国际安全事务的影响以及内战。国家的选择和行动都是由具体的人作出并执行的,而国家内部存在着具有不同利益、观念与能力的行为体。各国的国情不同,塑造决策过程的政治制度也大相径庭。当我们打开国家这个"黑箱"后,我们对战争原因的探究就需要进一步地深化调整。冷战结束以来,内战与恐怖主义取代国家间战争成为国际安全中更常见的战争及暴力冲突形式。本章首先分析事关战与和决策的国内政治过程,进而回到讨价还价的过程,通过对民主和平论的辨析,来分析国内政治制度等对于国家间战略互动的影响,最后从"讨价还价"的角度讨论内战为什么会发生,以及内战中各方的策略互动。①

本章学习目标

1. 进一步思考国内政治对国家安全与外交政策的影响,对某些常识性观点和意识形态偏见进行反思;
2. 从"讨价还价"模型的视角,进一步了解国际政治互动与国内政治要素之间的互动,并能将之应用于具体国际安全事务的研究;
3. 批判性地了解"民主和平论"的主要命题与论证机理,进一步检讨

---

① 本章编写时部分参考了 Jeffry A. Frieden, David A. Lake, and Kenneth Schultz, *World Politics: Interests, Interactions, Institutions*, 4th edition, New York, NY: W. W. Norton, 2019, Chapter 4 & 6, pp.138-185。

西方政治学政体决定论思维在国际安全等研究中的应用偏差,思考可能的改进与突破之道;
4. 深入思考和分析内战的起因,特别是内战的国际背景及影响,结合中国海外利益保护等需要,提高识别风险等能力。

第一节 战与和的国内利益博弈

"讨价还价"模型的基本假定是:战争对参与互动的各方来说是有代价的,这些成本创造了讨价还价的空间,提供了谈判妥协的可能。当我们把国家看作是统一行为体时,采用战争高成本的假定是有道理的,但如果考察国家内部因素,对这一假定恐怕需要作出一些调整。战争的成本与收益在一国内部的分配是不均衡的。例如,对某些人来说,争议对象,如一块土地,可能与生计或认同息息相关,不可妥协,但对于另一些人可能就未必如此。对于可能被征召服兵役的人来说,开战恐怕意味着要承受各种现实的代价和极高的生命风险;对于另外一些人来说,开战或意味着更高的税负。然而,对于某些人或团体而言,战争却可能意味着获利的可能性:军火商能赚更多的钱;军官有获得荣誉与晋升的机会;对于某些不受欢迎的政客,战争或许是获得支持并巩固权力的机遇。这些问题促使我们思考,战争在很大程度上或许不是源于前面所讨论的信息与承诺问题,而是源于国内政治?为了回答这些问题,我们必须考虑国内行为体在战与和问题上的不同利益以及进而展开的策略互动。在这一点上,各个国家有着很大不同,不同国家的经验和现实也存在显著差异。

首先要考虑作出外交政策决定的领导人。他们拥有特殊的地位,并在很大程度上最终决定何时发出战争威胁,提出什么要求,以及最终是否发动战争。其次是考虑各种有组织的团体,他们拥有足够的资源和信息来影响政治领导人的决定。这里,有两个具体的组织受到关注,一是官僚机构,二是利益集团。国家机器由各种不同的组织组成,包括军队、外交和情报机构等。它们的机构资源和知识可以对外交和安全战略发挥相当大的影响力。利益集团是由具有共同利益的人员组合起来的政治行动团体,在西方世界,典型表现为各种经济利益集团和由具有共同族群背景的人员组成的游说集团。此外,利益集团也包括围绕价值原则和理想信念组织起来的倡议团体。最后要考虑的行为体是普通公众,但他们的影响力因国内制度的差异而千差万别。

一、领导人

领导人的思想及个人经历等都可能会影响一国的对外政策。① 一些国家的领导人可能有非常强的意识形态信仰，这增加了他们在外交政策中付出代价与承担风险的意愿。一国领导人也很可能会受到私人动机的影响。这些动机可能包括权力、财富、名誉、荣誉等。例如，一位领导人可能希望在历史上留下自己的印记，或者希望通过外交政策来增强自己的国内政治地位。此外，一些领导人也可能会受到他们所属政党或利益集团的影响。这些私人动机和影响可能会使他们在作出外交政策决策时，偏离理性的判断，或者更倾向于作出不同于国家最佳利益的选择。这意味着，单纯从理性假定出发，一些政治领导人在作出战与和的选择时，会考虑当下的选择将如何影响自身获得和保全权位的机会。

在现代国际关系中，一些国家已经建立了制度来确保领导人的决策是受到监督和约束的，从而限制他们的私人动机和影响。这些制度可能包括宪法、选举制度、司法体系等，都有助于防止领导人滥用权力和违背国家利益。

政治家开战是出于国内权力考虑吗？②

1982年，阿根廷和英国之间围绕马尔维纳斯群岛（简称马岛，英国称福克兰群岛）归属爆发战争。这场战争在很多方面都令人惊讶。首先，这些岛屿并不是特别有价值。在战争发生时，这些岛屿的人口不到2 000人。1981年，英国已准备撤回其在该地区的最后一艘海军舰艇，并通过一项法案，取消岛上居民的正式英国公民身份。其次，这场战争令人惊讶还因为两国军事力量的不平衡。尽管英国与这些岛屿相隔较远，但英国的海军力量却远胜于阿根廷。那么，为什么阿根廷要与这样一个强大的敌人打仗，英国为什么又要作出如此强烈的反应来捍卫这个对其似乎越来越不重要的岛屿？

这个问题的答案很大一部分不在于国际因素，而在于两国政府的国内政治利益。当时，两国领导人都面对迫切的国内困难。阿根廷军政府在

---

① 有关这一问题，值得注意的近期文献包括：Elizabeth N. Saunders, *Leaders at War: How Presidents Shape Uilitary Interventions*, Ithaca, NY: Cornell University Press, 2014; Michael C. Horowitz, Allan C. Stam, and Cali M. Ellis, *Why Leaders Fight*, New York: Cambridge University Press, 2015。
② 围绕这一案例的辩论，参见 Amy Oakes, "Diversionary War and Argentina's Invasion of the Falkland Islands", *Security Studies*, Vol. 15, No. 3, 2006, pp. 431-463; Luis L. Schenoni, Sean Braniff and Jorge Battaglino, "Was the Malvinas/Falklands a Diversionary War?", *Security Studies*, Vol. 29, No. 1, 2020, pp. 34-63。

1976年夺取政权，随着时间的推移，其统治变得越来越不受欢迎。20世纪80年代初，阿根廷遭遇了严重的经济衰退，这导致了民间动乱和执政集团内部的分裂。面对这一威胁，军政府领导人莱奥波尔多-加尔铁里将军认为，对马岛的攻击可能有助于解决其问题。加尔铁里知道大多数阿根廷人不满英国对这些岛屿的控制，他希望夺取这些岛屿的大胆行动能激起民族主义情绪，转移人们对经济困难的注意力，并增强军政府的威望与合法性。在英国方面，首相撒切尔夫人也不得不担心自己的政治生命。1982年的英国正处于严重的经济衰退之中，随着失业率飙升，撒切尔的支持率急剧下降。但是到5月，随着英国展开军事行动，撒切尔的支持率快速跃升至44%。到战争结束时，她的支持率达到了51%。借着这股人气，她在一年后的选举中取得了胜利。

  一般而言，获得或保全权位的愿望意味着领导人必须回应那些影响其政治命运的人的诉求，无论这些人是选民、有组织的利益集团、军队，还是其他团体。因此，政治领导人希望保持权位的假定有助于推导出国内行为体利益将影响政策制定，比如：特殊利益集团对政策的影响，军队可以提供对执政者维持权力有用甚至必需的资源。但是，这并不意味着政治领导人仅仅是其他行为体的工具。领导人可以利用他们对政策的控制来塑造政治环境，而不仅仅是对环境作出反应。就战争与和平而言，一个常见的论点是：领导人有时在国外使用武力不是为了促进任何国家利益，而是为了加强自身在国内的权力控制。

  认为领导人可能通过发起或参与战争来促进自身政治利益的常识性见解在学术界被称为"聚旗效应"（rally'round the flag effect）。聚旗效应指的是，当国家面临战争或是外交危机时，人们往往倾向于更加支持政府，领导人或执政者在一定期限内可以获得更高的支持度，同时国内舆论对政府的批判声音会减少。一般认为，聚旗效应在民意调查中反应最为明显。一个引人注目的案例是在"9·11"恐怖袭击后，小布什总统的支持率一下从51%跃升至86%，最终达到90%的高位。① 对于为何会出现这种情况，有很多解释。社会心理学者认为，发生外部冲突时，群体成员往往更忠诚团结。国际冲突会导致民族主义情绪上升。政府和领导人作为国家代表会获得更多的支持，而政治对手此时也很可能会有意识地抑制对政府的批评，政府就可能利用紧急状态来统一舆论。国际冲突还可能转移人们对负面事态（比如经济问题或政治丑闻）的注意力。最后，国际冲突可能给陷入困境的领导人一个获得"替罪羊"的机会，将问题归咎于外部。

---

① Jeffry A. Frieden, David A. Lake, and Kenneth A. Schultz, *World Politics: Interests, Interactions, Institutions*, 4th edition, New York, NY: W. W. Norton, 2019, p. 150.

这意味着,政治领导人有时可能面临转移注意力的诱惑:为了在国内争取公众支持而挑起或升级国际危机。聚旗效应和转移注意力的诱惑可以改变领导人对成本与收益的平衡。如果那些掌控国家外交和国防政策的人认为在国外使用武力意味着巩固和增加自身权力的机会,那么他们可能宁愿升级危机,选择战争而不是寻求谈判解决。这些好处对那些因各种原因在国内严重缺乏安全感的领导人来说可能特别有诱惑力。对于这样的领导人,通过挑起争端、升级冲突乃至发动战争来利用聚旗效应可能是很有吸引力的。

不过,虽然转移注意力和聚旗效应被广泛运用于历史叙述和新闻报道中,并几近常识,但有些令人意外的是,对于领导人通过对外冲突来转移视线和获得支持这一点的验证,缺乏系统性证据的支持。一些研究甚至还发现了相反的趋向,即领导人似乎更可能在选举结束后发动战争,而不是像聚旗效应所预期的那样在选举前这么做。① 不过,这并不意味着聚旗效应和转移注意力机制不存在或从未发挥过作用。历史学家列举了大量证据表明,它确实导致了某些战争爆发。

为何会出现这种情况?如果引发国际冲突符合领导人的政治利益,为什么我们没有看到更有力的证据支持这种效应?一个可能的答案是大多数政治领导人并不像我们假设的那样自私,但还有其他可能的解释。首先,回到我们的"讨价还价"模型,相对于和平,倾向战争的国内政治利益必须足够大时才能消除由战争成本而来的讨价还价区间,从而引起战争。同时,潜在的战争对象可能会有意识地避免与政治上脆弱的领导人发生争执,从而给后者制造动武的借口。其次,战争除了可能带来好处,也意味着国内政治成本与风险。当撒切尔乘着战后的支持浪潮赢得选举胜利时,在战争中失败的阿根廷军政府却被推翻清算。就其政治利益而言,领导人不会将战争视为纯粹的机会,而是一场赌注巨大的赌博。这些原因可能解释了为什么我们没有看到显著或系统性的证据来验证聚旗效应。

二、军队、官僚及利益集团

接下来我们将探讨军队、官僚及利益集团对于战争与和平问题的影响。正如我们所见,有些时候某些鹰派人士或群体(预期)从战争中能够获益,同时承担

---

① Giacomo Chiozza and H. E. Goemans, "Peace through Insecurity: Tenure and International Conflict", *Journal of Conflict Resolution*, Vol. 47, No. 4, 2003, pp. 443-467; Kurt Taylor Gaubatz, "Election Cycles and War", *Journal of Conflict Resolution*, Vol. 35, No. 2, 1991, pp. 212-244.

的风险代价较小。这些人可能还在国内政治体系中拥有特殊优势,从而能影响决策。虽然这并不必然导致国家间讨价还价的失败,但确实会增加失败的可能性。

（一）军队与官僚

尽管发动战争的最终决定权可能掌握在少数人手中,但处理战争与和平事务的国家机器和政府体系要庞大和复杂得多。战争通常是由一国的军队来谋划和实施的。与其他国家的谈判通常为外交部门负责,由世界各地的外交官进行。有关其他国家的军事能力和意图的信息则由情报系统收集和分析,如美国的中央情报局、英国的军情六处。这类组织是现代国家的关键组成部分。关于战争与和平的决定不仅由国家领导人决定,而且也受到参与决策过程的官僚组织的影响。

在许多国家,上述组织及其成员可能更关心他们所控制的资源和所拥有的影响力,故而会寻求更多的预算,对政策产生更大影响,以及个人晋升机会,并推动制定能提高自己地位或符合自己理念的政策。例如,在 2003 年伊拉克战争之前,美国政府内国防部和国务院之间就存在严重分歧。国防部人员普遍认为战争是较容易的,而国务院的领导人则比较谨慎。对于哪个机构应该在重建伊拉克方面发挥主导作用,美国政府内也存在分歧。最终,国防部赢得了这场混战。① 这些争论反映了关于官僚政治的一个俗谚:"屁股决定脑袋。"官僚机构的领导人往往采取反映他们自己组织需要的政策立场。

在战与和的问题上,有种流行的认识是:军队对外交政策决策的影响越大,国家行为就越具有侵略性。其背后的逻辑是:军方人士具有特殊的理念、组织和职业发展利益,更能看到战争的好处。文职领导层对军队控制不力的国家更有可能发起侵略,挑起军事化冲突。突出例子是 20 世纪 30 年代的日本军部法西斯势力。不过,军队与好战并不能自动等同,这并无系统性证据的支持。有研究就认为,与没有任何军事经验的文职领导人相比,军事领导人反而倾向于在更小的范围内主张使用武力。② 至少可以推想,军方或许更能意识到武力的限度,对战争的人力成本等更加敏感,毕竟,这些成本要由他们直接承担。

（二）利益集团

人们对某些特殊利益集团影响乃至操纵外交政策的说法也很熟悉。尽管跨

---

① Bob Woodward, *Plan of Attack: The Definitive Account of the Decision to Invade Iraq*, New York: Simon & Schuster, 2004.
② Peter D. Feaver and Christopher Gelpi, *Choosing Your Battles: American Civil-Military Relations and the Use of Force*, Princeton, N.J.: Princeton University Press, 2005.

国公司等在此类事件中表现得最为突出,但并非所有的利益集团都是围绕经济动机组织的。围绕族群认同组织起来的利益集团同样对外交政策有重要影响。在许多国家,政府可能需要回应来自政治上强大族裔团体的政治压力,干预邻国的族群冲突及内战。① 两个极为突出的例子是美国国内的亲以色列游说团体与古巴裔美国人游说团体。当然,利益集团不仅推动战争和冲突,与前面对经济相互依赖的讨论相关的,从贸易和经济相互依赖中获益的群体也可能成为和平的助力。②

为什么利益集团有动力影响国家的外交政策?如美国亲以色列院外集团等,相关团体主要受族群认同或意识形态等的驱使,支持或反对某个国家或政权。就经济利益集团而言,只要其利益取决于其他国家的内部事态及国家间的关系,就有对外交政策的强烈偏好。例如,一些跨国公司可能会游说通过某种形式的武装干预来保护其利益。历史上,它们甚至可能游说其政府对其他区域进行直接的帝国控制。除此之外,那些涉及军工产业的行为体,更是对防务和外交政策有着直接的利益及影响。不过,如前所述,经济行为体的利益不一定总是偏好侵略性政策。事实上,那些依靠与其他国家的和平关系来做生意的力量也可以向政府施压,推动与经贸伙伴维持友好关系甚至建立正式同盟。

(三) 为何小团体能对政策产生影响?

在一些西方国家,寻求增长预算和声望的军官和官僚、追逐利润的企业、基于自身利益与情感行动的族群团体,都可能会看到战争和冲突的特殊好处。他们在社会中毕竟属于少数。我们还需要思考和讨论这些狭隘利益何时以及如何能够占上风?这就要考察这些不同行为体间互动的性质以及规制其关系的国内制度安排。

军队对外交政策决策的影响来自于专业性,特别是对武力的掌握。在许多国家,军队在确保政府的存在与延续方面发挥着关键作用。这种作用可以非常明确(如军事独裁),也可能更加微妙但同样有力。在作出有关战争的决定时,领导人还必须依靠军队和其他机构(如处理情报和外交的机构)提供各种关键情报。这使军方领导人有更多机会按照自己的意愿施加影响,塑造决策。各种利益集团也依靠其资源和信息的优势来对政策施加影响。国家机器之外的经济利益集团如何能"劫持"一国的外交政策?答案主要在于对国际冲突成本和收益的

---

① 一个经典研究参见 Stephen M. Saideman, *The Ties that Divide: Ethnic Politics, Foreign Policy, and International Conflict*, New York: Columbia University Press, 2001。
② Stephen G. Brooks, "Economic Actors' Lobbying Influence on the Prospects for War and Peace", *International Organization*, Vol.67, No.4, 2013, pp.863-888.

不对称分配。正因为普通民众的数量较多，很少有人有足够动力去深入了解情况，也缺乏渠道去影响政策。相比之下，从干预中获益的跨国公司等在相关结果中的利益非常大，其有更强的动机去了解情况，游说官员和议员，并利用政府内部的联系去影响决策。有组织的利益集团能占上风，还因为他们可以向政治领导人提供他们需要和想要的东西，例如竞选经费等，以换取有利的政策。在一些国家，某些利益集团还通过承诺提供积极的选民支持来获得影响力。例如，古巴裔美国人的游说团能提供的政治献金有限，其主要的杠杆是手中的选票。总之，利益集团可以对政府政策产生相当大的影响，即使这些政策是以更广泛的国家利益为代价的。

不过，至少有两个理由让我们对上述有关利益集团的常识性认识保持谨慎态度，并思考进一步的研究设计。第一，我们如何能确定某项政策是由利益集团的游说造成的？换言之，我们怎么知道，如果利益集团不存在，政府就会有不同的行为？这种反事实推理的挑战是巨大的。许多被普遍认为与特殊群体有关的外交政策，都可以有基于国家利益的竞争性解释。美国在冷战期间对拉丁美洲的干预是遏制苏联战略的一部分。美国的中东战略背后也有超越石油的复杂战略考虑。第二，在许多问题领域，存在着多个团体在推动不同的政策动向并展开竞争。就美国的中东政策而言，亲以色列的团体有时会跟推动与阿拉伯国家加强关系的石油利益集团竞争。这种竞争使任何一个团体难以单独左右国家的外交政策。

如何理解国内政治对战争可能性的影响？通常的思路是，国内利益间的博弈通过决定国家的诉求范围来影响国际冲突的可能性。通过影响冲突的成本与收益计算，它们塑造了国家所提出要求的范围与所愿承担风险的大小，从而影响国家间发生利益冲突的时机、频率及决定。简而言之，影响政策制定的国内利益的性质变化将增加或减少冲突的机会。然而，除非在极少数情况下，考虑到战争的显著成本，这些单纯的利益冲突似乎并不足以引起战争，比如对手可能会退让、妥协来避开战争。因此，好战力量或者说鹰派集团的影响制造了更多的争端，但这通常还不足以解释为什么利益冲突无法通过和平谈判解决。我们必须时刻牢记上一章的基本结论，战争不是单个领导人或团体的选择，国家间战争总是发生在两个或多个国家间。因此，当我们考虑国内因素对外交政策的影响时，我们还需要重新回到讨价还价这一互动框架中，关注国内制度因素如何影响到国际层面的讨价还价互动，从而更好地评估国内政治对战与和的影响。

第二节 国内制度与国际互动：以民主和平论为例

回到前面的"讨价还价"模型。不考虑第三章讨论的信息、承诺或可分割性问题，单纯一国政府或一国社会转向鹰派，采取好战政策，本身并不足以解释战争的出现。一国政府更愿意用武力威胁来改变现状，这种转变确实造成了冲突或扩大了战争危险。但是，这种潜在的冲突是否会导致战争，取决于讨价还价的特征，比如讨价还价的空间是否还存在，更不要提还有信息如何分布，以及国家是否能够可信地承诺遵守协议等变数。因此，大多数情况下，特殊利益行为体的影响虽然可能推动国家提出更多要求，更多地与他国发生利益冲突，且使国家的外交政策更加好战，但不考虑双方间的讨价还价互动，仅仅这种利益变化还不足以解释战争的出现。

结合"讨价还价"路径，本节通过对民主和平论的批判性检讨，试图更好地讨论国内政治制度对国际互动的作用机制，审视国内政治对国家间冲突与战争的影响。

一、什么是民主和平论？

有关国内政治制度对国家间战争的影响，最引人注目就是在西方极为流行的所谓"民主和平论"（democratic peace）。小布什宣称促进民主应该是美国在中东政策的一个核心方面，因为"民主国家不会相互开战"。而在 2009 年奥巴马接受诺贝尔和平奖的演讲中，其强调了欧洲的和平与民主之间的联系，妄称"美国从未与民主国家打过仗"。[①] 这种对民主和平的关注在最近几十年尤为突出。其基本观点是指成熟的民主国家之间从不或很少发生战争，即便存在利益冲突，它们也往往诉诸和平的方式加以解决。学界和政策界称之为"民主和平论"。民主和平论的思想渊源一般被追溯到康德的永久和平思想。

首先需要指出的是，这种说法的可靠性很大程度取决于人们如何定义民主，

---

① White House, Office of the Press Secretary, "President and Prime Minister Blair Discussed Iraq, Middle East", White House Press Conference, November 12, 2004, https://georgewbush-whitehouse.archives.gov/news/releases/2004/11/20041112-5.html, accessed by June 30, 2022; Barack H. Obama, "A Just and Lasting Peace"（Nobel lecture, December 10, 2009）, https://www.nobelprize.org/prizes/peace/2009/obama/lecture/, accessed by June 30, 2022.

以及人们认为哪些事件是战争,以及在研究中如何操作化。由于存在一些模糊案例,所以民主和平论命题对民主国家之间战争的认定是"不存在"还是仅仅是"罕见",并无明确共识。① 明确限定"成熟的民主国家",是因为一些研究表明,处在民主化过程中或民主尚不巩固的国家并不符合这一模式。② 即使考虑到这些条件,"民主和平"仍是引人注目的观察结果:在民主国家以其现代形式存在的 200 多年时间里,它们似乎没有彼此交战,或者至少,它们交战的频率显著低于预期。需要指出的是,民主国家的整体参战率与非民主国家的参战率大致相同。③ 尽管民主国家很少与其他国家发生战争,它们却不时与非民主国家发生战争。这意味着,虽然民主国家之间的关系似乎有其特殊之处,但这种特性并没有延续到它们与其他类型国家的关系上。

那么,民主国家之间不发生战争究竟仅仅是一种巧合,还是民主制度具有某些特点能促进民主国家之间的和平?国内制度决定了国家内部政治决策的规则。虽然有不同类型的政治制度,但最引人注意的是民主和非民主制度之间的区别。在当代西方政治学中,民主通常被界定为一种政治制度,在这种制度下,候选人通过频繁、定期、公开、公平的公民选举竞争政治职位。非民主国家在很多方面都不符合这一定义。我们应该注意到,此处对"民主"的定义是程序性定义,是以西方的以竞争和选举为中心原则作出的,并不是所有的民主国家都有充分的政治自由。依据这一定义,我们再回到核心问题。在战争与和平问题上,民主国家——尤其是成熟的民主国家存在怎样的特殊性?毫不奇怪,民主和平论引起了广泛争议,但其所设定的国内制度影响战争可能性的机制是明确的:要么影响国家及其领导人的利益,要么影响国家间的讨价还价互动。

二、成本收益机制:代表权与回应负责

对民主和平论的支持经常基于这样的认识,即国内制度塑造了领导人在战争与和平中的利益考虑。其出发点是,战争的成本代价是由整个社会共同支付的,而作出发动战争决定的领导人通常不需要付出什么。更可能是普通民众在战场上失去生命或亲人,遭受战争带来的经济困难,并可能不得不承担更高的税负。相比之下,领导人及其亲近之人很少有这样的遭遇。康德在 18 世纪末写

---

① Bruce Russett, *Grasping the Democratic Peace: Principles for a Post-Cold War World*, Princeton, N.J.: Princeton University Press, 1993, chap.1.
② Edward D. Mansfield and Jack Snyder, *Electing to Fight: Why Emerging Democracies Go to War*, Cambridge, MA: MIT Press, 2005.
③ Nils Petter Gleditsch and Havard Hegre, "Peace and Democracy: Three Levels of Analysis", *Journal of Conflict Resolution*, Vol.41, No.2, 1997, pp.283-310.

道,在臣民并不是国家公民的非共和体制之下,"战争便是全世界最轻而易举的事情了"。这是因为:

> 领袖并不是国家的一分子而是国家的所有者,他的宴席、狩猎、离宫别馆、宫廷饮食以及诸如此类是一点也不会由于战争而受到损失的。因此他就可以像是对待一场游宴那样,由于微不足道的原因而作出战争的决定,并且可以漫不经心地把为了冠冕堂皇起见而对战争进行辩护的工作,交给随时都在为此做着准备的外交使团去办理。①

换句话说,这类政治制度的一个基本问题是,统治者享受着战争的好处,战争的代价则由普通人承担。在康德看来,解决这个问题的办法是建立一个共和政府,在这个政府中,统治者将对人民负责,因为如果"为了决定是否应该进行战争而需要一国公民表示同意,那么最自然的事就莫过于他们应当慎重地权衡,是否开始一场糟糕的游戏"②。相反,具有广泛代表性和参与性的政治制度将有助于调整统治者和被统治者的利益关系,使那些有权决定战争的人对战争的代价保持敏感。

当代选举民主制在此所宣称的主要机制是问责,即对领导人的决策进行惩罚或奖励的可能。即使政治领导人不直接承担战争成本,但如果其决定损害了其赖以维持权力的那些人的利益,领导人也会受到政治惩罚。西方学者认为,在民主政体中,定期选举为公民提供了一种惩罚领导人不受欢迎的政策的方式。民主领导人必须考虑到失败或代价高昂的战争可能会损坏政治支持,危及他们的执政地位。同时,通过使选民更容易发出声音,选举制度削弱了狭隘利益集团的潜在影响力。因此,对选民负责可以提高战争对当选领导人的政治风险,并确保代表更广泛而非特殊的利益。

于是,在传统观点中,民主国家与非民主国家存在系统性差异,是因为它们的领导人比非民主国家的领导人面临更高、更显著的战争成本,更不容易受到特殊利益的影响。在获胜概率相同的情况下,民主国家领导人对战争的倾向程度低于非民主国家领导人,因为对他们而言,他们更可能被问责,失败所带来的政治影响更糟糕。于是,民主领导人对战争的倾向程度要低一些,因为他们更可能要对战争负责,因而更加谨慎。③

---

① [德]伊曼努尔·康德:《永久和平论》,何兆武译,上海人民出版社2005年版,第15—16页。
② 同上书,第15页。
③ Bruce Bueno de Mesquita, James D. Morrow, Randolph M. Siverson, and Alastair Smith, "An Institutional Explanation for the Democratic Peace", *American Political Science Review*, Vol. 93, No. 4, 1999, pp.791-807.

上述逻辑显然是值得商榷的。① 需要指出的是，其他体制下的领导人也可能被问责，也会受到约束，不过其中的关键行为体与机制不同，在决策中所代表的利益也不同。虽然一些国家的统治者不必面对广泛的选民，但是某些个人和团体的支持是领导人保有职位的必要条件，这类支持往往来自少数军事、经济或种族精英。要想继续执政，必须优先考虑让这些人满意，将特殊利益置于公共利益之上。在一些政治体制下，只要通过庇护、收买，或者制造恐惧，领导人就可以赢得一部分的支持来保有权位。② 例如，1991年海湾战争失败后，萨达姆由于能够保留其精英军事单位和核心支持者的忠诚，还是在很长一段时间内牢牢掌握权力。此外，丢失职位并不是输掉战争的最坏或唯一后果。当民主派领导人在选举中失利时，他们一般可以安然离职。相比之下，不少非民主国家的领导人往往会发现，如果战争失败，他们往往可能受到比单纯失去职位更严酷的惩罚。③ 同时，民众也可能陷入民族主义狂热，追求扩张，支持强硬。在这个意义上，政治体制和战争代价间的关联可能并不像康德等人的论说所暗示的那样简单明了。

更重要的是，上述推理无法解释这样一个经验事实模式：即总体而言，民主国家与其他国家一样容易发动和陷入战争，或者说，它们特别容易与非民主国家发生战争？现有的辩解是，或许对使用武力的自我限制使民主国家在其对手眼中成为一个诱人的目标。当民主国家与那些限制较少的对手对峙时，来自战争成本与风险的限制可能会产生相反的效果，后者可能提出更大的要求，或淡化来自民主国家的威慑，从而增加战争的风险。④ 民主和平论本质上是关于国家间互动的理论。

三、信息传递机制：民主体制与"讨价还价"

对于民主和平论，或许更具说服力的解释是：共同的民主体制影响了国家间的讨价还价互动。相关研究认为，几方面的理由有助于解释为何共同的民主制度和程序有助于克服信息不对称和承诺问题。首先，民主制度比非民主制度要公开透明得多，其政策制定和执行进程更加可观察。在成熟的民主国家，重大的

---

① Jessica L. P. Weeks, *Dictators at War and Peace*, Ithaca, NY: Cornell University Press, 2014.
② Bruce Bueno de Mesquita, Alastair Smith, Randolph M. Siverson, and James D. Morrow, *The Logic of Political Survival*, Cambridge, MA: MIT Press, 2005.
③ Hein E. Goemans, *War and Punishment: The Causes of War Termination and the First World War*, Princeton: Princeton University Press, 2000.
④ Dan Reiter and Allan C. Stam, "Identifying the Culprit: Democracy, Dictatorship, and Dispute Initiation", *American Political Science Review*, Vol. 97, No. 2, 2003, pp. 333-337.

政策决定经常要经过公众和/或立法辩论。相对自由的媒体可以披露有关决策者的想法、说明民众对战争的支持程度，甚至展示有关国家军事能力的细节。同时，持有不同意见的政治势力可以自由发表意见，从而显示出政府在国内的政治支持力度（或弱点）。这种制度与实践的存在的初衷是为了确保公众能够监督其领导人的行为，而其他国家也更容易收集到关于这些国家能力和决心的相关信息，也限制了国家发动各种突然袭击。民主国家并非什么都不隐瞒，但比大多数非民主制度相对透明。在其他条件相同的情况下，民主国家的能力和决心的不确定性较小。①

其次，除了透明度，民主国家可能更有能力在危机中发出可信的信号。其方式是发表声明或采取难以退缩的行动。如果未能兑现这些威胁，或是退缩会造成公众的不认可，领导人就会失去国内的政治支持，承担高昂的"观众成本"（audience cost），那么有理由认为，民主将有助于增强威胁及承诺等信号的可信性。② 同时，问责机制意味着公众的不认可更有可能导致对民主领导人的某种惩罚，其形式要么是对其议程的支持减少，要么是在下一次选举中失去职位的机会更大。相比之下，非民主国家领导人在政治上更容易不受约束。由于这些原因，民主国家对外发出的公开威胁就更具有可信性。民主国家领导人更容易以较低的冲突升级水平可信地传达其决心，避免因信息不对称而引发的国际冲突。

还有一些学者则认为，共同的民主属性从根本上改变了国家间的互动过程。民主国家之间的关系与其他类型的国家之间的关系有根本性的差别，因为它们把彼此看作是国家共同体的一部分。这种认同感导致了更大程度的信任，也更加强调通过政治妥协而不是暴力威胁来解决争端。③ 相比之下，这种关系并没有延伸到非民主国家。后者受到怀疑和不信任的对待，往往被视作是威胁。在极端情况下，专制者还可能被一些国家视为政权更迭的目标。此外，当民主国家之间发生争端时，它们更有可能找到一个妥协方案，并引入第三方来帮助和平管理

---

① Kenneth A. Schultz, *Democracy and Coercive Diplomacy*, Cambridge: Cambridge University Press, 2001. 这恐怕并不符合现实，学界对此不乏质疑和挑战。Bernard I. Finel and Kristin M. Lord, "The Surprising Logic of Transparency", *International Studies Quarterly*, Vol. 43, No. 2, 1999, pp. 315-339.

② Michael Tomz, "Domestic Audience Costs in International Relations: An Experimental Approach", *International Organization*, Vol. 61, No. 4, 2007, pp. 821-840.

③ 这里讨论综合了若干代表性研究的观点：Michael W. Doyle, "Liberalism and World Politics", *American Political Science Review*, Vol. 80, No. 4, 1986, pp. 1151-1169; Thomas Risse-Kappen, "Democratic Peace—Warlike Democracies? A Social Constructivist Interpretation of the Liberal Argument", *European Journal of Political Science*, Vol. 1, No. 4, 1995, pp. 491-517.

冲突。① 最后，还有学者试图用证据表明，至少在一些民主国家，公众不太可能支持对其他民主国家的战争。② 所有这些说法都符合这样的判断：民主国家之间的"讨价还价"是以有利于采纳谈判妥协而非使用武力为原则。这或许可以解释为什么这些国家之间鲜少战争。

四、对民主和平论的批评

对于民主和平论，似乎存在经验证据，但却并没有一个特别令人信服的解释。这里有必要再重复强调那句格言："相关性并不意味着因果关系。"仅仅因为显著的统计相关结果，我们并不能自动得出结论说是民主导致和平。第一，可能有一些其他因素导致国家更易实现和保持民主体制并使它们之间不易打仗。换言之，并不是民主国家的政治属性带来了和平，而可能是由于背后某个或某些共同的背景因素在起作用。例如，在相对富裕的国家，民主更可能出现和生存，而虽然财富本身并不能促进国家间和平，但有证据表明，拥有自由市场经济的国家间易于出现"资本主义和平"。③ 此外，民主国家之间很少有战争爆发，也可能是因为在所谓的第三波民主化浪潮以前，民主国家的数量本就不多。既然数量有限，彼此间爆发战争的机会自然就少。抑或是民主国家大多年龄结构偏向老龄化，而老龄化的国家发动战争的概率更小。还有研究认为民主国家之间存在较高的贸易依存度，因此，不是民主带来和平，而是贸易带来和平。第二，也可能因果关系是反方向的，即是和平促进了民主，民主更有可能在国家之间已经有和平关系的地区出现。严峻的国际形势和外敌威胁往往会赋予政府和军队更大权力，使权力分享与民主竞选难以扎根。民主更有可能在国家解决了与邻国的悬而未决的各种争端后出现，是和平的边界造就了民主国家，而不是反过来。④ 第三，可能有一些其他因素导致了国家间的和平，而这些国家恰好是西方民主国

---

① Michael Mousseau, "Democracy and Compromise in Militarized Interstate Disputes, 1816-1992", *Journal of Conflict Resolution*, Vol. 42, No. 2, 1998, pp. 210-230; William J. Dixon, "Democracy and Management of International Conflict", *Journal of Conflict Resolution*, Vol 37, No. 1, 1993, pp. 42-68.
② Michael R. Tomz and Jessica L. P. Weeks, "Public Opinion and the Democratic Peace", *American Political Science Review*, Vol. 107, No. 4, 2013, pp. 849-865.
③ Erik Gartzke, "The Capitalist Peace", *American Journal of Political Science*, Vol 51, No. 1, 2007, pp. 166-91; Michael Mousseau, "The Democratic Peace Unraveled: It's the Economy", *International Studies Quarterly*, Vol. 57, No. 1, 2013, pp. 187-197.
④ William R. Thompson, "Democracy and Peace: Putting the Cart before the Horse?" *International Organization*, Vol. 50, No. 1, 1996, pp. 141-174; Douglas M. Gibler, *The Territorial Peace: Borders, State Development, and International Conflict*, Cambridge: Cambridge University Press, 2012.

家。有人认为,民主和平实际上是民主国家之间在一定国际体系背景下所享有的共同战略利益的产物,与它们的国内制度没有关系。① 例如,从19世纪末开始,主要的西方民主国家就联合起来应对共同的威胁,先是对抗德国,后是对抗苏联。大多数民主国家都有类似的战略利益。这种共同利益减少了民主国家之间发生冲突的机会,并为和平解决分歧和争端提供了强大的动力。② 还有人认为,民主化是霸权国推动的结果,民主国家都处在一个霸权国构造的等级性体系之中,因而内部比较和平。③

此外,人们并不能期望在世界范围内推行民主化就能消弭战争。对此学界倒是几乎已有共识。首先,尽管世界上民主国家的数量随着时间的推移大为增加,但民主的扩展一再经历逆转。一个被人不断提及的例子是,希特勒便是通过相对民主的制度在德国上台的,但在扩张前又彻底颠覆了这些制度。民主化的过程是相当危险的。民主化过程中,旧有体制被撼动,新的政治制度又没有巩固。同时,由于民主化伴随政治竞争,政治精英为了争取选票,常常进行民族主义的宣传和煽动,这种煽动容易挑起对外冲突。民主政治的转型同时也是培育民族和族群冲突的土壤,不仅可能增大转型成本,还可能导引民族主义和民粹主义情绪,刺激冲突。因此,民主化的进程往往比较危险,民主转型不充分加大了战争爆发的概率。④ 不顾相关国家国情,基于西方战略私利与意识形态冲动,所谓"推广民主"和"国家建构"的过程更是在世界各地制造了各种战乱。

保持谨慎的第二个原因是,西式民主的传播最终将代表谁的哪些利益。回顾一下,民主制度使领导人对公民的利益更加敏感。康德假定普通公民通常是谨慎的,因为是他们承担了战争的代价。但是,如果由于各种历史和现实原因,所谓的"选举民主"往往不过是精英操控的遮羞布。一国公众受到民族主义、宗教对立、种族中心主义甚至种族灭绝思想的强烈驱使呢?如果对对手的恐惧和仇恨是强烈的,那么选举体制下的政治回应很可能会诱发好战,而不是谨慎。战争的代价可能会被妥协的政治代价所抵消。印度和巴基斯坦在1999年春天都是民主国家的事实并没有阻止它们之间爆发严重武装冲突。在宗教分歧的推动下,冲突和流血的历史不仅在这两个国家的政府之间,而且在人民之间产生了巨大的敌意。民主传播的国际影响很可能不仅取决于制度,还取决于它们所助力

---

① Joanne Gowa, *Ballots and Bullets: The Elusive Democratic Peace*, Princeton, N.J.: Princeton University Press, 2000.
② 注意,这一论点要具有说服力,就需要证明对威胁的认识独立于政治体制之外,而不是像前面讨论中引用的调查证据所表明的那样,这种威胁与敌我认知是由政治体制所决定的。
③ Seva Gunitsky, "From Shocks to Waves: Hegemonic Transitions and Democratization in the Twentieth Century", *International Organization*, Vol.68, No.3, 2014, pp.561-597.
④ [美]杰克·斯奈德:《从投票到暴力:民主化和民族主义冲突》,吴强译,中央编译出版社2017年版。

的利益。民主和平论对学者和决策者都提出了问题,我们可能会在一段时间内延续对它的辩论。

第三节 内 战

内战是指在一个国家内有组织的行为体间发生的、严重程度超过了一定限度的武装冲突。在大多数情况下,内战发生在一国政府与其国内一个或多个武装团体之间,但非政府武装团体之间也可能相互争斗。在这种情况下,冲突涉及几个争夺统治权的团体。内战区别于国家间战争,主要在某个国际社会公认的主权国家内进行。内战必须有互相的武装冲突,单向的暴力使用不能算作内战。最后,内战是成一定规模的,战争所引发的死亡人数必须有一个严格的界限,以便区别于恐怖主义袭击、社群暴乱等其他形式的政治暴力。学者们约定俗成地设定:相关冲突若至少造成1 000名与战斗有关的死亡者,将被算作是一场内战,尽管有时也会使用较低的门槛。

鉴于内战发生在一国内部的武装团体之间,是当前比较政治研究的重要话题,有必要说明为什么这一话题适合成为国际安全研究与教学的对象。首先,正如本章将要展示的,我们为解释国家间战争而发展的理论和分析工具在解释国家内战争时也非常有用。其次,内战的起因、进程及其影响很少是封闭孤立的。各种外部行为体往往通过向支持的一方提供资金、武器、培训和/或庇护所等,对一国内战的开始、持续时间和结果发生重要影响。① 此外,内战还可能产生超越其边界的溢出效应。现在,内战发生国在地理上经常聚集在某个区域。② 内战还会造成难民潮,给其他国家特别是邻国带来负担。难民潮、毒品与军火走私、地区安全的动荡往往与内战相关。内战可能涉及广泛的反人类罪行,促使国际社会加大干预力度。联合国越来越多地将纯粹的国内冲突视为"对国际和平与安全的威胁"。从1948年到2021年,在联合国开展的71次维和行动中,有41次是针对单一国家内的冲突而部署的,另有12次是处理兼具国际和国内属性的冲突。③ 内战也有悠久的历史。如果考察从1816年到2016年每年卷入国家间战

---

① Patrick M. Regan, *Civil Wars and Foreign Powers: Outside Intervention in Intrastate Conflict*, Ann Arbor: University of Michigan Press, 2000.
② Halvard Buhaug and Kristian Skrede Gleditsch, "Contagion or Confusion? Why Conflicts Cluster in Space", *International Studies Quarterly*, Vol.52, No.2, 2008, pp.215–233.
③ United Nations Peacekeeping, "Peacekeeping Operations Fact Sheet", https://peacekeeping.un.org/sites/default/files/peacekeeping_missions_fact_sheet_july2021_en.pdf, accessed by July 20, 2022.

争和内战的国家数量,除了大规模多边战争时期,其他任何一年发生内战的国家都要多于参与国家间战争的国家。这一差距在最近的40年里更加明显,内战的数量比同期的国家间战争要多得多,而且造成的伤亡也多得多。那么,内战的爆发成因有哪些?

一、内战涉及何种行为体及动机?

今天,内战的根源往往都是国内政府(或一部分人)和(另)一部分人之间的利益冲突。一些西方学者认为,这些利益冲突通常被归为两个不同的来源:怨恨(grievance)与贪婪(greed)。当某些国家的政策歧视一些群体,如压制他们的语言或文化,阻碍他们获得工作或政治职位,或剥夺他们的公共服务如教育、卫生保健和公共基础设施等,这些政策会造成群体之间财富和生活质量的巨大不平等,继而产生怨恨。贪婪则是指一个或某些群体希望控制更多的国家经济资源,如从自然资源(如石油或矿产)开采中获得更大的利润份额,获得更多政治和经济上的特权等。无论是哪种情况,冲突的根源在于个人和团体之间在经济和社会福利、自治和权力方面存在基本利益冲突。这些心怀不满的群体有三种选择:分离国家、改变国家政策,或完全接管国家政权。

一些武装反叛团体可能试图分割出一块土地,并建立起自己的独立国家。分离主义通常表现为一个集中于特定地区的团体对中央政府不满,并期望建立自己的统治。几个国际体系中新成立的国家是典型例子。南苏丹在经历了夺走200多万人生命的数十年冲突之后,最终于2011年从苏丹独立出来。厄立特里亚于1993年从埃塞俄比亚独立,东帝汶于2002年从印度尼西亚分离。不过,大多数分离主义运动和叛乱并不成功。泰米尔猛虎组织从1983年开始就试图在斯里兰卡北部建立一个独立国家,直到2009年被击败。值得注意的是,当一国的人民与邻国有共同的种族或宗教联系时,某些武装团体可能试图将自己居住或控制的土地并入邻国。例如,英国长期为北爱尔兰问题所困扰。当地的天主教徒希望与天主教徒占多数的爱尔兰合并。

除了分离动机,其他一些原因也可能会使一些群体威胁发动内战,试图改变中央政府推行的政策。例如,印度的一些少数民族群体为了获得官方对其语言(以及其他政治经济利益)的认可而诉诸暴力。在伊拉克的内战中,不少团体采取暴力既是为了争夺国家政权,也为了反抗美国的占领。例如,集中在北部地区的库尔德人试图确保新国家高度分权,让他们在本地区享有自治权,并对石油收益施加影响。

反对派团体可能会试图武装夺取中央政府的控制权,建立一个新政权。叙利亚内战于 2011 年爆发，原因之一是一些群体对阿萨德政府的统治不满。对重要群体的政治排斥是它们成为反叛者并试图推翻现有政体的一个常见原因。① 去殖民化过程中，争夺中央政府控制权的内战在新独立国家时常发生，因为殖民帝国的撤退为各种势力创造了空间。在 20 世纪 70 年代和 80 年代，罗得西亚（今津巴布韦）和南非的少数白人政府与试图推动建立民主制度以实现黑人多数统治的团体展开了内战。

值得注意的是，当今的反叛团体经常是在种族和/或宗教分歧的基础上形成的。大多数内战都有种族或宗教背景，人们普遍预期存在类似分裂的国家发生冲突的风险更高。事实情况未必如此，许多族群多元复杂的国家并没有经历内部暴力。② 单纯的民族或宗教差异并不足以构成内战的背景，更多还是基于这些差异导致不平等与歧视性的经济社会政策和政治排斥时，才会出现对领土、政策变化或政权更迭的要求。③

二、不满何时会导致武装反抗？

当然，绝大多数国家中都会有对政府心存不满的人。他们希望对自己的"领土"有更大的控制权，对政策有更大的影响力，对自己的语言和文化赋予特权地位，对国家的财富占有更大的份额，在政府中发挥更大的作用，或者完全是一个不同的政府。然而，内战是相对罕见的。仅仅是怨恨和贪婪显然还不足以解释内战的出现。为什么一些不满的团体会组织起来，通过威胁或使用暴力来促进他们的利益，而其他团体，实际上是大多数团体没有这样做？以 2011 年冬季/春季蔓延到中东和北非的"阿拉伯之春"为例，许多国家都出现了大规模抗议活动，其中一些演化成武装冲突和内战，但形式和结果却有很大不同。什么因素可以解释这种变化？一般来说，有三组因素有助于解释有组织的武装反对派团体的出现：该团体及其相关利益的特征，该团体所在国家的特征，以及影响获得外部

---

① Lars-Erik Cederman, Andreas Wimmer, and Brian Min, "Why Do Ethnic Groups Rebel? New Data and Analysis", *World Politics*, Vol.62, No.1, 2010, pp.87-119.
② James D. Fearon and David D. Laitin, "Ethnicity, Insurgency, and Civil War", *American Political Science Review*, Vol.97, No.1, 2003, pp.75-90.
③ Donald L. Horowitz, *Ethnic Groups in Conflict*, 2nd ed., Berkeley: University of California Press, 2008; Lars-Erik Cederman, Nils B. Weidmann, and Kristian Skrede Gleditsch, "Horizontal Inequalities and Ethnonationalist Civil War: A Global Comparison", *American Political Science Review*, Vol.105, No.3, 2011, pp.478-495. 考虑到族群排斥所提升的族群对立冲突风险，为什么有些领导人还是要这样做。对这一问题的有趣分析，参见 Philip Roessler, *Ethnic Politics and State Power in Africa: The Logic of the Coup-Civil War Trap*, Cambridge: Cambridge University Press, 2016.

支持可能性的国际体系特征。

（一）团体层面的因素

在某些情况下，一些团体的组织能力得到其利益和价值动机的支持。在一定的社会文化背景下，一些人可能受到非常强烈的价值理念、宗教信仰或政治意识形态的驱使，使他们认为对事业的贡献本身就是有益的。同样，来自同一种族或宗教团体的个人可能有更高程度的相互信任或集体团结。这种情况有助克服"搭便车"动机，解决集体行动问题。事实上，大多数内战都是按族群边界进行动员的。① 即使族群问题本身没有引起不满，它也可以成为一些人动员支持或反对政府的一种资源。精英们就可以战略性地强调和操纵群体差异，包括伴随着暴力的使用，促使社会沿着种族或宗教的路线分裂极化，以建立一个支持基础。②

在没有强大的族群关系网络或意识形态动机的情况下，反对派势力就必须找到其他方法来动员和鼓励参与。一种方法是对支持者进行物质补偿，由此内战的爆发概率和特定资源分布有关。在非洲那些容易获得钻石或其他贵重矿物的地区，叛乱团体可以在国际市场上(有时是非法的)出售它们，从而获得财富支持。所谓的"滴血钻石"让塞拉利昂叛军发了大财，而可卡因走私则助长了哥伦比亚长期的国内冲突。事实上，一些反叛组织本质上是匪徒，深陷走私、贩卖人口和敲诈勒索等犯罪之中。③ 在不少地方，反政府武装获得战斗人员的另一种方式是强行招募，或是绑架。妇女与儿童可能在枪口下被带离，用作搬运工、信使、间谍或性奴隶。

（二）国家层面的因素

一个国家及其政权的某些特征也会导致出现武装反对派的风险。其中有三个因素特别值得注意。第一个因素是政治制度或政权状况。武装反抗的发生部分取决于是否能够通过正常的政治进程，以和平方式来化解各种不满，从而避免风险和代价高昂的武装行为。然而，政治体制和内战间的关系因另一个因素而变得复杂：反叛组织能否形成部分取决于政府控制能力的强弱，即后者有多大能

---

① 有研究统计发现，1945—1999 年，51%的内战是按种族划分的，另外 18%是混合或模糊的。James D. Fearon and David D. Laitin, "Ethnicity, Insurgency, and Civil War", *American Political Science Review*, Vol. 97, No. 1, 2003, pp. 75-90. 还有学者使用不同的数据和标准，认为 1960—1999 年的 109 场内战中，有 77 场是种族性质的。参见 Nicholas Sambanis, "Do Ethnic and Nonethnic Civil Wars Have the Same Causes? A Theoretical and Empirical Inquiry (Part 1)", *Journal of Conflict Resolution*, Vol. 45, Vol. 3, 2001, pp. 259-282。
② Jeffry A. Frieden, David A. Lake, and Kenneth A. Schultz, *World Politics: Interests, Interactions, Institutions*, 4th edition, New York, NY: W. W. Norton, 2019, p. 251.
③ John Mueller, "The Banality of 'Ethnic War'", *International Security*, Vol. 25, No. 1, 2000, pp. 42-70.

力防范、威慑或消除反对派武装。由于这些相互竞争的因素的共同作用,在那些既不那么民主也不专制有力的国家,内战的风险最高,因为它们既缺乏有效的和平参与渠道,也缺乏有效的镇压机器。①

影响一国内战风险的第二个因素是经济状况,特别是财富的多少。不少人认为,穷国一般比富国更易发生内战。然而,对于背后的因果机制,却存在一些分歧。一种自然的解释是,贫穷使人不满和绝望,比如缺乏经济机会会导致大量失业青年被招募为战士。相比之下,生活舒适,人们则不愿承担与暴力相关的风险。② 另一种解释则是,较富裕的国家往往拥有更强大的警察和军队力量,以及其他控制能力。这引出了第三个可能影响内战可能性的因素。有学者认为,内战在人口众多的国家更有可能发生,因为叛乱分子更容易从大量人口中完成招募或隐藏。地理幅员似乎也有类似的影响。一些学者还认为,在丛林和山区较多的地方,内战的风险更高。不过,学者们就这些颇有争论。③ 值得注意的是,上述不同的环境特征反过来也影响和塑造了反政府武装自身不同的组织形态和效率。

(三)国际因素

如果有外部势力的同情乃至支持,那么反叛组织更可能形成并展开行动。尽管内战多在叛军与一国政府间展开,但许多内战都伴随着某种形式的外部力量干预。一些时候,其他国家可能会直接干预,派遣军队协助一方或另一方;更常见的是,外部势力可能会向其支持的叛乱团体或者政府提供武器、资金或培训等。有时候,叛乱分子也可能在邻国的基地活动,作为避难所并进行组织和训练。④

外部势力介入有多种原因。一种可能性是他们与反叛组织的利益一致。特别是寻求分离并与邻国结合在一起的反政府团体,往往会得到他们希望并入的国家的支持。此外,反政府团体也可能因为其意识形态而得到外部支持。另一种可能性是,外部势力支持反政府武装并不是因为同情反叛者的目标,而是因为他们与当事国政府有其他利益冲突。在这种情况下,支持反政府武装可能是对

---

① Håvard Hegre, "Democracy and Armed Conflict", *Journal of Peace Research*, Vol. 51, No. 2, 2014, pp. 159-172.
② Paul Collier and Anke Hoeffler, "Greed and Grievance in Civil War", *Oxford Economic Papers*, Vol. 56, No. 4, 2004, pp. 563-595.
③ 对山地的影响,不乏争论:James D. Fearon and David D. Laitin, "Ethnicity, Insurgency, and Civil War", *American Political Science Review*, Vol. 97, No. 1, 2003, pp. 75-90; Halvard Buhaug and Jan Ketil Rød, "Local Determinants of African Civil Wars, 1970-2001", *Political Geography*, Vol. 25, No. 3, 2006, pp. 315-335。
④ Idean Salehyan, *Rebels without Borders: Transnational Insurgencies in World Politics*, Ithaca, NY: Cornell University Press, 2011.

敌对国施加压力与破坏的一种低成本方式。在某些情况下,外部各方的利益冲突与介入可能会导致一场内战变成代理战争,即两个国家在某个第三国的内战中各自支持对立一方的冲突。这种代理战争在冷战时期很常见,叛军和政府都得到外部支持的内战往往会持续更长时间,更加难以解决。① 相较而言,叛军也不太可能推翻有强大外国政府支持的政府。

三、内战原因的"讨价还价"分析

如上所述,以下情况可能发生内战:国内有一些群体出于贪婪或怨恨,使其利益与政府发生严重冲突;这些人无法通过正常的政治渠道来解决他们的不满;一些群体由于自身资源、国家的弱点、外部的支持,能够动员足够的实力来构成武装威胁。一旦这些条件得到满足,国内冲突相关方将在威胁使用武力的阴影下进行讨价还价。

与国家间冲突一样,国内冲突在理论上也可以通过谈判妥协来解决,从而使行为体避免与战争相关的巨大成本。分离势力可以通过谈判被赋予更多自治权甚至有序地分离。② 有关政权构成及政策的争端可以通过政策让步或权力分享机制来化解。在此意义上,化解内战的难题与国家间战争的基本难题是一样的。为什么行为体有时不能通过谈判达成交易,使他们能够避免战争的巨大代价?信息不对称、承诺问题和不可分割性这三种机制都与之有关,而承诺问题在内战情况下尤为突出。③

(一)信息不对称与内战

如前所述,在国际谈判中,如果各方的能力和决心难以观察,就会出现信息不对称的情况。在国内政治中,衡量反叛组织的规模和力量可能更加困难,因为反叛组织往往是秘密组织,必须采取各种措施隐藏其实力(或弱点),以避免政府的镇压。此外,在开战前进行沟通和谈判的空间可能较小,因为反叛组织的代表并不像外交官那样享有不被逮捕或处决的豁免权。不过,大多数学者认为信息机制作为大多数内战的原因的解释力有限,因为这些冲突往往持续很长时间,而且一再发生。自 1945 年以来,国家间战争的平均持续时间为三个月,而内战的

---

① Dylan Balch-Lindsay, Andrew J. Enterline, and Kyle A. Joyce, "Third-Party Intervention and the Civil War Process", *Journal of Peace Research*, Vol. 45, No. 3, 2008, pp. 345-363.
② Lars-Erik Cederman, Simon Hug, Andreas Schädel, and Julian Wucherpfennig, "Territorial Autonomy in the Shadow of Conflict: Too Little, Too Late?", *American Political Science Review*, Vol. 109, No. 2, 2015, pp. 354-370.
③ Barbara F. Walter, "Bargaining Failures and Civil War", *Annual Review of Political Science*, Vol. 12, 2009, pp. 243-261.

相应数字为六年。① 既然战争可以消减相对实力与决心的不确定性,如果它们是根本问题,这些冲突似乎不太可能持续几年,甚至数十年。

（二）承诺问题与内战

在当今世界的一些地区,对于内战,更可能的直接原因是承诺问题特别难以解决。② 首先,正如我们所看到的,对相对力量变化的预期可以产生预防性战争的动机。在国内冲突的背景下,由于国家经济的起伏,叛军和政府的相对权力可能经常性地发生变化。当经济不景气时,政府的税收就会减少,可用于控制和打击叛乱的资源也随之减少；与此同时,反政府武装更容易利用民众不满来吸引兵员及其他支持。结果,经济危机为反政府武装创造了一个机会窗口,而这种情况下,政府也有动力作出让步。但是,经济下滑通常是暂时的,往往是由一些短期冲击所驱动,如石油价格的变化,或者在严重依赖农业的国家,某一年降雨量太少或太多也有类似效果。如果大家都预计经济将在不久后复苏,那么反政府势力新拥有的优势就是暂时的,它们可能会预期,一旦经济状况（或是国际形势）好转,政府之前作出的任何让步都会被收回。因此,对经济复苏的预期会刺激反叛力量抓住当下的时机发动武装斗争,希望在自身相对强大时获得不可逆转的胜利。③

其次,承诺问题还因为内战参战方一旦解决了冲突,通常必须在同一个国家体制下继续生活。反政府势力靠其武装向政府提出要求。政府希望避免战争而作出让步,但是作为协议的一部分,政府也必然要求反政府势力解除武装,以确保国内和平与秩序。除非通过分离建立新的国家,否则反政府团体的政治和军事力量都将被纳入现政权。然而,这一要求引发了一个严重的承诺问题:一旦反对派解除了武装,他们怎么能确定政府会继续遵守协议？政府很可能在反对派解除武装后对其展开镇压,以彻底消除威胁。任何要求反叛组织解除武装的协议都会直接影响到行为体未来的讨价还价能力,因此必须有一些机制来确保叛军放下武器后,政府会遵守协议。在某些情况下,相关方面也许可以制定分享政治权力的协议,或让各方对军队保有一定程度的控制权。④ 但是,正如政府可能

---

① James D. Fearon and David D. Laitin, "Ethnicity, Insurgency, and Civil War", *American Political Science Review*, Vol. 97, No. 1, 2003, p. 75.
② James D. Fearon, "Why Do Some Civil Wars Last So Much Longer than Others?", *Journal of Peace Research*, Vol. 41, No. 2, 2004, pp. 275–301.
③ Edward Miguel, Shanker Satyanath, and Ernest Sergenti, "Economic Shocks and Civil Conflict: An Instrumental Variables Approach", *Journal of Political Economy*, Vol. 122, No. 4, 2004, pp. 725–753.
④ Caroline Hartzell and Matthew Hoddie, "Institutionalizing Peace: Power Sharing and Post-Civil War Conflict Management", *American Journal of Political Science*, Vol. 47, No. 2, 2003, pp. 318–332.

很难承诺遵守协议一样，在叛军方面也可能有类似的制约。反对派及其军事组织往往构成复杂，组织松散，很难控制其所有成员。在任何团体中，都可能有一些立场极端甚至狂热的成员不愿意接受妥协而选择继续战斗。除非叛军能够可靠地承诺控制其极端派别，或不利用其残余的地盘和武装开展行动，否则政府可能不愿意达成协议，或者即便各方达成交易，也无法真正执行。战斗可能会时断时续，一直持续下去，直到一方被决定性地击败。由于这个原因，有更多派别的叛乱往往会产生更长的战争。① 结果，内战很少以谈判解决的方式结束。事实上，大多数内战只有在一方取得彻底的军事胜利或叛乱团体因各种原因失去支持时才结束。② 同时，为达到确保协议执行的目的，一个更有可能的渠道是一些第三方的存在，如联合国的维和人员，他们可以监督和执行谈判确定的条款。我们将在第七章进一步探讨这个问题。

（三）不可分割性与内战

政府和反对势力（如分离主义团体）可能会发现，对于那些充满宗教或种族意义的领土，很难作出妥协。一个国家可能会合理地将其整个领土视为自身不可分割的物品，缺少一点就会带来巨大的价值损失。不过，更常见的问题是，当一国内部存在多个具有分离主义倾向的团体时，政府有很强的理由拒绝对任何挑战者作出让步，以便让所有潜在的挑战者意识到困难，从而克制他们的反叛冲动。自1993年以来，俄罗斯政府同车臣分离势力进行了两次血腥的内战。如果俄罗斯面对的是仅仅一个分裂势力，那么作出让步的危险性可能不会太大。但在一个多民族大国，对一个分离势力的让步可能会鼓励其他群体出于类似的原因动员起来。俄罗斯有100多个不同的族群，其中有人寻求与莫斯科的中央政府分离或获得更大的自治权。如果政府对其中一个群体（比如车臣分裂势力）妥协，接受其分离，那么其他潜在的要求者都将有动力提出自己的要求。结果，一个政府面临的潜在分离主义团体越多，它就越不可能对其中任何一个团体作出让步。③

四、内战中的暴力策略及其应对

那么，一旦政治解决方案失败，暴力被非国家行为体使用，内战成为现实时，

---

① David E. Cunningham, "Veto Players and Civil War Duration", *American Journal of Political Science*, Vol. 50, No. 4, 2006, pp. 875-892.
② Joakim Kreutz, "How and When Armed Conflicts End: Introducing the UCDP Conflict Termination Dataset", *Journal of Peace Research*, Vol. 47, No. 2, 2010, pp. 243-250.
③ Monica Toft, *The Geography of Ethnic Violence: Identity, Interests, and the Indivisibility of Territory*, Princeton, N.J.: Princeton University Press, 2005; Barbara F. Walter, *Reputation and Civil War: Why Separatist Conflicts Are So Violent*, Cambridge: Cambridge University Press, 2009.

使用暴力的策略有何不同？国家与国际社会又应当如何应对？

（一）叛乱策略与反叛乱作战

当前世界范围内的大多数内战中，大多数的反对派武装基本不与政府军直接交战。相反，它们采取的主要是叛乱（insurgency）的形式，通过小股的、通常是轻度武装的部队对军事、政府和平民目标进行打了就跑的攻击。它们并不是要占据土地，而是采取游击战术，攻击政府设施、军事基地或人口中心，然后再躲进农村、丛林、山地，或者越过边境到邻国躲避政府打击。

诉诸叛乱或游击战是反政府组织在面临集体行动问题时的直接回应。首先，作为一种不对称战争，或者说军事能力高度不对等的行为体之间的冲突，游击战术很适合那些相对于其对手而言规模小、实力弱的团体。由于缺乏组建大型战斗部队或获得先进武器的能力，通常叛乱分子采取的战术是避免与规模更大、武器更精良的政府军直接对抗。游击战等非对称作战的目的是要让政府意识到代价，诱使其作出让步。打了就跑的策略意味着叛军很少取得决定性的胜利，但同时自身也很难被发现和消灭。这有助于解释为什么内战常常持续数年。即使人数不多，通过其行动，叛乱分子试图破坏人们对政府的信心，并鼓励平民加入他们。一些反叛势力有时还试图挑起对手对平民的攻击，进而动员民众加入他们的"事业"。叛乱的性质意味着这类叛乱很难通过常规军事战略来打败。① 美国作为世界上最强大的国家在阿富汗和伊拉克经历的挫折，反映了叛乱战略的有效性。

（二）国际社会可以做些什么？

对于内战造成的巨大人员伤亡和其他损失，人们自然会问，国际社会是否可以采取一些措施来减少内战风险。如前所述，内战中存在大量的外部干预，但其中大部分采取的是支持一方或另一方的形式，而这种支持往往是造成这些战争爆发和长期持续的原因。那么，外部行为体能否发挥更积极的作用，来缔造或维护和平呢？

原则上，国际社会的恰当介入可以在几个方面提供帮助。首先，国际介入可以有意识地影响政府和国内反对派之间的讨价还价进程，增加取得和平结果的机会。例如通过制裁和禁运等手段，对诉诸武力的行为体施以惩罚。不过，很少有国家拥有足够强大的动机来持续推动昂贵的干预行动，如果有的话，往往也是出于一己私利，反而造成问题复杂化。在其他情况下，如近期叙利亚的例子所展示的，相关国家（大国和周边国家）之间存在相互冲突的利益，不仅阻碍了集体行

---

① Jason Lyall and Isaiah Wilson III, "Rage against the Machines: Explaining Outcomes in Counterinsurgency Wars", *International Organization*, Vol. 63, No. 1, 2009, pp. 57-106.

动,反而引发混乱,加剧信息不对称和承诺难题解决的难度。

一旦战斗停止或陷入僵局,外部力量的努力在维持和平方面能发挥更为积极的作用。正如我们所看到的,分享权力与解除武装的和平协议中涉及严重的承诺问题,一旦反叛分子遵守了协议,政府就会有背弃协议的更强动机。如果外部力量能够可靠地保证已解除武装的反叛分子的安全,并帮助他们重新融入社会,就可以帮助缓解这一问题。维持和平的国际努力还可以帮助国家的经济和政治重建,这对长期稳定非常重要。例如,内战后的维和特派团帮助组织和监督选举,培训警察部队,并加强司法系统建设。如果成功的话,这些努力可以带来新的政治体制,处理未来的争端,而不需要再次诉诸暴力。国际社会在和平建设方面的有力措施不仅可以防止暴力事件的再次发生,还可以鼓励经济社会和政治发展。[①] 国际社会也作出了一些积极努力,以减少反叛组织通过销售毒品或矿物来获取资金的能力。例如,2003年启动的金伯利进程(以南非的一个小镇命名)对来自冲突地区以外的毛坯钻石进行认证。人们希望,如果消费者只购买有证书的钻石,叛乱分子用"滴血钻石"资助自己的能力将被扼杀。

当然,上述努力大多是为了结束内战,特别是防止内战在达成和平协议后重新开始。最理想的是首先减少血腥和破坏性内战爆发的可能性。要实现这一目标有几个挑战。如前所述,大多数国家都有不满的个人及团体,他们可以为武装反对政府提供基础。尽管我们知道一些增加内战风险的因素,但这些冲突的进程很难有效预测。人们很难正确地预测下一场内战将在哪里爆发,也很难对冲突管理的努力进行适当的定位。此外,试图减少对武装叛乱的国际干预可能产生意想不到的效果,削弱政府改善自身治理制度及能力的动力。

从长远来看,减少国内冲突最重要的因素还是一个国家内部的变化,特别是经济社会发展和政治改革。不过,这些都是长期的发展,外部力量对其影响有限。值得一提的是,通往经济发展和政治改革的道路可能是曲折坎坷的。尽管经济快速增长总体是有益的,但它可能会产生不平衡的影响,一些群体变得富有,而另一些群体则仍然陷于贫困之中。这种不平等可能成为滋生国内冲突的不满情绪。同时,向民主的过渡也可能是危险的。在过渡时期,政权可能太弱,无法阻止暴力,与此同时,所谓的民主机制又不够强大,脱离当地实际,无法以和平方式引导政治参与和表达需求。一些证据表明,内战的风险在民主化时期增

---

① Virginia Page Fortna, *Does Peacekeeping Work? Shaping Belligerents' Choices after Civil War*, Princeton, N.J.: Princeton University Press, 2008; Michael W. Doyle and Nicholas Sambanis, "International Peacebuilding: A Theoretical and Quantitative Analysis", *American Political Science Review*, Vol.94, No.4, 2000, pp.779-801.

加了。① 在所谓"专制国家"强制推广民主,需要破坏现有政权的稳定,本身就容易引发内战,进而可能造成人道主义灾难。②

小　结

本章从国内政治以及国内政治与国家间互动交互的层次,继续基于"讨价还价"路径,讨论战争原因问题。国家间的国际政治互动受到国内层面行为体之间互动的影响。国内层次的引入带来了更为复杂的利益分析。任何一个国家,都有大量的个人和团体受到各种不同利益的驱使去试图影响国家外交和安全战略。在西方,领导人、军队、官僚和利益集团等行为体基于各自利益,在一定国内政治制度背景下的相互作用,会从根本上影响国家在国际体系中追求的利益以及在与其他国家打交道时的政策选择。同时,一国国内政治的结构和制度特性,同样能从信息透明度、信号与承诺的可信性等方面,影响国家间讨价还价的过程。这些思路可以拓展到其他有关国际安全与国内政治关联性的研究。

作为当前讨论国内层次变量影响战争与和平问题的典型理论,民主和平论在西方研究的盛行既源自政治意识形态传统,也基于一个被认为是"稳健"的统计结果:民主国家之间不打仗。不同研究对此给出了不同的解释。有人认为,这是由于民主国家的制度带来的。在西方民主国家,强调分权制衡、新闻自由,特别是定期选举的存在,对战争成本更为敏感的公民对政府权力形成了有效的制约,这让领导者恣意发动战争变得更为困难。还有研究从信息传递来解释民主和平论,即民主国家更加公开透明,更能发出可信的政策信号,彼此之间更容易有效传递讯息,进而避免了战争。还有些研究则认为,民主国家之间享有共同的价值理念,使民主国家之间不打仗,但是理念的悬殊却使得民主国家容易与非民主国家发生战争。虽然民主和平论的研究非常丰富,但它们也遇到了强有力的质疑。当前,越来越多的研究注意到政体决定论的弊端,开始思考民主化过程以及所谓非民主政体的内部多样性对于战争及和平等的影响。我们必须继续冷静地科学思考,探索把国内政治变量同国际体

---

① Lars-Erik Cederman, Simon Hug, and Lutz F. Krebs, "Democratization and Civil War: Empirical Evidence", *Journal of Peace Research*, Vol. 47, No. 4, 2010, pp. 377-394.
② Goran Peic and Dan Reiter, "Foreign-Imposed Regime Change, State Power, and Civil War Onset, 1920-2004", *British Journal of Political Science*, Vol. 41, No. 3, 2010, pp. 453-475.

系变动以及国际互动过程相互结合的更为系统和完备的分析框架,更好地辨析相关因果效应,避免轻易得出武断的结论,甚至制造更大的安全问题。

思考讨论题

1. 不同国内行为体在战争与和平的问题上发挥影响的渠道有哪些?又受到哪些因素的制约?如何看待聚旗效应?
2. 国内制度如何影响国家外交政策与国家间互动?总结并分别举例。
3. 从方法论的角度检讨民主和平论的相关论点。
4. 支撑民主和平论的有哪些因素-机制主张,如何加以评估?
5. 如何突破民主-非民主简单二分在国际安全分析中的窠臼?
6. 近代以来,中国所经历的内战与革命斗争的历史经验对思考内战与干预有何启示?
7. 利用讨价还价模型,国内暴力冲突和国际体系的关联性可以从哪些方面继续探究?国际社会在面对一国国内的冲突和内战中应当如何注意什么?

扩展阅读

Jack Snyder, *Myths of Empire: Domestic Politics and International Ambition*, Ithaca, NY: Cornell University Press, 1991.(中译本见杰克·斯奈德:《帝国的迷思:国内政治与对外扩张》,于铁军译,北京大学出版社 2007 年版)。探究了国内集团与军事组织的联合如何推动大国采取对外扩张战略。

Allison Graham and Philip Zelikow, *Essence of Decision: Explaining the Cuban Missile Crisis*, 2nd ed., New York: Longman, 1999.(中译本见艾利森、泽利科:《决策的本质:还原古巴导弹危机的真相》,商务印书馆 2015 年版)。关于组织决策模型与官僚政治影响决策的经典论述。

Jessica L. P. Weeks, *Dictators at War and Peace*, Ithaca, NY: Cornell University Press, 2014. 展示了所谓"非民主政体"的复杂多样性,及其在战与和决策倾向上的差异性。

毛泽东,《抗日游击战中的战略问题》,《论持久战》,收入《毛泽东选集》第二卷。马克思主义思想与中国战略智慧相结合的典范,具有世界性的影响。

Donald Horowitz, *Ethnic Groups in Conflict*, Berkeley, Calif.: University of California Press, 1985. 族群冲突研究百科全书式的著作,绕不过去的经典。

第五章

战略强制

本章导学

国际冲突是一个讨价还价的过程,双方既有冲突的利益,还存在某种共同利益(如避免战争及其高昂成本)。一般来说,在国际冲突的讨价还价中,每一方都试图通过展示并有限度地使用其控制和伤害对方的能力来改善自身的谈判地位,诸如国防动员、军队调动、军事演习、强制封锁等。研究国际冲突中的讨价还价,离不开对这些战略强制(strategic coercion)实践的讨论。强制包括威慑与威逼两种基本方式,其目的是利用威胁来迫使另一个行为体不做他们原本打算做的事情(通过捍卫有争议的领土来防止任何夺取的企图),或者做一些违背他们意愿的事情。本章将从追求的目标、使用的方法和目标的反胁迫能力方面考虑强制可能采取的不同形式。它还将考虑强制策略如何影响各方间的关系。为了更好地说明战略强制的作用机制,我们还将具体探讨核威慑及国际制裁这两种典型实践。

本章学习目标

1. 了解战略强制在整个国际安全竞争、冲突和讨价还价过程中的位置,明了其目的与危险;
2. 能够区别威慑和威逼这两种战略强制的基本形态,知道它们的核心特征与策略模式,并能用以分析具体现象;
3. 结合核威慑、国际制裁等具体议题,辨析战略强制成功的要件;
4. 了解核威慑学说的演进,理解"确保相互摧毁"等核心概念,思考核威慑成功的条件;
5. 辨析影响国际制裁效果的要素和机制,并应用于具体分析。

第一节 威慑与威逼

本章将强制视为一种独特的安全实践,一国有意识地通过威胁使用武力和/或实际使用有限武力,来限制他人的战略选择,影响另一国的决策,促使其不做某事和做某事的行为。在国际政治中,强制是一种介于和平与战争之间的政策手段,意在以国家实力为后盾来改变他国行为。一国通过武力威胁以迫使他国采取某个行动,是历史上早就存在的国际政治现象。

战略强制中的威胁是故意的,有明确的目的。威胁是否能成功地影响对手的战略选择,将取决于对手对威胁的判断,以及其他一些影响其决策计算的因素。尽管强制被定义为使用武力作为威胁,但它并不排除一定程度的对于武力的实际使用,即使只是为了加强威胁。强制战略也有风险。很大程度上,国家恰恰试图通过提高意外战争的风险,以证明其决心,促使对方妥协,从而获得利益并避免战争,但是这就带来了失去控制、双方被锁定在不妥协和不相容的立场上的风险。一旦双方都失去了妥协的动力,战争可能就不可避免了——即使导致危机的最初不确定性已消除。此外,虽然军事动员可能会令对手屈服,但也可能激起另一方的先发制人。国家在此间的权衡取舍,是战略强制讨论的中心。

一、威慑与威逼的定义与比较

20世纪60年代,托马斯·谢林(Thomas Schelling)创造了"威逼"(compellence)一词,并将"威逼"与"威慑"(deterrence)这两种行为明确加以区分。简单地说,在对方采取行动之前阻止其行动的措施是威慑,在对方已采取行动后逼迫其停止和消除(undo)行动的措施是威逼。换言之,威慑的目的是使敌方不要做某事,而威逼的目的是迫使对方做某事。这种分类在国际安全和战略研究界已被广泛采用。

具体而言,我们通常根据威胁的目的是保持还是改变国家间的现有关系来对其进行分类。威逼的目的是胁迫目标国家作出让步或改变现行政策。威逼的形式是:"给我(做)Y,否则……"(其中Y是威胁发出者重视的东西)或"停止做X,否则……"(其中X是一项威胁者反感的政策)。美国要求阿富汗塔利班在"9·11"恐怖主义袭击后交出本·拉登并停止窝藏基地组织的恐怖网络就是威逼的典型例子。相比之下,威慑是用来维持现状的,它威胁对方如果试图改变当前的关系,就要付出不可接受的代价。当双方出于对抗状态时,一方凭其实力

(capability)及决心(resclve)使对方相信：由其反击所造成的损失大于对方进攻所期待的得益，从而促使放弃攻击和改变现状意图。威慑性威胁的形式是："不要做 X，否则……"（其中 X 是威胁者不满的某种可能的未来行动）。最常见的威慑是所有国家都在进行的国防战备："不要攻击我，否则我就坚决反击"。这种阻止别国对自己国家攻击的努力被称为"一般威慑"，也是各国时时正在进行的活动。另一种形式的威慑发生在一个国家寻求保护其盟友的时候。在这种情况下，威慑的形式是："不要攻击我的盟友 X，否则……"这种威胁通常被称为"延伸威慑"，因为在这种情况下，威胁者试图将保护范围扩大到另一个国家。延伸威慑在盟友关系方面至关重要，我们将在后面继续考虑这一问题。自从谢林明确地将"威逼"与"威慑"区分开之后，战略强制在目标上可以分为两个子类别。威慑是指使用威胁来劝阻对手不要发起不受欢迎的行为。而旨在胁迫对手去做某事或停止继续做某事的战略则被称为"威逼"，有时也称为"强制外交"或"胁迫"。

亚历山大·乔治与强制外交

亚历山大·乔治（Alexander George）曾用"强制外交"（compellence diplomacy）一词替代谢林的"威逼"概念。他认为，谢林的"威逼"概念不能很好地区别其进攻性使用和防御性使用，而且隐含着对武力威胁的依赖，忽视了强制外交所具有的灵活性。在他看来，威逼的进攻性使用是"讹诈/勒索"（blackmail），而其防御性使用才是"强制外交"。其中，"讹诈"是使用威胁以说服对手做不情愿做的事情，通过造成威胁来恐吓对手，迫使其在不作抵抗的情况下放弃某些对之有价值的东西。"强制外交"是指威胁和/或使用有限武力，来促使其他行为体停止或消除已进行的某个行动。如果将"强制外交"和勒索进行比较，会发现前者的目的在于阻止或迫使对方放弃业已启动的行为。在这一情况下，对方先采取了一定的行动，随后强制的实施者对其实施威胁，意欲阻止对手开展行动和(或)使其取消此行动。不过，在现实中，往往很难将这两者严格地加以区分。比如，如果一方通过武力威胁要求对方放弃部分或全部领土，像希特勒对奥地利和捷克斯洛伐克所采取的那种行为，那无疑就是讹诈。但是如果一方要求对方放弃的并不是领土，而是其他东西，比如某项政策，恐怕就很难判定是讹诈还是"强制外交"，这中间往往带有浓厚的主观色彩。当乔治基于攻防性质对所谓的"强制外交"和"讹诈"作出区分时，他并未能提供清楚的区分标准，特别是容易混淆动机（进攻/侵略、防御）与目标（停止某行为、消除某行为、放弃某物）。在政治实践中，在一个行为体说服对手停

> 止做某事、消除某个行为等的背后,可能有着进攻的或者兼有进攻与防御的复杂政治动机。事实上,许多学者将"强制外交"与"威逼"视为两个内涵相同的术语,甚至连乔治本人也时常将两者等同看待。基于这些考虑,本书选择继续使用谢林的威慑和威逼概念。
>
> (Alexander L. George and William E. Simons. eds., *The Limits of Coercive Diplomacy*, 2nd ed., Boulde, Colo: Westview Press, 1994, pp.7-10.)

威慑和威逼在主动性、时间尺度和要求的性质等几个方面都有所不同。威慑涉及明确强制方所划定范围,指出要求,然后等待对手的反应。一旦发出威胁,威慑方只有在对手作出被要求禁止的行动时才需要采取相应的行动。与之不同,威逼涉及到自身开启某种行动,只有在目标作出相应反应时才会停止或改变。因此,威逼可能要求强制方实际使用一定程度的武力,直到目标采取了相应的行动,而威慑只要求在对手实施不受欢迎的行为时再采取行动,包括行使武力。威慑不需要明确的时间限制。事实上,威慑方宁愿自己永远不需要作出实际反应。相反,威逼则一般需要包含一个明确的期限。毕竟如果不给对手一个明确的时间限制,限期令其改变行为,则威胁就可能变得毫无意义。毕竟,如果强制方没有直接或间接地规定最后期限,没有造成敌手的紧迫感,那么对方可能会选择拖延观望,不在遭受实际惩罚或更多制裁前采取所要求的行动,而现状对于强制方而言是不满意的。相比之下,威慑则没有什么确定的时间界限,实际上是愿意持续等待,期望对手永远不会从事所禁止的行动。

威慑所包含的威胁和要求通常是明确的(也需要是明确的),因为其目的是维持现状,而这种状况通常是可以被具体观察到的。相比之下,威逼往往只传达一个要求服从行事的大方向,基本不会有特别明确的要求和限制。[1] 同时,威慑有一个隐含的保证,即如果对手的行为符合要求,那么所威胁的行动就不会被实施。而威逼所发出的威胁就不总是像威慑那样明显,同时也较少伴随明确的保证。此外,在威慑的情况下,妥协让步实际上是一个难以辨识的"非事件"(non-event),一般不需要被威慑对象对其进行合理化辩解。然而在威逼或胁迫的情况下,妥协、退让与服从将是公开的。在这个意义上,威逼可能比威慑要更难实现。威逼往往要求目标国明确地采取行动和从先前的政策立场上后退,必须放弃其也许冒着极大危险或付出极大代价才到手的既得利益,目标国在强制性威胁面前退让往往就会"颜面受损"。

尽管存在这些差异,但威慑和强制二者之间的区别并不是绝对的,随着情况

---

[1] Thomas Schelling, *Arms and Influence*, New Haven: Yale University Press, 1966, p.73.

的迅速变化还可能会"合二为一"。在这个情况下,威慑与威逼的界限已经模糊了。另一个情况是,在一些冲突中,双方都可能伤害对方,但又不能强行达到自己的目的。在这种情况下,对双方而言,威逼和威慑之间的区别,就像防御和进攻之间的区别,可能会迅速模糊消失。以1962年古巴导弹危机为例,美国警告和要求苏联停止在古巴建造导弹基地(接近于威逼),不要再让载有导弹的船只通过美国的封锁线(属于威慑)。同时,莫斯科反过来警告华盛顿,如果美方的威胁被具体实施,那么可怕的后果将随之到来。因此,这是一个双方都试图强制对方的案例,且威慑和威逼同时混合进行。

二、强制的策略及其互动进程

各种强制战略不仅在目标(威慑或强制)上有区别,而且在措施和方法上也有区别。威慑分两大类。第一类是惩罚性威慑(deterrence by punishment),即威胁就对手的行动进行惩罚,从而迫使对方放弃行动。第二类是抵消性或拒绝性威慑(deterrence by denial),即实质性地,或在心理层面,抵消对方行动的(预期)效果,迫使对方放弃行动。强制通常与惩罚的威胁有关。不过这只是对手必须进行的成本/收益计算的一个方面。通过使对手难以在可承受的成本范围内取得其预期的收益(即拒止或者说抵消),同样有助于实现威慑。而在威逼的范畴内,相对应的应该是获得/攫取某种东西的能力。

就威慑特别是常规威慑而言,拒绝-抵消战略在一般情况下可能要比惩罚战略来得更可靠,因为其效果能够更切实地衡量,从而更有可信度。计算守住一块领土所需要的军事投入可能很难,但仍然比试图辨别可能遇到的惩罚性效果更为直接和明显。此外,如果对手不顾一切地坚持下去,对拒止能力的建设提供了挽回局势的可能。发展常规军事力量进行抵消性威慑是非常常见的军事行为。例如,修筑强有力的防御工事,发展对诸如航母编队等目标的打击能力,使对方预感军事进攻难以成功,只好放弃。这就是一种抵消性的威慑。使用常规武器进行惩罚性威慑也很常见。但是,使用常规武器施行惩罚性威慑,有时存在有效性方面的挑战。由于常规武器的使用中随机因素比较多,如果被威慑方采用一些突袭性手段,有可能摧毁或者避开威慑方的报复手段,结果被威慑方可能会在侥幸心理的支配下采取行动,从而导致威慑失败。相应地,与威慑直接联系的反击实力有两种:一为战略报复能力,即能够造成大规模、深程度破坏挑战一方的战略要害乃至于杀伤其非战斗人员的军事能力;二指军事抵消和抗拒(denial)实力,即能在军事战场上有效、成功遏制进攻一方以达到其军事行动目的的战斗力(fighting capability)。

对这个问题的关注与核威慑问题关联密切,相关的辩论也主要发生在冷战时期。在这一时期,似乎没有什么可能性来抵御核武器攻击。被动防御和主动防御措施都被讨论过。在实践中,面对核攻击,被动防御主要是避难或疏散。主动防御指的是防空或反弹道导弹系统。面对数目众多而破坏力惊人的核弹头,这些防御系统从未真正显得可信:即便现有的数千枚核武器中只有几枚突防成功,仍然会造成难以承受的灾难性破坏。这就是为什么虽然对核威胁的最佳威慑似乎是核反击,但北约国家曾对以"大规模报复策略"来阻止华约集团的常规进攻感到焦虑,从而经常要求建立常规威慑,使进攻难以成功。同时,米尔斯海默对于常规威慑的经典研究指出,常规威慑基本上取决于是否有能力让对手相信闪电战式的进攻(这也是华约军队最可能采取的进攻方式,也是最有可能避免陷入消耗性僵局的进攻)将被挫败。[1]

就威逼而言,拒绝或者攫取策略看起来似乎不过是一种旨在施加控制的战争模式。当一个国家开始军事进攻时,它的目的是要从敌人那里夺取它想要的领土,剥夺敌人在这个问题上的选择权。但是,反过来,一个有能力与敌人展开作战(例如争夺或保卫一块土地)的国家,可以通过迫使敌人考虑放弃战斗,选择替代方案,包括谈判或是撤退,来达到威逼其投降和退让的效果。

为了理解强制策略的相对有效性及其选择,让我们考虑与之相关的两类成本:抵抗成本和服从成本。抵抗成本是指被强制方抗拒强制方的要求所涉及到的成本,即如果强制方实施其威胁,对象将要承受的代价。抵抗成本有两个组成部分:一是试图阻止强制方执行威胁的成本,二是由强制方执行威胁所造成的痛苦与代价。许多文献倾向于将抵抗成本仅仅等同于后者。在研究核强制时,这是有效的假设。但是,在研究非核性质的战略强制时,我们不能忽视试图抗御强制方威胁所伴随的各种成本。比如,即使目标国成功地抵消了强制者的威胁,它也要因之产生军备等方面的支出。同样的问题也发生在非军事强制上。以经济制裁为例,规避经济制裁的办法,例如建立隐蔽"地下交易"路线或为某些必需品支付高于市场价格的费用等,都带来相应的额外成本。这意味着,在强制方完全实施其威胁之前,目标就已经承受了一定代价。如果目标方未能挫败强制者,它还将不得不承担服从成本,即接受强制方要求而放弃的利益和承受的损失。

在这个意义上,强制可以被理解为强制方甲试图让目标对象乙在两种成本之间作出选择:一种是抵抗甲的威胁并招致甲威胁的后续损失,另一种是遵从甲方要求的代价。在最简单的版本中,如果甲能使乙确信抵抗成本超过了服从成

---

[1] Robert Jervis, "Why Nuclear Superiority Doesn't Matter", *Political Science Quarterly*, Vol. 94, No. 4, 1979/1980, pp. 617-633.

本,那么强制就有可能成功。某些服从成本是有形的,如领土或经济特权上的损失;其他成本,如荣誉(honor)与声誉(reputation),则不那么明显,但未必就不重要。强制对象在进行抵抗时常常需要考虑的是,在一次交锋中表现不佳是否会因为缺乏抵抗的声誉而招致未来更多的挑战。

此外,我们还需要考虑另一个重要变量——执行成本。与强制者向其目标对象施加的抵抗与服从成本不同,执行成本是强制者自身所要承担的成本。这些成本与克服目标的抵抗以及目标的反制行动对强制者所造成的代价有关。执行成本是战略强制计算中的一个重要组成部分。强制是一个动态互动过程:被强制对象也会试图影响强制者的战略计算,采取各种反制措施,试图增加胁迫者的执行成本。这可以通过多种方式实现。例如,面对强势方的威逼,目标方也可以反过来向强制方发出威慑;可以加强自身的防御与拒绝能力;可以进行军事升级或寻求盟友支持来说服胁迫方退缩。在制定和执行强制策略时,强制方将不得不考虑自身的执行成本。在大多数冲突中,强制在某种意义上是相互的。

那么,这些要素是如何相互影响并作用于强制结果的呢?在最简单的情况下,当抵抗成本超过服从成本时,强制就有可能获得成功。当然,还要考虑执行成本。如果服从成本很低,也就是说,如果被强制对象认为强制方的要求不高,那么它可能不会倾向于进行更多抵抗。于是,执行成本可能也会相应地降低。反之,如果强制方的执行成本很高,在实践中,随着时间的推移,累积的执行成本可能会超过对象服从所带来的收益。这一点在前一章涉及的"反叛乱作战"中就很常见。因为在这些行动中,各种执行成本可能会远远超过叛乱分子所付出的成本,过去十年在伊拉克和阿富汗都是如此。这些反叛乱行动都是强制性的,目的是迫使叛乱分子放弃抵抗和破坏,从而达成政治解决。但是,单纯的强制基本是不够的,还需要向目标提供一定诱导,从而降低对手的抵抗决心,这反过来也有助于执行成本的降低。作为强制策略的补充,诱导和安抚可以发挥重要作用。最后,如果执行成本高得令人难以接受,强制方可能不得不接受不太满意的结局。这个时候,政治目标可能需要相应地调整。

使事情变得更复杂的是,如同在反叛乱作战和反恐行动中所表现的那样,强制和被强制者并不以同样的尺度评估各自的成本和收益:对一方来说,所涉及的利益可能到底是有限的和边缘性的;对另一方来说,则基本生存都可能处于危险之中。一方重视的东西,另一方可能认为微不足道。一方可能有能力承担远超另一方的高额支出。正是这种不对称性,以及对它们的认知和判断,使得强制战略的设计和实施异常困难。

同样,第三方特别是国际因素也可能是战略强制互动的一个重要方面。除了影响被强制者的成本评估,它们也可以影响强制方对执行成本的评估。有时候,如果存在第三方势力支持被强制对象的可能性,执行成本可能会增加。强制者也可能要采取措施,来安抚这些势力对自身目标和意图的担心。有时候,强制者对执行成本的估计也可能因为外部势力将介入并控制强制对象的预期而有所降低。此外,强制方和被强制方都可以尝试利用外部行为体向对方传递一种紧迫感,或提高自身威胁的可信度。他们还可以试图说服外部行为体与目标国进行交涉,以达到预期效果。强制信号在任何时候都要面对多个受众。国内和国际的政治环境将影响强制策略的构建及其结果。因此,对强制的研究不仅仅是关于有效威胁的设计,它还必须考虑一方对战略环境的认知是如何形成的,以及这些认知对另一方的强制性操纵有多大的敏感性。

另一个需要考虑的问题是某个威慑或威逼行动的后续影响。原则上,每一个外交政策行为都会影响对未来表现的预期。如果服从给被强制者带来羞辱,这可能会产生长期的后果。这意味着,展示决心维护形象的考虑可能会凌驾于实际利益之上。谢林曾有言:"面子"是"少数值得争夺的东西之一",关系到在世界其他地方或行动中的承诺可信性。[①] 如果一个国家在某一争端中退缩,它将获得软弱或缺乏决心的坏名声。这反过来又会导致其对手怀疑其在其他冲突领域的威胁可信度,进而使该国将来难以通过使用强制战略来维护其承诺,促进其利益。结果,对强制方而言,即使执行强制的成本超过了收益,不少时候也值得坚持下去,以减少未来强制的抵抗和执行成本。同样,出于对声誉的考虑,尽管强制方作出有力威胁,但被强制对象也可能不为所动,因为在眼下如何应对同样会影响后者将来的处境。因此,这些成本可能需要从短期和长期的角度来综合看待。由此而来的战略风险在于,决策者可能在不存在真正重要利益的地方"创造"出一个"重要利益",或者不顾实际变化而坚持某个僵化的战略路线。虽然对声誉的作用的经验支持可能是模糊的,但政治领导人和决策者似乎确实关心它。

与声誉相关的是强制实践所累积的长远影响。它可能会影响双方的后续政策,进而影响权力关系的发展,构成某种规训效应。例如,即使强制行为没有为强制者带来"声誉",也可能让目标方相信,考虑到强制者的可能反应,最好避免某些行动。进而,随着时间的推移,这种观念可能会变得根深蒂固起来,以至于会形成某种习惯。强制方那些原本不可接受的做法可能依旧令目标方不满,却没有被实际谴责和反制,由之而来的不便、干扰、暴行也被容忍,习以为常。在这种情况下,我们或许可以说强制规训已经被内化了。

---

① Thomas Schelling, *Arms and Influences*, New Haven: Yale University Press, 1966, p.124.

三、威慑与威逼的有效性

从上面的讨论不难看出,战略强制并不容易,需要把握分寸。除了实力与利益的分布以及由之而来的成本收益考量,威慑和威逼策略所共同面对的核心挑战是如何确保目标接收到威胁信息,促使其按照要求相应地行动。但是,强制者所要表达的与目标所接收到的信息可能存在差距。为使强制有效,甲必须促使乙不要采取特定行动,而这必须符合乙方自身的理性算计。但是,不同的行为体对什么构成理性行为可能有不同的看法。即使双方拥有相同的理性框架,威慑仍然可能失败。这是因为乙还可能错过或误解甲发出的信号,或者即使正确理解了这些信号,乙也可能不相信甲会真正实施威胁。现实中,各种误解可能导致要么无法威慑到需要威慑的对象,要么过分激怒原本倾向于审慎的对象,从而加剧危机。

从信号传递的角度,有效威胁的构建取决于两个基本因素。第一,需要清晰的信号。各种军事信号难免含糊不清,因此往往还需用某些更直接的沟通方式来加以补充,以确保对手不受干扰地收到所发出的信息。同时,解读信息的挑战随着危机强度与心理压力的增加而增加,有时甚至解读某些直接具体的信号也会出现麻烦。第二,威胁信号必须是可信的。这在某种程度上取决于具体实施威胁的相关能力和成本。这里除了强制方所掌握的资源和投入,同样重要的是,它还与目标对象的反制能力相关。可信性问题是冷战时期核威慑的核心问题。正如后面将要讨论的,由于美苏双方都拥有核能力,报复进而螺旋升级至核大战的可能性永远不会被完全消除。在这种情况下,核威慑的基础是创造一种风险,而不是警告一种确定性。之所以这能奏效,是因为即使是核战争的小概率风险,后果也是不可接受的。不过,当利害关系没有那么大,而威胁也只是用一些模糊的措辞进行暗示时,强制信号就会显得无力,难以令人信服。值得一提的是,即使威胁信号是精心设计的,清晰明确,而且被对手完全理解,它们也可能只是对手决策算计的一部分,甚至不一定是最重要的部分。

进而,评估和验证战略强制的有效性也富有挑战性。就威慑而言就更是如此。威慑失败的后果是显而易见的,但人们确实很难判断被威慑方最后没有采取某个行动到底是它一开始就没打算这么做呢,又或者是因为一系列其他因素的影响,还是因为威慑确实发挥了效果。除了受惩罚的威胁之外,影响被威慑方行动的因素还可以是完成某一行为的概率、所需的资源、相应的机会成本、国内的反对意见、盟友及他者支持,以及对利益的不确定性等。关于这些,我们可能列一个长长的清单,而所受的威慑只是其中之一。不妨以恐怖主义为例加以说明。恐怖主义几乎是一种标准的威逼/胁迫策略。恐怖策略并不寻求控制目标，而是试图借之刺激目标的态度和行为改变。它涉及通过创造一种心理效应（恐怖）来创造政治效应，推动目标行动的改变。作为一种强制战略，恐怖主义活动可以是威慑性质的，也可以是威逼性质的。但是，上文讨论过的与威胁信号传递有关的各种挑战，在恐怖主义问题中往往会变得更加严重。恐怖分子自身的组织构成、行为特征以及社交媒体和网络形式的爆炸性增长，尤其增加了威胁传达和接收的问题。

对于威慑与威逼成功的条件，必须综合上述各方面的考虑。对此，学界不乏讨论，其中既有大量的重合也有一些微妙的差异。我们可以总结一个大概的分析框架，将影响强制结果的因素分为三大类，即环境性因素、策略性因素和认知性因素。

环境性因素是强制方和目标方不得不面对的情境或背景，主要包括以下四个基本方面。第一，双方的冲突利益大小。冲突利益的大小，常常关系到强制方使用武力的意愿和目标方服从所提要求的可能性。第二，双方的军事实力对比。军事实力的强弱与武力威胁是否可信、有力具有紧密联系，从而直接影响战略强制的结果。第三，双方的内部支持程度。在通常情况下，强制国政府威胁和使用武力的意愿与国内对这种行动的支持程度相关。第四，双方的国际支持程度。国际支持可分为军事支持、政治外交支持、经济支持、道义支持等。国际支持的强弱（从宽泛角度看也包括反对的程度）往往关系到双方的军事实力对比、己方行动的道义性乃至合法性，从而对强制外交的成败产生影响。相对来说，环境性因素在危机或冲突期间一般不会发生大变化。在强制外交过程中，双方可能会力争控制或改变这些因素，然而难度很大，原因在于双方改变或操纵这些因素的能力受到严重限制。

策略性因素一般考察的是强制方自己的决定和选择的结果，主要包括四点。第一，所提要求的难易程度和明确性。强制方所提要求的难易程度关系到目标方服从要求的难易程度。而强制方所提的要求明确，则常常增强了强制外交的有效性。第二，威胁的严重程度和明确性。一方面，随着不服从的代价（所威胁的惩罚程度）提高，服从的可能性就会增加；另一方面，存在一个威胁失去可信性的平衡点。对模糊地或明确地作出武力威胁这两种选择间往往需要进行权衡。第三，是否造成对方产生紧迫感。第四，是否给予对手适当的"胡萝卜"作为安抚和鼓励。强制方提供"胡萝卜"，可以是作出微小让步，采取一些简单的维护对方脸面的措施，也可以是作出实质性的让步，给予某种补偿，这样常常能够或多或少地削弱对方抵制要求的决心。

在环境性因素有利于强制方，且强制方也采取了较好策略的情形下，战略强制还可能由于双方（尤其是目标方）认知方面的原因而未能成功。在战略强制中，任何环境性因素和策略性因素都必须通过目标方的认知才能对其决策产生作用，取决于是否能够使目标方相信：若不服从就必将遭受强制方的惩罚，且不服从的代价必将远远超出任何收益。此外，强制方自身的认知也很重要。总之，双方尤其是目标国决策者未产生严重的错误认知，或者虽然产生过严重的错误认知但能及时得到纠正，也是强制外交取得成功的一个必要条件。

在上述影响强制外交结果的三大类因素中，没有任何单一因素构成了战略强制成功的充分条件。不过，相对而言，双方的军事实力对比、双方的冲突利益大小这两个环境性因素，以及双方的知觉和错误知觉这个认知性因素，对强制外交的结果具有直接和重要的影响，也为多数分析所重视。

所谓"不战而屈人之兵"，战略强制无疑是一个有吸引力的安全战略，但在实践中，其又是高风险的，难以运作，需要小心谋划。这里一个宇论性特征就在于，如果强制者越愿意付出升级和使用武力的代价，就越有可能在低成本的情况下获得成功。在这个讨价还价互动中，被强制对象总是保留了一定形式的选择权，必须在遵从和不遵从间进行权衡选择，同时也可能反过来采取自己的强制性措施来威胁强制者。谈判涉及什么可以被认为是可接受的妥协和让步，以及执行或抵制强制的成本。界定战略强制的成功在理论上是简单的，在实践中却相当复杂。

第二节 核 威 慑 [①]

"威慑"对二战后的大国安全战略的影响重大，可以说是国际战略实践和理论研究的核心之一。作为一个理论系统，它包含三个主要分系统：核威慑（或战略威慑）、延伸威慑以及常规威慑。其中核威慑又是长期讨论的重点。

扬言使用核武器进行报复，打消对方的行动念头，是核威慑。"核威慑"中的"核"是就威慑手段而言的。在威慑的谱系中，核威慑是一种惩罚性威慑。[②] 通常

[①] 本节相关内容改编自张曙光：《威慑理论：美国国际战略学的一个重要领域》，《美国研究》1990年第4期，第14—27页。所涉文献不再一一注明。特此说明。

[②] 在20世纪六七十年代，中国曾经大量发展人防设施，以减小核打击对我国造成的损害。这种人防措施可以让潜在的核打击发动者认识到，如果它们对中国实施核打击，不可能达到它们所期待的杀伤效果，从而迫使他们放弃核打击的想法。这是一种抵消性威慑，这种威慑所慑止的对象是核进攻。但是，它采取的手段是人防，是非核的，因此，不属核威慑。美国（以及北约）的大规模报复战略就是要对苏联及华沙条约组织的大规模常规武器进攻进行核报复。这是一种惩罚性威慑。慑止的对象是非核的，但手段是核武器，因此，这种威慑是一种核威慑。

讨论的核威慑不同于核强迫（或核讹诈）。差别在于，威慑是迫使对方不要做某事，而核讹诈在于迫使对方做某事。核讹诈是比核威慑更具进攻性的姿态。核威慑在一些情况下是有效的，但似乎缺乏证据表明核强迫是一种有效的外交和军事实践。核威慑是否有效以及在什么情况下有效，这是人们极为关注的问题，也是相关研究的核心。

为了实施核战略思想，一个国家需要确定发展适当数量和品种的核武器（核武器发展战略），选择核武器的适当运行形式（核武器运行战略），以及选择适当的打击对象（核武器瞄准战略）。将核武器瞄准军事设施的战略被称作"打击力量战略"（counter-force），将核武器瞄准人口和工业中心的战略被称作"打击价值战略"（counter-value）。核武器的使用和常规武器的使用有许多微妙的差别。比如就常规武器而言，将武器瞄准民用目标相比于瞄准军事目标是更不道德的行为。但是，就核武器而言，却未必如此。很多情形下，将核武器瞄准核目标是比瞄准民用目标更具挑衅性的行为。

一、核威慑理论的提出

威慑作为一种战略选择及理论的研究在20世纪50年代早期至60年代早期迅速兴起，离不开冷战的独特历史情境。实际上，学术界对威慑理论的研究就是从核威慑起步的。伯纳德·布罗迪（Bernard Brodie）被公认为核威慑理论的重要奠基人。他强调，核武器的出现大大改变了现代战争的形式与规模。当两个都拥有核武器的国家对抗时，传统的不管是依赖于战术突然性的"闪电战"，还是依赖于人力装备优势的"消耗战"设想已失去原本的意义，因为一旦战争爆发，就必须考虑两败俱伤甚至同归于尽的结局。理性的战略不允许为暂时的军事胜利招致最终毁灭。在这种条件下的对抗中，战略设想中心已不再是"如何战胜对方"，而是"如何威慑对方不发动战争"。同时，谋求或维持这一战略威慑效应的主要手段，是双方都具有在战争爆发后的"一往一来"中能够"确保摧毁"对方的核杀伤力。这里重要的不仅是第一次核打击，还有承受对方第一次核打击后"给予还击的能力"（retaliatory strike capability）。而这一打击力还必须是造成一个"摧毁性的还击"（diminishing return），即还击给对方造成的损失将是"对方所无法接受的"（unacceptable damage）。更重要的是，双方都必须具备这样一种还击力。"相互确保摧毁"（mutual assured destruction）成为绝大多数核威慑讨论的前提。

布罗迪的讨论也为后来的威慑学者们留下了一个大难题：如何使"核威慑"对对方产生令其置信的心理效应，即所谓的威慑可信性问题（issue of credibility)。这里有一个关键性症结:甲对乙的威慑依赖于对乙进行核打击,但是甲威胁所做的行为对甲本身却也是一种疯狂(madness)。在"双方确保摧毁"的条件下,任何一方的核打击都将导致其自身被摧毁,所以,任何一方绝不可能真正实施核打击(及反击),除非决策者"疯了"。在这种核威慑下,假如乙方相信甲方说到做到,那么,乙方一定也相信甲方"疯了",假如乙方认为甲方不可能说到做到,那么,乙方也一定认为甲方的威胁不是"威慑"而是恐吓(bluffing)。因此,问题的中心是如何使乙方相信甲方的核威慑既不是由于"疯了"也不是仅仅"吓唬"人。

围绕这一中心问题,学者们进行了大量的讨论。首先,核威慑可信性讨论的一个主要方面是找出潜在地导致核威慑失信或失效的战略薄弱环节(issue of vulnerability)。一些学者强调第一次核打击力量更易于导致威慑失灵,实施第一次核打击的战略价值(strategic value)要大于等待并准备第二次打击。① 主要理由是,影响战略对抗中的双方决策的主要因素是所谓到底愿冒多大风险,而常理的推断是,先发制人或先声夺人能极大地降低"冒险"度。这样一种算计,将鼓励或驱动一方铤而走险。进而,威慑平衡的脆弱性是由于第一次核打击的优势所造成的,要使威慑成功可信,必须降低对方第一次打击的驱动力和吸引力。但是,也有相当一部分学者认为第二次打击就威慑而言更具有意义:在核对抗中,特别是在"双方确保摧毁"的情形下,影响威慑的可信性的主要因素,并不是具备多大的第一次打击力量,而是承受第一次核打击之后掌控战局的第二次打击,战略薄弱环节决定于谁的反击力量(counterforce)更大,谁拥有反击优势,谁对核威慑的挑战更具可能。

当先发制人(第一次打击)与后发制人(或者称为"报复打击",有时也称作"第二次打击")造成的后果没有差别的时候,除了极端赌徒型的决策者之外,决策者往往都会选择等待,因此,核威慑往往是有效的。实际情况中,先发制人与后发制人造成的后果不可能没有差别。因此,核威慑有效性来自于先发制人与后发制人造成的后果的差别大小。如果先发制人与后发制人造成的后果差别很大,先发制人的意愿就很强烈,核威慑的有效性就差;如果先发制人与后发制人造成的后果差别很小,先发制人的意愿就很低,核威慑的有效性就大。因此,先发制人与后发制人所造成的后果之间的差别就体现了核威慑的有效性。如果核武器仅仅用于慑止对手的核进攻,我们可以用先发制人与后发制人所造成的后果之间的差别来表示两国关系出现危机时的稳定性。这被称为"危机稳定性"

---

① 由于先发制人打击过程中可能摧毁对方的一部分核武器,因此,先发制人与后发制人的主要差别在于,所使用核武器的数量不一样,或者说核打击的规模不一样。

(crisis stability)。如果先发制人与后发制人所造成的后果之间的差别小,则危机稳定性高,双方首先发动核打击的意愿低;如果先发制人与后发制人所造成的后果之间的差别大,则危机稳定性低,双方首先发动核打击的意愿大。①

二、核威慑理论的发展

20世纪60年代初期,谢林推出了其有关威慑的经典论著《武力及其影响》(*Arms and Influences*)与《冲突的战略》。他首先提出,造成威慑无益的薄弱环节,或刺激一方实施挑战的,不是决策者的"冒险性"(risk-taking),也不是"反击力",而是对抗中或危机中双方利益冲突的程度以及对利益关切度的对比,他认为,危机的过程也就是双方讨价还价的过程。任何一方导致其趋于冲突的"利益"越大,对威慑平衡进行冲击的可能性就越大,为了尽最大可能缩小双方利益的差异或冲突程度,必须尽最大努力寻求冲突双方的共同利益(common interest);而"确保相互摧毁"状态本身避免同归于尽成为双方共同利益的关键来源。谢林同时认为,使得双方确保摧毁的核威慑得以有效的关键,不是如何使用核武器,而是使对方相信你将如何使用核武器来造成对方无法接受的损失。

后一个思路引出了威慑研究关于核威慑讨论的又一个重要方面,即所谓"核打击目标问题"(issue of targeting)的探讨。其中心议题是,按照或选择什么样的打击目标作核战略部署,更能使对手相信核威慑的存在。相关争论由艾森豪威尔时代的"大规模核报复"(massive retaliation)战略引发。后者宣称美国将予以苏联对西方的任何军事攻击以大规模的核打击。那么,这样的战略威慑有效吗?批评意见指出,对报复打击目标不加区别,给威慑的一方自身只留下两种选择:一是无所作为,二是同归于尽。因此,这种战略不仅不能使对方信服威慑的有效(因为除了"疯"了之外,没有决策者会为了保护局部利益去换取全体灭亡的结果),反而使威慑者本身受到"自我威慑"(self-deterrence),不敢轻举妄动。如何解决这一问题呢? 一些分析人士指出,核报复应基于针对对方具有战略价值的目标(如重要的中心城市)进行有限核反击,由此提出了打击价值战略,即对战略价值目标反击破坏设想。但是,对于哪些目标属于这样的价值目标(既要造成对方不可接受的损害,又要使双方均相信对这些目标的打击是可能的),同样不乏争论。对城市特别是对具有战略价值的城市进行核打击,仍然意味着成千上万的人口将被毁灭,相应的反击使得其不可想象。或许,非城市目标或对战略力量目标的反击破坏更能使核威慑可信有效。

---

① 李彬:《军备控制理论与分析》,国防工业出版社2006年版,第77—82页。

随着核武器总数的增大,核打击所能摧毁的财富总量在增加,但增加越来越慢(或者说核武器的边际效率下降)。在核打击的效果达到某个程度之后,继续增大核打击的规模,核打击的效果难以继续增加。这个程度的打击效果就被称作"不可忍受的损失"(intolerable damage),或"无法接受的损失"(unacceptable damage),实质是难以增大的损失。如果一个国家能够在报复打击中给对手带来不可接受的损失,那么就称这个国家达到确保摧毁(assured destruction)的要求。如果先发制人打击所造成的损失与报复打击所造成的损失相比没有明显差别,就达到了最低核威慑战略的基本要求。罗伯特·麦克纳马拉(Robert McNamara)确立了具有长期影响的"确保摧毁"核威慑战略,成为美国战略威慑思想的基础,以及相关辩论的中心问题。如果两个国家核武器数量满足最低威慑的标准,就称它们达到"相互确保摧毁"的状态。在这样一种状态下,即使两个国家的关系因为冲突而陷入危机,它们也不大愿意向对手发动先发制人的核打击,也不大担心对手会发动这种核打击。

此外,麦克纳马拉还提出"避开城市"和"打击军事力量"的主张,推动肯尼迪政府的"灵活反应"军事战略中的核战略。他提出,在核战争中,主要的军事目的应当是摧毁敌人的军事力量而不是消灭其平民,为控制核战争提供了一种方案。① 不过,依然有几个显而易见的不稳定因素:假如旨在打击军事实力目标的攻击精确度一旦有误而打击了对方城市怎么办?假如对方并不想按照也限定在只打击军事实力目标的原则行事怎么办?假如双方在第一个回合均能只打击军事目标,而吃亏或失败的一方用剩下的核武器再进行大规模报复又怎么办?对于这些问题,迄今仍没有令人信服的答案。

这一时期争论的另一个话题是如何用核武器慑止对手小规模的、渐进的进攻行为。当时美国战略界提出了两种不同的应对方案。第一种方案即前面提到的大规模报复战略,将对手小规模的渐进性的进攻行为与大规模的毁灭性的进攻行为等同起来。一旦对手发动小规模渐进进攻,毫不犹豫地将其视作大规模毁灭性进攻的一个步骤,立即进行全面的大规模核报复。第二个方案是肯尼迪政府提出的灵活反应战略,发展不同种类的核武器,制订不同规模的报复方案。根据对手进攻行为的严重程度决定核报复的规模。全面报复战略和灵活反应战略在如何对待小规模的进攻行为方面是对立的。灵活反应派认为,因为对手发

---

① [美]威廉·M. 考夫曼:《麦克纳马拉战略》,中国人民解放军总参谋部出版局1965年版,第179页。麦克纳马拉的另一个成果,是在任期内把美国的洲际弹道导弹和潜射弹道导弹的总数分别确定为1 054枚和856枚。自从有了核武器,人们一直在考虑"核武器究竟有多少才算足够"的问题,而麦克纳马拉提出了一个尺度,这个尺度就是"确保摧毁"的标准。直到今天,美俄两国还一直在讨价还价以使核力量保持在这个水平上。[英]劳伦斯·弗里德曼:《核战略的演变》,黄钟青译,中国社会科学出版社1990年版,第266页。

动小规模进攻而用大量的核武器进行报复,对手可能根本不相信这一点,因此,大规模核报复无法慑止对手的小规模进攻行为。全面报复派则认为,在核国家发动小规模进攻之后,如果本国对其进行有限的核报复,对手一定会发动全面核报复,其结果跟全面报复战略一样。因此,灵活反应并没有任何意义。这两种对立的观点都很难完全说服对方,在西方,人们至今也没有共识。

与此同时,随着美苏地区性冲突与危机的不断增加,核威慑的理论研究扩大到对"延伸威慑"的研究,即拥有核武器的一方,依赖于其核威慑力,给予其友邻或盟国以核保护。这一威慑的中心问题仍旧是:当对抗中的核力量一方直接或间接参与及准备对另一核力量所保护的友邻或盟国发动攻击时,怎样才能使其相信,这种攻击的结果将会是提供延伸威慑的一方对其本土的核报复。对于这个问题,延伸威慑论者有三种答案。第一,有限常规战争论。即指当苏联以常规战争方式攻击或支持攻击美国的利益范围时,美国将准备以同样方式、同等规模、在同一地区予以反击。这种观点最早由保罗·尼采(Paul Nitze)在其主持制定的"NSC-68"号战略计划中作为一种设想提出。第二,战争边缘论。由杜勒斯先提出,谢林则对之做了学理论证。他认为,推向战争边缘只是手段,而更重要的是双方对潜在危险的控制,进而以之来巩固延伸威慑。当双方因局部利益冲突而处于危机状态时,受到挑战的一方,不仅需要摆出会造成对方不可接受的损失的实战姿态(即推向战争边缘),更需要通过外交谈判及对不断发展的危机状态进行控制,让对方也意识到共同利益(即避免过大损失)的存在。第三,有限核选择论。当局部利益受到对手挑战时,仅以常规力量反击是不够的,必须摆出并准备对对手的战略军事目标(包括其本土的及利益范围圈内的)实施有限地核报复,非此不足以使延伸威慑有意义。

总之,与美苏冷战以及美国大战略的辩论相联系,威慑理论主要围绕着核武器为威慑手段与内容进行。核威慑的威慑可信性问题一直是研究讨论的中心。就研究方法而言,这一阶段,就核威慑理论的基本范围、主要对象、基本议题诸方面,初步形成了威慑理论体系的基本格局。

三、对核威慑理论的批评及辩论的发展

核威慑研究进入20世纪60年代中期后便陷入低潮了。苏美对抗关系的变化,特别是美国对越南战争的介入及其后果,直接影响学术界战略研究的声誉。这一时期,令人瞩目地出现了对核威慑理论的一系列批评,并在80年代推动了新一轮辩论。

首先,核威慑的理性逻辑(logic of rationality)过分抽象,根本不考虑国际政

治的现实状况。例如,罗伯特·杰维斯(Robert Jervis)运用"安全困境"概念,提出国际环境与威慑的成立与否有紧密联系。其中,对抗中双方的敌对意图(hostile intention)是由于国际环境而产生发展的,也受到其影响。具体地说,对抗双方的不信任是占主导地位的。对这种威胁的夸大理解将导致对方作出过分的反应,这一反应同时也会引起另一方更进一步的反应,结果是,任何一小事件的发生均可导致核威慑的崩溃与核毁灭的结局。①

其次,核威慑理论忽略了或有意不考虑影响决策的国内政治因素,特别是文化和组织因素。不同的社会政治体制对风险有不同的承受力。在不同制度下,社会舆论、政治势力对其政府对外政策,特别是军事战略的影响力往往也不同。作为影响双方"决心平衡"(balance of resolve)的重要因素——国内政治的支持与反对,应该成为威慑理论研究必须注意的问题。② 此外,理查德·勒博(Richard Lebow)通过对不少危机实例进行分析,指出决策中的理性将由于组织机制的关系而不易达到。组织机构的结构繁杂、相互牵制、政治势力之间的勾心斗角及信息处理的误差等,直接影响最高决策者对局势的正确认识,以及作决策的信心与决心。由此而造成的"错觉"(misperception)和"误算"(miscalculation)往往是导致威慑失败的关键。③

再次,核威慑理论不考虑对外来威胁(external threat)或对方意图(intention)可能出现的"错误知觉"(misconception)。杰维斯批评威慑理论对威胁认识(perception of threat)过分想当然。他发现,特别是在冲突、危机的紧要关头,影响决策者对形势的认识与判断的,很大程度上是决策者本身的心理因素。在各种心理因素的影响下,决策者不可能对"外来威胁"或他国意图作出正确的认识与理解。而基于这一错误认识而作出的有关威慑战略的判断与决策也会有误,从而极大地影响威慑的正确实施与可靠效应。④

最后,核威慑理论的基本框架体现了以西方,特别是以美国文化为背景的战略观点的族群中心倾向(ethnocentrism)。杰维斯曾尖锐地指出,尽管威慑理论学者们在讨论核理论时,都声称在讨论抽象中性的A国或B国,但基本上基于西方或美国文化背景的战略文化,完全不考虑不同国家的不同文化背景、历史经历及社会价值观念使决策者对威慑有不同的认识与分析。应加深层次、扩大范围,

---

① Robert Jervis, "Cooperation Under Security Dilemma", *World Politics*, Vol.30, No.2, 1978, pp.167—214.
② 著名冷战史学家加迪斯(John Lewis Gaddis)指出,关于核威慑的决策绝不只是少数决策者可以左右的,政治与舆论(起码对西方国家)的影响不容忽视。参见[美]约翰·刘易斯·加迪斯:《长和平——冷战史考察》,潘亚玲译,上海人民出版社2019年版。
③ 参见[英]理查德·内德·勒博:《避免战争,缔造和平》,肖宏宇译,北京大学出版社2021年版。
④ 参见[美]罗伯特·杰维斯:《国际政治中的知觉与错误知觉》,秦亚青译,世界知识出版社2003年版。

认真考虑文化差异。

众多的威慑理论批评者指出非理性的因素对威慑的成败有影响，以便告诫决策者重视非理性因素对威慑的消极影响。这些批评意见直到今天也有重大的现实意义。

此外还有一系列值得注意的辩论。第一，核优势到底能不能使威慑更有效？杰维斯和理查德·贝兹（Richard Betts）的答案是否定的。他们认为核军备的均势（balance of nuclear force）已不影响核威慑的效应，而真正起作用的是核大国间的利益关系对比，即在核战生存问题上，维护这一根本利益的"决心平衡"（balance of resolve）。杰维斯特别指出，威慑的成败不受装备的优劣与多寡的影响；常常被错误判断的是决策者对实施核威慑的决心大小，而这一主观因素的微妙平衡才是决定威慑效应的关键。贝兹则更加明确地指出：在确保相互摧毁的条件下，核优势已丧失意义，而起作用的则是双方利益或意愿的均衡。即在危机中，哪方牵涉的战略利益越大，就会更坚定地实施核威胁。① 当然，另外一些学者却不这样认为，他们强调有限核打击原则及为其准备的核装备是巩固、强化威慑的必要条件。科林·格雷（Collin S. Gray）就坚持认为，要改变决策者们不会相信有限核战争能够打赢的状况，关键在于要准备打，而且一定要准备打赢，这才会使威慑起作用。②

第二，关于进攻与防卫（offense and defense）平衡对核威慑影响的讨论。占主导地位的意见仍认为战略防御的加强对核威慑有害无益。主要理由是：其一，任何一方防卫能力的提高，必定使对方变得易于受攻击（vulnerable），促使对方也会因此铤而走险，以求先机；其二，由于现代核技术的发展，很难对哪些属于防卫武器或技术，哪些是用作进攻的武器作出明确的分辨，容易造成军备竞赛；其三，加强防卫战略的选择，并不影响对方决策者受进攻战略有利的诱惑，在延伸威慑问题上既不现实也不可取；其四，加强战略防卫的最大意义，其实是胁迫而非威慑对方。例如里根的"星球大战计划"就为美苏在军备控制的长期扯皮中增加了一个有力的讨价还价筹码，其作用在于迫使苏联要么勒紧裤带搞核军备竞赛升级，要么就对美国的有利于其本身的核军备控制要求作出让步。此外还出现了一些就相关的内部组织机制对威慑成立影响的探讨，例如对核军事的指挥、控制与联络等的深入研究。

---

① Robert Jervis, "Why Nuclear Superiority Doesn't Matter", *Political Science Quarterly*, Vol. 94, No. 4, 1979-1980, pp.617-633; Richard K. Betts, *Neclear Blackmail and Nuclear Balance*, Washington D.C: The Brooking Institution, 1987.
② Collin S. Gray, "Nuclear Strategy: The Case for a Theory of Victory", *International Security*, Vol. 4, No.1, 1979, pp.54-87.

值得一提的是,20世纪80年代以来威慑理论的另一个重要发展,即常规威慑理论(conventional deterrence)的出现。在核恐怖、核威慑的平衡条件下,谁也不敢轻易打核战争,常规冲突仍是最现实的危险。因而如何加强常规威慑仍具有意义。米尔斯海默的《常规威慑论》(*Conventional Deterrence*)一书则对这一议题进行了系统探讨,着重从军事战略角度提出了常规威慑的基本理论框架。① 他发现,在两国以常规力量对抗时,至少有三种因素导致一方冲击威慑:武装力量数量上的优势,即有以多胜少的条件;武器装备的先进、精良,即军事技术装备质量优于对方;军事战略的正确选择与运用。通过对20世纪以来几次典型常规冲突的比较分析,他认为军事战略选择这一变量是导致常规威慑成败的关键。在他看来,常规军事战略通常有三种选择:消耗战略(war of attrition strategy)、有限目标战略(limited aim strategy)和"闪电战"战略(blitzkrieg strategy)。三者比较,米尔斯海默认为,现代军事科学的发展,特别是坦克作为常规力量的主要攻击手段,使得"闪电战"战略是影响常规威慑状态的最不稳定因素。当双方常规力量相对抗,如果条件允许一方采取"闪电战"战略,常规威慑最易崩溃;而克制对方运用"闪电战"的主要方法仍然是:加强纵深防守特别是防守力量对突然袭击的承受力。米尔斯海默的研究引起了战略学界的重视,而这与当时对苏美在欧洲的常规对峙形势的讨论(包括对苏联常规力量特别是装甲力量的恐惧)密切相关。

与之相关联的问题是核威慑如何用于慑止常规进攻(即"以核慑常")。理论上,用核报复来慑止常规进攻是有效的。在实际情况中,一些因素会使之失效。两个对峙的国家,由于存在着很多摩擦,一些小规模冲突会逐渐升级,这种升级过程有很多随机的难以空制的因素。例如,印度和巴基斯坦之间一直因为克什米尔问题有所摩擦,小规模军事冲突持续不断。这种冲突并没有因为印度和巴基斯坦发展了核武器而停止。其次,存在着一些抑制性因素,使得在面临小规模常规进攻的情况下,核武器的报复使用是不可信的,这些抑制性因素分两类。第一类是道德压力以及核武器的自我遏制作用。来自国内以及国际上的道德压力是决策者使用核武器的一个障碍。当面临小规模的常规进攻的时候,即使甲方具有强大的核武器能力,其决策者可能缺乏使用核武器进行报复的决心,也未必能够慑止其他国家(乙方)小规模的常规进攻。第二类抑制性因素来自对手强大的报复能力。如果乙方也拥有强大的核武器能力或者其他类型的强大的报复能力,那么,若甲方的核报复引起乙方进一步的报复,结果是双方都蒙受巨大损失,甚至同归于尽。因此,对于乙方的小规模常规进攻,甲方是否有决心发动核报复

---

① 参见[美]约翰·米尔斯海默:《常规威慑论》,阙天舒译,上海人民出版社2021年版。

呢？这是存有疑问的。

总之，核威慑研究经历了一个从勃兴到沉寂的过程，由原来单一的、只求线性关系且浅层次的探讨，转向多元、多层次的综合考察。研究视野也从单纯的理性模拟扩展到内部组织机制、政治与舆论影响、决策者心理因素等。从传统的核威慑到常规威慑领域，研究领域也拓宽了。

四、中国的核思维与核战略①

中国在核力量的发展、部署与使用方面采取了显著有别于其他核大国的政策，其内在逻辑也迥异于其他有核国家。自获得核能力以来，中国面临的外部安全环境历经诸多至关重要的变化，中国自身的经济能力与科技能力也取得了长足进步，但中国核政策保持了稳定性和延续性。

这与中国的核思维密切相关。对中国而言，核武器是政治工具，而非军事武器。它既不能用于在战场上赢得战争，也不能用于在和平时期赢得军备竞赛。中国开发核武器的唯一目的是防止其他国家对中国使用核武器。一方面，中国相信核武器是"纸老虎"，由于核禁忌等的存在，核武器的真实使用可能性较小，核武器只能用于防御目的。另一方面，中国同样认识到，如果其他国家有核武器而中国没有，那么原子弹又是"真老虎、铁老虎、吃人的老虎"，中国仍会被威胁和讹诈。对中国而言，核武器不可轻易使用，但也需要拥有核武器来打破核垄断，防止核讹诈。即使如此，中国也没有发展超过最低核报复打击需求的能力，在核力量发展和部署政策上并没有重复冷战期间美苏两国的核发展道路，建立庞大的核武库、部署多样化的核武器系统或是发展战场作战、核战制胜能力。同时，中国也作出了很大努力确保核报复打击能力可信、有效，必要时能够"顶用"。小型、机动、突防、安全、可靠是中国核武器发展的主要原则，强调确保其核反击力量具备安全性、生存性和可靠性。中国相信，保有一支能防止核大国对中国使用核武器的核反击力量就足够了。

李彬等学者总结了中国的核威慑思维，将之界定为反核威压战略。反核威压战略思想所认定的主要核威胁是核威压而不是核进攻，将反核讹诈视为核武器的主要作用，强调确保中国遭受核攻击时有"起码的还击手段"。② 中国一直保持着一个规模较小的核武库，并在和平时期保持适度戒备状态。中国的核威慑是通过不确定的核报复实现的。

---

① 本小节相关论述参考樊吉社：《中国核政策的基本逻辑与前景》，《外交评论（外交学院学报）》2018年第5期，第1—20页。
② 李彬：《中国核战略辨析》，《世界经济与政治》2006年第9期，第16—22页。

中国基于这一思想发展了带有自身特色的核政策。考虑到核武器不宜用于战场作战的特殊性,中国选择了遵循不首先使用核武器的原则,不向无核武器国家和无核武器地区使用核武器,同时呼吁全面彻底销毁核武器。中国核战略最显著的一个特点是承诺不首先使用核武器。这是因为,由于核禁忌的存在,核武器国家无法在常规冲突中首先使用核武器。实际上,过去几十年的国际安全实践表明,核武器国家即使在常规冲突中受挫,它们也不敢使用核武器来挽救战局。中国承诺不首先使用核武器,是因为在常规冲突中原本就无法首先使用核武器。完整的不首先使用核武器政策还包括不对无核国家使用核武器、不向无核国家威胁使用核武器。中国为什么特别强调不对无核国家威胁使用核武器呢?这是因为,在现有环境下,常规冲突中无法使用核武器。核武器国家威胁首先使用核武器往往是不可信的,但却可能刺激无核国家发展核武器。因此,中国避免作出这种有害无益的举动。中国关于不首先使用核武器的承诺仅仅是排除掉了核武器原本就不可能发挥的作用,避免了因为误会而导致的核升级,也避免了刺激无核国家发展核武器,因此符合中国的安全利益。①

第三节 国际制裁②

国际制裁是制裁方通过全面或部分中止与制裁对象的物质及非物质往来以实现特定政治目的的一种对外政策工具,在本节主要指经济制裁。③ 制裁是强制战略的一种,介于外交手段与暴力强制之间,兼具前者之低破坏性及后者之威慑力,在国际政治中被经常地使用。国际制裁的历史悠久,随着直接使用军事手段解决国际问题越来越受限,国际制裁在当代国际政治中的重要性愈益增加。国际制裁是一个有效的对外政策工具吗?它在何时,又是如何发挥作用的?如果效果有限的话,制裁为何仍被频繁使用?这些既是政治家和公众关心的问题,也一直吸引着学者的兴趣。国际安全研究学界围绕着国际制裁

---

① 李彬:《中国核战略辨析》,《世界经济与政治》2006 年第 9 期,第 16—22 页。
② 本节编写中参考了刘建伟:《国际制裁研究:路径、议题及不足》,《世界经济与政治论坛》2011 年第 5 期,第 1—14 页;阮建平:《关于国际经济制裁的理论述评》,《世界经济与政治》2004 年第 9 期,第 32—37 页。
③ 国际经济制裁属于经济强制的范畴。在国际关系中的运用又细分为贸易战、经济制裁和经济战。这三者的共同特征都是要通过给对方造成一定的经济痛苦来达到目标。出于经济目标的贸易战,以及其他为获得国内政治支持,向第三方显示决心,或仅仅是为了进行惩罚等目的而采取的经济强制有时也被纳入讨论。

的有效性、目标、时长和后果等议题展开了大量的争论,探讨的焦点也逐渐从回答"是否有效"转向"效果如何"以及"效果如何产生""为何未取得预期效果"等问题。

一、制裁有效性

国际制裁有效吗?这既是决策者和大众最关心的问题,也在国际制裁研究中占据首要位置。对于这一问题,大致有悲观和乐观两大派意见。悲观派认为单凭制裁难以实现其改变目标国外交及国内政策的核心目标。这种观点从一开始就占据了国际制裁研究的中心,也被称为"传统制裁理论"。与之不同的是(相对)乐观主义者。他们承认制裁有不小的局限性,常常无法达到预期,但强调其还是有效果的。在他们看来,传统制裁理论对制裁成功的标准界定过于狭窄。评估制裁有效性应该以制裁目的为标准,而制裁目的又分为工具性和表达性两种,同时有些制裁目的是公开宣示的,有些则是秘而不宣的。由于仅仅拘囿于公开的、工具性制裁目的,就不免低估了制裁的有效性。

有学者试图从研究设计的角度解决这一辩论。丹尼尔·德瑞兹纳(Daniel W. Drezner)指出制裁有效性被低估的一大原因是此前研究大都存在选择偏误(selection bias),即只重视那些已被实施了的(imposed)制裁而忽视了虽威胁但未实施(threatened)的制裁。被威胁制裁但未被实施有可能恰恰是其功效的表现。[1] 因为制裁威胁本身往往就能影响对象的行为,而无须付出实际的"执行成本"。通过影响预期,许多制裁目的在威胁阶段就已经实现,因此制裁无须付诸真正实施;只有制裁威胁未能成功后,制裁才进入真正的实施阶段。如此看,大多数可能的妥协或许在威胁阶段就已经达成了,而制裁的真正实施则意味着获得让步本身有极大困难,因而难免失败。如此,制裁的有效性就被大大低估了。要全面、客观地理解制裁的工具价值就不能忽略潜在制裁威胁的影响。[2] 有意思的是,乐观派自身的不少研究同样因变量控制等研究设计问题而受到批评。因为制裁往往与其他强制施压手段并行,在兼有制裁与武力手段的案例中,乐观派无法证明制裁目标的实现主要得益于制裁本身,还是由与其相伴的武力等其他威胁使然。

---

[1] Daniel W. Drezner, "The Hidden Hand of Economic Coercion", *International Organization*, Vol. 57, No. 3, 2003, pp. 643-659.
[2] 值得注意的是,发出制裁威胁也为被制裁国提供了一个准备期,被制裁国可能利用这一缓冲期囤积物资、抽回金融资产、寻找替代市场和庇护国等,从而使制裁国"无可制裁",即所谓"打草惊蛇",导致其后的制裁难以奏效。

二、制裁为何难以奏效?

如果制裁行动本身很难取得工具性效果,其原因就成为学界关注的问题。对此,既有文献提供了多种解释。

第一,制裁强度不足以迫使被制裁国改变行为。制裁有效性首先与惩罚力度有关。制裁方只有对目标国施加足够的伤害才能够施加和刺激内外压力,改变后者的政策和行为。制裁结果与制裁双方的实力对比、敌友关系以及目标国能否获得第三国的援助等密切相关。制裁失败的原因在于制裁强度不够,而这背后往往由制裁合作欠缺、可支配资源少、监督能力不足等造成。这一路径长期占据制裁研究的主流地位。

相互依存的不对称性,特别是不同的脆弱性程度使国际制裁成为一种可能的政策工具。这也解释了为什么制裁多是大国对小国的强制手段而非相反。但是,制裁也未必能实现其预期目标,原因之一就在于无政府国际体系使得制裁规避成为可能,目标国不难找到其他替代选择,从而使国际制裁的效用大打折扣。这也引起了学者对多边制裁合作的兴趣。一般认为,多边经济制裁比单边经济制裁具有更大的影响。但是,经济制裁所造成的经济短缺为作为替代供应者的某些第三方提供了获利机会。这对介入制裁的国家具有相当的诱惑。参与经济制裁的国家越多,制裁所寻致的经济扭曲就越大,潜在的利润空间就越大,背弃合作的动机也就越强烈。

第二,制裁损失的承受主体错位。制裁行动的一个基本假设是其引起的相关痛苦将激起被制裁国民众对其政府行为的不满和反对,进而形成压力,促使改变。但是,掌权者及其支持者一方面可以通过各种方式转移代价使自己免受影响,甚至还能借机渔利,另一方面可以用各种方式借机有效地打压反对派。值得一提的是,对目标国而言,外部制裁在一些情况下首先引起的可能不是对政府的不满以及内部的分裂,而是国内民族主义情绪的反弹与内部的团结。掌权者甚至能够通过舆论操纵等把制裁转变为自己的工具。约翰·加尔通(Johan Galtung)在研究对罗德西亚(今纳米比亚)的制裁时发现,经济制裁在白人中产生了一种集体精神,使他们对政府产生了更加强烈的认同,"经济制裁创造了一种能够容许更多牺牲的社会条件,从而使政治瓦解的极限需要更晚才达到"。[①] 同时,制裁客观上为某些能够提供稀缺资源的特权集团提供了寻租获利

[①] Johan Galtung, "On the Effects of International Sanction: With Examples from the Case of Rhodesia", *Worlds Politics*, Vol. 19, No. 3, 1967, p. 389.

的机会,他们甚至希望制裁局面能够维持。所以,高制裁强度不足以迫使被制裁国妥协,制裁目标的实现还需要准确"对准"决策者。

由于目标国内的权势集团可以采取许多手段来规避或缓解,于是制裁的实际后果主要由其他人承担。制裁不但难以达到其政策目标,反而容易引起人道主义问题。只有对目标国内的权势集团造成重大的打击,经济制裁才有可能实现其政治目标。这就有了后来所谓的"聪明制裁"(smart sanctions)或"针对性制裁"(targeted sanctions),即专门针对目标国领导集团的经济制裁。聪明制裁与传统制裁有两个方面的不同:第一,它试图将惩罚目标精确地瞄向那些实施或支持"不良"政策或行为的统治者及其支持集团;第二,它往往对食物和医疗器械等特殊物品实施豁免,以防止儿童、妇女和老人等易受伤害的社会成员受到连带伤害。但是,在"何为最优制裁对象"问题上仍有很大争议。制裁特别是由联合国等执行的制裁必须兼顾其有效性和伦理性。相对于传统制裁而言,聪明制裁在伦理性上似乎更胜一筹,但其有效性是否因而受到影响?这种担忧一直困扰着其支持者与实践者。制裁要更好发挥效果恰恰要针对聪明制裁所要保护的"无辜旁观者",因为他们对改变目标国的政策具有最大的边际影响。只有引发他们的不满和反应,制裁效果才能带来最明显的改变。总之,对制裁对象选择的分析离不开对一国政治体制与政治力量格局的探讨。

第三,围绕国际制裁的讨价还价互动面对着严重的信息和承诺问题:很多时候被制裁方对制裁方的决心、能力和意图产生误判,不少时候制裁方中止和解除制裁的承诺不具可信性。对制裁(或抵抗)决心、能力和意图的信息只有在制裁实施之后才能更准确地获悉。目标国(决策者)可能一开始低估了制裁可能带来的损失,或错误地认为不论让步与否制裁都会继续;只有在制裁实施之后,这种低估和错误认识才得以纠正。经济制裁的信号功能受发起方政策清晰度和可信度的影响。国内各集团之间以及盟友之间的争吵,可能导致信息的混乱,甚至发出错误信息。由于制裁的信号功能可能被投机者用来虚张声势。因此,付出一定代价有助于增强经济制裁所发出的信息的可信度。国际组织则被认为是协调多边制裁行动的关键。

制裁所涉及的承诺还包括解除制裁的承诺。如果被制裁方从诸多制裁信号中认识到制裁方"贪得无厌",那么被制裁方即便承受再大的损失也不会作出妥协。德瑞兹纳将制裁僵局的机会成本和双方对未来冲突的预期纳入制裁行为研究,指出双方不仅考虑制裁在短期内引起的利益得失,更会考虑它的再分配功能,即制裁对未来双方冲突谈判地位的影响。[①] 经济制裁的短期机会成本固然重

[①] Daniel W. Drezner, "Conflict Expectations and the Paradox of Economic Coercion", *International Studies Quarterly*, Vol. 42, No. 4, 1998, pp. 709-731.

要,但同样重要的是双方对未来冲突的预期。基于对未来冲突预期的不同判断,友好国家间相比敌对国家更容易在制裁性互动中作出妥协,或者说友好国家间的制裁更容易获得成功。此外,面对制裁而妥协还会损害国家的声誉,从而纵容对方在未来冲突中更加频繁地采取强硬措施。随着冲突预期的上升,各方越来越不愿作出可能影响其物质和声望的妥协。因此,虽然对未来冲突的强烈预期可能使制裁方更倾向于采取强制战略,但同时也减少了获得对手让步的机会。

依据上述观点(大多来自西方学者),制裁要发挥效力必须满足足够的制裁强度、准确的承受主体和明确的制裁信息与可信的承诺三大条件。必须注意的是,现实中,西方大国推动的制裁带来了一系列负面效应,造成了一系列灾难性后果。冷战结束以来,特别是随着对伊拉克、海地等国的制裁负面问题不断曝光,制裁的负面后果逐渐成为热点。制裁无疑服务于一些国家的私利。同时,制裁的实施会刺激目标国政府压制反对声音,并导致目标国国内人权状况的恶化,甚至造成人道主义灾难。在外部制裁压力下,一些政府为维护政权的稳定性往往采取措施保护其政策支持者,打压反对派,加强对民众的汲取和控制,从而加剧国内人权状况的恶化。国际制裁不仅可能引发人道主义灾难,有时还会腐蚀目标国的中产阶层,加剧社会两极分化。因此,制裁政策的制定必须注意这一现象。此外,经济制裁还容易激发民族主义情绪,使目标国国内政治自由受损。忽视这一点,经济制裁很难取得真正的成功。此外,制裁会在无意中加剧目标国及其邻国政治、经济和社会的犯罪化问题。上述这些负面后果在很大程度上削弱了制裁国意志,制约了制裁合作,并最终影响到制裁的有效性。[①]

三、为什么还要制裁?

如果制裁对改变对象国的政策效果不显著,那么为什么还要制裁?衡量制裁等策略的有效性必须以其政策目标为标准。依据不同的目标,人们对制裁有效性的判断可能截然不同。学者们大致认可制裁具有如下三大目标:惩罚、促使遵守和信号表达。"惩罚"是国际制裁的第一个目标,也是全面理解制裁内涵的关键。这意味着制裁不仅是对违反规则行为的处罚,而且还是对不道德、有违良知并有损共同体利益的"错误"行为的反应。其逻辑与国家法律惩罚相近似。从这个意义上我们就不难理解,为什么国际制裁屡屡失败却频频被使用了。其次是促使目标国遵守为制裁国所珍视的规则和规范。如果说惩罚是制裁的直接目

---

① 刘建伟:《国际制裁缘何难以奏效?——"非故意后果"的视角》,《世界经济与政治》2011 年第 10 期,第 107—123 页。

标的话,那么促使遵守则是制裁的间接或者最终目标。换句话说,与促进遵守相比,惩罚更像是一种工具或方式。促进遵守的目标涵盖诸多具体方面,难度也最高。制裁的第三个目标是传递信号。如果强制性改变是经济制裁的唯一目标,那么功效则是决定其取舍的关键。当有更加有效的选择时,经济制裁应该被取代。但实际并非总是如此。当某些国家做了自己所不认可的行为时,发起国可以通过制裁向其表示自己的不满,给对方造成一种心理压力,并向更多的受众传递相关信息。许多出于国内政治需求的象征性经济制裁,正是利用了经济制裁的这种信号功能。

实际上,国际制裁信号可以有四类受众群:目标国、国内民众、盟国或伙伴国以及其他国家。针对不同受众,国际制裁传递着不同的信号并附带相应的成本。对目标国而言,制裁意味着制裁国对目标国行为的不认同、抗议和警告。在实际案例中,制裁对目标国政府直接的物质影响比较有限,但是制裁对于目标国内部的反对派力量而言,相当于发出了鼓励的信号,有助于增强其进行政治动员的积极性和赢得更多国内民众的支持,从而使目标国政府处于内外的双重压力之下。这被认为是提高制裁效率的一个重要机制。值得注意的是,以美国为首的一些西方国家常常滥施制裁,企图以此影响被制裁国的政治局势,甚至颠覆这些国家的现政权。对制裁实施国内部而言,制裁表达了政府对目标国违规行为的关切,显示了政府的政策立场、国际影响和决心。对盟国而言,制裁则是目标国对其政策态度、团结盟国及显示维护国际规范决心的一种宣示。对其他国家而言,制裁是一种威慑,它传达了类似行为不可饶恕、必受惩罚的信息。

上述多种功能可以解释"为何制裁难以奏效却频频被采用"。很多时候,如果制裁国(政府)无所作为,那么它将面临巨大的观众成本,如被视为可信性不足、责任性不够、领导力欠缺等,并进而影响其执政地位和国际声誉。所以,即使明知制裁难以改变目标国行为,制裁国也会实施制裁以避免"无所作为"带来的巨大风险。

值得一提的是,既有研究大多关注如何利用经济制裁来推进其政策目标的问题,极少论及如何防范和规避经济制裁,而这恰恰是经常成为西方制裁对象的发展中国家所必须解决的问题。这种研究上的偏向反映了西方国家在研究议程设置上的主导地位。经济制裁对目标国的经济生活必然造成一定的消极影响。对面临制裁威胁的广大发展中国家来讲,首要的是要促进经济科技发展,稳步推进国内政治民主,提高综合国力,增强抵御经济制裁的物质力量和政治基础。经济实力和发展水平决定了对外来经济制裁的承受能力和调整能力。同时,还要有针对性地建立和完善战略储备机制,加强对重要战略物资的储备。在对外经济交往中,要根据制裁威胁的可能性和程度,适时统筹调整安全与效率的平衡点。从安全出发,通过广泛而全方位的多边交往来减少对潜在发起国的过分依赖。但就整体对外战略而言,多元化的效果并非是绝对的。对被纳入制裁范围的一般商品而言,寻求替代供给和市场相对比较容易。但对于许多高技术产品而言,全面的多元化战略既不现实,也无必要,关键还是要立足自身,鼓励自主创新,在某些维度形成自己独特的战略优势和博弈筹码。同时,要注意对双方经贸交往的规模和结构进行整体动态把握,以确保在全面对抗时能将对方相应资产用于抵消损失或作为反制手段。除了效率要求外,在非根本利益冲突中,双方利益的相互渗透有利于扩大讨价还价空间,避免矛盾的激化。此外,还可以通过对一些国家的风险投资,利用内部产权控制和研发合作等,在一定程度上缓解政治扭曲,规避出口管制。

四、基于市场和技术优势的结构性强制

过去一段时间以来,在国际安全局势更加严峻、保护主义再次兴起的背景下,经济"脱钩"、制裁泛化、全球供应链收缩、"科技战"和"贸易战"等现象纷至沓来,政治逻辑再次主导着国家经济政策。经济强制在今天变得更加复杂。随着现代经济的发展,一国对某一特定产业在供应端和需求端的控制分别形成了供应链上的卖方权力和买方权力,而这种权力来自于国家对技术出口和市场进口的控制能力。

在一个无政府状态的国际体系中,跨国供应链中享有卖方权力或买方权力的强国试图利用这一优势,服务于自身的战略目。2018年爆发的中美"贸易战"就是典型案例。美国的对华"关税战"是利用美国的市场优势,通过抬高中国商品进入美国市场的门槛,以在需求端打压中国的出口市场与技术革新;而"技术战"则是利用美国的技术优势,通过切断关键技术及相关产品与服务的对华供应,将中国剔除在以美国为核心的全球供应链网络之外,以在供应端打压中国高科技产业的技术升级。美国在需求端和供应端共同发力,其目的在于:一方面全面阻遏中国的经济崛起,特别是遏制中国具有强大出口能力和技术研发能力的卓越企业的崛起;另一方面则是通过供需两端的施压迫使中国在对美关系上全面屈服,按照美国的方式和标准来发展。但是,弱势一方也并非只能被动挨打,同样努力通过"有形之手",对自身关键产业的供应链进行管理和调控,抵抗强势方的权力运用,以捍卫产业链和供应链的安全。

除了技术控制,对市场和流通渠道(包括金融)的控制已成为另外一种国际政治权力来源。市场需求成为拉动现代经济发展的主要力量,市场的重要性日益凸显,特别是超大规模市场所形成的规模效应,成为企业产品扩张和技术创新

的最重要驱动力。由于技术创新高度依赖于规模庞大的消费市场,需求端在当今国际经济关系中的地位正日益重要,特别是控制着巨大消费市场的进口大国会在全球经济体系中掌握一种特殊权力——消费型权力。如何处理这种强制效应,包括如何利用自身正在积聚的优势,是我们需要认真研究和探讨的问题。

"相互依赖武器化"是当前研究的一大热点,将社会网络分析纳入了国际政治经济学之中,从而使得对广泛的经济行为体进行系统性分析成为可能。相互依赖塑造了一个不对称的网络结构。以国家为代表的各种经济行为体构成了网络中的节点,而连接起行为体之间的各种信息、资源以及影响力构成了网络中的边,节点与边则共同构造了全球经济网络。在网络结构中,一个行为体拥有的纽带越多,它就越接近网络的中心,继而享受着较强的网络性权力。这种权力来自于中心节点在相互依赖中的信息优势、资源分配中的优先权、规模经济中的聚合效应以及路径依赖所产生的锁定效应。因此,全球化形成了不平等的、具有等级特征的网络结构,且随着这种网络结构的自我强化,等级特征会愈发明显,只有少数中心节点才能够成为获益者,掌握了不对称权力。

不对称的网络结构重新分配了国家在政治体系中的结构性权力,这种结构性权力体现为一些国家对中心节点的掌控。中心节点可以利用其位置优势所带来的信息优势与强制能力。由于中心节点是网络信息连接的枢纽,它们在信息上拥有总揽全局的优势,且网络中的信息沟通很难绕开中心节点,这就使得掌控少数中心节点的国家能够充分监控对手的行为。这些信息能够为中心节点国提供战略优势,在谈判、合作的过程中提高其议价能力。同时,由于中心节点在整体网络中处于核心地位,它们可以拒绝对手通过中心节点,并提高对手在网络中交换信息、获取资源或施加影响力的成本。掌控中心节点的国家也就可以借出口管制、技术封锁或金融制裁等手段,实现其政治目的。[①] 全球化并未"抹平国家边界",某种意义上反而加剧了国际政治体系中的权力失衡,塑造了大国的新结构性权力。

小 结

在国际安全竞争的讨价还价过程中,强制是一种关键的策略与环节。强制包括威慑与威逼两种基本方式。威慑是迫使对方放弃或不做其想做的事情,而威逼则是迫使对方停止做或不得不按本方意图去做某事的过程。战略强制并不容易,需要把握分寸。除了实力与利益的分布

---

① Henry Farrell and Abraham L. Newman, "Weaponized Interdependence: How Global Economic Networks Shape State Coercion", *International Security*, Vol. 44, No. 1, 2019, pp. 42-79.

以及由之而来的成本-收益分析，核心挑战是如何确保目标接收到威胁，促使其按照要求相立地采取行动。学者从环境性因素、策略性因素和认知性因素三个方面分析了战略强制的效果。双方的实力对比与冲突利益大小这两个环境性因素，以及双方的知觉和错误知觉这个认知性因素，对强制外交的结果有着直接和重要的影响，为多数分析所重视。

  核威慑是战略强制的经典议题，与美苏冷战以及美国大战略的辩论相联系。核威慑理论主要围绕着核武器为威慑手段的条件与具体策略形式，特别是如何实现"威慑可信性"的问题展开辩论。随着研究的推进，研究视野也从单纯的理性模拟扩展到内部组织机制、政治与舆论影响、决策者心理因素等。从传统的核威慑到常规威慑领域，研究领域拓宽了。随着中美战略竞争的发展，相关问题或将成为中国安全和战略思考的重要议题，需要我们在吸取历史经验和既有思考的基础上，结合时代与中国的特征，认真思考相关问题。

  国际制裁特别是经济制裁是另一个重要的研究领域，本章主要围绕国际制裁是否有效，何时有效，如何有效等展开。以目标国整体作为惩罚对象的传统制裁逻辑屡屡难以奏效，它不但不能改变目标国政府的政策，而且常常引发诸如人道主义灾难之类的非故意性后果。实际上国际制裁的功能和目标对象是多样的，包括向盟友表明自己将以实际行动履行诺言，同时向国内选民表明政府愿意采取行动维护其价值观或其他利益。同时，无所作为的后果将使国内外失去对政府维护其价值和利益的能力和意愿的信心。这也正是制裁直接效果相当有限却依旧经常被采用的原因之一。对制裁的既有研究很大程度上是基于西方制裁他国的经验，从制裁国本位出发的，后续研究需要充分注意被制裁对象如何规避和反制制裁的问题。

  对于正承受巨大外部经济压力的中国而言，如何在安全与经济效率之间进行平衡，已然成为了一个重要的战略问题。西方某些国家利用其市场和技术优势对于中国的经济强制打压是今后若干年中国将要面对的重要挑战。我们要坚决维护我国发展利益，积极防范各种风险，确保国家经济安全。越开放越要重视安全，越要统筹好发展和安全。对存在的风险点，一定要胸中有数，增强风险防范意识，未雨绸缪，密切监测，准确预判，有效防范，不忽视一个风险，不放过一个隐患。统筹协调政府和市场力量，着力增强自身竞争能力、开放监管能力、风险防控能力，重视运用国际通行规则维护国家安全，积极打造"自主可控、安全可靠"的产业链与供应链，从而抵御非经济因素带来的国际风险。

思考讨论题

1. 强制/威慑成功的条件是什么？提高威胁可行性的策略办法有哪些？
2. 结合中国当前维护领土完整及反分裂斗争的需要，思考如何更好地发挥各种战略强制手段的作用？
3. 核威慑成立的条件是什么？中国未来的核战略应该是什么样子？
4. 经济制裁为何经常事与愿违？其效用受到哪些因素的影响？如何反制经济强制与制裁？
5. 处在国际经济与技术网络不同位置的国家，如何能更好地维护国家利益？

扩展阅读

Thomas C. Schelling, *Arms and Influence*, New Haven: Yale University Press, 1966.（中译本见[美]托马斯·谢林：《军备及其影响》，毛瑞鹏译，上海人民出版社 2017 版）。用较为通俗的语言，对强制性互动中的战略问题，包括可信性和承诺问题做了经典介绍。

[美]理查德·内德·勒博：《避免战争，缔造和平》，肖宏宇译，北京大学出版社 2021 年版。综合运用历史学、政治学及心理学知识，强调威慑中的情境和心理因素。

刘慈欣：《三体Ⅱ：黑暗森林》，重庆出版社 2008 年版；刘慈欣：《三体Ⅲ：死神永生》，重庆出版社 2010 年版。在科幻设定的诸多极端场景中，可以重新思考本章的诸多问题。

[美]加利·克莱德·霍夫鲍尔等：《反思经济制裁》，杜涛译，上海人民出版社 2019 年版。有关经济制裁研究的经典，基于大量案例，对影响制裁政策的因素进行了考察。

第六章

冲突管理与解决

本章导学

国家既要尽可能利用各种强制手段,迫使对手接受自己的解决方案,同时又要尽可能地避免冲突升级。除了施加压力,讨价还价的"取胜"之道一定程度上需要通过互谅以及避免采取"互损"行为来实现。本章讨论控制和结束国际冲突的非暴力形式,即通过和平手段使冲突各方关系得到缓和与改善,结束国际争执、国际危机和国际战争,着重强调在这一过程中如何更好地发送信号,建立信任,解决信息和承诺问题,实现危机控制与和解。管理国际冲突首先是当事国责任,它们的努力也最为关键。同时,国际社会也可以在冲突解决中发挥作用,其中最重要的代表就是以联合国为中心开展的各种维和行动。

本章学习目标

1. 了解国际谈判对话和调解的基本知识;
2. 明确国际危机管控的重要性以及开展危机管控全过程的各种要求,牢固树立危机管理意识;
3. 掌握信息传递分析的基本路径,包括增强信号可信性等若干方式,辨析"观众成本"机制的适用范围,并能应用于具体问题分析;
4. 了解维和行动发挥作用的机制,探讨中国在相关国际行动中发挥更大领导作用的路径。

第一节 谈判对话与信息传递

在应对国际安全竞争与冲突的过程中,无论是针对争执、危机还是战争,还是为了预防、控制,或是解决冲突,从当事国来说,谈判和对话无疑是一种最为直接有效的管理冲突的方式。一方面,通过谈判和对话,冲突各方可以释放信号,更准确地了解对手的意图、能力及底线,避免误会和曲解,控制冲突升级和防止冲突失控。另一方面,通过谈判和对话,冲突各方可以讨论,包括相互说服、达成协议,从而实现预防、控制和解决冲突的目的。

一、外交谈判与对话

在处于战与和之间的冲突应对中,外交谈判发挥着关键的作用。这里,外交谈判是指政府间正式的交涉行为,而对话则是更加广义的概念,包含了政府间正式交涉和各种非正式交涉。所谓非正式交涉,既可能是针对交涉方式而言(例如以一般社交方式进行接触),也可能是针对交涉场所而言(例如在一个第三方主办的聚会上),还可能是针对交涉人员而言。非正式的接触经常能为正式的谈判奠定基础,有时还能直接实现对冲突的管理。历史上不乏戏剧性的例子。

不难想象,在国际安全竞争和冲突的讨价还价过程中,各方在努力扩展自身利益的同时,也会有管理冲突的计划,即使是最具侵略性的一方也会期待达到不战而降服对手的目的。谈判和对话有助于缓解信息不对称问题。在谈判和对话的信息交流过程中,冲突各方有机会去发现,什么样的要求是理性的、现实的,因而有可能为对方所接受。虽然由于利益及权力分布格局的限制,一些冲突方总难免有欺骗和背叛的动机,但如果一味坚持自己的要求而不愿作出调整只可能导致冲突升级,最终使得各方付出额外代价。此外,谈判不仅直接有助于某个特定冲突的控制和解决,从长远来看还有助于防止有关国家间各种冲突的出现。谈判与对话的过程,也可能成为一个了解和说服对方、建立并重塑社会关系的过程。如果各方都能以比较认真的态度对待谈判和对话,这还是一个在谈判者之间乃至有关国家间培育相互信任乃至集体认同的过程。

一般认为,成功的谈判取决于以下四个重要因素。第一,冲突各方必须有通过相互妥协来管理冲突的愿望,换言之,要存在一定程度的谈判空间及谈判诚意。需要说明的是,一些情况下,冲突方参与谈判只是为了逼迫对手签订城下之盟,作出单方面的让步,而这依然需要谈判空间的支持。然而,另一些情况下,冲突方参与谈判只是为了应付舆论甚至是麻痹欺骗对手。这在历史上不乏其例。1941年12月,日本在偷袭珍珠港前,已经决心与美国开战,但它却一直没有终止在华盛顿与美国进行的谈判,并以此来掩护日本海军的行动准备。第二,冲突各方相互之间应当拥有最低限度的尊重和信任。第三,冲突各方必须具有通过相互妥协以达成协议的一定技巧。最重要的是:各方提出的建议应当是"可谈判"的。谈判者的重要技巧是要能够提出各方都感到有利可图、能够讨论的议题和解决之道,并加以恰当表述。寻找及表述交易方案(例如建立利益交换)的过程往往都需要高超的外交技巧。第四,拟订中的协议在国内政治中应当具有可接受性。有关政府仍然必须考虑到国内的各个官僚部门、利益集团以及各种背景的公众对于某项协议的接受程度。罗伯特·帕特南(Robert D. Putnam)的双层博弈模式试图探究这一状况。一项国际协议既是国际层次博弈的结果,也是国内层次博弈的结果。谈判实际上能够达成的协议应当是两个层面上的博弈结果相互重叠的赢集(win-set)。①

值得注意的是,在外交谈判与冲突解决的过程中,特别是在大国间的谈判中,不仅要管理好双方的直接分歧与摩擦,而且要着力管理好次国家角色以及同第三方的分歧与摩擦。这里,次国家角色主要包括不同的政府官僚机构和利益集团。由于自身利益的驱动,它们对某项国际冲突经常会具有不同的立场和态度。这种立场和态度会对决策者的决定产生影响,并可能释放出混乱和冲突的对外信号,干扰国家间的谈判互动。除了次国家角色外,盟国乃至友国的立场和态度也可能影响一国对某项国际冲突的政策。在某个冲突中,各个盟(友)国成员的利益是不相同的,因此它们的立场和态度也就会出现差异。例如在冷战的长期冲突中,双方阵营内部国家的立场就经常有着分歧,从而出现了温和派和强硬派之分。一般而言,力量相对较强的成员对较弱的成员以及整个同盟的政策具有更大影响,但是,在某些时候,力量相对较弱的成员也可能对力量较强的成员乃至整个同盟的政策产生较大的影响。这或者是因为它们拥有重要的战略地位,或者是因为它们同力量较强的国家间存在着某种特殊联系,如相同的种族或宗教信仰。

于是,有效控制次国家角色和盟(友)国的影响,成为当事国通过谈判对话管控国际冲突的重要任务。就前一目标而言,要加强政府各个部门的协调以及最高领导层在有关政策制定过程中的主导作用。在各个部门协调的过程中,最高领导层的主导作用非常关键,既是协调者,更是仲裁者。不少国家设置了国家安

---

① Robert D. Putnam, "Diplomacy and Domestic Politics: The Logic of Two-Level Games", *International Organization*, Vol. 42, No. 3, 1988, pp. 456-459.

全委员会这样的机构,作用之一就是控制各种官僚机构对相关事务的影响。中央政府,特别是最高领导层,应当将有关国际危机的决策权牢牢控制在自己手中,而不能"大权旁落"。当然,这里隐含的前提是,最高领导层更为了解全局性的形势和国家的整体利益。至于如何控制盟国或友国的影响,最重要的是要将国家的根本利益和长远利益置于一时需要的考虑之上,包括置于意识形态、宗教或族群等之上。小国、弱国不能因为大国的利诱或逼迫而无谓地陷入本来并不直接涉及自身的国际冲突之中。同样,大国和强国也不能出于某种"兄弟情谊"或者小国、弱国的奉承、鼓动乃至"出走"的威胁而给它们开出空白支票,将自身的对外政策的决定权完全或部分地让出。

二、谈判中的信息传递与信号可信性

考虑到战争和冲突的成本与风险,国家如何才能在谈判中可信地传达它们的信息?鉴于战略环境有时会推动隐藏和夸大信息,如何才能使威胁等信号变得真正可信?以前面讨论的威逼为例,如果目标有理由怀疑威胁会被执行,我们就说威胁缺乏可信度。威胁的可信度不仅是指相信威胁者是否会真正实施威胁,比如诉诸战争,还指必须相信威胁者愿意打足够长的时间和投入足够多的资源和精力,以至于屈服于它的要求是一个更好的选择。在阿富汗战争中,塔利班政权可能对布什总统会实施入侵的威胁没有什么怀疑,但它可能怀疑美国是否愿意并能够承担长期战争的代价。换句话说,发动战争的威胁或许是可信的,但坚持将塔利班领导人赶下台的威胁却可能是不可信的。需要注意,威胁的可信度基于目标自身的判断,而非发出威胁的国家的实际意图。

在国际政治中,国家常常需要根据接收到的信号来揣度对方不可知的意图和动机。那么,在无政府体系中,国家如何才能够使传递的信息变得更具可信性呢?由于国家具有隐藏和夸大自身意图与能力的普遍动机,现有研究大都倾向于认为:只有昂贵信号才会对国际行为体产生有力影响。信号接收者可以借之方便地区别出不同类型的意图和动机。当信号发送者(sender)发出某种行为信号需要承担非常高昂的成本,而这些高昂的成本又是那些没有意愿真正执行该行为的领导人所不愿承担的,那么这个信号就容易被认为是可信的。

这一点被谢林等人一再强调。话语(words)是廉价的,从对手口里吐出的话是很难被相信的。承受一些成本或者风险的重大行动常常能够表明它们的可信性。[①] 在谢林看来,讨价还价行为的实质就是通过一些主动的、不可逆转的放弃

---

① Thomas C. Shelling, *Arms and Influence*, New Haven: Yale University Press, 1966, p.150.

自己某些选择的自由来限制对手的选择自由,从而达到自己所希望的结果。在特定的讨价还价过程中,选择的自由在某种意义上意味着选择让步退却的"自由"。在这个意义上,限制对手是通过放弃自己的选择自由做到的。

一般来说,能促使对手妥协的昂贵信号应当具有高成本或自带风险的特点。国家使其威胁可信有三种机制:边缘政策、沉没成本与自缚双手。具有悖论色彩的是,这些应对不完整信息的方法所带来的风险,可能与它们所解决的基本问题一样危险,且恰恰正是这种风险扩大了对手间妥协的可能。这些构想很大程度上来自对核威慑的讨论。在谢林看来,核武器还可以通过一种被称为边缘政策的战略来发挥外交效应。其基本构想是,国家可以通过挑衅性的行动接近战争的"边缘",使对方陷入一旦威胁升级两方都将无法承受的危险中,通过增加战争在无意中开始的风险来表明其在危机博弈中的决心,并将立场坚定的对手和不坚决的对手区分开来。

昂贵信号可以具体分为"沉没成本"(sinking costs)和"自缚双手"(tying hands)两种类型。沉没成本是指事先采取具有高昂成本的行动。显著的军事投入、动员和部署大规模的军事力量、增加军事人力等最为典型。在这种情况下,信号成本是完全不可逆的。其核心逻辑是,在冲突实际开始前付出成本以彰显决心。这类行动可以通过几种机制影响对手对一国决心的估计。[①] 首先,通过提高国家的军事能力,这些行动可以提升威胁的强度并降低实施威胁的相关执行成本。其次,愿意支付与这些行动相关的费用可以表明,这个问题是威胁国非常关心的一个问题,是愿意为之付出牺牲的。结成同盟通常也被视作一种昂贵信号,因为其本质上是一种"沉没成本"。

"自缚双手"则是自我束缚选择空间,是另一种制造成本的策略。荷马史诗《奥德赛》中,奥德修斯通过把他的手绑在桅杆上来克制海妖的呼唤,而不屈服于其魔力。处于危机中的国家领导人出于类似的原因将自己的手"绑"起来。在束缚自己手脚的过程中,国家领导人向他们的对手发出了一个强有力的信息,"退缩于我代价太大,是不可能的;因此,我的威胁是完全可信的"。自缚双手由此区别于虚张声势(bluffing):如果后续没有遵循之前发出的威胁或承诺,领导人就会受到内外观众的惩罚。这种信号不会产生直接的成本,却会影响他国的判断。

这一策略的核心逻辑是:预先增加事后反悔及机会主义行为的成本,从而提升承诺的可信性。在某些条件下,威胁等信号会产生观众成本(audience costs),

---

① Branislav Slantchev, *Military Threats: The Costs of Coercion and the Price of Peace*, Cambridge: Cambridge University Press, 2011.

即如果领导人不履行威胁,就会产生负面的影响。① 当领导人可以产生足够的观众成本,进而实施承诺的时候,虚张声势的情况很少发生。假设领导人选择退缩,或者没能够兑现自己的公开承诺或者威胁,可能要遭受国内政治受众对其能力和信誉的质疑和惩罚,包括批评、谴责,甚至于被解除职务、罢免等,这就是国内政治成本。同时,国家还要遭受国际声誉、国家形象等方面的损失,这就是国际观众成本。对于领导人的决策而言,国内观众成本是首要的。

不过,观众成本同时也会"锁定"领导人的选项,从而增加战争的风险,但较之沉没成本,领导人通常更偏好这种"自缚双手"的信号,因为前者起到的作用和后者相近,且无须付出大量的实施成本。不过,"自缚双手"虽在具体危机中更为常见,但在大战略博弈中"观众成本"往往难以产生。

"观众成本"议程在过去一段时间的国际安全和国际政治经济学研究中都有重要的影响。值得一提的是,除了国际冲突,费伦还将之应用到了国际合作的研究中。观众成本能够一定程度上提高国家在互动过程中所传递的信息的可信度和承诺的可信度,进而促进国际合作的实现,并认为不同的国内政治体制,特别是民主与非民主的区分在此有关键影响。有学者对观众成本理论进行了经验研究,例如认为较之发出威胁,武力的实际使用更易产生观众成本。也有不少文献质疑,观众成本是否如理论逻辑所言,对危机走向有着巨大的影响力,昂贵的公开信号与国内政治的互动关系是复杂的,甚至不乏降低信号可信性的可能。例如,国内反对党的信息披露,可能让外国政府从国内政府的公开声明中了解到更多信息,进而降低政府传达威胁的可信性。国家在相关事态中实际上面临着多重利益的取舍。

既有观众成本研究议程的焦点是不同国内政治制度在观众成本的产生上是否存在重大差异。西方学者一般认为,所谓的民主国家比非民主国家更容易产生观众成本。不少西方学者据此进一步推断,民主国家和威权国家在对外行为上也存在重大差异,成为诸如民主和平与民主合作论的基石。例如:有学者从国内制度根源来探讨国家所作出的国际承诺的可信性,认为司法机构对行政机构权力的制约提高了成熟的民主国家履约的可信度,促进了民主国家之间的合作;也有学者认为,国内政治制度使得民主国家的承诺更可信,因此民主国家之间更容易形成同盟,且民主国家之间的同盟比非民主国家之间的同盟持续时间更长。

---

① James D. Fearon,"Domestic Political Audiences and the Escalation of International Disputes", *American Political Science Review* Vol. 88,No. 3,1994,pp. 577-592. 对其的质疑和批评,参见 Marc Trachtenberg,"Audience Costs: An Historical Analysis", *Security Studies*,Vol. 21,No. 1,2012, pp. 3-42,以及 Jack Snyder and Erica D. Borghard,"The Cost of Empty Threats: A Penny, Not a Pound", *American Political Science Review*,Vol. 105,No. 3,2011,pp. 437-456。

在贸易政策等问题上,民主国家之间的合作更普遍,合作的程度更深。民主国家遵约的状况更好,国际合作的持续性更长,背叛的更少。① 不过,这些论断在近来遭到了一系列的质疑,事实并非如那些学者所言,所以一些学者开始注意非民主政体的复杂性以及部分非民主政体中的观众成本问题。还有一些学者围绕低成本信号、不经意信号,特别是信号传递和接受中的心理机制等展开了研究。这是当前研究的前沿所在。

第二节 国际危机管理②

国际危机是国家冲突特别是安全利益分歧激化的表现,具有高度的紧迫性和风险性。危机一旦失控就走向军事冲突与战争,甚至可能是核战争。人们常常把国际政治-军事危机视为和平与战争之间的过渡期或转折点。也就是说,危机同时包含了走向和平和导致战争的两种因素,需要决策者在一个很短的时间内加以应对。危机互动中的外交一般发生在两个存在敌对和冲突关系的行为体之间,为了和平解决而作出的妥协往往具有被迫的性质,是为了减少更大损失而不得不作出的妥协;危机中的暴力也不同于战争中的暴力,依旧是战略强制的暴力,其目的并非使用武力消灭对手或占领其领土,而是通过武力威胁,影响对手的决心和政策,迫使对方按照己方意志改变某种行为或接受己方条件。危机互动和战争行为的根本差别在于,后者是军事实力的直接碰撞,而前者则是实力基础上意志、决心和智慧的较量与博弈。

二战结束后,鉴于战争特别是核战争的严重危害性,作为国家特别是大国间处理重大安全分歧、利益冲突的一项重要途径,危机管理开始得到高度重视。一方面力求维护自身利益,一方面又尽力控制危机升级的风险,防止爆发军事冲突,使危机逐步得到缓解。这就是危机管理。1962年美苏间爆发古巴导弹危机后,时任美国国防部部长麦克纳马拉留下一句流传很广的名言:"今后战略可能将不存在,取而代之的将是危机管理。"③随着战争的成本和代价越来越大,加强危机管理、避免军事冲突与战争遂日益成为各国的优先选择。近年来,随着中国崛起和美国进一步加强对华防范,中美间的地缘政治摩擦上升,两国发生军事安

---

① 相关讨论参见林民旺:《国内观众成本理论与国际合作》,《教学与研究》2009年第2期,第81—90页。
② 本节内容参考了朱明权:《国际安全与军备控制》,上海人民出版社2011年版,第六章。
③ Coral Bell, *The Conventions of Crisis: A Study in Diplomatic Management*, London: Oxford University Press, 1971, p.2. 有意思的是,麦克纳马拉本人还曾说过,并没有危机管理这回事,因为这种管理是不可能的。

全危机的可能性增大。作为"有效管控分歧"、守住"不冲突、不对抗"底线的重要保障,加强危机管理已成为维护与发展中美大国关系的当务之急。加强相关的教学和研究,认真总结危机管理的经验教训,切实加强危机管理体系与能力建设,具有重要意义。

一、危机管理的性质和挑战

危机管理并不能解决深层的利益冲突,且危机管理的过程中亦始终充满激烈的交锋。但是,危机管理依旧有其必要性和可能性,对防止冲突失控、避免军事摩擦升级特别是避免大规模战争爆发可以发挥重大作用。成功有效的危机管理还可以为开启对话磋商,最终解决安全分歧创造条件。毫无疑问,并非所有危机都可以进行管理。有些危机是某一方作为战争前奏而蓄意挑起的,其主要目的已转变为获得战争理由或借口。这时战争逻辑高于危机管理逻辑。还有些危机是大国故意制造出来的,通过有意走向战争边缘,进行胁迫,从而达成某种目标。[1] 事实上一些国家(并不仅仅限于大国)会故意挑起争执和战争。针对这种做法,最重要的是要使它们认识到一意孤行将会得不偿失。这背后实际上是威逼与威慑间的较量。但是,在不少情况下,防御一方及时表明自己的善意和提出解决方案也许会产生一些积极作用。各种讨价还价过程虽在战争阴影下发生,双方经常还是存在损害控制和避免过度升级的空间。可以管理的危机是双方可能并愿意作出一定妥协的危机,常常是那些很容易升级成战争的危机。避免双方都不想打的战争成为核心诉求。危机管理并非是寻求解决利益冲突,而是避免出现最差场景,但上述行为中蕴含的不确定性与辨识难度意味着危机管理的困难和挑战性。

危机管理的一个决定性因素,是决策者对利益所受威胁、时间压力和战争可能性的判断。战争着眼于打赢,危机管理的目的是在维护自身利益的基础上防止冲突失控升级和战争,因此,成功的危机管理需要在双方的利益冲突和交汇点间找到某种妥协。期间,双方都无法也不应该追求压倒对手的最高目标。恰恰相反,双方的决策者应该把导致危机升级的一些因素视为"共同的敌人",并一方面给出己方可以妥协的底线,一方面努力减少对方的危机感,降低其受威胁的程度和相互的敌意,给予双方相对充足的反应时间,并避免采取可能导致战争的行动。因此,危机管理往往需要双方密切沟通,需要降低各种突然性。

---

[1] [英]赫德利·布尔:《无政府社会——世界政治秩序研究》(第二版),张小明译,世界知识出版社2003年版,第167页。

危机情势通常会加剧分歧，增加互疑。成功的危机管理实现后恰恰可以缓解分歧，增进互信。危机管理需要把握好危机双方关系的双重性质。危机双方一方面是对手关系，一方面也是某种意义上的合作关系，关键在于怎样把握好尺度。危机期间向对手施加压力的目的是维护或促进己方利益，但施压过度很可能引起对手反弹，增大战争风险；妥协的目的是为达成和平解决的协议，但同样面临让步过大的风险。因此，危机管理就是在对抗与退让之间找到平衡的艺术。一方面，在推进己方利益时不引起不必要的对抗；另一方面，在作出必要的让步时不向对方示弱，避免诱使对方提出更高要求。要走出这一困境，必须把握好施压和妥协之间的平衡。在此过程中要解决一系列的信息和承诺问题，这是危机管理者面临的基本挑战。

二、危机防范与管理机制建设[①]

危机意味着两国间正常状态受到重大干扰，这种干扰具有极大的破坏风险。危机一旦爆发，即使得到控制，仍会给危机各方的总体关系及地区形势带来严重、长期的消极影响，大国之间的危机尤其如此。一些危机一旦爆发就极难控制，引发军事冲突的可能性很高。危机管理是复杂和困难的，尤其是极为严重的时间压力对决策者构成巨大心理和政治压力，再高明的危机管理也会面临危机升级的风险和管理失灵的可能。因此，成功有效的危机管理首先必须要防范先行，加强危机防范意识，高度关注危机防范与危机规避。

预先进行政策协调和危机应对预案的磋商，正成为各国之间的一项新的安全合作努力。无论危机的破坏性还是危机管理的困难性，都要求把防范危机的发生放在首位。普遍认为，防范危机要努力做到以下四点。第一，尊重彼此的核心国家利益，与对方的战略底线保持一定距离。是否跨过战略底线，决定着危机可否管理。第二，充分发挥双方在决策层和职能部门之间已经建立起来的沟通机制的作用。在第一时间、第一地点及时就突发事件建立联系，控制事态，避免简单问题复杂化、尖锐化和向危机的转化。第三，尽快建立起更完善的双边危机管理机制，同时努力加强共同处理双边突发事件的专业性和系统性，防范突发事件对双边关系造成全局性和战略性冲击。第四，加强制定预案，大力加强对两国间潜在危机的探讨。

[①] 除前引朱明权教授著作外，本小节及下一小节还参考了张沱生的相关论述。张沱生：《加强危机管理是当前中美、中日安全关系的首要任务》，《中国国际战略评论》2020年第2期，第52—68页；张沱生：《中国国际军事安全危机行为研究》，《世界经济与政治》2011年第4期，第103—121页；张沱生、史文：《中美危机管理的基本概念、原则与变量》，《世界经济与政治》2007年第2期，第50—56页。

要有效地进行危机管理必须发展一系列危机处置机制，以作为应对危机的准备。首先要建立与完善自身的危机管理机制，包括建立强有力的危机决策机制、高层协调机制、信息情报保障机制、公众舆论引导机制等。其次是要与有关国家建立双边危机管理机制，包括开展危机管理对话、建立多层级的热线、派遣特使、建立海空行为准则和重大军事行动通报机制等各种信任措施。在国际安全实践中，由于自身内部危机管理机制的缺位，不少国家在危机降临时仓促应对，情报保障无力，各部门自行其是，对外发出混乱的信号，以致决策失误，行为混乱。更普遍存在的问题是缺乏双边危机管理机制，以致突发事件频生；危机发生后沟通不畅，信号不明，失去管控的最佳时机，结果危机在短期内快速升级。

这里，对己方决策力和执行力的领导管理是成功危机管理的基础。危机管理能力是一种团队性的综合能力，这种综合能力来源于对各部门、各领域专长的战略性整合。这就需要建立健全的向下指导、向上支撑、左右协调的国家安全危机管理决策和执行机制，形成权责清晰的决策层、协调层、职能层和辅助层的各层级关系。张沱生等学者指出，提高危机管理能力，法治化是保障，规范化是基础，模型模拟是手段，战略决断是关键。首先需要适时制定和完善有关安全危机管理的国家法规，使之成为加强危机管理的根本保障，只有法律的权威性，才能确保危机管理决策的科学性和系统性。其次需要明确专业要求、行为规范、标准作业程序和跨部门协调的准则，确保国家安全和危机决策与执行的秩序、效率和效益。在此，需要在平时做好定性与定量综合集成的国家安全和危机管理的预判和预案，开展模型模拟，塑造团队精神，培养协作的习惯和技能。最后，人是危机管理的决定因素。危机管理的原则性、灵活性和艺术性来自于人，取决于人，没有任何技术手段能代替领导者的战略决断。

同时，完善双方的危机管理联络机制是另一个重要任务。实践已充分表明，进行危机管理的特殊联络机制是日常联络机制无法替代的。作为一种防范和准备机制，危机管理沟通机制要定期演练，以确保在紧急关头发挥作用；开展日常情报、信息交流；就危机防范与管控预案开展定期或紧急磋商；确立共同进行危机管理的原则；遇突发事件时，于第一时间进行接触并向决策层提出对策建议；等等。建立各种防范与规避机制——包括建立互信措施。开展预防性外交，加强预警通报，做好突发应急预案等对于实现有效的危机管理非常重要。在冷战后半期和冷战结束初期，美苏/美俄两国、欧安会/欧安组织曾在这方面做过许多尝试，积累了不少经验。

冷战结束以来，中国在危机管理实践中，特别是处理中美、中日之间的突发事件与安全危机中，就上述两个方面都有一些重要的经验教训。在经过多次危机之后，中国自身的危机管理机制建设不断完善，危机决策、高层协调和情报保障机制得到了明显加强。双边危机管理机制建设也逐步取得进展。近年来,中美之间与中日之间的危机防范机制也得到不断改善与加强。其中,中美之间的机制建设走在最前面,成为近年来两国安全摩擦事件不断却能得到较好控制的重要原因之一。1998年,中美建立海上军事磋商机制,并承诺不将自己的战略核武器瞄准对方。2008年,中美两国国防部建立了直通电话。2014年,双方共同加入西太平洋海军论坛达成的"海上意外相遇规则",并于同年11月份签署两军之间的"海空相遇准则"。中日双方的危机防范努力也在加强。近年来,双方在东海,特别是钓鱼岛附近海域、空域均采取了一些自我克制措施,中日防务部门海空联络机制也于2018年建成。中国与周边其他一些有领土、领海争议的国家间的双边危机管理机制建设曾长期滞后,这一状况目前正在改善之中。

三、危机沟通与应对

成功的危机管理需要在危机实际发生后在双方之间保持有效沟通,并向对方发出明确可信的信号,达成协议或默契。最经典的例子还是1962年的古巴导弹危机。最初美苏两国沟通不畅,危机迅速升级。在高度紧张的局势下,双方加强了沟通联络,并通过最高领导人互通信件,明确发出了愿意共同降低紧张局势的信号,最终使一场一触即发的核战争得以避免。朝鲜战争爆发后,由于当时双方没有任何直接沟通渠道,中国多次向美国发出的可能参战的警告(包括紧急时刻通过印度驻华大使向美国转达口信:如果美军跨过三八线,中国决不会坐视不管等)都未引起美国的重视。随着中国人民志愿军入朝,中美两国陷入了一场持续近三年的战争。20世纪60年代中期,中美两国仍未建立外交关系,但双方之间的沟通已明显加强。在美国即将大规模升级越南战争的关键时刻,中方通过各种方式向美方释放的信号,包括特意通过美国的盟友英国向美方转达的口信发挥了重要作用。当时美方也利用华沙美中大使级会谈的渠道与中方进行了沟通。由于沟通的加强及此前的教训,这一次美国对中国参战的可能性予以高度重视。越战期间,美国地面部队始终未跨过北纬17度线(这是中方明确划出的红线)。在1996年台海危机、1999年"炸馆事件"和2001年"撞机事件"初期,中美两国间都曾出现沟通不畅的状况,以至危机一度迅速升级,但由于双方随后较好地保持了沟通联络,三次危机最后都得到了较好的控制。

有效的危机管理还要求各方在危机博弈中,采取谨慎、克制的危机管理策略和原则。这包括:保持目标与手段的有限性和反应的灵活性;作出大致对称的反应而非采取大规模单边升级行动;避免轻易给对方下最后通牒和采取大规模军事行动,为自己与对手保留退路;寻找创造性的办法,将大的难以解决的争端分解为局部的、可以管控的问题；基于利益原则而非意识形态原则，作出必要的相互妥协等。冷战结束以来中美间的几次危机管理实践则从正面表明了谨慎、克制、相互妥协的危机谈判策略和危机管理原则对于危机管理取得成效的重要性。

长期以来，中国党和政府逐步形成了"有理、有利、有节"的处理安全危机事件总方针，这在处理国内外的许多危机事件中发挥了重大作用。这是中国在国际危机管理领域作出的一个积极贡献。值得注意的是，在具体的危机应对和管理实践中，中国一般先作出政治上的是非判断，从正义还是非正义的道义视角看待冲突事件。然而这绝非意味着中国在未经仔细评估后果的情况下，就会草率地采取没有节制的行动。实际上，在实现了有限的目标之后，中方经常利用"有理、有利、有节"的原则来说明妥协的必要性，为了更大、更长远的利益和目标而平息事态。中国人倾向于强调大局，特别是依照当时两国关系的性质来进行交涉，力求达到政治上有理、有利的局面，一旦事态平息就不再纠缠于细节。

毛泽东"有理、有利、有节"原则

"有理、有利、有节"原则是毛泽东在抗日战争期间，为了打破国民党顽固派的进攻而提出的。

第一是自卫原则。人不犯我，我不犯人，人若犯我，我必犯人。这就是说，决不可无故进攻人家，也决不可在被人家攻击时不予还击。这就是斗争的防御性。对于顽固派的军事进攻，必须坚决、彻底、干净、全部地消灭之。第二是胜利原则。不斗则已，斗则必胜，决不可举行无计划无准备无把握的斗争。……这就是斗争的局部性。第三是休战原则。在一个时期内把顽固派的进攻打退之后，在他们没有举行新的进攻之前，我们应该适可而止，使这一斗争告一段落。……决不可无止境地每日每时地斗下去，决不可被胜利冲昏自己的头脑。这就是每一斗争的暂时性。在他们举行新的进攻之时，我们才又用新的斗争对待之。这三个原则，换一句话来讲，就是"有理"，"有利"，"有节"。[①]

除了危机当事国的努力，联合国、大国协调机制及地区多边组织也可以在国际危机管理中发挥积极作用。这些国际危机包括巨大的人道主义灾难、大规模杀伤性武器扩散、严重的恐怖主义袭击等。然而，冷战结束以来，一些国家与军事组织却绕过联合国安理会介入他国内部争端，采取军事行动或者超出安理会

---

① 毛泽东：《目前抗日统一战线中的策略问题》，载《毛泽东选集》（第二卷），人民出版社1991年版，第749—750页。

授权范围肆意扩大与升级军事行动,粗暴干涉他国内政,造成了一系列灾难性后果。冷战结束以来,一些地区安全合作组织在推进多边信任措施建设、开展预防性外交、进行危机管理与冲突调解等方面取得了一些成功经验。亚太地区及亚洲的各种多边对话机制可以在建立信任措施、开展预防性外交、应对非传统安全危机等方面逐步发挥更大的作用。

四、建立信任措施

建立信任措施是危机防范、控制和化解过程的重要环节。在外交谈判和危机管理的过程中,各方既要避免采取会无谓地刺激对方的语言和行动(如果对方也不希望事态扩大化,这点尤其重要),适时显示自己的友好姿态,又要表明自己的决心和能力(如果对方蓄意扩大事态,这点特别重要)。这样,各方之间保持通畅和可靠的交流渠道,建立一定的相互信任就变得非常重要了。

建立信任措施(confidence-building measures)是通过相互之间的信息沟通,使得对方了解自己的军事活动不具恶意,从而建立一定程度的信任,避免局势螺旋升级。主要有以下一些建立信任的方法。第一,提供通信渠道,用以询问、解释和澄清疑虑。第二,通报或者展示自己的军事情况,或者为对方了解自己的军事情况提供方便,表明自己没有敌意。第三,制订一些非强制性的规则,或者通过单边声明,对自己的军事行为进行限制。建立信任措施有助于维持和加强冲突各方间关系的稳定,减少因事故特别是对形势的错误估计导致冲突升级的危险,实现管理冲突的目标。它可能与交涉中的冲突直接有关,也可能只是间接有关;它可能是在冲突发展的过程中得以建立,也可能在冲突开始时即已存在。它们主要与安全问题有关,但是又不限于安全领域。

实践中,相互加强信任的具体措施包括:双方军事力量的联系与部分脱离;两国政府的热线联系;有关国家间不同层次的、定期或不定期的战略对话,特别是高层的战略对话。

首先是双方军队相互理解的加强和冲突的避免。军事力量是一个国家国力的最重要的部分,军事关系也是国际关系中最重要、最敏感的方面。正因为如此,许多国际冲突都与军事问题有关。在军事领域出现的事故和误解也会造成严重的后果。为了消除在军事领域发生误会或者出现事故的可能,在两国军事力量间建立相互信任的措施就变得特别重要。第一,帮助双方准确地理解对方的行动和意图,避免因错误理解和错误估计而导致冲突的发生或升级。例如,双方达成协议,在进行某种规模的军事演习时应在规定期限内事先通知对方,甚至邀请对方观察军事演习。中美两国建立的海上磋商机制就是属于这种性质,双方就确保海上军事安全应遵循的国际法原则和安全指导原则进行了卓有成效的讨论。第二，实现双方军事力量的部分脱离，以保证有关国家之间出现争执或危机时，不致有人未经授权而草率地使用武器，甚至核武器。例如可以规定各自弹道导弹潜艇处于对方潜射弹道导弹射程以外，可以将前沿阵地的战术核武器从双方分界线后撤一定距离，以减少在常规冲突的初期阶段使用它们的压力。第三，减少报复性武器体系的易受攻击性，以增加可用于决策过程的时间，避免危机升级。例如，规定每方的潜艇应和另一方的海岸保持足够的距离，以防止它们对对方的关键性军事力量或设施进行警告时间极短的攻击。又如，规定为弹道导弹潜艇建立庇护区，在其中任何一方都不得从事威胁性的反潜艇活动，如拖拽对方的核潜艇。以上这些措施以及其他的稳定措施既可单独使用，又可结合使用。

其次是两国政府间的热线联系。在两国出现冲突，特别是危机和战争的情况下，其政府高层领导人特别是最高领导的直接对话具有突出的价值。因为在这样的关键时刻，决策的责任和权力高度集中在他们手中。这些高层领导人对对方的意图和行为的准确了解，是控制和解决冲突的必要条件。相反，如果他们对此缺乏了解，甚至发生误解，冲突就可能升级。在国际关系史上，不乏冲突各方的领导人缺乏沟通的实例。这既可能是因为政治原因，即冲突一方或各方领导人无意进行直接的谈判和对话，也可能是因为技术原因，即它们之间缺乏直接和迅速的联络手段。在个别情况下，这还可能是因为某种特殊的原因，如高层领导人失去了对联络渠道的控制。现代通信技术的发展为在有关国家领导人间建立热线联系创造了条件。当然这首先有赖他们的政治共识和政治意愿——认识到相互间及时、准确的联系有助于促进两国的关系，特别是冲突的管理，而且愿意为此采取行动。

最后是政府高层领导人的战略对话。这种战略对话与一般外交谈判的主要差别在于，它通常不是围绕某个具体冲突的技术性谈判，并且不以相应地达成具体协议为目标。它是就有关国家的相互关系进行的广泛讨论：不仅可能涉及它们之间的分歧，而且可能涉及它们可以采取共同立场的问题；不仅可能与它们近期的关系有关，而且可能与它们的关系在未来的发展有关。这种战略对话为两国间冲突的管理，特别是冲突的预防创造了良好氛围并确定了基本框架。当前这种战略对话已经被广泛采用。它可以建立在多边的基础上，例如，从20世纪90年代初起，东亚逐步形成了以东盟为中心的一系列区域合作机制。其中，东盟地区论坛、"10+3"（东盟与中日韩）、"10+1"（东盟分别与中日韩）等合作机制已经发展成为东亚战略对话的主要渠道。此外，中国与欧盟成员、非洲国家分别建立的中欧、中非对话机制都具有多边性质。当然，战略对话更多是建立在双边的基础上。中美两国就曾运用多轮战略与经济对话来促进关系,管理冲突,并在2014年年底签署了"建立重大军事行动相互通报信任措施谅解备忘录"和"海空相遇安全行为准则谅解备忘录"。这些信任措施的建立,对于防范与规避危机,减少误判及降低意外事故可能造成的重大风险与危害,将具有重大意义。

第三节 国际调停与维和

管控和解决国际冲突,自然首先是当事国的责任,但是其他国家和国际组织帮助当事国管理国际冲突,不仅有助于实现国际安全的各项目标,也符合当事国的利益。国际介入有多种形式,典型的有国际调停、国际仲裁以及以联合国为中心展开的维持和平与缔造和平活动。

一、国际调停

所谓国际调停(即斡旋,mediation)是国际社会帮助冲突各方展开和进行谈判以解决冲突的努力,这是国际社会管理国际冲突的主要方法之一。它可以具有不同的形式,如国际组织或者第三国以中间人身份进行的调解或对冲突国进行的劝说等。对冲突方进行劝说以鼓励它们预防、控制和解决冲突是国际调停的最基本形式。在这种情况下,如果一个为当事国所尊重或者对当事国有重要影响的国家或国际组织能够出面帮助传递信息,陈述利害,使其认识到冲突升级的危险,无疑对推动冲突方选择谈判等和平的方法解决冲突具有重要的作用。

相比传递信息或劝和,帮助冲突方创造谈判条件、达成协议以及执行协议是更加积极的调解形式。调停意味着有关的国家和国际组织实质上介入了冲突方的谈判。正如我们经常可以看到的,即使冲突方都已经愿意坐下来进行谈判,在谈判的组织、内容和执行方面肯定还会存在许多分歧。比如:它们通常不会同意一开始就在对方的领土上进行谈判,因为担心这会被视作软弱;它们最初提出的协议肯定是超出了对方能够接受的程度;即使协议接近达成,它们也会对对方能否忠实履行协议心存疑虑;在协议达成以后,它们在执行协议的问题上也会有不少矛盾。这种情况下,调停者作为背书者,对于解决承诺问题也可能发挥至关重要的作用。例如,1978年9月,时任美国总统卡特邀请当时的埃及总统萨达特和以色列总理贝京到戴维营举行会谈。在他的调停下,萨达特和贝京经过激烈谈判签署了《关于实现中东和平的纲要》和《关于签订埃以和平条约的纲要》。次年3月,他们又代表两国政府在白宫正式缔结了《和平条约》,卡特作为连署人也在该条约上签了字。尽管该条约在阿拉伯世界中引起了许多争论,但是埃以两国关系毕竟因此得到了显著缓和,两国的冲突得到了有效管理。

二、国际仲裁

仲裁和判决是国际社会参与国际冲突管理的另一种方法。仲裁和判决是在冲突当事国事先认可的前提下由国际社会对冲突的性质或(和)解决作出判断。这是国际社会能够采取的一种更有力的介入行动,正因如此,其使用范围在无政府国际体系中更加有限。

仲裁(arbitration)一般是指居中"公断",即当双方在某一问题上争执不下时,由第三者居中进行裁断。作为一个法律概念,仲裁意味着冲突各方在某个争议发生之前或之后达成协议,自愿将这一争议交与某个第三者裁决,并承诺接受和履行该裁决,或将裁决当作非正式的和咨询性的建议。仲裁协议涉及它们同意选择的第三方(国家、国际组织甚至个人)同意采用的仲裁规则和法律,以及同意交付仲裁的具体内容。后者可能同时涉及冲突的性质(例如究竟是哪一方引起了冲突)和解决冲突的方式(例如要求引起冲突的一方恢复现状),当然也可能只针对冲突的性质或解决冲突的方式。

必须指出,国际仲裁是以当事国的自愿选择为前提,否则国际社会就不能进行有效裁决。由于接受国际仲裁意味着将决定冲突性质以及解决方式的权力交给某个第三方,所以当事国一般都相当谨慎,特别是在涉及领土归属等核心利益的问题上。这类仲裁或者由设在海牙的国际法院进行,或者由专门组织的仲裁法庭进行,当然有时也可能是委托某个国家进行。

国际法院依据《联合国宪章》设立,是唯一具有一般管辖权的普遍性国际司法机关。国际法院具有双重职能,即依照国际法解决各国向它提交的法律争端,以及针对正式认可的联合国机关和专门机构提交的法律问题提供咨询意见。法院的15名法官通过选举产生,任期为九年,每三年改选三分之一,以确保法院组成的延续性。根据均衡分配的原则,国际法院的法官应是来自不同国家的国民。相关案件聆审团一般是由国际法院的全体15名法官组成。它通常需要6至9个月的研究时间,然后才会依照简单多数的原则通过投票作出裁决。要注意的是,冲突方也可能事先并未就将它们的争端提交仲裁一事达成协议,而由一方向国际法院提出诉讼,要求国际法院作出判决。在此情况下,按照《联合国宪章》第九十四条第一款,"联合国每一会员国为任何案件之当事国者,承诺遵守国际法院之判决"。但有时国际法院在一些霸权国的影响、干预下,所作的判决并不公正、合理,这样的判决实际是无效的。

三、缔造和平与维持和平

作为当前国际社会介入冲突控制和解决的核心渠道,联合国被期待在维护国际和平与安全方面发挥关键作用。广义的维和行动实际上包含了维持和平与缔造和平这两种使命。在国际冲突应对中,联合国安理会具有特殊作用。它可以定义冲突的性质,提出解决冲突的方法,并且在未受到当事国邀请甚至在当事国反对的情况下直接参与冲突的管理。中国正在联合国相关行动中扮演日益重要的角色。

缔造和平是指在尚未存在和平状态的时候努力创造一个和平状态,或者说恢复和平状态,即利用外部的力量努力引导和迫使不愿停止战斗的各方实行停战。它包含了两种具体的功能。一种是执行和平(peace enforcement),即冲突各方已经达成了停火协议,但是有的(或所有)当事方拒绝执行协议,为此联合国的维和部队用武力或武力威胁迫使它们按照已经达成的停火协议行事。另一种是强加和平(peace imposition)。当有的(或所有)冲突方宁可继续打仗也不愿停战时,联合国维和力量用武力或武力威胁强迫它们停火,迫使它们放弃通过战争取得收益的意图。执行和平行动的目的是通过干预正在进行的冲突,将和平强加给交战各方。这与传统的集体安全观是一致的。安全理事会在发现某一特定局势对国际和平与安全构成威胁后,可根据《联合国宪章》第七章授权开展此类行动。安全理事会也曾根据第七章授权对纯粹的国内冲突采取行动。由于缔造和平行动通常是针对被视为侵略者的一方或多方,人们预期参与此类行动的部队可能会卷入战斗,相关行动往往是全副武装的,成员国为之提供必要的资源。

严格来说,维持和平(peace keeping)的使命是指维持已经存在的和平状态,即使用外部的军事力量帮助已经同意停止战斗的冲突各方履行它们的协议,因此要在有和平可以维持的时候才具有意义。维和可以是针对国内冲突,也可以是针对国际冲突。维和行动通常是在国家间战争或内战结束后进行。此时,通过一支公正的部队来确保停火等协议被遵守,是很有价值的。维和的使命不仅联合国可以承担,其他国际组织也可以承担,甚至有时个别的国家也可以承担。这里主要是讨论联合国承担的维和使命。

在具体维和过程中,联合国可以组建一支多国维和部队,其主要任务是核查和平协议的条款是否得到遵守;停火是否得到维持;临时停火线是否得到尊重;如果有相关规定,部队是否撤离或遣散;等等。在国内冲突结束后,维和部队还会帮助管理选举并确保其公正性。维和人员的部署通常需要冲突各方同意。除极少数情况外,维和人员不是强加给交战各方的。维和人员通常只配备少量武器。他们的目的不是参与战斗,而是为了确保战争不再重启。在此过程中,他们被期待扮演中立角色,在争端中不偏袒任何一方。很大程度上基于这一考虑,维和人员通常来自遥远的国家,在冲突中只有微弱的利益,也很少来自大国。有意思的是,《联合国宪章》更多考虑的是制止战争和缔造和平的问题,并没有明确设想过维和行动。在冷战时期,组织执行和平行动的困难导致联合国创新了这种成本较低、争议较少的方式。

就维持和平而言,它实际上又包含了四项具体的功能。第一是观察与核实和平协议的实施情况。维和部队将监督停火协议的执行,及时识别停火协议遭到的破坏,对有关的分歧进行调解,并向联合国提出报告。第二是充当缓冲区。维和部队将被置于冲突方之间,以防止他们进行相互攻击和发生意外事故。第三是提供人道主义援助。这既可以是直接的,如维和部队帮助冲突各方的平民撤出危险区、分发援助、防止报复等;也可以是间接的,如维和部队保护公众生活必需品的运输安全,防止对它们的抢劫和偷窃。第四是帮助建立法制和秩序。这也既可以是直接的,如维和部队暂时承担地方警察的职能,颁布相应法规,打击刑事犯罪,维持交通秩序等;也可以是间接的,如维和部队组织和培训当地警察及军事力量,以维持法制和秩序。

借助各种具体策略,国际维和行动至少可以在三个方面影响对手之间的讨价还价互动,从而促进和平的实现和维持。第一,外部介入的前景有可能改变国家间或在内战情况下交战群体间互动的潜在结果,使战争对双方的吸引力降低。在一些情况下,国际社会整体压倒性的力量介入意味着挑战者的失败几乎是肯定的。任何一方都不可能通过威胁战争来改变谈判结果,使之有利于自己。第二,外部干预可以帮助解决第三章中所指出的承诺问题。如果存在被削弱危险的国家能指望别人来提供保护,那么两个国家之间相对力量的转移可能会变得不那么危险,从而减少了任何预防性动机。同样,如果一方知道,当其对手利用某种战略资产来进行攻击或提出修正要求时,其他力量会介入帮助它对之加以克制,那么它在作出让步时就会感到安全。同样,在讨价还价结果中相对获益的国家,也能更可信地承诺不利用其新获得的权力。例如,以色列和叙利亚在具有战略价值的戈兰高地问题上存在冲突,以色列于1967年从叙利亚手中夺取了这块领土。由于戈兰高地的战略重要性,以色列一直不愿意将这块土地归还给叙利亚。然而,1974年,这两个国家同意从戈兰高地撤军,关键原因就是联合国介入,派驻了1 000多名成员组成维和部队并设立观察哨。40年来,维和部队帮助确保双方都不会在该地区部署军队,从而缓解了该地区的紧张局势。同样,如第四章中提到的,与解除武装相关的承诺问题是预防和结束内战的主要障碍。联合国经常在这种情况下部署维和特派团,以确保双方都遵守裁军承诺,保证在此过程中任何一方都不会试图利用对方的克制态度。例如，利比里亚内战在1989年至2003年夺走了近15万人的生命，在内战结束后，联合国派遣了15 000名维和人员，以促进解除武装和复员工作。第三，作为中立者（而非介入者）的观察员和维和人员，通过隔离对抗、信息传递和说服劝导，同样可以在促进和平方面发挥积极作用。当然上述正面作用的实现是有条件的，其中最关键的一点就是国际介入行动应当是协调一致、前后一贯的，从而能够释放清晰的信号，建立一致的预期，否则国际介入有时可能出现恰恰相反的后果。

在具体实践中，维和人员以三种基本机制来发挥影响：强制、诱导和劝说。① 就强制而言，维和部队可以使用威慑、防御、监视和逮捕等强制性手段，但在实际维和行动中使用较少。诱导则是以各种形式的援助和就业机会等好处，以及对市场准入等方面的限制等来促使参与方行为变化。胁迫和诱导在本质上都是物质的，这使研究者更容易发现和追踪因果关系。劝说是最微妙的，使用话语和思想来改变行为。无论是在维和领域还是其他领域，坚持不懈、不加伪饰的成功说服往往是改变行为的最深刻、最持久的手段。

劝说是一种社会互动过程，在没有物质诱导或胁迫的情况下，改变另一个实体的行为。维和过程中的劝说机制有多种具体形式。第一，维和人员每天都在进行调解性工作，职员和维和士兵帮助缓和低级别的争端，而高级别的军事和政治官员则通过外交手段来避免危机。第二，当积极的调停落空时，维和团队可能会采用点名羞辱（naming and shaming）等来施加压力。第三，维和人员通过设立与当地人接触互动的营地和前哨站，对当地居民进行宣传，利用公共渠道传递和分享信息。第四，维和人员还利用戴蓝盔、发布海报和广告牌等视觉和象征性物品来传达他们的意图。第五，维和人员越来越多地通过面向大众的教育和培训活动等来进行说服宣传。有效的劝说取决于明确和统一的信息、传递信息的有效渠道，以及行为与信息一致。这些因素是有效说服的关键条件。一般情况下，说服是不容易实现的。当维和人员保持信号一致、切实了解对象、并言行一致时，说服会更有效。

诱导是指通过物质上的但非军事上的激励，以改变相关方的行为。这是一个广泛的类别，至少包括四个基本机制：提供人道主义和发展援助以及贷款；以武器禁令、矿产贸易限制和经济制裁为形式的市场限制；帮助建立法律、选举、市政和军事等制度和机构；围绕大型、长期的国际特派团常常发展起来的所谓"维和经济"。前三类是故意的，最后一类则不是。所有的维和特派团都采用了诱导的方式来维持和平。有效的、有意的诱导是以外部方拥有诱导手段为前提的，将

---

① 以下讨论基于 Lise Howard, *Power in Peacekeeping*, New York: Cambridge University Press, 2019。

诱导与劝说/政治策略相协调,它们能产生明显的有时是出人预料的作用。

强制是指通过限制选择权来影响他人的行为。强制有五种基本形式。一是进攻和攻击,但维和人员不具备进攻性军事能力。二是威慑,在军事层面,这往往需要二次打击能力,这也是维和人员不具备的要素,但是考虑其他层面,潜在的攻击者可能决定不攻击,因为他们害怕潜在的经济或政治后果。三是防御,维和人员及部队都会进行防御。各类部队都可以保护自己和弱势人群。抵御攻击和保卫阵地或平民所需的军事能力低于行使强制力或基于军事的威慑,维和人员一直具有这种能力。四是所有部队——军事人员和维和人员——都行使监视的强制力。通过巡逻和收集信息/情报进行观察或监视,是维和行动和军事行动中关键的强制形式之一。最后,联合国维和人员有时被联合国安全理事会赋予逮捕权,如在中非共和国的维和行动中。

小 结

本章讨论国际冲突的控制、管理和解决问题。应对国际争端,无论是冲突、危机还是战争,都涉及三项任务:一是预防,即防止它们的发生;二是控制,即令冲突处于一种受控状态,而不是急剧恶化,从而为最终解决争取时间并创造条件;三是解决,即最终结束争执、危机与战争。在国际安全竞争与冲突的讨价还价互动中,国家除了利用强制威胁来尽可能地维护和扩展自身利益,同样重要的是还要对冲突升级乃至发展为战争的风险保持注意。这意味着除了施压,还有必要展开积极的谈判和对话,适时地综合或交替运用劝说和妥协等策略,促使对手达成某种冲突控制和解决方案,从而实现己方政策目标。

在外交谈判和对话中,信息传递特别是信息的可信性问题成为学界讨论的焦点。在国际政治中,国家常常需要根据接收到的信号来揣度对方不可知的意图和动机。由于国家普遍具有隐藏和伪装自身意图与能力的动机,一般只有昂贵信号才会对国际行为体产生影响。能促使对手妥协的昂贵信号应当具有高成本或自带风险的特点。既有研究提出了国家使其威胁可信的三种机制:边缘政策、沉没成本与自缚双手。在当前研究中,同国内政治密切相关的"观众成本"成为讨论的重心,但也存在着一些偏见和争议,需要进一步结合中国等国家的具体实际深入探讨。

危机管理是冲突控制和管理的重要环节,在中国国际安全事务中的重要性正日渐凸显。危机管理需要保持战略克制,努力维护大局,博弈中既斗争又合作,避免承诺陷阱,建立必要的沟通渠道,发出明确的信号和正确理解对方发出的信号,慎用军事手段等。缺乏对对方决策机制的充分了解、双边危机管理机制建设滞后、疏于危机防范、危机爆发初期沟通不畅、情报保障不力、受到媒体舆论的干扰等,则是缺乏危机管理的突出教训。

国际社会在国际冲突的管理和解决中也可以发挥重要的作用,诸如国际调停和仲裁等都是重要的手段。这方面最引人注目的努力是以联合国为中心的维和行动。国际介入在多方面影响对手之间的讨价还价互动,从而促进和平的实现和维持。首先,外部集体介入的前景可能使战争的吸引力降低,任何一方都不可能通过威胁战争来改变谈判结果。其次,外部干预可以帮助解决承诺问题,减少了预防性动机,使得冲突方在作出让步时得到安抚,而相对获益的国家也能更可信地作出承诺。最后,作为中立者的观察员与维和人员,通过隔离对抗、信息传递和说服劝导,同样可以在促进和平方面发挥积极作用。在具体实践中,维和人员通过强制、诱导和劝说这三种基本机制来发挥作用。

思考讨论题

1. 增强信号可信性有哪些办法,背后有哪些机制,相关行动受到哪些约束和制约?
2. "观众成本"被广泛应用于国际安全研究,不同国家在此存在哪些差异,其适用性如何?
3. 怎样做到好的危机管控,结合当前中国战略外交中的具体问题(钓鱼岛、南海)说明你的观点。
4. 国际维和发挥作用的条件有哪些?中国应如何提升自己的相关能力?
5. 国际维和行动的实践机制有哪些,请结合具体事例加以说明?

扩展阅读

[美]理查德·内德·勒博:《和平与战争之间:国际危机的性质》,赵景芳译,北京大学出版社2018年版。基于对国际危机的类型学分析,比较分析了国际危机的根源、政治过程和结果。

张沱生、[美]史文主编:《对抗·博弈·合作——中美安全危机管理案例分析》,

世界知识出版社 2007 年版。两国学者对中美安全危机管理历史案例的分析，在今天依然富于启发。

Lise Howard，*Power in Peacekeeping*，New York：Cambridge University Press，2019. 对联合国维和行动运作方式的系统分类和过程分析，打开了后续研究的空间。

第七章

同盟政治与集体安全

本章导学

同盟(alliance)和集体安全(collective security)是国家间安全合作的重要形式,也是国际安全研究的经典问题。首先,本章讨论同盟的起源及其对国家间互动的影响,强调同盟作为一种制度安排的属性,对有关同盟起源的经典研究进行检讨,并从多个角度对同盟对国家间关系的影响进行讨论。其次,本章分析以"牵连-抛弃"为核心的同盟困境和同盟管理的多种策略。再次,从安全和制度的角度,本章还讨论了集体安全特别是以联合国为中心的相关实践,展示其成就和不足,并对原因进行探析。最后,本章介绍了对于准同盟、联合阵线、伙伴关系以及多元安全共同体等新型安全合作关系的研究。

本章学习目标

1. 辨析同盟的概念,思考从制度视角分析同盟问题的价值;
2. 了解同盟起源的多种解释,形成并论证自己的见解,了解同盟对国家间互动的影响,并运用于具体问题的分析;
3. 理解同盟困境的成因,知晓同盟管理的多种机制与条件,能结合实际进行破与立两方面的分析和思考;
4. 评价联合国集体安全实践的成绩与不足,能对其背后的原因提出并论证自己的想法;
5. 结合中国实际情况,思考通过推动伙伴关系等,开展包容性安全合作,建设区域安全命运共同体的战略路径问题。

第一节 同盟起源与功能

大国间的结盟与集团式对抗常常对各个历史时期国际格局的塑造和嬗变产生直接和深远的影响。合纵连横的选择不只关系到国际体系的稳定与动荡,还与一个国家的国运兴衰深刻关联。广义上而言,同盟意味着国家之间某种明确、稳定的安全合作关系的确立。同盟旨在维持成员国的安全、增强成员国的权势,并往往针对特定的国家。在国际关系的实践中,同盟合作经常并不仅仅限定在军事同盟的范围。通过建立明确的战略联合关系,国家往往在更加全面的国际政治及经济事务中拥有了坚定的合作者。

一、作为制度安排的同盟

在分析的意义上,同盟可以理解为是帮助其成员在发生战争和冲突时进行军事合作的一种制度安排,在国家有相容的战略和安全利益时,推动他们进行军事合作,进而影响与某些第三方的冲突和竞争性博弈。同盟研究长期为现实主义学派所主导,对同盟这一安全合作形式本身的讨论并不多。在现实主义理论框架里,同盟其实是权力政治的衍生产物。考察同盟的作用,恐怕也要借重有关国际制度的研究。同盟作为安全合作制度的一个核心功能是加强盟国对彼此的承诺,并以更可信的方式向其他方面发出这种合作的信号。像其他制度一样,同盟提供了行为规则,凝聚了对国家在某些条件下的行为的期望。同盟协议可能包含如何监测与核查成员遵守规定的情况,以及联合决策的程序。此外,同盟还提供了成员间解决分配性问题的协议,规定每个成员的义务,并解决可能妨碍合作的冲突。

这些协议各不相同,涉及的利益关系亦不同。有些同盟是进攻性的,有些同盟则是防御性的。进攻性同盟是指国家之间达成协议,相互联合以攻击第三国。更多时候,同盟是防御性的:国家承诺在盟国受到攻击时会为对方提供支持。二战前英国和法国对波兰的承诺就带有这种性质。防御性同盟的承诺可以是开放式的,即盟友在面对任何攻击时都相互防卫,也可以明确只针对来自特定国家的攻击。同盟还可能要求成员国在受到攻击时采取何种措施方面有所不同。典型的同盟协议要求各国在军事上相互援助,也就是说,把对盟友的攻击当作对自己的攻击。其他一些同盟协议可能仅仅是规定在发生战争时,各国将相互协商。除了说明进攻或防御性质外,同盟还可以就每个国家对共同防御的贡献的多少和内容作出规定。有些同盟是对称的,这意味着成员有类似的责任,大致同等作出贡献。有些同盟是不对称的,通常是因为其中一个成员比其他成员强大得多。

值得注意的是,缔结正式的条约或协定并非同盟成立的必要条件。今天世界上的许多国家都不愿意与其盟国缔结正式的条约,将研究局限于正式缔约的同盟将会丧失许多有价值的研究个案。例如:美国和以色列之间并无正式盟约,但没有人怀疑它们彼此之间的安全承诺;1971年"苏埃友好合作条约"的签订实际上是苏联和埃及关系紧张的标志,而非双方彼此承诺加强关系的证明。① 如有学者所言,"同盟的全部实质和意义很少在正式的军事合作协定或条约中表露,就像婚姻的实质很少在婚姻证书中得到表现一样"②。但问题是,正如缺乏婚姻证书便难以明确一个人的婚姻状况一样,在没有正式协定的情况下,以什么来界定一国是否已经与他国结盟就成为一个难题。③

某个同盟在战时做的事情,在不存在战前同盟的情况下也可以完成。各国不加入同盟也可能在战争中介入支持其中一方。有效的战时同盟都是在战斗开始后才组建的。没有正式条约的外交政策声明也可能足以让未来的攻击者相信相关方有可靠的介入意图。结盟并不是有效援助其他国家的必要条件。从制度的视角看,同盟并非国家召之即来、用完即废的外交政策选项,而是一项建立了特定合作条款、具有延续惯性的机制。这一机制不仅能够为成员国提供安全上的收益,也能够降低盟友间信息获取和交换的成本,应对不断涌现的新挑战。因此,外部威胁的弱化或消失并不必然意味着同盟存续基础的垮塌,同盟可以通过机制的转换来实现合作的延续。

二、同盟的起源

同盟的起源是同盟政治研究领域的经典问题。既然同盟可以在不存在直接冲突的情况下将一国拖入与其他国家的战争中,那么为什么各国要建立同盟呢?同盟合作的基础是拥有兼容的利益。在二战爆发前,英国和法国的领导人同意保卫波兰并不是出于善意,而是因为他们担心德国征服波兰后变得更加强大,带来更大的威胁。在其他情况下,同盟伙伴可能有某些互补的利益。美国和韩国之间的同盟就是如此:韩国希望得到来自美国的安全保护,而美国则希望得到军事基地和伙伴。通常情况下,同盟国之间能提供彼此看重的东西,并在与第三方

---

① Stephen Walt, *The Origins of Alliances*, Ithaca: Cornell University Press, 1990, p.12.
② Robert Osgood, *Alliances and American Foreign Policy*, Baltimore: The Johns Hopkins Press, 1968, p.18.
③ 本段论述参考于铁军:《国际政治中的同盟理论:进展与争论》,《欧洲》1999年第5期,第16页。

国家讨价还价时有一致的利益。

（一）均势与外部制衡

根据势力均衡理论,建立军事同盟是对国际权力结构的某种变化所作出的反应。同盟与均势(balance of power)二者密不可分。一个国家或一个同盟与另一个同盟间的权势平衡是历史上势力均衡最重要的表现形式。① 国际权力结构是影响国家行为的最重要因素,也是决定国家对外结盟行为的最核心因素。作为外部制衡的典型手段,国家倾向于和实力较弱的一方结盟,因为威胁他们安全的是实力较强的一方。同盟的形成是为了创造或维护权力平衡。

尽管这种动力可以解释同盟形成的某些机理,但均势理论并不能完全解释所有的结盟决策。第一,并非所有同盟的形成都是为了制衡一个更强大的国家。国家有时会选择同争端中更强大的一方联手,以分享征服的战利品,从而出现"见风使舵"(band-wagoning)行为。这类同盟往往是进攻性的,其基础是攫取共同利益。第二,一个国家往往有多个潜在的合作伙伴来平衡另一个较强国家的能力,均势理论并不能解释为什么有些伙伴比其他国家更受欢迎。当沙特阿拉伯在1957年寻求制衡埃及的盟友时,为什么它选择与同为阿拉伯君主国的约旦和伊拉克结盟,而不是与以色列结盟? 答案不在力量平衡,而在于两国在宗教等方面的不相容以至于结盟不可想象。② 均势理论面对的第三个挑战是,并非所有的强国都会引起类似的制衡反应。自1991年苏联解体以来,美国一直是世界上最强大的国家,但其他大国并没有结盟加以应对。以美国为首的北约同盟非但没有分崩离析,反而扩大了其成员国及势力范围。对此,学术界曾有热烈的讨论。③

（二）威胁平衡论

史蒂芬·沃尔特(Stephen Walt)的威胁平衡理论是对沃尔兹势力均衡理论的修正。沃尔特不接受沃尔兹将实力对比等同于威胁的假定,认为实力对比虽然对于判定威胁大小至关重要,但还有其他因素对于衡量威胁大小不可或缺,如国家所处的地理位置和进攻的意图等。沃尔特强调,国家制衡的是威胁,也就是说制衡威胁才是国家结盟的根本动机。衡量一个国家威胁的大小,主要依据四个要素。首先是综合实力,即国家的总体资源,包括人口、工业、军事能力以及技术能力等。综合实力越强,给别国造成的潜在威胁就越大。其次是地理毗邻性,

---

① [美]汉斯·摩根索:《国家间政治:权力斗争与和平》(第七版),徐昕、郝望、李保平译,北京大学出版社2006年版,第219页。
② Stephen M. Walt, *The Origins of Alliances*, Ithaca: Cornell University Press, 1990, pp.204-206.
③ [美]约翰·伊肯伯里主编:《美国无敌:均势的未来》,韩召颖译,北京大学出版社2005年版。

由于国家投送实力的能力随着距离越远逐渐递减,因此,邻近的国家比距离远的国家构成的威胁更严重。再次是进攻实力。这里,进攻实力特指在可接受的代价范围内威胁另一个国家的主权或领土完整等核心利益的能力。进攻实力越强,则其给其他国家构成的威胁就越严重。最后是侵略意图,只要是被认为具有侵略性,即使综合实力和进攻能力不是非常强,也会给人以威胁感,从而促使其他国家采取制衡行为。沃尔特对1955年至1979年中东地区的同盟演变情况进行了系统考察,最后得出结论:首先,外来威胁是结盟的最重要的原因;其次,面对外来威胁,国家的结盟行为通常是制衡而不是见风使舵;最后,意识形态一致性、经济援助和政治渗透在同盟形成过程中所起的作用相当有限。①

(三) 捆绑连锁与推卸责任

不过,面对威胁时,国家的实际反应并不一致。在多极体系中,国家很容易犯两种错误:一种错误是无条件地把自己与不计后果的盟国拴在一起,一战前的情况如此;另一种错误是拒绝联合、推卸责任,指望第三方来承担遏制强权的风险,二战前的情况便是如此。柯庆生(Thomas J. Christensen)和杰克·施奈德将这两种情况分别概念化为"捆绑连锁"(chain-ganging)和"推卸责任"(buck-passing)。他们将罗伯特·杰维斯在"安全困境"讨论中引入的关键变量——领导人关于进攻战略和防御战略相对有效性的判断引入分析,提出:在多极体系下,如果领导人认为进攻性的军事战略更为有效,那么国家间会结成捆绑连锁的紧密型同盟;反之,如果领导人认为防御更为有效,他们便会试图把早期对抗挑战者的代价转嫁到其他国家身上。进而,"进攻有利观"和"防御有利观"的形成则主要取决于政府与军队系统的关系,以及历史上的教训,特别是上次大战的教训。在1914年,各国普遍认为,取得速战速决的胜利是可能的,因而必须事先结成紧密的同盟并从一开始就全力以赴地投入战争。20世纪30年代后期的情况则正好相反,在经历过一战血腥的堑壕战和消耗战之后,各国领导人相信,征服将是困难而漫长的。冲突伊始不若作壁上观,待好战者精疲力竭时再出来收拾残局方为上策。这种观念导致了二战前各国面对纳粹德国的侵略相互推卸责任的灾难性后果。②

(四) 见风使舵与追随

兰德尔·施韦勒(Randall Schweller)则挑战了相关研究中将利益等同于安全的假定。施韦勒认为,国家结盟不一定是为了安全,也可能是为了获益。换言

---

① 参见[美]斯蒂芬·沃尔特:《同盟的起源》,周丕启译,上海人民出版社2008年版。
② Thomas J. Christensen and Jack Snyder, "Chain Gangs and Passed Bucks: Predicting Alliance Patterns in Multipolarity", *International Organization*, Vol. 44, No. 2, 1990, pp. 137–168.

之,国家的结盟行为不只是对威胁或者权力的反应,也是对机遇的反应。如果说,制衡通常是与弱者结盟,那么追随则往往与强者结盟。追随行为是国家为了扩大利益主动选择的结果。在施韦勒看来,制衡行为代价高昂,除非为了紧迫的生存和安全需要,国家一般会尽量避免;相反,追随行为则通常没有代价且会有潜在收益,因此经常出现。国家除了在遭受威胁时可能会见风使舵,还常常为了扩大本国的利益而主动地、机会主义地采取追随策略。决定国家结盟行为的不是权力不平衡或者威胁不平衡,而是彼此间政治目标的契合程度。国际体系中既存在维持现状的国家,也存在具有改变现状倾向的国家。施韦勒依据国家的实力大小和利益偏好,对国家进行了分类。采取制衡策略还是追随策略与国家的类型密切相关(如表8-1所示)。施韦勒还指出,追随行为对国际体系来说有系统正反馈效应,会导致体系的不稳定和变迁,而制衡行为则是一种负反馈,有助维持体系稳定。①

表 8-1 施韦勒对不同类型国家的区分

"狮型"国家	"羊型"国家
实力强而持有安全偏好的国家 具有强烈的维持现状倾向,而且也有能力和决心维持现状 自我保护(self-preservation):倾向于采取制衡策略,但如果该国认为其他国家将采取制衡行为时则会采取推卸责任的策略	实力弱而持有安全偏好的国家 具有维持现状倾向,但不如"狮型"国家坚决 自我克制(self-abnegation):倾向于采取绥靖或者追随策略,以转移或者抵抗威胁 退避(distancing)策略:尽可能长时间地明哲保身
"狼型"国家	"豺型"国家
实力强而持有获益偏好的国家 拥有强烈的改变现状倾向,而且拥有强大的实力和决心通过武力来改变现状 最具侵略性,愿意为侵略活动承担巨大风险,甚至为了扩张权力而不顾生存风险,是"羊型"和"豺型"国家追随的对象	实力弱而持有获益偏好的国家 想要改变现状,但力量不足;持有限的改变现状目标,但具有风险厌恶型的特性 掠夺性推卸责任(predatory buck-passing):机会主义追随,既可能追随"狼型"国家在对外扩张中获益,也可能在获胜前夕追随"狮型"国家,企图分享胜利果实

(五)与潜在对手结盟

现实中,同盟的形成原因非常复杂。帕特里夏·韦茨曼(Patricia A. Weitsman)指出,同盟的形成与共同利益之间不是一种简单的对应关系。威胁并不一定会导致制衡性的同盟,相反依据威胁水平的不同有着多种选择,而与潜在的对手结盟也是其中之一。她特别指出,在特定情况下,敌对的国家之间也可能有动机来形成同盟——或者是为了应对共同的威胁,或者为了管理、遏制它们彼

---

① Randall L. Schweller, *Deadly Imbalances: Tripolarity and Hitler's Strategy of World Conquest*, New York: Columbia University Press, 1998; Randall Schweller, "Bandwagoning for Profit: Bringing the Revisionist State Back In", *International Security*, Vol.19, No.1, 1994, pp.72-107.

此之于对方的威胁。后一类同盟实际上是用来维持当事国之间的和平。换言之,有时敌对的国家之间也可能建立同盟,其目的仅仅是为了管理彼此间的冲突。当威胁的水平较低时,国家有可能同潜在的朋友或者敌人达成低水平的承诺协议。国家增强自己的实力以及阻断潜在对手的扩张道路,但同时也会向对手示好以免其行动过于具有挑衅性。当国家间的威胁水平上升时,它们有动力形成某种同盟以管理、约束其盟友。这样,彼此之间的威胁变成互惠和对称性的,而非一个国家向另外一个国家屈服。不过,如果这种威胁的水平持续上升,受到威胁的国家将会寻求制衡。而当威胁的水平达到一个极高的程度,可以影响其他国家的生死存亡时,这些国家将会向更强者屈服,追随后者来应对眼前的威胁。① 此外,杨原指出,两极体系下大国为竞争更高的权力地位,容易受小国牵连而陷入冲突和战争。以结盟这种方式向小国释放信号,表达无意因小国而继续对抗的决心从而规避进一步的损失,也成为两个大国的均衡选择。②

（六）楔子战略与分化对手同盟

在大国的结盟选择中,阻止潜在的敌人建立同盟,或者与敌对同盟的成员建立同盟关系分化对手,也成为受到关注的议题。蒂莫西·克劳福德（Timothy Crawford）提出了所谓的"楔子战略"（wedge strategies）。他认为,楔子战略可能成功的情形大概有三种:第一,有选择地拉拢（accommodate）某个对手但坚定反对其他对手的方法,比依靠冲突和强制的方法更有可能离间某个敌对的同盟;第二,有选择的拉拢战略在促使目标国转向中立方面是最有效的;第三,当离间者掌握着某些次要的利益（经济关系、市场进入等）,而这些次要的利益对于目标国来说很重要时,有选择的拉拢战略最易于成功。③ 日本学者泉川泰博（Yasuhiro Izumikawa）则指出,某些情况下有选择地对某些对象施加强大压力也是分化对手同盟的重要手段。④ 对于楔子战略,国内学者也已有不错的研究。⑤

三、同盟对国家间互动的影响

同盟能够对国家间的互动产生多种影响,在不同的情境下有不同表现。

---

① Patricia A. Weitsman, *Dangerous Alliances: Proponents of Peace, Weapons of War*, California: Stanford University Press, 2004.
② 杨原:《大国政治的喜剧——两极体系下超级大国彼此结盟之谜》,《世界经济与政治》2019 年第 12 期,第 38—68 页。
③ Timothy W. Crawford, "Preventing Enemy Coalitions: How Wedge Strategies Shape Power Politics", *International Security*, Vol. 35, No. 4, 2011, pp. 155-189.
④ Yasuhiro Izumikawa, "To Coerce or Reward? Theorizing Wedge Strategies in Alliance Politics", *Security Studies*, Vol. 22, No. 3, 2013, pp. 498-531.
⑤ 参见凌胜利:《分而制胜:冷战时期美国楔子战略研究》,世界知识出版社 2015 年版。

(一) 能力扩张

在通常的理解中,国家靠结盟以增强自身对抗敌人及其他目标的力量,通过改变实力分布与力量对比来改变国家间的互动。这种观点被称为同盟的能力扩张模型(capability aggregation model)。[①] 盟友介入的可能性通过改变力量对比和战争成本来影响国际讨价还价。除了影响讨价还价区间的位置和大小,盟国的干预还通过改变每一方对战争的预期来影响两国之间的讨价还价互动,构成延展威慑等效应。

(二) 信号效应

如前所述,当争端各方对第三方的行动有不同的信息时,这种不确定性会增加讨价还价失败并导致战争的概率。1990年8月,伊拉克不确信美国是否会保卫科威特,这很大限度上导致了海湾战争的发生。在此意义上,同盟更是通过影响国家对第三方将采取何种行动的信念来影响国家间的讨价还价互动。虽然利益一致是同盟形成的必要条件,但国家结成同盟主要是为了向其他国家发出明确信号。毕竟,如果对各方而言,彼此支持与介入是明确的,也就没有必要为此进行谈判和签署约定了。[②] 同盟安排事实上意味着一种隐含的威胁:"如果你攻击我的盟友,我不会坐视不管。"但是,承诺可能是有问题的:承诺执行起来成本很高,盟国可能有虚张声势的动机,且没有任何外部机制促使盟友履行条约义务。事实上,有太多盟友没有履行承诺的例子。这提醒我们,当我们谈论同盟时,我们应该明确地把它们当作一种制度安排,而不是一个单一的行为体。同盟是一些国家基于共同利益形成的制度安排,帮助它们合作行事,但任何时候决策和行动都掌握在国家而非同盟手中。

针对同盟的信号效应,可以延伸出很多重要的研究主题,例如同盟承诺的可信性及其机制、盟友信号的类型与作用。例如,柯庆生(Thomas Christensen)的理论框架将同盟政治与强制外交有机结合,指出如果对手同盟内部存在矛盾,缺乏团结,协调性差,那么某国在面对这一同盟时反而会受到更大的挑战,对该同盟施展强制外交的效果也会大打折扣。这有几方面的原因。当对手同盟内部缺乏协调时,其成员对外行为的独立性上升,其中具有进攻性的成员可能将其他成员拖入冲突中;同时,同盟内部协调性较差也会使得该同盟不易接收对手发出的威慑和承诺信号。相对于维持现状的同盟,或者不存在领导权竞争、等级结构分

[①] James D. Morrow, "Alliances and Asymmetry: An Alternative to the Capability Aggregation Model of Alliances", *American Journal of Political Science*, Vol. 35, No. 4, 1991, pp. 904-933.

[②] James D. Morrow, "Alliances: Why Write Them Down?", *Annual Review of Political Science*, Vol. 3, No. 1, 2000, pp. 63-83.

明的同盟,存在内部竞争的意在改变现状的同盟更加难以通过强制外交来加以遏制。当对手同盟出现内部竞争或分化时,对方很难清晰、连贯地解读己方所发出的威慑和威逼信号,己方采取低成本强制手段实现政策目标的企图会落空。最终,同盟内部的不团结、不协调和敌对会增加地区冲突爆发的可能性,并可能导致现有冲突的升级和延续。结果,对手同盟内部凝聚力越高、协调性越强,则越有助于对其实施强制外交、缓解地区冲突。一个分裂的对手同盟比一个团结的对手同盟更加难以应付。①

（三）自主-安全交易

能力扩张模型在解释大国和小国之间的不对称同盟时也有不少缺陷。依照能力扩张模型,当一国的能力增强时,它对抗威胁的能力会加强,同盟对其的价值会降低;当一国的能力下降时,它作为被结盟者的价值会下降。对于大国和小国间的不对称同盟来说,虽然小国可以靠与大国结盟来提高自己对抗威胁的能力,但对大国却未必有此效果,所以能力扩张模型的解释力存有缺陷,针对这一问题,莫罗提出了一个"自主-安全交易"模型(the autonomy-security trade-off model),主张结盟是国家间以自主与安全进行的交易。对小国来说,尽管它不能提供安全给同盟伙伴,但它能够以某些让步(如提供军事基地)来提高盟友的行动自由;对大国来说,它的安全资源相对是富裕的,可以通过投入一定的安全保护资源以换取更高限度的行动自主。正是结盟双方利益的不一致与配合效应,反而使这种不对称同盟既容易结成又拥有较长的生命力。②

（四）公共物品

公共物品模型关注同盟对内部利益互动的影响,认为同盟提供安全给其成员,在同盟内部,这一好处具有非排他性和非竞争性。基于这种假设,公共物品模型认为小国即使减少对同盟的贡献,也不会担心被大国报复,小国会利用同盟行为来"搭便车"(free ride)。不过,延斯·林斯莫斯(Jens Ringsmose)指出,小国缺乏足够的实力来明显地影响同盟的总体实力状况,在面临日益上升的军事威胁时也就没有什么动力来增加军事开支。但是,当面临被抛弃、外交压力、经济制裁和政治边缘化的处境时,弱小国家将会变得顺从,增加其防务开支。因此,对于某个同盟的小国来说,各种防务开支(比如购买军火)就构成了参与集体

---

① Thomas J. Christensen, *Worse than a Monolith: Alliance Politics and Problems of Coercive Diplomacy in Asia*, Princeton: Princeton University Press, 2011.
② James D. Morrow, "Alliances and Asymmetry: An Alternative to the Capability Aggregation Model of Alliances", *American Journal of Political Science*, Vol. 35, No. 4, 1991, pp. 904-933.

安全和获得强大伙伴所提供的安全的准入费用,或者可说是"保护费"。①

总之,一个同盟能否成功地促进其成员的利益,取决于各国是否愿意为对方出力,以及是否有能力以可信的方式表明这种意愿。因此,同盟必须完成两项关键任务。首先,他们必须使盟友比在没有同盟的情况下更有可能为对方出力。这可以通过降低共同战斗的成本,增加共同战斗的收益,和/或增加不共同战斗的代价——放弃盟友的成本——来实现。其次,同盟在做这些事情的时候,必须让各成员及对手相信盟友确实会一起战斗。因此,同盟的目标是既要增进盟友相互援助的利益,又要通过塑造对手的期望来影响与对手国家的互动。

同盟通常具有一些旨在推进上述目标的安排。它们通过提高成员国有效合作的能力来增加战争的利益和降低战争的成本。盟国可以进行联合军事计划和联合军事演习,它们可以在彼此的土地上驻扎军队。这些协调是公开的,这有助于对潜在的对手构成威慑。一些同盟还包含联合决策的规定。例如,北约任命了一个欧洲盟军最高司令。同盟也可以增加抛弃的成本——未能为盟友作战的成本。历史上,各国通过王室之间的联姻来巩固同盟是很常见的。同盟条约通常是公开的,这一事实可以使国家的声誉受到影响。尽管存在挑战,但从历史上看,各国在战争中履行其同盟承诺的情况还是占到了约七成。②

摩根索曾写道,"典型的同盟植根于充满各种不同目的和利益的动力场之中"。③ 当国家间利益具备一定的重合性时,同盟作为一种调节机制和保证措施,能够在一定程度上调整盟友间的政策,使其在一定的时空内形成一致。但本质上讲,国家间的利益是不可能完全重合的,各国政策也不可能做到完全一致,否则,国家也无须结盟,所以盟友间的利益只具有部分重合性,而且重合度还会随着时空移转而变化。这使得盟友间的互动成为重要的研究话题。

第二节 同盟管理

同盟研究不仅涉及同盟的形成与影响,还涉及同盟自身的持续和发展,也就是对同盟内各方关系的协调与处置。同盟管理主要强调同盟内部的协调与谈

---

① Jens Ringsmose, "Paying for Protection: Denmark's Military Expenditure during the Cold War", *Cooperation and Conflict*, Vol. 44, No. 1, 2009, pp. 74-75.
② Brett Ashley Leeds, "Alliance Reliability in Times of War: Explaining State Decisions to Violate Treaties", *International Organization* Vol. 57, No. 4, 2003, pp. 801-827.
③ [美]汉斯·摩根索:《国家间政治:权力斗争与和平》(第七版),徐昕、郝望、李保平译,北京大学出版社2006年版,第244页。

判,包括在外在威胁不明时如何重塑或强化原有同盟。简而言之,同盟管理是与避免同盟困境连在一起的。

一、同盟困境

摩根索在《国家间政治:权力斗争与和平》一书中就曾指出:"只有当共同利益的政策及措施并不完全的时候,才要求缔结盟约使这些政策及措施明确化并起作用。"① 当国家间的利益一致性很强时,结盟本身会显得多余。比如,缺乏正式盟约并没有影响美国在两次世界大战中支持英国以及现在支持以色列。同盟是一种合作而非和谐关系,涉及利益与行动的协调。同盟一旦形成,成员国便面临同盟管理的任务。随着国际环境和威胁来源的改变,同盟持续和发展的动力及同盟内部的协同性都会出现变化,甚至会影响到同盟的继续存在。因此,在同盟的演变和沿革中,始终存在管理与协调的难题。

如果各国都有兼容的安全利益,它们结成同盟并表明对彼此的承诺,那么,为什么常常不能确定成员是否真的会履行其义务?为什么盟友和其他国家有时会对盟友是否真的会相互援助有不同的期望?为了回答这些问题,我们需要思考战略互动中各方所面临的选择。

(一)"同盟困境"与牵连-抛弃模型

在其经典研究中,格伦·施奈德(Glenn H. Snyder)指出,同盟结成之后,盟友在对敌博弈的同时,自身之间也会发生冲突和摩擦,并面临一大挑战,即结盟者发现它们会陷入牵连(entrapment)与抛弃(abandonment)的矛盾之中。施奈德称之为"同盟政治的安全困境"。"抛弃"有多种形式,比如盟国拒绝履行某些义务、解除盟约甚或与敌国结盟。"牵连"则意味着因盟国的利益而被拖进一场冲突,而那些利益本国却并不共享或只部分共享。施奈德指出,任何结盟的国家都不可避免地要在被"抛弃"和"牵连"之间进行权衡。盟国必须表明自身的价值,以免被其伙伴抛弃,但这样却更容易被其盟国拖进一场它不希望或者不必然发生的战争中去。相反,一个担心遭受"牵连"而与盟国拉开距离的国家又要面临被盟国抛弃的风险。国家在这两者之间该如何权衡?这便构成了"同盟困境"的第一层含义。"同盟困境"的第二层含义是:一国如果为避免被抛弃而选择强化同盟,那便有可能引发其对手的敌意,从而加剧紧张局势,到头来事与愿违;而一国如选择弱化同盟,则又可能促使那些抱有扩张主义目标的对手得寸进尺。

---

① [美]汉斯·摩根索:《国家间政治:权力斗争与和平》(第七版),徐昕、郝望、李保平译,北京大学出版社2006年版,第241页。

同盟不仅是盟国之间的博弈,也是与对手国之间的博弈,需要谨慎从事。在其研究中,格伦·施奈德还比较了两极和多极状态下"同盟困境"的差异。他认为,由于在两极体系下,被盟国"抛弃"的风险要比多极体系下小得多,小国无可选择,超级大国也不会不理智地抛弃,同时在两极体系下,牵连的可能性是存在的:美国及其欧洲的盟友都不愿陷入一场同敌人的冲突中。在多极情况下,"同盟困境"的情况不那么严重,在处理与敌国的关系时,盟国之间可以奉行独立、甚至互相矛盾的政策,而不怎么担心会因之被伙伴抛弃。①

为了驾驭上述两难局面,国家有时会采取一定限度的"战略模糊"政策,即限制自身承诺或故意让这些承诺含糊不清,但这显然也有风险。虽然明确坚定的同盟保障有助克制对盟友的威胁,但也增加了使盟友变得更具冒险性的风险。对盟友的保证越固定,该盟友采取机会主义行为的动力就越大。结果,国家可能因为担心被盟友牵连而拒绝作出清晰的承诺,进而导致了国际关系中的不完全承诺现象。但是,国家为限制牵连风险而保留的自由裁量权越大,同盟的可信度就越低,在阻止挑战者方面也就越难成功。在同盟的可信度(需要明确坚定的承诺)和控制同盟伙伴的努力(可能需要模糊性和灵活性)之间存在着张力和权衡。

(二) 不对称同盟的管理难题

如前面的自主-安全交易模型和公共物品模型所展示的,就不对称同盟而言,同盟主导国与辅助国之间既相互依存又相互竞争的关系提出了同盟管理的另一种挑战。一般情况下,就不对称同盟而言,大国往往更担心被牵连。而小国在大国对敌方强硬时,会担心被牵连,在大国对敌怀柔时,则常常担心被抛弃。值得注意的是,除此之外,大国和小国间还会出现扶持与抑制、依存与自主、平等与胁从、责任与收益等一系列矛盾。收益与投入不符、责任与义务失衡成为成员间的障碍。主导国为了壮大同盟的总体实力,实现整体战略目标,需要扶持弱小的盟国,使之作为支点和辅助,在全球安全布局和地区安全方面发挥更大影响和作用。同理,对于弱小的盟国而言,除了维护外部安全,同盟有时还发挥着强化虚弱的政权、为其国内政治目标服务的作用。比如冷战时期,菲律宾和韩国的执政者借助同美国结盟来达到维持国内统治的目的。但是,主导国抑制和约束盟国的一面也不容忽视:首先,扶持和支持的力度必须符合主导国的全球霸权需要,为主导国的最大利益服务;其次,避免盟国自行其是,同盟提供的安全保障使成员国容易克服对敌国对抗甚至发起攻击的企图,从而避免将其他盟国卷入其中,承担不必要的风险;再次,同盟使其成员国在某种程度上产生依赖性。同盟的形成会带来心理上及政治上的影响,使盟国担心失去同盟的代价大于参与其

---

① Glenn H. Snyder, *Alliance Politics*, Ithaca: Cornell University Press, 1997.

中的代价,因而不得不经常为了适应同盟需要而作政策上的调整。

以当前美国的亚太同盟体系为例,美国与亚太盟友存在利益分歧是一个基本事实,这种分歧既有层次上的不同,也有安全目标上的指向性差异。美国对于亚太地区热点的关注是放在亚太整体战略角度来看的,同时兼顾与其他地区的协调,期待在继续发挥主导作用的前提下削减成本和责任,而盟国更重视各自当前威胁与地区利益的关系。承诺的模糊和减少,或者是分担责任,都是美国的政策手段。与此同时,盟国在不得不承担更大义务之后,也开始要求更多的权利,由此出现诸多矛盾。这在美国相对衰弱、进行战略收缩的背景下就更是如此。

同盟管理中的问题有些是与同盟本身相生相伴的。比如自同盟形成之后,必然存在利益不均衡。成员国之间的关系无论是取决于一个正式的条约还是仅仅依靠相互认可的共同利益,同盟各方都想拥有控制力以使本国的净收益最大化。伴随而来的是战略分歧以及利益协调和主导权协调的难题。同盟管理中的有些问题则是结成同盟后派生的,比如相互制约与相互牵制。同盟行为增加了连带关系,限制了自由范围,使结盟者在潜在的突破束缚的意愿中难以摆脱同盟的限度。如果纵容或听任结盟者突破约束,则可能引火烧身。因此,盟约的承诺既不能过分含糊,也不能过分清晰固定。

同盟管理还要应对时间带来的环境变化问题。环境与同盟利益的变化对于不同盟国的影响是不一样的。利益的变化可能导致同盟成员对同盟的不同认识;同盟规模的大小与收益相关,并会引起对威胁认定的分歧。这是同盟的持续性与威胁的有限性之间的矛盾。同盟受益者希望同盟持续存在,但威胁是不断变化的。没有一种单一的威胁能够长久维持同盟的存在。随着时代的变化,威胁源就会出现分散的状况,盟国之间对威胁的认定也会出现分歧,因此需要不断认定和判定甚至假定或制造新的威胁。总之,盟国一方面因为共同利益而相互依赖,另一方面又因为利益分歧而发生冲突。共同利益使盟国不愿分离,而不同利益则驱使盟国试图各行其是。这就导致了同盟管理的困境。

二、同盟管理机制

如何协调利益差异和分歧带来的矛盾,如何在组织扩展与职能强化方面达成一致,如何增强同盟及同盟管理的适应性等,一直都是同盟组织者和研究者面对的重要课题。同盟管理的目的在于提高同盟的可靠性。可靠性源自两个方面:威慑对手与援助盟友。同盟机制的作用也体现在两方面:对于盟友主要是通过复杂的机制提高背叛成本,对于对手则是发出有代价的信号威慑其冒险行为。针对同盟内部的利益差异以及由之而来的同盟困境,同盟管理的主要任务是引导盟国之间对成本与收益进行协调,更好地界定所应对的威胁与任务,并对各自承担的义务进行分配,为协调各自行为作出正式或非正式安排。只有理解了同盟管理,才能理解同盟政治的全过程。

同盟管理除了追求共同利益的合作型博弈,还要协调竞争性利益,这包含一个讨价还价的过程。主要的竞争性利益是影响或控制盟国以降低本国的风险和付出。同盟内部讨价还价的主要问题包括:军事上的合作程度和合作方式、外交冲突中政策的选择、和解时期的责任分担等。与此同时,成员国在博弈中的地位取决于对盟友的需求、承诺以及议题关联程度。在这三方面占据优势的国家具备较强的讨价还价能力,可以促使其他成员作出更多让步。针对不同的盟国、议题,采取的手段也有所差异。同盟管理大体可以采取利益协调、权力强制、制度约束和权威引导等方式。

利益协调模式强调同盟成员国之间就各自的需求展开磋商协调,来实现同盟内部的利益交换和利益拓展,达成新的利益共识。这与同盟成员国对同盟困境的评估密切相关。一般而言,如果"被牵连"困境占优,那么成员国更倾向于减少同盟投入和成本,在以低成本维持同盟的同时减少"被牵连"困境。如果"被抛弃"困境占优,则成员国更倾向于增加同盟投入和成本,在维持同盟的同时减少"被抛弃"困境。无论采取何种方式,最终都是通过修改同盟条约、调整权利义务分配等来维持同盟。同盟内部可以通过议题联系、利益交换、利益补偿等方式实现利益的再平衡。比如,美国为了让盟友服从自己的意志,在多数情况下会给盟友许诺或提供实质性的回报,包括更多经济和军事援助、对其出口尖端军事装备等,以正面诱导和激励保证它们对美国的拥护和支持。除此之外,如果同盟在既有同盟合作领域的利益分歧难以得到有效化解,也可以通过扩大同盟合作领域来实现同盟共同利益的扩大,降低利益分歧在同盟利益中的占比,使得盟国的成本-收益更加平衡,同盟关系也更趋稳定。

权力强制模式是指通过利用在同盟中的权力对比优势,强制盟国服从本国的意见,在同盟管理中发挥关键作用。在不对称同盟中,由于实力差距和需求差异,实力强大的盟国拥有强大的支配权,实力弱小的盟国基本上没有选择。尽管国家在同盟中并不动辄使用权力强制,但权力对比优势还是使得国家拥有更强的谈判能力,其对弱盟友的援助能力、干涉能力、补偿能力和损耗能力则很大程度上决定了同盟关系的走向,也使得其采取权力强制具备了可能。这也反过来影响到同盟的形式。车维德(Victor D. Cha)就认为,美国在东亚地区之所以采用双边主义的结盟方式,是基于其获得"压倒优势"(power play)的考虑,通过建立不对称的双边同盟,对弱小盟友的行动获得最大的控制力,避免它们的挑衅行为把美国拖入一场不想要的冲突。① 杜鲁门和艾森豪威尔都认为,相比地区范围的多边机制,双边同盟的途径是控制和约束东亚地区那些亲西方独裁者的最好选择。

制度约束模式是指通过某些既定的规则来规范同盟中的权责分担。同盟是一种安全制度,规则安排在同盟管理中作用重大。同盟与其他领域的国际制度和机制安排一样,为成员国提供了有效沟通、交换信息的平台。同盟将成员国之间的安全合作制度化,并且形成了各个成员都需要遵守的行为准则和规范。在一些情况下,同盟本身的制度安排以及相应的一系列行为规范为同盟成员解决分歧提供了依据。从减少同盟内部合作交易成本的角度,同盟制度建设被认为是比较可靠的方式。同盟机制化程度越高,其对盟国的战略选择影响越大。总体而言,同盟制度建设缓冲了同盟困境变化对盟国关系的冲击强度,也使得同盟关系更为稳定。

权威引导模式不同于强制,其实现方式源自说服、规训和从属者的自愿。根据等级理论,非独立的同盟关系是美国领导的等级体系的一个重要维度。作为等级同盟体系的主导国,美国为成员提供了一些安全保护和市场准入,换取它们对美国霸权地位的认可。在这种体系下,美国享有较高的权威,而从属国愿意接受美国的领导。说服也是常用的同盟管理手段。通过权威引导来实施同盟管理,更多地依赖于同盟中的价值观、认同等软实力发挥作用,不过权威关系的形成和维持基于对利益回报的期待。权威的运用受议题领域、利益差异和战略分歧等因素影响,效果参差不齐。总的来说,在利益分歧较少的议题上,该模式更为有效。尽管美国在多数情况下倾向于使用言语行为和正面激励的手段来促使其盟友按照其意愿行事,但在必要时美国也会对不服从其指令的盟友采取某种惩罚和威胁措施,迫使盟友服从自己的要求。

通过上述同盟管理方式,同盟成员国可以实现对同盟成本-收益分配的调节,缓解同盟困境,维持同盟关系的相对稳定。不过由于同盟成员国之间存在实力、利益、同盟困境等方面的差异,采取何种管理方式与各方在同盟中的权力地位、同盟制度状况等因素密切相关。在现实中,同盟体系可能是一种混合物。就不同的同盟关系而言,具体模式的表现并不一致。在具体议题上,同盟管理方式也会存在差异。

---

① Victor D. Cha, "Powerplay: Origins of the U.S. Alliance System in Asia," *International Security*, Vol. 34, No. 3, 2009/2010, pp. 158-196.

第三节　集体安全与联合国

集体安全是另一种典型的国际安全合作形式。与同盟一样，集体安全组织也是促进其成员之间合作的制度安排。与同盟不同的是，集体安全组织是在所有成员国在防止战争和侵略方面有共同利益的假设下形成的。这种集体反应旨在首先阻止可能的侵略者，一个成员对另一个成员的攻击被认为是对整个共同体的威胁，且在这种威慑失败的情况下，全体成员都有责任向被侵略的受害者提供支持。此外，集体安全制度还提供具体机制，如调解或仲裁，以帮助成员国和平解决争端。同盟的成员仅限于少数有共同利益的国家，针对某种外部威胁，而集体安全组织一般具有普遍性或包容性，反映了在国际和平与安全方面具有普遍共同利益的假设。联合国包括了几乎所有为国际承认的国家。许多区域性安全组织，如美洲国家组织、非洲同盟和欧洲安全与合作组织，它们包括所在区域的全部或大多数国家。

一、集体安全

虽然同盟和集体安全在某些方面有共同之处，如成员国都承诺要援助遭受攻击的其他成员国，而遭受攻击的国家也指望依靠他国的援助来增强自身能力，但这两种政策就其意图和行动方式来看却迥然不同。前者是针对成员国的某一共同对手（尽管出于外交方面的考虑，对手的名字可能不会出现在同盟协定中），且成员国之间界定了其所要化解的危险，从而能够在冲突到来之前便制定出战略并进行相应的军事准备。相比之下，集体安全则是在任何地点反对任何有侵略行为的国家。

联合国是集体安全组织的典型例子。今天，联合国的成员国几乎囊括了世界上的所有国家。根据《联合国宪章》，成员国承诺在彼此间的争端中不使用武力，并寻求联合国的帮助，以和平方式解决冲突。同时，《联合国宪章》赋予由五大国（美国、俄罗斯、中国、英国、法国）作为常任理事国的安全理事会（简称安理会）代表各会员国承担维持国际和平及安全的主要责任，授权安理会确定侵略行为和对和平的威胁，并决定应采取何种措施予以应对，包括采取必要的海陆空行动，以维持或恢复国际和平与安全。

在理论上，当一个国家攻击或威胁要攻击另一个国家时，集体安全机制就会被触发。如果确定某些事件构成了侵略行为，或者用联合国的语言来说，是"对国际和平与安全的威胁",那么该组织的所有成员就会被要求对实施违法行为的国家采取行动。根据不同的情况,行动包括从经济制裁到全面军事干预。以联合国为例,安理会有权敦促当事国以和平方式解决争端。无论是否得到会员国的请求,安理会都可以调查任何争端或可能引起国际冲突的形势,以断定它们的存在是否对国际安全构成危害。对于那些被认为会危及国际和平与安全的争端或形势:第一步是要通过相关决议,对危及和平或实施侵略的国家施加压力;第二步是要求当事国先采取临时措施;第三步是要求会员国采取非军事手段,包括经济制裁、禁运和断交;最后一步是采取必要的军事行动,包括军事示威、封锁等。

在实践中,联合国集体安全安排至少在两个重要方面有所调整和发展。首先,由于对国际侵略作出统一反应的困难,联合国和各种区域集体安全组织已发展了一些替代性策略,旨在促进和平解决冲突,而不需要代价和风险较大的武装干预。联合国秘书长在调解冲突方面发挥了积极作用。联合国还授权部署维和部队,帮助监督和执行和平协议。其次,近几十年来,制止或预防国内冲突和大规模侵犯人权行为越来越成为各种集体安全组织关心的问题。但是,包括联合国在内,各种集体安全组织在维持和平与制止侵略方面的已有记录,恐怕也只能说是好坏参半。

二、联合国与集体安全的困境

为什么会这样?无论联合国选择在哪里或者以何种方式进行干预,它都面临着两大挑战:一是集体行动,二是共同决策。

集体行动问题产生于这样一个事实,集体安全组织完全依赖其成员为任何行动提供部队、资金和军事装备等。参与其中的成员国需要承担相应的成本和风险。这些行动所提供的国际和平与稳定是一种公共产品。因此,集体安全组织成员必然面临"搭便车"的诱惑,将成本转嫁给其他国家,导致合作水平低下。相对于其任务,联合国维和特派团往往存在资金与人手不足的困境。

共同决策是另一个严峻挑战。成员需要就确定哪些行为对社会构成威胁,哪些国家是侵略者,以及采取什么行动来应对达成一致。这些决定并不总是简单明了的。集体安全组织允许国家使用武力进行自卫。当然,各国一般都为自己的军事行动辩解说是自卫,所以确定哪些行为是侵略行为,哪些是自卫行为,是必要的。对某一特定行为构成对国际和平与安全的威胁的认定涉及合法性的塑造和争夺。① 确定一个特定的行为是否值得国际社会作出反应，涉及成员国间的复杂利益关系。尽管它们在制止侵略与促进和平解决争端方面可能有共同的利益，但在特定的冲突中，成员国也可能有不同的具体利益及认知。集体安全组织（如联合国），由于其成员的普遍性，往往还包含具有不同甚至相反利益的国家。这意味着，在许多情况下，集体安全组织的成员不一定都是某一特定军事行动的中立方。有些成员国可能有理由偏袒争端中的一方。共同决策存在很高成本。

三、应对集体安全挑战的制度设计

集体安全组织的制度设计反映了集体行动和联合决策的困境所带来的挑战。在国际联盟和联合国中，集体行动与联合决策问题是通过将主要决策权赋予由强国主导的相对较小的理事会来解决的。这些理事会被授权决定某一特定行动是否对国际和平与安全构成威胁，并规定组织的对策。国际联盟理事会一开始有四个常任理事国（英国、法国、意大利和日本），以及四个每三年选举一次的非常任理事国。后来，德国成为第五个常任理事国。日本和德国 1933 年退盟后，苏联在 1934 年成为常任理事国。当联合国在 1946 年取代国际联盟时，其安全理事会也有一个类似的结构，包含五个常任理事国和六个（后增至十个）非常任理事国。一票否决权的新投票规则扩大了五大常任理事国的影响力。安理会可以对有关国际冲突的性质与后果作出认定，要求当事国控制冲突和解决冲突；必要时安理会还可要求各会员国对肇事者或侵略者采取非军事的或军事的制裁措施。②

这些安排有几个好处。首先，将部分决策权赋予一个相对较小的国家集团，意味着不需要在全体会员国中取得共识（就联合国而言，截至 2022 年底有 193 个会员国），从而降低了进行决策和达成协议的成本。至少在理论上，这有助于使该组织对危机作出快速反应。其次，这些规则确保当该组织采取行动时，它是在国际体系中最强大的国家的同意下进行的，确保得到他们的许可。这种安排有助于缓解集体行动问题。然而，与所有制度一样，这些规则的影响并不是中立的；相反，它们使政策结果偏向于有利于那些一开始就有能力制定规则的国家。安理会一票否决权确保了常任理事国的利益。如果大国没有达成一致意

---

① Ian Hurd, *After Anarchy: Legitimacy and Power in the United Nations Security Council*, Princeton, N.J.: Princeton University Press, 2008; Alexander Thompson, *Channeling Power: The UN Security Council and American Statecraft in Iraq*, Ithaca, NY: Cornell University Press, 2010.

② 事实上，按照《联合国宪章》第四十七条，安理会还下设由各常任理事国的参谋总长或其代表组成的联合国军事参谋团，以便就有关军事问题向安理会贡献意见并予以协助，并对受安理会支配的任何军队负战略上的指挥责任。

见,该组织就无法采取行动。总之,集体安全组织通过提供规则和标准来应对使集体行动和联合决策复杂化的挑战,在一定的约束条件下,帮助各国合作推进国际和平中的集体利益。

当下面两个条件得到满足时,集体安全组织最有可能取得成功。第一,对其决策过程至关重要的强大成员国不阻止这种行动。第二,至少有一些成员必须高度重视某种集体利益,以至于他们愿意付出代价来确保提供这种利益。如果集体安全行动的预期成本较低,保护和平方面有强烈的共同利益,特别是当主要国家在阻止侵略方面有一些重要的个体利益时,集体安全机制更有助于促进合作。不幸的是,这些条件并不容易满足。

在联合国存在的前50年中,美苏冷战的分裂使其一再陷入瘫痪。尽管联合国在此期间确实发挥了一些建设性作用,多次促成停火,并部署了18个维和特派团,但在许多最危险的冲突中,联合国都只能置身事外。冷战的结束为联合国创造了新的可能性。联合国在海湾战争中取得了一定成功,但挫折很快在卢旺达出现,暴露了国际社会对这些危机采取行动的意愿的局限。从"9·11"到伊拉克战争及其后,联合国的权威又一再受到美国霸权特别是单边主义外交的挑战。当然,我们不能忽视联合国所取得的各种成绩,虽然它们不像各种失败和悲剧那样引人注目。实际上,当条件许可,比如成本相对较低、风险相对有限时,联合国在监测和协助执行和平协议等方面的业绩记录令人印象深刻。同样,联合国在冲突后重建领域的努力也颇为成功。① 以萨尔瓦多为例,联合国维和行动对帮助该国从内战中恢复发挥了重要作用。在莫桑比克、利比里亚、塞拉利昂、东帝汶、柬埔寨都看到了类似的成绩。

总结历史经验,联合国行动要取得成功,面临着两个基本要求。首先,不存在大国将潜在的行动视为对其利益的威胁。如果这一要求没有得到满足,行动就会受到阻碍。第二,成员国,特别是强大的成员国,必须有足够的关心来投入必要的资源和承担必要的风险。如果仅仅是风险很低,如冲突后的维和行动,这一要求可能不难满足。在扭转侵略或阻止种族灭绝这种成本较高的情况下,必须有强烈的利益关切,以确保有足够的资源投入,但这又很可能带来一些扭曲。因此,有效的行动可能在两个方面受阻:一是牵涉大国自我利益,如乌克兰的情况;二是大国的过分冷漠,如卢旺达的情况。

于是,我们似乎得到一个悖论,即联合国机制恰恰在最不需要它的时候——也就是说,当各强国有足够的共识和关心来采取行动的时候,它才最有可能发挥

---

① Michael W. Doyle and Nicholas Sambanis, *Making War and Building Peace: United Nations Peace Operations*, Princeton, N.J.: Princeton University Press, 2006.

作用。有鉴于此,人们可能会质疑联合国在战争与和平问题上是否重要。答案是,尽管联合国的效用比人们希望的要小,但该组织确实起到了不小的作用。首先,如前所述,联合国在组织维和特派团以帮助各国在冲突后进行重建方面发挥了建设性作用。其次,尽管合作是不平衡的,但联合国提供了平台和规则,促进了集体决策。最后,联合国的授权依旧是宝贵的政治资源。如前联合国秘书长哈马舍尔德所言,"创建联合国不是为了将人类带入天堂,而是为了将其从地狱中拯救出来"。① 这反映了对国际体系中治理的局限性的务实理解。这提醒我们,即使是一个不完美的集体安全机制也能带来有益的变化。

第四节 其他形式安全合作

当今世界,国际安全环境正发生深刻变化。一些国家奉行不结盟政策。一些国家采取准同盟、联合阵线、伙伴关系等非同盟方式开展安全合作。这也成为值得研究和讨论的对象。

一、准同盟、议题同盟与联合阵线

由于国家之间形成同盟的要求较高,准同盟、议题同盟和联合阵线有时则成为安全合作的替代选择。准同盟是指两个或两个以上国际实体在次级安全合作方针之上形成的安全管理模式。成员出于安全合作目的而聚合力量,积极开展合作,却不签订正式盟约,体现出"联而不盟"之特点。尽管依靠非正式协定进行安全合作,但准同盟往往具有较为清晰或明确的针对性对手。准同盟与同盟同属安全合作模式,均包括军售、军事援助、情报合作、联合军事演习、指挥控制系统的整合等内容。两者的区别在于,准同盟缺乏正式盟约,具有解决任务的选择性、合作手段的灵活性、战略指向的模糊性和主权让渡的有限性等特点。目前,准同盟已经在一些国家之间形成,比如澳大利亚和日本就有某种准同盟关系。澳大利亚、日本同为美国盟友,两国之间的安全合作不断增加,于2022年签署了防卫合作协定,但并没有正式结盟。不过,有无盟约是否成为同盟与准同盟的区别标准有待商榷,因为很多同盟实际上也不存在正式盟约;如何将其与联合阵线、议题同盟更好地区分也是一个问题。

---

① Dag Hammarskjöld, *Public Papers of the Secretaries-General of the United Nations*, vol. 2, Andrew W. Cordier and Wilder Foote, eds., New York: Columbia University Press, 1978, p.301.

由于传统同盟的僵化性，一种更为灵活的合作形式——议题同盟（issue alliance）开始逐渐发展起来。不过，与传统同盟主要在安全领域展开合作不同，议题同盟的合作领域更为广泛，所涉及的范围并不仅仅局限于安全领域，还涉及经济、环境、贸易、能源、网络等发展领域。笼统地说，议题同盟是由国际政治行为体在特定时期就某一议题采取共同立场和行动而结成的联合体。它与传统同盟存在诸多不同点：一是议题同盟所涉及的问题基本上都是低政治问题；二是议题同盟一般不需要正式文件，具有较大的灵活性，形成与维持的成本较低；三是建立议题同盟也要求成员间相互信任，但程度上总体偏低。议题同盟的兴起与冷战后国际关系中行为主体的多元化、议题的多元化等因素有着密切联系。为了提高外交行动的合法性和有效性，部分国家力图通过较为松散的集体合作联合供给某种"俱乐部产品"并在涉及特定利益指向的各个国际谈判中彼此协调立场，谋求共同利益。在气候变化、国际金融体制改革、安理会改革等问题上出现的诸多小团体可视为议题同盟。相对而言，议题同盟对于安全合作的效力则比较有限，更多只是在非安全领域或共同利益较多的非传统安全领域进行一些松散合作。

与之类似，联合阵线是一种针对某一问题领域的具体议题展开协商并采取共同立场的合作形式，同样有着悠久的历史。尽管联合阵线与同盟等存在相似性，但是二者在合作的正式性、合作议题的广泛性、内部成员的凝聚力以及成本分担的灵活性等方面存在显著差异。第一，联合阵线是国家、国际组织或个人在特定时期就具体议题采取共同立场和行动而结成的联合体，合作议题所涉及的范围并不局限于安全领域。第二，同盟大多是国家间正式的安全合作安排，而联合阵线通常是非正式合作，主要存在于国际冲突、危机、合作有关的国际谈判或国际会议等具体场合，会随着政策议程的实现而结束。非正式性使此类合作可以联合"异质"成员。第三，二者在军事安全领域的功能存在差异，同盟的威慑功能可能大于实际作战功能，而安全领域的联合阵线多是为了应对已经出现的战争。第四，由于同盟与联合阵线在合作的正式性、成立背景和合作范围存在不同，二者在成本分担和利益分配模式上也存在差别。联合阵线中，主导国可以灵活掌控合作的范围与规模，因而该合作形式具有较高的弹性。联合阵线是一种临时性的多边联合，有别于准同盟。尽管它们的合作大多不依靠盟约，但联合阵线的合作范围更为广泛，只有国际军事和安全领域的联合才属准同盟。由于联合阵线的上述特征，可以发现其实际上与议题同盟非常类似，对两者进行区分非常困难。在冷战后的国际安全合作中，联合阵线的作用甚至在一定程度上超越了同盟的作用，帮助相关国家回避繁琐的制度条约所形成的束缚，例如美国采取多国联军的形式就无须通过北约协商一致的决策过程，快速开展联军行动进行国际干预，呈现"多边主义"的假象，为联合行动提供支持。

二、伙伴关系

在国际关系当中,伙伴关系被认为是国家间关系的一种形式,是国家间基于共同利益形成的友好合作关系,是国家间为了应对某些领域共同的挑战或者获取某些共同的利益而结成的一种松散的合作形式。尽管许多国家与别国建立了伙伴关系,但由于各国建立的伙伴关系千差万别,伙伴关系的概念也众说纷纭。很多伙伴关系并不涉及安全合作,即便是被认为伙伴关系中最高级别的战略伙伴关系,也不一定涉及直接的安全合作。

相对于"结盟",甚至和准同盟以及联合阵线相比,伙伴关系是一种更松散的合作形式,结成伙伴关系的国家将合作维持在一个相对较低的水平,相互之间的约束力较弱。伙伴关系的灵活性和非强制性也是其最大的优点。伙伴关系是双方协作的一般性的结构框架。其目的不是为了对抗某一国或组织,而是为了就共同应对机遇和挑战彼此表达善意,这与传统同盟的对抗性截然不同。伙伴关系涉及不同领域和多层面的合作,远远超出传统同盟通常只涉及的军事或安全领域。在安全领域,伙伴关系所涉及的大多是增加军事交流、加强军事合作与增进安全互信。

对相关国家而言,加强伙伴关系中安全合作的有效性很有吸引力,但也涉及利益权衡取舍。为此,国家需要有所选择地建设安全伙伴。伙伴关系虽然可以争取更多的朋友,但在安全作用方面比较有限。伙伴关系较为松散的形式削弱了其安全能力。对于伙伴关系的发展而言,不能仅注重灵活性,还需坚守一定的承诺和原则,将软硬手段相结合。只要伙伴关系内部的共同利益较多,彼此间进行安全合作的动力就会更强,对合作制度的约束性就更能接受,并可尝试在重点安全议题上加强合作。对于伙伴关系中的安全合作,可以进行一定程度的制度化,虽然不明确针对第三方,但可以增加消极的第三方条款,例如不允许伙伴国让第三国利用其领土危害其他伙伴国。

三、多元安全共同体

在沉寂多年以后,多伊奇的"安全共同体"概念又被重新"发现"。冷战结束后,一批建构主义者在多伊奇等人研究的基础上,对多元安全共同体进行了更为深入的研究,也带动安全共同体研究的全面兴起。他们重新界定了"多元安全共同体"的概念和实现条件,提出了著名的安全共同体"梯级论"和"阶段论",并将研究对象从北大西洋区域扩大到西亚、东南亚和南美洲等区域。

"多元安全共同体"通过三种特征来定义:一是其成员拥有共享的认同、价值观和意图；二是其成员拥有多方面直接的联系和互动；三是该共同体展现出一种在面对面接触中产生的、通过某种限度的长期利益和利他主义表现出来的互惠性。伊曼纽尔·阿德勒（Emanuel Adler）和迈克尔·巴纳特（Michael Barnett）将多元安全共同体定义为"由主权国家组成的跨国地区，这一地区的人民对和平的变化持有可靠的预期"。① 安全共同体与其他形式共同体的区别在于，其共同体成员具有保持和平变化的可靠预期。和平变化是指行为体既不预期也不准备把有组织的暴力作为解决国家间争端的手段。可靠的预期可以通过两种方式达到：一是利益和偏好既定的行为体通过成本-收益的理性计算来建立可靠的预期，这来自理性主义的视角；二是持有共同认知的行为体对利益有共同的理解和认知，这符合社会建构主义的思路。共同体内部行为协调或治理不是通过外在的强制，而是国家对集体认同规范的遵守。这些规范已经内化到它们的行为之中，行为体的服从被认为是理所当然的。这些规范的作用既是规定性的，也是构成性的。安全共同体内可以不存在高度发达的战略联系或正式同盟，但必须有禁止通过战争手段解决国家间争端的法律上的或正式的规范。②

　　阿德勒和巴纳特用创始（nascent）、上升（ascendant）和成熟（mature）的"三级阶梯"（three tiers）来解释促进和平变化产生的因素和安全共同体生成的过程。③ 在共同体的初始时期：一方面，由于科学技术进步、人口流动和经济发展等因素，大大增加了国家之间的互动频率和机会，促进了彼此之间形成共同利益；另一方面，国家所面临的外部威胁以及降低相互恐惧的愿望，驱使国家建立同盟来增进彼此的合作。尽管这一层级的政策协调和国家合作是出于物质利益的考虑和现实的需要，但这种国家之间的联系毕竟为信任提供了可能。第二层级是共同体的上升时期。此时，结构变量（structure variables）与过程变量（process variables）共同发挥作用。前者包括权力和知识等变量；后者包括交易、组织和社会学习等变量。而权力和知识是安全共同体发展的结构性"大梁"。随着国家间的互动和相互依赖的加深，国际层面的物质交换和观念交流日益广泛，国家越来越生活在一个互动的社会网络中。国家在互动的过程中逐步培养出相互信任和集体认同的基础，从而产生和平变化的可靠预期。各种安全和非安全组织通过建立行为规范、监督机制和赏罚措施来增强成员间的信任。国家之间广泛的

---

① Emanuel Adler and Michael Barnett, "Security Communities in Theoretical Perspective", in Emanuel Adler and Michael Barnett, eds., *Security Communities*, Cambridge: Cambridge University Press, 1998, Chapter 1, p.30.
② Emanuel Adler and Michael Barnett, "A Framework for the Study of Security Communities", in Emanuel Alder and Michael Barnett, eds., *Security Communities*, Cambridge: Cambridge University, Press, pp.30-35.
③ Ibid., Chapter 1.

政治、文化、物质和人员的交流,在一定程度上改变了人们的思想和观念,增进了彼此的理解。个人和集体的认同可能发生变化。越来越多的国家在政治和文化上接受相同的规范。国家不断地被社会化。国家的力量和权威同样会受到规范和实践的影响。在第三层级即共同体的成熟时期,国家达成了集体认同,获得了和平变化可靠预期的必要条件。行为体在互动的过程中,尽管对各自的意图、动机和信息还不确定,但仍然相信对方将会按规范的预期行事。国家通过彼此的互动,塑造出了对威胁的共同感知。因此,信任可以通过对他者的知识和信念而不必依靠具体的国际组织来获得。例如,当法国1965年退出北约军事一体化机构、保留独立的核力量时,并没有引起其他北约成员的恐慌,因为这些国家不把法国的举动理解为对它们的军事威胁。而当伊朗、伊拉克和朝鲜发展核武器时,同样是这些国家,却将之认为是威胁。当国家之间建立了相互信任和集体认同,形成和平变化的可靠预期,国家不再使用暴力来解决争端时,安全共同体就建立起来了。例如美国和加拿大就是一种非常典型的安全共同体。

后来,阿米塔夫·阿查亚(Amitav Acharya)将这一视角拓展到亚洲,并对之做了进一步的修正。其《建构安全共同体:东盟与地区秩序问题》一书论证了亚洲的地区秩序并不简单地是一种无休止的、按权力政治逻辑运行的产物。尽管东南亚区域的多样性非常明显,但仍然逐步发展出一种对集体认同的共识,体现为以不干涉他国内政、寻求协调一致为指向的"东盟方式"。阿查亚深入探讨了这些规则是如何发展并得到认同,又如何经受住了时间考验。①

传统同盟当前面临着越来越多的困难和局限,而各类同盟在安全合作上虽然具有更多的灵活性,但其安全效力不如同盟。未来的国际安全合作形式应该更具包容性。一是安全威胁的指涉对象会趋向模糊化。二是安全合作与经济等其他领域合作会更具统合性。三是包容性的安全合作能促进成本-收益的平衡。安全威胁的新变化呼吁安全合作的包容性和灵活性。当今世界,传统的国别安全威胁虽然依然存在,但非国别安全威胁越来越多,这也使得国家安全的实现更加需要国际合作,针对性或对抗性的安全合作已不合时宜。同时,国家之间利益关系日益密切要求减少分化与对抗。全球化的发展使得国家间的利益日益密切,相互依赖逐渐加深,国家间的利益分化逐渐让位于利益融合,合作领域的拓展和议题联系的加强使得单纯的安全合作局限性有所增加,因而需要加强安全合作与其他领域合作的统合。加强议题联系,促进安全合作与其他领域合作的协调才有可能促进利益平衡,并使合作稳定延续。

---

① [加拿大]阿米塔·阿查亚:《建构安全共同体:东盟与地区秩序》,王正毅、冯怀信译,上海人民出版社2004年版。

小　结

本章讨论了国家间制度化的安全合作。同盟意味着国家之间某种明确、稳定的安全合作关系，是帮助其成员在发生战争和冲突时进行军事合作的一种制度安排。盟国加强了对彼此的承诺，并以更可信的方式向其他方发出相关信号。同盟的起源是国际安全研究的经典问题，出现了均势制衡理论、威胁平衡理论、利益平衡理论等代表性理论，并延伸出楔子战略与拆解对手同盟等一系列研究议程。同盟能够从多方面对国家间的互动产生影响，比如扩张能力、改变力量对比、发挥信号效应、提升承诺可信性等。同盟的目标是既要增进盟友相互援助的利益，又要通过塑造对手的期望来影响与对手国家的互动，并由此延伸出相应的约定和安排。

同盟的形成和运作始终伴随着成员国之间的利益博弈。同盟内部存在利益分歧在所难免。由于盟国之间的利益不一致乃至冲突，同盟面对着一定的困境，并需要进行相应的管理。最典型的就是所谓"抛弃-牵连"困境，即强者担心被弱者利用以实现后者自身利益，弱者则担忧强者抛弃盟友而无须付出太多代价。此外还有不对称同盟内部的协调问题等。尽管共同利益促使各国结为同盟，但利益分歧甚至冲突时刻威胁着同盟的完整。无论采取联合行动还是单方行动，同盟管理的职责都在于抵制分裂倾向，提高共同收益，降低自我损耗，维持同盟的协调性和有效性。不同类型的同盟通常有正式或非正式的管理方式。根据同盟成员间协调方式的差异，同盟管理在理论上可以分为三种模式，分别是利益协调型、制度规则型和霸权主导型，包含了利益交换、制度规范、权力强制和权威引导等策略机制。无论是作为外交战略还是机制安排，同盟始终与国家间关系的演变密切关联，体现了各国对安全问题的态度与关切。关注同盟实践的最新动态，把握同盟政治理论与方法的发展，有助于深化对国际安全与合作的研究，并为中国营造良好安全环境提供参考。

集体安全同样是国际安全合作的一种重要的方式，更加强调相关国家的共同利益。对于像联合国这样的集体安全组织来说，主要的挑战是在一个可能存在个体私利考虑和竞争的环境中提供公共产品。这些组织只有在强国之间达成相对有力的协议时才最为有效，而当这些国家发生冲突时，它们就会被削弱。当至少有一个强国有足够的利益，愿意付出代价和承担风险来采取符合公益的行动时，这些组织就容易取得成功。当这些成本和风险相对较低时,例如在冲突后重建的情况下,联合国的集体安全行动也能取得更多的成功。即使是一个不完美的集体安全机制也能带来有益的变化。

诸如准同盟、议题同盟、联合阵线等国际安全合作形式可以部分替代同盟的功能。相比同盟,这些方式不是那么正式,更加灵活,安全的针对性也较弱,但其安全效力也大多不如同盟。伙伴关系正在日渐成为国家间安全合作的一种灵活方式,而多元安全共同体也在各区域逐渐发展。随着中国的继续崛起,应当顺应时势,超越传统,探索更具包容性和综合性的国际安全合作形式。

思考讨论题

1. 推动同盟形成和维系同盟的原因有哪些?拆解对手同盟的策略手段与影响因素机制有哪些?如何将相关讨论应用于历史和现实问题的解释和应对,有何例子?
2. 同盟作为一种安全合作安排,与其他制度安排的共性和区别是什么?从制度视角看,同盟有何独特效用?如何解释不同同盟的制度安排?
3. 什么是同盟困境,其来源是什么?什么样的同盟更容易"陷入困境"?同盟管理有渠道机制,各自运作的条件是什么?
4. 如何评价联合国作为一种集体安全安排,在历史和现实中的作用及有效性?如何解释联合国在不同历史阶段不同议题领域的效用差异?
5. 中国应如何结合实际,对不同的国际安全合作形式进行权衡取舍?应如何推动包容性的国际安全合作,构建区域安全命运共同体?

扩展阅读

尹继武:《社会认知与同盟信任形成》,上海人民出版社 2009 年版;刘丰:《制衡的逻辑:结构压力、霸权正当性与大国行为》,世界知识出版社 2010 版;周建仁:《走向决裂:弱国退出同盟之谜》,社会科学文献出版社 2018 年版;凌胜利:《分而制胜:冷战时期美国楔子战略研究》,世界知识出版社 2015 年版。同盟政治的研究成果汗牛充栋,也是中国国际关系青年学者成果最丰富的领域之一,此处集中列举若干。

[德]赫尔戈·哈夫滕多恩、[美]罗伯特·基欧汉、[美]西莱斯特·沃兰德主编:《不完美的同盟:时空维度的安全制度》,尉洪施、范秀云、韩志立译,世界知识

出版社 2015 年版。将同盟作为一种国际安全制度进行分析的经典之作。

Emanuel Adler and Michael Barnett, eds., *Security Communities*, Cambridge University Press, 1998.（中译本见[以]伊曼纽尔·阿德勒、[美]迈克尔·巴涅特:《安全共同体》,孙红译,世界知识出版社 2015 年版）延续多伊奇对安全共同体的经典讨论,进一步提升了安全共同体理论的描述力和解释力。

第八章

军备控制

本章导学

军备控制是指对军备的扩张以及可能刺激军备扩张的活动实行管理和限制。这种管理和限制可以是一种单边的行动,但更多是一种双边的或多边的合作性行动。本章首先介绍关于军备控制与裁军的基本知识,从军备的作用和影响切入,分析军备竞赛等的内在逻辑,进而讨论军备控制的概念、逻辑和基本形式,包括核查在军备控制中的重要性。接着讨论社会禁忌因素对于大规模杀伤性武器及常规武器控制的影响。最后讨论核扩散问题,涉及核扩散的模式以及出现各种核扩散及其控制模式的原因。

本章学习目标

1. 了解军备控制和裁军的基本概念以及进行军备控制的模式和方法;
2. 比较并熟悉推动军备控制的道义理想逻辑、经济成本逻辑与权力平衡逻辑等多重逻辑;
3. 了解有关核扩散的辩论,把握双方各自的论证机理,形成并论述自己的判断;
4. 结合具体案例,分析社会禁忌因素对于军备控制的影响及其局限;
5. 了解当前核扩散局面的成因,对各种相关解释进行检讨评价,思考形成自己的分析思路。

第一节　军备控制与裁军

军备控制是国际安全研究的重要议题。具体地说,军备控制(有时,我们简称为军控)的手段包括冻结、重组、减少、禁止、不扩散以及一些特别稳定措施。其中的"减少"即我们通常所说的裁军,具有特别重要的意义。另外,所谓的"不扩散",即阻止更多国家或者跨国家、次国家的政治力量获得大规模杀伤性武器(特别是核武器)的努力,也是一种有着特殊价值的军备控制手段。

一、军备建设与军备控制[①]

军备也就是军事力量,它是武器和使用武器的人的综合。当我们提到一个国家的军备或军事力量时,就是指它拥有的各种武器以及使用这些武器的军队。军备在国际政治中发挥着多种多样的作用和影响。值得注意的是,军队及其装备还具有高度象征性与社会性影响。武器之所以扩散,并不仅仅因为技术能力和国家安全竞争的需要,往往还根源于它们所附带的社会意义:高技术装备象征着现代、效力和独立,军队及其先进武器被同国家的主权身份、现代化和社会合法性联系起来。[②] 以核武器为例,核武器的潜在用途包括:使用核武器打击其他国家;强迫其他国家做其不愿意做的事情或者放弃其想做的事情,即核威慑或核强制;使得其他国家产生敬畏感,赢得威望,即获得大国地位,或软权力。核武器可能会被看作强迫手段、威慑手段、大国地位象征等。数量不多的核武器可能就已经能够作为大国地位的象征了;但产生有效威慑需要一定数量的核武器;使用核武器进行强迫和作战,数量需要更多一些,而其有效性仍然是一个疑问。对核武器上述用途的选择体现了一个国家的核战略思想。

人们可以有选择地强化或者弱化上述军备的用途。同样以核武器为例。首先,人们可以通过改变核武器设计或者改变爆炸方式,使得这些核武器能够具有比较特殊的用途。比如:由于中子穿透能力比较强,而且对于生物体的伤害比较严重,刻意增强中子辐射的中子弹在战场上可以杀伤一些隐蔽在装甲、堡垒中的士兵;核钻地弹将高速运动的核弹头穿进地下岩石,爆炸后杀伤邻近的地下目

[①] 本节相关内容改编自李彬:《军备控制理论与分析》,北京大学出版社 2006 年版。
[②] 达纳·艾尔、马克·萨奇曼:《身份、规范和常规武器扩散:一种制度主义的理论方法》,载[美]彼得·卡赞斯坦主编:《国家安全的文化:世界政治中的规范与认同》,宋伟、刘铁娃译,北京大学出版社 2009 年版,第 36 页。

标。这些特殊设计的核武器以及特别选择的爆炸方式使得核武器的某些效应得到强化而另外一些效应被弱化。有些时候，人们还通过政治手段来选择核武器的用途。例如，中国承诺不对无核武器国家使用核武器，也不对无核武器国家威胁使用核武器。从这里可以看出，在与无核武器国家相处的时候，中国试图排除核武器因素的影响。

军备建设是指一个国家增加和改善自己的军备的过程。这不仅意味着军事力量在数量上的增长，更意味着军事力量在质量上的提高和改进。在无政府国际体系中，国家从事军备建设既可能是为了防御自保，也可能是为了进攻扩张。在后一种情况下，军备控制途径在促进国际安全方面的作用会受到很大限制。即便这些国家接受了对军备的某种限制，这或者是出于一种策略需要，或者是由于此种限制对它们的对手有更大影响。至于前面一种情况，即使国家的军备建设是为了自保，也存在导致各国陷入安全困境的风险。

军备竞赛是一种特殊状态的军事建设：一方面，军备竞赛是指军备急剧、迅速地增长和改进，其速度远远超出正常的军备建设；另一方面，军备竞赛以一个或者多个潜在对手作为追赶、平衡与超过的目标。推动军备竞争的动力不是单一的。国际体系的压力、国家间的对立、国家内部的压力等都可能是关键的推动力量。例如，一些国家存在军工复合体，即军队和军事工业这两个利益集团的结合，它们也会展开军备竞争。

对军备控制和军备竞赛的研究往往同对安全困境的讨论联系在一起。一般认为，安全困境的强度取决于进攻与防御的平衡及其可区分度。[①] 其中，进攻与防御的平衡（offense-defense balance）反映了进攻与防御的相对难度。对手为突破一国防御而投入更多军事力量，防御的优势就更大。也可以说，防御的优势越大，防御就越容易。防御优势不仅使扩张更加困难，也降低了其价值，因为国家不需要获得更多领土和财富就能变得安全。当防御居于优势地位的时候，一国增加自身防御能力对其对手防御能力构成的威胁相对较小，安全困境就不那么严重，不会出现高强度的军备竞赛，同时违背军控协议所造成的恐惧更小，因此合作仍然是相对安全的，战争也不那么可能。相比之下，进攻占优的效果与之相反：军备竞赛更加激烈，军控协议更加难以达成。领土扩张的价值更大，将加剧不安全，继而推动了竞争与扩张。

同时，安全困境还取决于用于防御使命的力量是否也有助于进攻性使命，即二者的可区分性。如果可以区分进攻性和防御性力量，国家就可以选择仅加强

---

① Robert Jervis, "Cooperation Under the Security Dilemma", *World Politics*. Vol. 30, No. 2, 1978, pp. 167–214.

防御性力量,并通过谈判达成限制完成进攻性使命的军事力量的军控协议。进攻与防御的高区分度缓解了严峻的安全困境(上述两个因素的交叉分析见图9-1)。当然,进攻性现实主义者挑战了防御性现实主义关于进攻与防御变量重要性的看法。进攻与防御的平衡概念界定不清,国家就不可能衡量它。如果真是这样,那么国家将关注权力,而不是进攻与防御的平衡和权力结合的效果,防御性现实主义确定的合作可能性将会降低或者消失。

	进攻优势	防御优势
进攻防御易区分	定性的军控是可行且有价值的,但有风险 发出信号是可行且有价值的,然而有风险	定性的军控是可行的,却不那么有价值,因为安全程度高 发出信号是可行的,却不那么有价值
进攻防御难区分	军备竞赛激烈 扩张容易 战争频繁	军备竞赛和缓 扩张困难 战争不频繁

图 9-1　进攻-防御态势与军备控制难易度

　　军备控制的目的是,对军备的扩张进行管理和限制(值得注意的是,它可能包括允许军备在一定范围内得到增加和改善),不让它成为一种无序的竞赛,从而起到促进国际关系的稳定与和平的作用,并且在战争一旦发生时控制和削弱武器必然会产生的破坏性后果。不过,军备控制受到各国(特别是军事大国)国内一部分主张扩张军备的人的批评。他们的理由是:其一,任何军备控制协议必然阻碍本国改进自己的军事能力的努力,而正是这些能力构成了对战争的真正威慑和防御手段;其二,任何军备控制协议甚至谈判都可能使得本国安于现状,放弃必要的军事准备,而对手则可能继续发展自己的军备以取得优势。军备控制协议反映了权力的分布,大多数情况下都是在它们并不被需要的时候达成的。

　　裁军是军备控制的一种。裁军概念强调的是裁减军备,包括武器和军队。其理念基础是:军备本身就是实施战争的政策的推进器,是刺激并导致战争的直接原因之一;军备扩张(增加)的过程,破坏外交气氛,增加了发生战争的可能性。为此,裁军的激进支持者主张立即实行"普遍和完全的裁军",强调军备的减少,乃至最后的消灭,才是阻止战争的唯一有效手段。军备控制概念与裁军概念之间的差别不难被发现。军备控制概念包含但是并不局限于裁军。在不少军备控制的提倡者看来,虽然裁军是一个令人向往的目标,但是很难一蹴而就,主张立即实行"完全和彻底的裁军"更是一种不切实际的空想。切实可行的做法是,进行局部裁军,在裁军能够真正得到实施以前应当先采取一些更易为各方所接受的措施,着手对军备建设实行管理。但是,一些激进的裁军倡导者则认为,由于对裁减军备采取了一种保守和渐进的态度,军备控制实际上接受了军备竞争的结果并将其制度化,阻碍了迅速减少或者消除军备的可能。

就军事意义而言,军备控制可以增加有关国家之间军事关系的稳定性,阻止或延缓军备竞争,从而减少战争的危险。军备控制措施可以分为两种类型。一类是就军备的规模和质量达成的协议,以及就禁止某些与军备竞赛有关的活动达成的协议。这些协议限制了有关国家现有的和发展之中的军事力量的数量、质量和结构,使得对手之间的军事关系变得更加容易预判,从而减轻了因相互猜疑和最坏估计而形成的扩张军备的压力。另一类是就阻止武器的扩散达成的协议。这类协议限制了先进武器从现在的拥有国向其他国家的扩散,使得后者谋求获得这些武器的计划更难实行,从而在一定程度上减轻了它们因为担心对手获得这些武器而努力与之展开竞争的压力。这种压力不仅将加剧区域性政治对立,而且会诱发地区性军事冲突。

需要强调的是,军备控制有时作为危机规避和管理的手段,通过抑制或消除有关国家针对对手军事力量实行先发制人打击的动机而提高局势的稳定性。在出现严重国际危机的情况下,抢先发动军事打击有时会成为一种极具诱惑力的选择,正如前面所强调的,这是导致承诺难题并引发战争的重要原因。因此,那些就保证一方在首先遭到攻击的情况下仍能保留有效报复力量的协议,或者说,那些使一方在先动手的情况下也不能有效消灭对手报复力量的措施,有助于维持态势稳定。

危机稳定的目标适用于任何军备的控制,但如前所述,它与核武器(尤其是战略核武器)的关系更加密切。就战略核武器而言,相关措施也可以分成两类。一是鼓励部署更具生存能力的报复性战略武器体系,消除极易受到攻击的战略武器体系,因为后者是最易吸引对方发起先发制人打击的目标。二是限制威胁到报复性战略武器生存能力的战略进攻力量,或者限制有可能阻止报复性战略核武器达到目标的战略性防御力量(比如战略导弹防御系统)。这类措施并不能完全消除一场国际危机直接引发核战争的可能性,也不能消除一场军事冲突升级为核战争的可能性,但有助于削弱针对对方的军事目标实行先手打击的压力和诱惑。

二、军备控制的三重逻辑

在现实的国际政治实践中,推动军备控制的多重理由和逻辑,反映出不同的利益和观念诉求。

(一)人道理想:理想主义逻辑

军备控制与人道主义情感有着密切关联,并从中获得正当性基础。由于全面战争的残酷性,限制军备的理想主义思潮在 20 世纪初达到高点。1899 年和 1907 年的两次海牙和平会议、1919 年的国际同盟、1928 年的《白里安-凯洛格公约》(即《非战公约》)以及联合国主导的军控努力等都是这种思潮的表现。其基本认识是,战争不可接受,是需要被解决的问题或者说是需要治愈的疾病,而不是实现国家目标的有效工具。消除战争的根本方式在于依赖人类的同情心和同理心。集体安全与裁军才是促进国际和平与安全的恰当方式,而不是仅仅依靠武力。不过,从军控和裁军的历史来看,单靠人类同情心与同理心往往难以实现裁军和避免战争,高尚的道德原则很难成为实践的指南。

理想主义军控逻辑的当前版本是基于人道主义理念,借助社会舆论等,形成对于生产、部署和使用某些武器的禁忌。随着技术和工业发展,武器的杀伤能力和范围也越来越大,某些武器杀伤的无区别性以及残忍性有违人道精神和人权原则,随着人类社会整体文明程度的提高,越来越多的人认为国际社会应当限制或禁止这类武器。典型的例子是对化学和生物武器的禁止以及 1997 年《关于禁止使用、储存、生产和转让杀伤人员地雷及销毁此种地雷的公约》(即《渥太华禁雷公约》)禁止使用杀伤性地雷。

(二) 安全与经济平衡:经济逻辑

一国的财富资源总是有限的,一切政策选择都有其机会成本,因而需要面对所谓"黄油"和"大炮"的取舍。在特定技术和生产条件下,用于武器和民用生产的资源经常是相互替代的。如果更多地用于军备,则民用生产和人民福利分配到的资源就相对减少。大量的人力、物力和财力被用于武器的研发和制造,虽然有时可能产生某些促进经济的效应,但更多情况下是加重国家负担,不利于整个国民经济的发展和人民生活水平的提高。军事力量并非维护国家安全的唯一手段。今天国家间更多的是经济和科技的竞争。因此,军控的经济逻辑就是从资源有限性出发,主张在军备与经济发展及社会福利间寻求合适的平衡。

不过,军备控制(包括核军备控制)的直接经济效果经常有限和不显著。现有的军备控制协议涵盖范围都非常有限,只影响一个国家的军事预算的很小一部分,还可能存在着某种压力,要求将在某一种类军备方面节省下来的资金转用于其他种类的军备。执行军备控制协议,特别是销毁某种武器,有时本身就需要大量资金。武器的研究、开发和生产与国民经济之间也有一种复杂的关系。在一定时候和一定程度上,军事工业又会对整个国民经济产生刺激作用,包括向公众提供就业机会,向各级政府提供税收,特别是还可能向民用工业传输资金和技术,加强本国的民用工业在国际市场中的竞争地位等。

(三) 力量平衡:现实主义的逻辑

国际军控的实践很大程度上还是在现实主义权力政治的逻辑下进行的。军控和裁军不过是国家实现和维护安全的一种手段。军控和裁军规定国家间的军备比例和相对地位,是国家基于自身利益考量与彼此博弈的结果。在国际政治现实中,军控和裁军谈判的关键是战略性军备和武器,核心是配比,重点是确定范围,反映的是各方力量对比的影响。例如,1922 年的华盛顿会议期间,美国、英国、日本、法国和意大利五个海军强国签订了《华盛顿海军条约》即《五国关于限制海军军备条约》,限制主力舰的吨位(不得超过 35 000 吨)和主炮口径(不得超过 16 英寸),并规定美、英、日、法、意五国海军主力舰(战列舰和战列巡洋舰)总吨位比例。此外该条约还规定了各国的航空母舰总吨位、标准排水量、火炮口径。

需要注意的是,军备控制还是传递信号和建立信任的重要措施。成功的军备控制谈判和协议是削弱相互猜疑的一个重要因素。由于军备控制协议增加了相互间的军事关系的可预见性,因此不仅减少了做好应付最坏事态的准备的压力,而且双方对彼此未来的动向也变得不再那么敏感。这增加了彼此的信任与谅解,有助于国际社会的稳定。这一过程同样具有重要的社会交往意义。对一个相互可接受的军备控制协议进行谈判的过程,以及在这样一个协议形成的国际机制中共同生活的经历,可以逐步但却有效地建立起有关国家间的相互谅解与信任,造成一种建设性合作的气氛。

最后,军备控制有时还有其他政策好处,有助于提升相关国家的国际形象。冷战中美国和苏联的军控谈判及努力就不乏这类考虑。由于这两个超级大国的军备竞争在世界人民的心中引起了严重的担心和不满,军备控制谈判和协议有助于改善它们在世界舞台上的形象,增加它们的软实力。同时,美苏相互之间达成的协议还有助于它们在防止核扩散和限制常规军备扩张等问题上向其他国家施加压力。[①]

三、军备控制的具体形式

军备控制以维持军备竞争稳定和危机稳定为主要目标。这种目标通过限制、冻结、重组、减少、禁止以及一些特殊的稳定措施具体实现。军备控制大体上有两个途径:第一,对军备的数量和质量进行控制;第二,对某些武器的使用范围和程序进行控制。

(一)对武器数量和质量的控制措施

禁止指不允许拥有某种武器,是最彻底的从数量上控制军备的方式。其英

---

① 朱明权:《国际安全与军备控制》,上海人民出版社 2011 年版,第 220—223 页。

语表达方式主要有 ban、prohibition。如果是禁止已经有的武器,也用消除(elimination)和废除(abolish)等表达。现实中的禁止类军备控制条约包括:《禁止生物武器公约》《禁止化学武器公约》《渥太华禁雷公约》《中程导弹条约》等。"无核武器世界"(nuclear-free-world)是一个倡议,这个倡议要求在世界范围全面禁止核武器。

减少是指对一定范畴的军事力量的削减,也就是裁军。减少可以单独使用,也可以与限制、冻结、改组等方法结合起来使用。

冻结指不增加军备的数量,或者不改进其质量。冻结数量往往通过阻止在所涉及的领域中的新活动(如试验、生产和部署等)来实现,例如禁止武器及其部件、原料的生产。冻结质量往往通过禁止武器研究实现。① 冻结还有全面冻结和部分冻结之分。例如,就核军备控制而言,全面冻结将禁止所有核武器和运载体系的进一步试验、生产和部署,部分冻结则是禁止了某些范畴的核武器和运载体系的进一步试验、生产和部署。

限制(limitation)与冻结意思相近,但限制主要是指对数量设置上限。注意,限制可能要求在某个减少的水平上进行,可能要求在现有水平上进行,但还可能是在某个尚未达到的水平上进行(即规定的限额超出了双方的现有水平),因而允许在一定的范围内增加某些武器体系的数量,同时也可能允许在议定的范围内实行现代化。例如,美国和苏联签署的两个阶段的限制战略武器条约所限定的主要战略武器数量比当时双方已经拥有的数量都要多。对部队和武器的某种成分加以数量上的限制,也是军备控制的重要方法。例如,通过对核力量的某种成分规定一定的数量限额(如导弹发射架数量、被部署的导弹的数量或有效载荷、核弹头的数量),有助于提升军备竞争稳定。

不扩散(non-proliferation)是指防止一些国家获得某种武器(包括改进这种武器或者增加其数量)。不扩散包括横向不扩散和纵向不扩散。横向不扩散是指在世界上一些国家已经拥有某种武器的情况下,其他国家不获得该武器;纵向不扩散是指已经拥有某种武器的国家不改进这种武器,或者增加这种武器,也就相当于冻结。在不加特别说明的情况下,不扩散一般专指横向不扩散,即:没有某种武器的国家不获得这种武器,多用在大规模杀伤性武器(核武器、生物武器、化学武器)及其运载工具的相关领域。

军备透明(transparency in armament)是指向其他国家提供军备数量、质量、部署等方面的资料,以减少国家间的猜疑。

---

① 所以,在条约中,往往不使用"冻结"这个词,而是使用"禁止"(ban)等词。例如,禁止核武器爆炸试验能够抑制新原理核武器的研究,因此,这是一种质量冻结,而已签署的相应条约称作《全面禁止核试验条约》(Comprehensive Nuclear Test Ban Treaty, CTBT)。

(二) 对武器使用的控制措施

禁止使用,具体是指不使用某种武器,或者不针对某个目标使用武力。《禁止在战争中使用窒息性、毒气或其他气体和细菌作战方法的议定书》(即《日内瓦议定书》)(1925年)禁止使用化学毒气等武器。有些公约全面禁止某一类武器,其中包括了禁止使用。例如《禁止生物武器公约》(1972年)和《禁止化学武器公约》(1993年)分别全面禁止生物武器和化学武器。

排除式安全保证,又称负面安全保障或消极安全保证(negative security assurance),通常是指,协议签署国承诺不对一个国家或者一些国家使用某种武器。因为这个承诺是用否定句的形式作出的,所以英文中用 negative 来表示。排除式安全保证在核武器问题中比较突出。无核武器国家以及在无核武器区内的国家往往要求核武器国家对其作出排除式安全保证,作为其不发展核武器的安全补偿。此外,排除式安全保证有时也被用来表示不首先使用(no-first-use)核武器。不首先使用核武器的承诺包括不首先对其他核武器国家使用核武器。由于无核武器国家没有核武器,不首先使用的承诺也隐含不对无核武器国家使用核武器。[①] 与排除式(负面)安全保证相对应的是确认式(正面)安全保证(positive security assurance)。在核武器领域,如果一个没有某种武器的国家受到这种武器的威胁或者攻击的时候,拥有这种武器的国家对其提供帮助,这被叫作确认式安全保证。在1995年《不扩散核武器条约》审议会上,五个核武器拥有国都对《不扩散核武器条约》的成员国承诺了正面安全保证。

限制使用是指在一些场合下不允许使用某种武器,并不完全禁止使用。例如,《反弹道导弹条约》并不完全禁止使用反弹道导弹,但是禁止把保护能力延伸到整个国土。很多军备控制条约对武器以及相应战斗人员的部署作出了限制。例如,《海床条约》《外层空间条约》都禁止在一定范围内部署核武器。《欧洲常规武装力量条约》限制特定地区军备以及军事人员的数量。

降低戒备(de-alerting)是指降低武器的战备状态,使得这些武器更不容易被发射。其目的是减少国家间相互猜疑以及降低事故发射的可能性。例如,将核武器的弹头和运载工具分开存放(de-mating)、让核武器退出运行状态(de-activation)、互相不瞄准(de-targeting)等都被看成是降低戒备或者与之关联的

[①] 核武器领域的排除式安全保证,各个国家公布的政策有很大差别。美国等对一般性的排除式保障作出了一些保留,例如排除了那些与核武器国家结盟的无核武器国家,而且这一承诺的含义常常变化。中国政府的官方立场是"中国完全理解和支持无核武器国家希望得到安全保证的要求。中国早已承诺无条件不对无核武器国家和无核武器区使用或威胁使用核武器。中国呼吁所有核武器国家作出同样的保证,并就此达成有约束力的国际法律文件,以增进所有无核武器国家的安全"。参见《无核武器国家安全保证》,中国外交部网站,https://www.mfa.gov.cn/web/wjb_673085/zzjg_673183/jks_674633/zclc_674645/hwt_674651/200802/t20080229_7669088.shtml,访问日期:2023年4月10日。

措施。目前,主要核武器拥有国相互之间有着互不瞄准的协议。

建立信任措施(confidence-building measures)是指通过相互之间的信息沟通,使对方了解自己的军事活动不具恶意。如前所述,主要有提供通讯渠道,用以询问、解释和澄清疑虑,通报或者展示自己的军事情况,或者为对方了解自己的军事情况提供方便,表明自己没有敌意,以及制订一些非强制性的规则,或者通过单边声明,对自己的军事行为进行限制等。

一般认为,控制军备使用的措施按照禁止使用、排除式安全保证、限制使用、降低戒备、建立信任措施的顺序,其控制强度逐渐减弱。

四、军备控制协议的核实

军备控制背后有着深刻的信息不对称和承诺问题,因此军备控制协议的核实成为关键。军备控制涉及一个国家的军事力量和国家安全。除非有关国家有把握在所涉协议生效后能监督对方是否正在认真地加以履行,即条约的执行情况是可以核实的,否则它们就不可能同意签署这一影响到双方重要安全利益的协议。如果一方觉得对方履行已有的国际协议的记录不佳,在签署会影响到国家安全利益的军备控制协议时,自然会表现出犹豫和踌躇。其中道理不难理解:因为即使条约已经规定了可以保证足够核实的措施,它仍然会担心对方不能忠实履行这一协议。

使遵守现有国际协议的问题更加复杂化的是,有关国家很可能根据自己的偏见或者需要来解释自己或其他国家的表现,从而破坏协议执行。事实上,绝对核实是无法实现的,过分追求还可能阻碍协议达成。冷战期间,美苏在军备控制谈判过程中形成的"理性规则"是,一项军备控制协议应以"足够"核实作为接受的条件。这一标准确实是模糊的,但是有它的优越性:既强调了核实的要求,又强调了核实不可能也无需是绝对的这一事实。

足够核实的实现取决于核实手段本身,也取决于要被核实的对象以及有关国家之间的关系。各种侦查与检测技术的发展在此发挥了关键作用。在20世纪50年代前,受科学技术水平所限,只能依靠现场核实以及飞机照相等高度侵入性的技术手段进行核实,成为军备控制谈判或建议难以真正取得进展的原因。进入20世纪60年代以后,随着以卫星侦察体系以及位于被监视国家以外的无线电监测体系为主的技术手段的发展,出现了不用高度侵入性措施也可实行核实的技术革命。这成为推进美苏军备控制谈判取得重要进展的因素之一。美苏(俄)之所以后来一度能在中程核力量谈判和减少战略核武器谈判中取得重要成果,还因为两国政治关系的改善为它们同意接受一定程度的现场核实创造了条件。

第二节 军控与禁忌[①]

如前所述,军备控制思想有两个基本的出发点:功利性国家利益(安全和经济)和道德伦理价值。以社会心理和道德伦理为出发点形成了各种国际规范,对各个国家在军备等方面的作为产生了重要作用,虽然也存在诸多局限。其中,禁忌作为特殊的社会规范,在军备控制中有着重要影响。其中,"核禁忌"(nuclear taboo)和"化学武器禁忌"(chemical weapons taboo)已成为相关研究的讨论重点。当然,禁忌现象并不是只出现在大规模杀伤性武器领域,在这些领域也不是所有的行为都成为禁忌。

一、禁忌与军备控制

禁忌作为一种禁止性的规范,表现为习俗、传统和法律,在军备控制的发展中发挥了重要作用。

在国际层面,军备控制领域的禁忌促成国际社会建立了相关的规约,禁止使用某些导致过分杀伤或不必要痛苦的武器,并可能要求停止发展或彻底销毁一些武器。例如,国际社会先后达成了《禁止化学武器条约》《禁止生物武器条约》以及《特定常规武器公约》(Convention on Certain Conventional Weapons)等国际规约。禁忌因素在国家决策(比如核威慑)过程中发挥了重要的作用,特别是对那些研究军事装备的科学技术人员产生了重要影响。

军备禁忌的形成需要一定的社会心理基础。一般认为,形成军备领域禁忌的关键因素是让人类(包括平民和战斗人员)对某些武器及其使用产生相当强烈且普遍的畏惧感以及随之而来的厌恶感和排斥感。在这种畏惧、厌恶和排斥心理的驱动下,一些社会不能接受使用这些武器,有时甚至无法接受其中一些武器的存在。这样就形成了禁忌性的规范。一些武器巨大的破坏力让人类对这些武器的使用产生了普遍性的社会恐惧心理,害怕这些武器不仅会毁灭敌人也会毁

[①] 本节内容主要基于以下材料摘编整理,特此说明。戴颖、李彬、吴日强:《禁忌与军备控制》,《世界经济与政治》2010年第8期,第48—62页;吴日强:《正义战争、核禁忌与无核世界》,《世界经济与政治》2009年第10期,第51—58页;Nina Tannenwald, "Stigmatizing the Bomb: Origins of the Nuclear Taboo", *International Security*, Vol.29, No.4, 2005, pp.5-49; Nina Tannenwald, "The Nuclear Taboo: The United States and the Normative Basis of Nuclear Non-Use", *International Organization*, Vol.53, No.3, 1999, pp.433-468; Richard Price, "A Genealogy of the Chemical Weapons Taboo", *International Organization*, Vol.49, No.1, 1995, pp.73-103。

灭自己,禁忌由此有了基础。除了巨大的杀伤力,一些武器过分残忍的杀伤机理也会给人们带来畏惧、厌恶和排斥感,也是禁忌的重要来源。例如,一些非金属弹片进入人体后,就很难查明或全部清除,会使受伤者长期遭受痛苦,也容易形成深刻的社会厌恶和排斥心理。

与之相关的是,一些人进而担心,如果削弱了这些武器的破坏力,人们对这些武器的恐惧感就会减轻,在此基础上形成的禁忌也就有可能会被打破。一些人强烈反对核武器威力小型化,担心这样做会降低核武器的破坏力,使核武器从心理上"不可用"转变为"可用"。例如,中子弹对除人员外的附带物件毁伤较小,放射性污染也相对较少,但还是受到强烈批评,主要原因就在于中子弹可能降低人们对核武器的恐惧和厌恶,模糊核战争和常规战争的界限,令核武器变得容易使用。

不过,禁忌并不是由技术原因决定的。比如,在现有的技术条件下,核武器的威力完全可以降低到大型常规炸弹的威力之下,但是,国际社会仍然不能接受小型核武器的使用,却对大型常规炸弹的使用持较为麻木的态度。一些常规武器的杀伤机理并不比化学武器更人道。例如,一些炸弹产生的高温也可能形成皮肤灼伤溃烂,而窒息性化学武器则使人速死,但是,这种差异并没有使国际社会对二者的看法出现根本性的改变。

禁忌的建构必须仰仗社会文化因素的推动,与社会道德伦理背景密切相关。在一定时代的社会、政治和战争伦理的基础上,广泛的宣传和强大的舆论可以塑造人们对某些武器的恐惧感和厌恶感,从而形成和强化禁忌。在军备控制领域,国际舆论把政治厌恶与某些武器联系到一起。在禁忌观念的建构过程中,诸如宗教说教、社会运动、艺术传播等多种社会方式发挥了重要的作用。"核冬天"论是这方面的典型例子。"核冬天"论在科学意义上仍有探讨空间,但是却深入人心,产生了全球性的影响力,原因就在于世界反核运动使用了各种宣传手段来传播这个理论,逐渐在世界范围内建构和加强了这样的观念:核战争爆发的后果是毁灭性的,人类不能使用核武器。在这个例子中,我们可以看到建构禁忌的过程中宣传的作用有可能大于技术本身。

判断禁忌的存在及程度是相关研究的重要挑战。在考察禁忌是否影响国家决策时,需要既观察国家的行为,也观察其语言表述,还要考察其环境。现有研究的思路是,在下述两种情况中,可以说禁忌对国家的行为和决策产生了影响。

其一,在某些时候,违反禁忌是可行且有利可图的,违反禁忌能够以更少的成本获得更多的物质性收益,但国家却没有进行那些违反禁忌的行为。例如,拥核国家与无核国家之间已经发生过多次武装冲突。拥核国家曾多次在军事上面临困境,使用核武器可以帮助其缓解困境,而且它们不用担心核报复。但是,在

1945年美国对广岛和长崎使用核武器之后,拥核国家再也没有在战场上使用过核武器。在这种情况下,结合对具体决策过程的追踪梳理,我们就可以判断"核禁忌"在国家决策中发挥了一定约束作用。

其二,国家进行了违反禁忌的行为,但采取各种掩盖或开脱的方式试图规避或减少这种压力。禁忌作为一种规范未必是一直有效的,但禁忌一旦形成,人们往往会对公开、直接地议论禁忌的内容采取克制态度。特别是当一个国家考虑违反禁忌时,往往会特意回避或积极辩护。虽然决策者根据工具理性进行了违反禁忌的行为,但是他们会感受到心理压力。这种压力既来自外部,例如国际社会的谴责,也来自内部,例如本国人民的反对以及决策者本人的内心矛盾。这就是禁忌在发挥作用的表现。在很多案例中,我们可以观察到,决策者为了减少内外部的压力会进行一些掩饰、隐藏违反禁忌的行为以及事后为自己的行为开脱。例如,《日内瓦议定书》禁止使用化学武器和细菌武器,尽管在其达成后,化学战仍然时有发生,但那些发动化学武器攻击的国家往往事先极力隐藏使用化学武器的行为,或在事后辩称所使用的不是化学武器等,而不是选择直接退出议定书来摆脱条约的束缚。这些行为实际上体现出国家决策者在违犯"化学武器禁忌"时心理上都受到了压力,他们并不想公开挑战和颠覆这一规范。

总之,在技术因素和社会文化因素的综合作用下,禁忌在军备控制的一些领域成功得到了建构并发挥了作用。

二、禁忌与核武器

核禁忌是禁忌在军控领域作用的突出例子。核武器的杀伤能力通常远大于其他类型武器,由此所引发的恐惧感和排斥感也更为突出。核武器和其他类型武器的技术区分比较鲜明,走边沿路线的余地比较小。最后,获取核武器的技术难度较大,并得到大国权力政治的约束。这些都使得核禁忌比其他各种禁忌更为牢固。

在美国在广岛和长崎使用原子弹,以及核武器发展早期的大规模试验之后,借助现代传播手段,核武器的杀伤效果得到了广泛的宣传。随之而起的广泛而持久的反核运动极大地唤起了人们对核战争的政治厌恶,并逐渐建构和强化了核禁忌。按照禁忌的范围,"核禁忌"可分为两个层次:使用核武器和拥有核武器。其中,对核武器使用的禁忌最为牢固,核禁忌对这一层面的军控活动的作用最明显。核裁军、核不扩散和反对在他国部署核武器属于拥有层面的禁忌,禁忌因素在这一层面的现实作用有限。

核禁忌对核军控的作用首要表现在拥核国家对核武器使用的自我克制。即使在一些场合,从直接的、物质利益的角度看,拥核国家对非核国家使用核武器是"合算"的,但二战结束之后,拥核国家就未再使用核武器,核禁忌在其中发挥了很大作用。目前,国际上还没有建立全面禁止使用核武器的国际条约,核禁忌的作用大多数时候体现为拥核国家的自我限制。由于受到"核禁忌"的压力,国际社会中威胁使用核武器的言论变得越来越模糊,措辞方式逐渐从早期的考虑使用核武器转变到现在常用的不排除使用核武器。即使一些国家没有承诺不首先使用核武器,也往往含糊其词,不愿意成为众矢之的。可以认为,使用核武器的禁忌正在扩展,但是尚未有效地包括对威胁使用核武器的禁忌。①

核禁忌还在一定程度上向包括核试验的方向扩展。非封闭环境下的核试验,例如,大气层和水下核试验尤其容易给人们带来使用核武器的联想,因此,核禁忌在推动放弃大气层和水下核试验方面的作用最为明显。美苏在冷战早期的核试验都是在大气层中进行的,对全球环境造成严重的放射性污染,由此引发了规模空前的反核运动。苏、美、英三国在1958年宣布暂停核试验。此后各方在暂停与恢复核试验的较量中,决策者感受到了巨大的压力,他们力图通过减小核试验的威力以及改变核试验的方式来减缓这些压力。《全面禁止核试验条约》达成后,印度、巴基斯坦和朝鲜还相继进行了核试验,但是,它们不约而同地选择了地下核试验的方式,而没有使用技术要求更低的大气层核试验。其中部分原因可能在于,关于使用核武器的禁忌已经扩展到了大气层核试验方面。

在拥有核武器方面,目前国际社会还没有形成一个全面的、强有力的禁忌,但是,在一些个别问题上,已经出现了一些社会规范压力,具体表现为反对其他国家在本国部署核武器、核不扩散以及核裁军。反对其他国家在本国部署核武器一直是反核运动的内容之一。在核不扩散和核裁军方面,"核禁忌"也发挥着一定的推进作用。

三、禁忌与生化武器

禁忌在生化武器领域的影响也很明显。早期人们并不刻意区分化学武器和生物武器,而是笼统地将它们看作有毒物质。直到1971年,联合国裁军审议委员会通过《生物武器公约》草案,生物武器军控才第一次从化学武器中被分离讨论。因此,在长期化学武器军控实践中形成的"化学武器禁忌"实际上也涵盖了生物武器。

第一次世界大战期间,化学战达到了顶峰。大战结束后,一些欧美国家的精

---

① 戴颖、李彬、吴日强:《禁忌与军备控制》,《世界经济与政治》2010年第8期,第59页。

英开始把化学武器与道德伦理联系在一起,逐渐形成了"文明国家不使用化学武器"的观念,化学军控的进程开始加速。禁止化学武器运动成功地把恐惧感和化学武器联系到了一起。美国学者理查德·普赖斯(Richard Price)从西方社会的角度分析了建构化学武器禁忌的文化基础,认为使用化学武器被同以下三种社会政治情感联系到了一起:第一,使用化学武器是非人道的,不是文明国家所认可的行为;第二,使用化学武器是阴险的,不是男子汉所为;第三,使用化学武器是无能的,只有弱者才会使用。[①]

"化学武器禁忌"推动了化学武器以及生物武器防扩散条约的形成。1921年,国际同盟建立了一个专门研究化学武器问题的小组委员会。同年,华盛顿裁减军备会议规定在战争中使用窒息性毒剂等会受到"文明世界舆论的正当的谴责"。1925年,相关国家签署了《日内瓦议定书》。这是历史上第一个在世界范围内有效地禁止使用化学武器和细菌作战方法的国际法律文书。但是,《日内瓦议定书》也有明显的缺陷,并成为二战后国际社会继续推动化学军控的重要原因,继而国际社会在《禁止化学武器公约》和《禁止生物武器公约》中进行了大量补充。

生化武器禁忌也发挥了一定的实际作用。一战结束后,化学战的次数显著减少,规模也相对有限。二战无论是战争规模还是残忍程度都要超过一战,化学武器在这一时期也得到了更大的发展。但除了日本在中国战场使用了化学武器以外,大多数参战国在绝大多数情况下都没有发动化学战。在二战后期的太平洋岛屿战中,美国就没有使用毒气对付那些隐藏在坑道中的日本士兵,而是使用火焰喷射器等。此外,虽然有国家违反禁忌使用了化学武器,但都感受到了巨大压力。1935—1936年,意大利曾在埃塞俄比亚使用化学战剂,其辩解的理由是"埃塞俄比亚不是一个'文明国家',不受到《日内瓦议定书》的保护"。1980—1988年两伊战争中,伊拉克对伊朗军民使用了化学武器,但直到战争的最后一年才承认自己使用了化学武器,且辩称是为了保卫领土完整不得已而为之。受禁忌影响,一些国家还主动放弃了使用和拥有化学武器的某些权利,并进行防扩散努力。在1992年《禁止化学武器公约》达成之前,很多国家就单方面声明放弃与化学武器相关的某些权利。

四、禁忌与常规武器

由于常规武器的多样性,迄今为止,常规武器控制领域没有形成诸如化学武

[①] Richard Price, "A Genealogy of the Chemical Weapons Taboo", *International Organization*, Vol. 49, No. 1, 1995, pp. 73-103.

器禁忌与核禁忌这样全面、明确以及众所周知的禁忌。但是,这一领域针对部分武器也存在一些禁止性规范。由于这些被排斥的武器具有某些过分杀伤或滥杀伤的技术特点,被看作是不人道武器。所谓过分杀伤,是指该种武器不仅可使人丧失战斗力,而且可使被杀伤者承受难以治疗或过度、不必要的痛苦。所谓滥杀伤,是指使用这种武器可能使军人和平民不加区别地受到杀伤。因此,这种规范可被看作是对不人道常规武器的禁忌。

国际社会建立对不人道常规武器杀伤机理的恐惧和厌恶感,并将其转化为禁止性规范,这一过程经历了较长的时间。20世纪初的两次海牙会议对武器的类型和使用、作战策略以及一般作战行为作出了规定,尽可能减轻战争的残酷性。在国际人道法的基础上,国际社会较为成功地塑造出对不人道常规武器的政治厌恶感。这种恐惧感和厌恶感不仅抑制了一些不人道常规武器的使用,也推动达成了一些国际规约。例如,国际社会在1981年达成了《特定常规武器公约》,禁止使用燃烧武器、特种碎片武器等。与生化武器稍有不同,这种恐惧感的推动力更多地来自非政府国际组织。例如,国际红十字会和禁雷运动等通过持续努力,在缺乏大国支持的情况下,达成了彻底禁止使用以及拥有反人员地雷的《渥太华禁雷公约》和禁止使用集束炸弹的《集束弹药公约》等。

值得注意的是,其他一些常规武器同样也导致了严重的人道主义灾难,但人们却对这些武器及其使用持较为松弛的态度,不认为其属于不人道常规武器,亦无法将其纳入不人道常规武器禁忌。例如,冷战结束后,以著名的AK47自动步枪为代表的小武器和轻武器在战乱地区的扩散导致大量平民死亡,但国际社会并不认为这些武器是不人道的,其原因在于,自小武器问世以来,人类已经习惯了其伤害生命的机理,国际社会没有广泛塑造出对小武器的恐惧感和厌恶感。国际社会总体上并不否定在战争中使用小武器的作战方式。由于国际社会无法建构出针对小武器的政治厌恶,该领域难以形成普遍的禁止性规范。

总之,禁忌是促进军备控制发展的重要因素。禁忌会使得决策者超越单纯的物质利益计算,从而限制一些军备行为,包括限制军备的使用、发展和持有。军备领域的禁忌既可能表现为国际规约的形式,也可能以无形压力的方式对国家和非国家行为体的行为带来限制。军备领域的禁忌仍在不断发展,包括扩展原有禁忌和建构新的禁忌。这些禁忌的发展将会进一步推动全球性的核军控和常规军控。

第三节 核扩散的政治

核扩散是最引人注目的军控议题之一。核扩散通常指的是核武器或核武器技术向非核武器国家的传播。① 冷战结束后,核扩散日益凸显为一个备受关注的国际性安全问题。核扩散发展引发诸多问题和危险,最受关注的危险有两方面:其一是核扩散会增加核武器、核材料失控的危险;其二是越来越多有核国家的出现可能会给地区安全带来不稳定影响。随着印巴核试验、朝核问题、伊朗核问题的出现以及不少国家热衷于发展核潜力的趋势,核扩散一再成为国际热点。同时,"9·11"事件之后,非国家行为体的核扩散威胁也日渐引起重视。核扩散成为当今世界最为关注的安全问题之一。

一、核扩散问题的基本状况

一般认为,核武器具有三重性:一是重大的毁伤性,二是由此而来的威慑效应,三是核武器使用的非人道性。核武器长期被当作传统安全的终极手段。在可预见的将来,不仅多数有核武器国家不可能接受全面禁止和消灭核武器,一些无核武器国家也仍在试图获得核武器。核扩散有不同的方式。当一个国家决定走向拥核后,其可以通过不同途径达到目的:或者该国有可能自己生产和积累核材料,自行设计和发展弹头及武器系统;或者该国有可能与其他国家合作,引进材料或部件;再或者,该国直接从有核武器国家引进核武器。从核材料的生产与积累、核弹头的设计与试验到弹头与运载系统的武器化,每一个步骤都构成核扩散问题。

在防止核扩散的过程中,以《不扩散核武器条约》为基础、以"核供应国集团"等出口控制机制为补充的全球核不扩散机制是主干力量。1968年6月,联合国通过了《不扩散核武器条约》,该条约在1970年正式生效,当时的签约国有40多个,而今已经发展到191个缔约国,目前只有以色列、印度、巴基斯坦和南苏丹没有加入条约,朝鲜则于2003年宣布退出条约。该条约禁止有核武器国家以任何方式向无核武器国家转移核武器或转移对核武器的控制权,或帮助无核武器国制造核武器;无核武器的缔约国承诺不接受、不制造核武器。该条约授权国际原

---

① 《不扩散核武器条约》以法律的形式对"核武器拥有国"作出如下定义:核武器拥有国指的是那些在1967年1月1日前制造并爆炸核武器或其他核爆炸装置的国家。据此,被《不扩散核武器条约》承认的核武器拥有国为:美国、苏联(俄罗斯)、英国、法国和中国。

子能机构（The International Atomic Energy Agency，IAEA）负责对无核武器的缔约国的民用核设施进行监督。由于核材料是研制核武器最为关键的要素，因此，监督工作的重点是核查民用铀、钚等材料不被秘密转移用以生产核武器。经过数十年的发展，《不扩散核武器条约》已成为深具国际影响力的条约。通过强大的国际舆论压力（如前面提到的"核禁忌"）、技术控制及经济制裁手段对寻求拥有核武器的核扩散国形成巨大的压力，它部分减缓了核扩散的速度和范围，促使一些国家采取克制的态度。

但是，国际社会的核扩散现象却并没有因此而停止。自条约生效以来，核武器技术与能力在全球范围内仍然缓慢地扩散，出现了一批"核门槛国家"及数个"事实上的核国家"。所谓的"核门槛国家"，指的是那些一旦作出核武器化的决定便能在较短时间内研制出核武器的国家。一般认为，这类国家有阿根廷、巴西、日本、德国、韩国、加拿大、澳大利亚、瑞士、瑞典、意大利、新西兰、捷克、比利时、芬兰和波兰等。这类国家拥有比较发达的核工业，拥有相当的技术基础。这些国家都是《不扩散核武器条约》的签约国，都接受国际原子能机构的监督核查。

所谓"事实上的核国家"指的是那些没有被《不扩散核武器条约》承认其拥核地位，但被国际社会认为实际拥有了核武器的国家。像印度、巴基斯坦和以色列就属于此类。此外，印度、巴基斯坦和朝鲜都公开进行过核试验，向国际社会宣示了其研制核武器的能力和行为。尽管以色列政府并未正式明确宣示其核能力，但国际上普遍认为它已经拥有了核武器。另外，南非于1991年加入《不扩散核武器条约》之后，经国际原子能机构核查，其已全部销毁了曾经秘密制造的6枚核武器，证明它确实曾一度是一个"事实上的核国家"。

一些"核门槛国家"及"事实上的核国家"由于国内、国际等因素明确放弃了核计划或核武器，这被称为"去核化进程"。例如，在1993年3月，时任南非总统德克勒克承认南非在20世纪70—80年代制造了6枚核弹，但南非政府已在1992年之前将它们全部销毁了。南非在1991年加入《不扩散核武器条约》，成为历史上第一个制造了核武器又全部销毁的国家。1991年苏联解体后，部署有苏联核武器的白俄罗斯、乌克兰和哈萨克斯坦成为三个新的有核武器国家。经过与俄罗斯以及西方国家协商，特别是在乌克兰得到美、英、俄三国的书面安全保证后，三个国家同意放弃核武器，加入《不扩散核武器条约》，最终完成了去核化进程，成为无核武器国家。此外，阿根廷与巴西曾经相互竞争发展核武器计划，由于国内军人政府的结束和安全环境改善等原因，分别在20世纪80年代末90年代初放弃了已进行多年的核武器计划。虽然罗马尼亚于1970年加入《不扩散核武器条约》，但齐奥塞斯库执政时期却执行过一项秘密发展核武器技术的计划，1989年东欧剧变后该计划被废除。

纵观冷战前与冷战后两个时期核扩散的发展历史，在核武器和核武器技术扩散方面，不同国家根据国内政治因素和国际安全环境因素的区别采取了不同的态度和发展模式。现有研究按照动机和行为模式将之分为三大类。①

一是保生存模式。部分国家或其领导人感受到重大安全威胁，试图通过拥有核武器确保生存安全。像冷战时期的南非以及以色列就属于此种情况。对这些国家而言，核武器是确保其生存的关键选择。为了减少国际核不扩散机制的压力，它们在发展核武器前后往往采取秘而不宣的态度。南非的核武器计划是在20世纪70年代开始的。由于长期实行种族隔离政策，南非在国际社会长期备受谴责，十分孤立。苏联在西南非洲的军事介入，使南非认为自身安全受到了严重威胁，而西方国家又不能为之提供可靠帮助，在这种情况下，南非政府于1974年作出发展核武器的决定。在美苏联手的外交压力下，南非在1977年匆忙取消了核试验计划。冷战结束后，由于苏联力量从非洲撤离，南非的安全威胁感基本消失。1989年德克勒克总统上台后，大力推行改革，取消了种族隔离政策并决定全部销毁核武库和相关核设施。以色列政府从未正式承认拥有核武器，但是，国际社会普遍认为以色列是"事实上的核国家"。长期以来，虽然中东各国一直敦促以色列支持中东无核区建议并加入《不扩散核武器条约》，但以色列均以安全无保障为由加以拒绝。以色列从未公开宣示其核能力，而是保持"核模糊"。1981年，以色列还为了阻止伊拉克发展核武器，对伊拉克从法国购买的反应堆进行了袭击，致使该反应堆完全被毁。

二是强国战略模式。与南非和以色列不同，印度是在没有面临明显生存威胁的情况下走上核武器发展之路。印度在发展核武器方面长期采取模糊政策，但它在1998年五次公开核试验之后，采取了高调宣示政策，自称是有核武器国家。促使印度走上"拥核"之路的更重要原因是印度的大国构想及其科技精英的大力推动等因素。印度以文明古国为荣，对建国目标预期极高。② 自独立之初以来，印度就将国家战略定位在谋求世界大国地位上，而原子能与核武器在此具有特殊意义。20世纪60年代中国核武器的发展成为印度明确开展核武器计划的借口之一，并在1974年5月进行了核装置爆炸试验。为了追求道德优势和顾忌不结盟运动的反扩散立场，印度并没有公开进行核装置的武器化发展。20世纪90年代中期，国际和国内政治变化等因素促使印度最终走向了公开核武器化的

---

① 以下内容摘编整理自孙向丽：《核扩散：发展历史、扩散模式与前景》，《世界经济与政治》2007年第12期，第56—63页。

② 印度第一届总理尼赫鲁早在1944年就在他那本影响广泛的著作《印度的发现》一书中写道："印度以它现在所处的地位，是不能在世界上扮演二等角色的，要么就做一个有声有色的大国，要么就销声匿迹。"［印度］贾瓦哈拉尔·尼赫鲁：《印度的发现》，齐文译，世界知识出版社1956年版，第171页。

道路。印度人民党于1998年3月上台,最终促成印度于1998年5月公开进行了五次核武器试验。进入大国行列的急切愿望与科技及政治精英的推动是印度发展核武器的主要驱动力。

三是发展核潜力模式。除了上述两种核扩散模式外,有些国家虽然参加了《不扩散核武器条约》,却在发展核工业的同时,发展了其核武器技术能力,聚集了越来越多可用于武器的核材料。其实,大多数"核门槛国家"都可以划归到此类。只要有需要,它们就可以在短时间内将民用核设施转为军用,从而成为核国家。典型代表就是日本。日本一直在不惜花费高昂费用建设一个相对完整的核燃料生产体系,已拥有包括浓缩铀和后处理钚在内的几乎完整的大规模核燃料生产能力与设施,国际社会普遍认为日本的核能政策和钚累积"不是偶然的,是有意设计的"。① 从其核工业布局和现状看,日本已拥有了相当完善的核武器技术潜力和物质基础。对日本而言,发展核武器已不是一个技术问题,而是一个政治选择问题。日本在近期为应不会改变官方长期坚守的无核三原则(不拥有、不制造和不引入核武器)立场,只能执行现在的这种确保核潜力的模式。其中,日本民众反核力量是阻止日本走向核武器化的一大障碍。

二、沃尔兹-萨根辩论

针对核扩散是否对全球稳定构成重大安全风险,肯尼斯·沃尔兹(Kenneth Waltz)和斯科特·萨根(Scott Sagan)展开了广泛受到关注的辩论。作为一个结构现实主义者,沃尔兹从其理论逻辑出发,对核扩散持乐观态度,甚至认为"多多益善"。在他看来,任何国家在国际体系中的首要目标都是维护自身安全。因此,获得核武器是合乎逻辑的,因为它将加强一个国家的安全并威慑潜在的侵略者。沃尔兹还相信,自1945年以来的事实证明了核武器的传播将是缓慢的。更重要的是,由于核武器会造成灾难性的破坏,他认为拥有核武器反而会带来自我限制,并产生不使用它们的责任感。随着威慑和防御能力的提高,战争的可能性会降低,因为各国会意识到,在战争中使用这些武器可能会导致自身作为正常社会存在的终结。核武器是终极的防御性武器。无核武器的国家不会用常规武器挑战有核武器的国家,因为必败;两个有核武器国家之间一旦有一方用上核弹,对方必会以核弹反击,如此一来,唯一的结果是世界末日。结果,"核平"的恐惧使得"和平"变得可能,最有能力导致世界毁灭的武器很可能也是最能促进世界和平的工具。这就是所谓的"核武器吓论"。他为支持自己的论点所举的一个例

---

① 孙向丽、伍钧、胡思得:《日本钚问题及其国际关切》,《现代国际关系》,2006年第3期,第16—20页。

子是巴基斯坦和印度之间的冲突,这两个国家都拥有核武器,并在之后有所克制。① 沃尔兹的观点只是一种理论推导,暗含诸多假定,可商榷之处颇多。

萨根则坚持更为悲观的判断。他集中从组织控制的视角,质疑和批评核武器的扩散是好事的想法。萨根指出,在冷战期间,东西方之间关系相对稳定,政治和行政组织与行为都有一定程度的理性和可预测性,同时双方存在有序的沟通渠道,防止误解的发生和升级。他担心的是,随着越来越多的国家加入核武俱乐部,更多地扩散到中东等其他地区,这种情况可能不会被复制。核武器的扩散意味着它们很可能落入军政府或软弱的文职政府手中。这些政府缺乏既有核武器国家的组织架构与制约机制,并可能会有军事偏见,从而鼓励使用这些武器,发生一场蓄意或意外的战争。在萨根看来,唯一的出路是防止核武器的扩散,加强全球不扩散制度。② 相比沃尔兹的抽象推导,萨根的提醒更贴近世界政治现实。

三、对核扩散行为的解释③

近年来,不少研究围绕动力和条件两个维度,从多层次讨论了各种核扩散模式形成的原因,成为一大研究热点。

在动力的维度,相关研究主要以国家安全需要、地位与荣誉需要以及政权稳固需要等为出发点展开分析。其中,安全是一种基本考虑。与敌对国之间的相对实力差距、敌对国安全威胁的程度、盟主对其安全承诺的程度决定了发展核武器为国家带来的安全增益。而核扩散带来的安全增益与开发核武器过程风险与成本的权衡则决定了国家是否有充足的核扩散的意愿。④ T. V. 保罗(T. V. Paul)就提出,国家所处的区域安全环境越恶劣,国家发展核武器的可能性越大。⑤ 这里,一个重要视角是美国的角色。对许多国家来说,选择与(有核武器)大国结盟,通过出让自主性等来换取大国的安全承诺,是发展核武器的替代

---

① Kenneth Waltz, *The Spread of Nuclear Weapons: More May Be Better*, Adelphi Papers, Number 171, London: International Institute for Strategic Studies, 1981.
② Scott D. Sagan, "The Perils of Proliferation: Organization Theory, Deterrence Theory, and the Spread of Nuclear Weapons," *International Security*, Vol. 18, No. 4, 1994, pp. 66-108.
③ 本部分参考自丁思齐:《国外核武器扩散研究综述》,《江南社会学院学报》2019 年第 2 期,第 38—46 页。
④ Nuno P. Monteiro and Alexandre Debs, "The Strategic Logic of Nuclear Proliferation", *International Security*, Vol. 39, No. 2, 2014, pp. 7-51.
⑤ T. V. Paul, *Power versus Prudence: Why Nations Forgo Nuclear Weapons*, Montreal: McGill Queen's University Press, 2000.

选择。结果,它们同盟主的关系就成为重要的影响因素。① 冷战以来,美国推行延伸威慑战略,并将其视为最重要的防扩散工具之一。不过,在获得美国延伸威慑保护与核不扩散行为之间,并不呈现出简单的因果关系。这里,延伸威慑的可信度是影响受保护国行为的中间变量。出于对盟主安全承诺可靠性和持久性的怀疑,盟国依然有可能在盟主提供延伸威慑期间发展核武器。② 进而,安全承诺的可信性与盟主提供安全保障的形式密切相关。对此,一般认为,在该国部署核武器最有效,结盟次之,驻军的效果最有限。战略保证与安抚机制包括口头或书面承诺、前沿部署、核分享以及核磋商这四类措施。美国与不同盟友所建立的战略保证机制不尽相同,延伸威慑的可信度出现差异,最终导致盟友间不同的核扩散行为。③

同样,对国家荣誉、地位和正当性的追求,是影响国家核扩散政策的重要原因。尽管有许多国家都具备了发展核武器的能力,但却并不选择发展核武器,这是因为以《不扩散核武器条约》为核心的国际核不扩散机制深刻地塑造了国家对发展核武器的成本-收益认知,促使国家选择"核克制"。④

还有不少研究关注国家的政体特性与国家核选择之间的关系。厄特尔·索林根(Etel Solingen)提出的政权生存模式理论认为,在《不扩散核武器条约》签订之后,如果一国统治精英选择将政权的生存建构在外向型经济基础上,则不太可能会去发展核武器。因为对于这类政权来说,外向型经济的发展需要国外投资、控制军事支出,减少贸易壁垒,并遵从国际制度,但发展核武器所导致的负面影响如经济制裁、地区局势不稳定、国际声誉受损与这些要求恰好相反。反之,如果国家现任领导人或者统治同盟选择将政权的生存建构在内向型经济基础上,这种内向型政权有较大可能去发展核武器。因为对这些政权来说,发展核武器所需要付出的国际成本有限;发展核武器有助于制造政治神话,增进执政合法性。⑤ 还有学者用不同政治体系中"否决者"的数量和分布来解释,认为国家核政策的灵活性很大程度

---

① Philipp C. Bleek and Eric B. Lorber, "Security Guarantees and Allied Nuclear Proliferation", *The Journal of Conflict Resolution*, Vol. 58, No. 3, 2014, pp. 429-454; Terence Roehrig, "The U. S. Nuclear Umbrella over South Korea: Nuclear Weapons and Extended Deterrence", *Political Science Quarterly*, Vol. 132, No. 4, 2018, pp. 651-684.
② Gene Gerzhoy, "Nuclear Restraint: How the United States Thwarted West Germany's Nuclear Ambitions", *International Security*, Vol. 39, No. 4, 2015, pp. 91-129.
③ Dan Reiter, "Security Commitments and Nuclear Proliferation", *Foreign Policy Analysis*, Vol. 10, No. 1, 2014, pp. 61-80.
④ [澳大利亚]玛利亚·鲁布利:《核不扩散规范:国家为什么选择核克制》,韩叶译,世界知识出版社2020年版。
⑤ Etel Solingen, *Nuclear Logics: Contrasting Paths in East Asia and the Middle East*, Princeton: Princeton University Press, 2007.

上由该领域内"否决者"数量决定。国家核政策领域内的否决者数量越多,国家发展核武器的可能性也就越低。例如,尽管日本国内出现了支持日本发展核武器的言论,但日本核决策领域内制度化的否决者构成了巨大障碍。① 另有研究认为,"独裁国家"更容易发展核武器。因为它们不仅有更强的发展核武器的意愿,而且发展核武器的内部限制也少。② 还有研究认为国家的核武决策是特定国内政治行为体为实现自身狭隘组织利益推动的产物,还概括了科学家、军方和领导人"三个火枪手"模式。不过,同样存在可能会对国家发展核武器构成阻碍的国内政治行为体,例如反对核武器开发的公民团体。结果于是取决于不同力量的交锋。③

此外,有研究讨论了领导人特性与国家核选择之间的关系,认为如果同时受到"荣誉"和"恐惧"这两种情绪支配的对抗型民族主义领导人,执政并拥有较大的权力,那么一国更可能会去发展核武器。④ 有研究则认为,国家是否发展核武器与领导人自身的经历和世界观密切相关。在其他条件相同的情况下,参加过反叛活动的领导人追求核武器的可能性明显更高。因为,这些领导人更看重国家的独立和主权,对外来安全承诺的信任度更低,同时他们也更愿意接受风险,倾向于低估发展核武器的困难,也更愿意相信核武器项目能最终取得成功。⑤

除了动机的维度,还有不少研究从能力及机会的角度考虑问题。在国家层面,相关研究主要关注国家经济、科技和工业实力与核技术、核设备以及核原料等的可获得性。良好的物质基础、民用核能合作和敏感核援助可能降低国家发展核武器的门槛和难度,并增加国家成功发展核武器的概率,也能反过来"创造"意愿,对国家构成"核诱惑"(nuclear-temptation)。此外,有研究认为,民用核能项目可以帮助国家隐藏核野心,在民用核计划的幌子下合法地从国外直接获取诸如浓缩铀、后处理设备这样与核武器开发直接相关的

---

① Jacques E. C. Hymans, "Veto Players, Nuclear Energy, and Nonproliferation: Domestic Institutional Barriers to a Japanese Bomb", *International Security*, Vol. 36, No. 2, 2011, pp. 154-189.
② Christopher Way and Jessica L. P. Weeks, "Making It Personal: Regime Type and Nuclear Proliferation", *American Journal of Political Science*, Vol. 58, No. 3, 2014, pp. 705-719.
③ Scott D. Sagan, "Why Do States Build Nuclear Weapons?: Three Models in Search of a Bomb", *International Security*, Vol. 21, No. 3, 1996-1997, pp. 54-86; Joseph Cirincione, *Bomb Scare: The History and Future of Nuclear Weapons*, New York: Columbia University Press, 2007.
④ Jacques Hymans, *Achieving Nuclear Ambitions: Scientists, Politicians, and Proliferation*, Cambridge: Cambridge University Press, 2012; Jacques Hymans, *The Psychology of Nuclear Proliferation: Identity, Emotions, and Foreign Policy*, Cambridge: Cambridge University Pres 2006.
⑤ Matthew Fuhrmann and Michael C. Horowitz, "When Leaders Matter: Rebel Experience and Nuclear Proliferation", *The Journal of Politics*, Vol. 77, No. 1, 2015, pp. 72-87.

核原料、核设备。①

除了内部条件,核扩散国要想最终获得核武器还需要克服诸多外部条件的限制。这方面的研究目前主要集中在美国的作为和影响。盟主(主要)的安全承诺不仅关乎盟国核扩散的意愿,而且也关乎盟国核扩散的机会。尼古拉斯·米勒(Nicholas Miller)指出,美国如果反对某盟国发展核武器,可能威胁取消对该盟国的安全保护,迫使其在美国的安全保护与发展核武器之间二选一。除英国和法国外,美国其他盟国的核扩散都遭到了美国的强烈反对。但最终结果却是,美国仅成功阻止了部分盟国发展核武器。那么,在什么情况下,美国才能成功阻止其盟国发展核武器呢?米勒认为,只有当美国对盟国的制裁威胁信号足够可靠时,美国才能成功阻止其盟国发展核武器,美国于1975—1978年通过的《核不扩散法案》等一系列法案是美国的制裁威胁信号变得可靠的关键。核扩散国对美国的依赖度是美国对核扩散国的制裁能否起到预期效果,乃至最终成功阻止核扩散国发展核武器所必不可少的一个因素。② 还有研究认为,只有当美国与盟国的结盟形式为双边同盟且盟国在经济上高度依赖美国时,美国才能快速有效地阻止其盟国发展核武器。③

核扩散国自身的体制特征也会深刻地影响核扩散国发展核武器的机会和能力。有研究指出,对核武项目的管理方式、组织能力的强弱而不是接受过核援助与否决定了其核武项目的效率。为了独揽大权、防范政变,像萨达姆和卡扎菲这样采取独裁统治的政治强人会选择弱化正式的国家机构、制度,通过建立一系列对其直接负责的非正式机制来实施统治。而这会削弱国家能力,使得国家开展复杂技术项目的能力受到很大的限制,甚至缺乏规划、执行和评估等基本能力,从而导致核武项目的效率低下,进展缓慢。④

上述条件对国家的"拥核"策略有着共同影响。在综合动力和条件两个维度的基础上,维平·纳兰(Vipin Narang)的研究讨论了核扩散国自身因素对"拥核"策略的影响。他认为,安全威胁的严峻程度、国内政治层面能否就发展核武

---

① Joseph Cirincione, *Bomb Scare: The History and Future of Nuclear Weapons*, New York: Columbia University Press, 2007. 不过,大多数学者认为,国家最终是否会选择发展核武器的根源在于国家认为它是否有意愿发展核武器,即"动机一定是关键"。R. Scott Kemp, "The Nonproliferation Emperor Has No Clothes: The Gas Centrifuge, Supply-Side Controls, and the Future of Nuclear Proliferation", *International Security*, Vol. 38, No. 4, 2014, pp. 39-78.
② Nicholas Miller, "The Secret Success of Nonproliferation Sanctions", *International Organization*, Vol. 68, No. 4, 2014, pp. 913-944.
③ Alexander Lanoszka, *Protection States Trust? Major Power Patronage, Nuclear Behavior and Alliance Dynamics*, Phd dissertation, Princeton University, 2014, pp. 53-59.
④ Målfrid Braut-Hegghammer, *Unclear Physics: Why Iraq and Libya Failed to Build Nuclear Weapons*, Ithaca: Cornell University Press, 2016, pp. 6-13.

器达成共识以及盟主的安全承诺这三种因素会影响国家采取何种战略——他提出了对冲式（hedging）、冲刺式（sprinting）、躲藏式（hiding）以及庇护式（sheltered pursuit）这四种战略——发展核武器。中国奉行核不扩散政策，主张禁止或销毁一切核武器，反对任何形式的核武器扩散，积极参与防止核扩散的国际合作。

小 结

军备控制是一种特殊形式的国际安全合作，目的是对军备的扩张进行管理和限制，从而起到促进国际关系的稳定与和平的作用。在现实的国际政治实践中，有多重理由和逻辑推动军备控制，如基于人道理想的理想主义逻辑、基于安全与经济权衡的经济逻辑、基于力量对比考虑的现实主义的逻辑。它们对军备进行控制有两个途径：一是对军备本身数量和质量的控制；二是对军备的使用范围和程序的控制。军备控制的手段包括冻结、重组、减少、禁止以及一些特别稳定措施。军备控制背后有着深刻的信息不对称和承诺问题。足够核实的实现不仅取决于核实手段本身，还取决于要被核实的对象以及有关国家之间的关系。在核实问题上，各种侦查与检测技术的发展发挥了关键作用。

以社会心理和道德伦理为出发点可以形成禁忌，并会对国家在军备等方面的作为产生重要作用。在军备领域，禁忌形成除了与武器的杀伤力和杀伤机理有关，社会文化因素还塑造人们对一些军备的恐惧感和厌恶感，后者在禁忌的建立过程中发挥着更为重要的作用。核武器、生化武器和不人道常规武器就是这样的典型。

核扩散是最引人注目的军控议题之一。国际社会的核扩散现象没有因《不扩散核武器条约》而停止，并出现了一批"核门槛国家"及数个"事实上的核国家"。针对核扩散是否对全球稳定构成重大安全风险，沃尔兹和萨根展开了广受关注的辩论。沃尔兹从其强调安全和国家理性的理论逻辑出发，对核扩散持乐观态度；而萨根则从组织控制的视角，质疑和批评核武器的扩散是一件好事的想法。围绕核扩散的政治斗争是当前研究重点。核扩散努力按照动机和行为模式分为保生存、强国地位与发展核潜力三个模式。既有研究围绕动力和条件两个维度，从多层次讨论了核扩散模式形成的原因，但结合朝核问题等现实案例，仍有进一步研究的空间。

思考讨论题

1. 军备控制背后的逻辑有哪些？什么影响了军备控制形式的选择？达成军备控制协议需要克服哪些障碍？
2. 如何看待和评估禁忌因素在武器使用及扩散过程中的影响？结合实例加以说明。
3. 如何看待有关核扩散的辩论？你更支持哪一方，为什么？
4. 为什么追求/不追求拥有核武器？拥核过程与模式受到何种影响？对于我们如何遏制核扩散有何启示？
5. 有关军备控制的已有思考如何应用到外层空间、网络等新领域的军备控制？需要作出哪些调整？

扩展阅读

李彬：《军备控制理论与分析》，北京大学出版社 2006 年版。系统地介绍了军备控制的理论源流及发展。

Nina Tannenwald，*The Nuclear Taboo: The United States and the Non-use of Nuclear Weapons since 1945*，Cambridge：Cambridge University Press，2007. 有关核武器禁忌的经典讨论。

江天骄：《同盟安全与防扩散：美国延伸威慑的可信度及其确保机制》，时事出版社 2020 年版。中国青年学者将同盟政治、延伸威慑与核扩散框结合的佳作。

第九章

人权与国际干预

本章导学

人权,是指每个人按其本质和尊严享有(或应享有)的基本权利。有关人权的政治思考源远流长。[①] 国际人权规范的发展与人权保护的国际化是过往百年间世界政治最重要的进步之一。国际人权事业的发展是各种政治力量共同塑造的全球性过程,以中国为代表的亚非拉国家在其中发挥了重要作用。人权涉及从人到国家再到全球及全人类各层次的安全,特别是冷战以来与国际干预密切相关,成为国际安全研究的热点话题。

本章讨论人权与国际干预的问题。首先从国际政治的视角,从整体上介绍国际人权保护的内涵,透视有关人权的种种争论,并且对国家推动国际人权保护,接受国际人权制度和规范制约的动机进行分析;接着讨论"人的安全"概念的内涵与构成,辨析围绕"人的安全"概念所出现的争议,展示国际社会所能扮演的角色。最后以"保护的责任"为中心,展示与人权相关的国际干预实践及规范争议。

本章学习目标

1. 了解并弄懂人权、人的安全以及保护的责任等概念;
2. 了解国际人权保护的复杂内容及内在矛盾,思考并解释各方在相关问题的政策立场;

---

① 关于国际人权规范发展史的经典研究,参见 Paul Gordon Lauren, *The Evolution of International Human Rights: Visions Seen*, Philadelphia: University of Pennsylvania Press, 2003。

3. 理解国际人权保护的必要性与局限性,深入辨析其在现实政治性与道义理想性之间的张力;
4. 理解人的安全的多维度构成,了解相关辩论和发展过程,深入探讨人的安全与国家安全的平衡,思考当前存在的挑战和解决之道;
5. 把握从"人道主义干预"到"保护的责任"的规范争论演进机理。

第一节 人权与国际政治

人权是所有人与生俱有的权利,它不分种族、性别、国籍、族裔、语言、宗教或任何其他身份地位。一般认为,人权包括生命和自由的权利、不受奴役和酷刑的权利、意见和言论自由的权利、获得工作和教育的权利,以及其他更多权利。人人有权不受歧视地享受这些权利。① 这些基本权利是普遍的,平等地适用于所有人。人权概念有着悠久的思想传统。人权作为普遍政治概念的提出,则是人类社会现代化转变的结果。现代人权理念的主流源于近代西欧的启蒙思想。社会主义与民族解放运动的思想与实践,同样深刻影响了人权理念的发展。20 世纪上半叶开始,人权保护逐步走向国际化。② 第二次世界大战成为国际人权发展进程中的分水岭,人权此后正式进入国际政治。二战中,法西斯侵犯人权的空前暴行唤醒了人们的良知,推动了国际人权保护运动的兴起。1945 年通过的《联合国宪章》成为人权保护国际化的第一个成果。③ 此后,国际人权保护在冷战对峙、亚非新兴民族国家登上国际舞台的背景下日渐脱离西方控制,持续拓展深化。今天,国际人权保护构成了以联合国为中心的基本体系。④ 同时,各区域也发展出

---

① 《全球议题:人权》,联合国网站,https://www.un.org/zh/global-issues/human-rights,访问日期:2022 年 6 月 27 日。
② 参见 Jan Herman Burgers, "The Road to San Francisco: The Revival of the Human Rights Idea in the Twentieth Century", *Human Rights Quarterly*, Vol. 14, No. 4, 1992, pp 447-477。有关二战以前国际关系中的道义问题,参见 Jack Donnelly, *International Human Rights*, 2nd edition, Boulder, CO.: Westview Press, 1997, Chapter 3。
③ [加拿大]约翰·汉弗莱:《国际人权法》,庞森等译,世界知识出版社 1992 年版,第 53 页。
④ 如有学者所言,"联合国的人权业绩或许是其惟一真正值得骄傲的领域"。Paul Gordon Lauren, *The Evolution of International Human Rights: Visions Seen*, Philadelphia: University of Pennsylvania Press, 2003, p. 234. 2006 年 3 月,联合国设立人权理事会以取代人权委员会。人权与安全、发展并列被确立为联合国的"三大支柱"。

各自的地域性人权机制。① 国际人权保护发展成为世界政治进步趋势的集中体现。② 人权并非西方的专利,也不仅仅是强者的工具,它还一直是弱势群体争取权益的道义与法律武器。

一、国际人权的构成

《联合国宪章》第五十五条规定:为造成国际间以尊重人民平等权利及自决原则为根据之和平友好关系所必要之安定及福利条件起见,联合国应促进:

(子)较高之生活程度,全民就业,及经济与社会进展。

(丑)国际间经济、社会、卫生及有关问题之解决;国际间文化及教育合作。

(寅)全体人类之人权及基本自由之普遍尊重与遵守,不分种族、性别、语言或宗教。③

联合国成立后,国际社会就开始讨论澄清《联合国宪章》第五十五条体现了哪些权利,哪些权利是各国应该保护的。1948年联合国大会通过的《世界人权宣言》就是这些讨论的产物。其三十条条款确定了一系列不同的权利,被广泛承认为今天国际人权的权威性标准。

《世界人权宣言》的主要起草者之一勒内·卡森(René Cassin)认为该文件有四个支柱,即"尊严、自由、平等和兄弟情谊",包含了不同的历史、政治和道德哲学(例如中国学者张彭春引入了"四海之内皆兄弟"的观念)。《世界人权宣言》的前两条代表了所有人共享的永恒的人类尊严,不分种族、宗教、国籍或性别。第三条至第二十一条定义了第一代公民自由和其他权利,这些主要权利建立在启蒙运动时期滥觞的西方哲学和法律传统之上,如言论和结社自由,以及法律面前的平等保护和承认。第二十二条至第二十六条的重点是政治、社会和经济平等,这些是工业革命后出现的第二代人权,通常与社会主义思想相关。第二代人权包括了就业权、适足生活水准权、组建工会权和受教育权。第二十七条和第二十八条系第三代人权,涉及社群独立和民族团结的权利,这些权利最早在19世纪末发展起来,由摆脱殖民主义的新兴民族国家所倡导。相对而言,第三代人权在《世界人权宣言》中的发展程度低于前两代理念。

---

① 参见[奥地利]曼弗雷德·诺瓦克:《国际人权制度导论》,柳华文译,北京大学出版社2010年版。
② 朱锋:《人权、进步与国际关系理论》,《世界经济与政治》2005年第9期,第13—19页。
③ 《联合国宪章》,联合国网站,https://www.un.org/zh/about-us/un-charter/full-text,访问日期:2022年6月22日。

在起草《世界人权宣言》的同时，联合国各成员国还谈判通过了《防止和惩治灭绝种族罪公约》，这是第一个有界定明确义务和规则的国际人权条约。该公约将灭绝种族定义为"蓄意全部或局部消灭某一民族、人种、种族或宗教团体"。受二战中法西斯种族大屠杀的刺激，《防止和惩治灭绝种族罪公约》成为第一部硬性国际人权法。公约有153个缔约国，成为有史以来得到更广泛承认和支持的条约之一。中国于1983年加入该公约。美国在1948年签署了该条约，但直到40年后才批准该条约，而日本截至2022年底尚未加入该条约。

此后，联合国开始了更为艰巨的任务，将《世界人权宣言》转化为具有法律约束力的条约。经过18年的谈判，最终产生了两个独立协议：《公民权利和政治权利国际公约》和《经济、社会、文化权利国际公约》。一个侧重于公民和政治权利，另一个侧重于社会主义阵营和新兴民族国家所强调的经济、社会和文化权利。这两项公约在1966年达成并从1976年起生效，对所有签署国具有法律约束力。

《公民权利和政治权利国际公约》于1966年12月16日由联合国大会通过并开放给各国签署，1976年3月23日生效，共有53条，以更精确的术语定义了《世界人权宣言》中提出的政治和公民权利。《公民权利和政治权利国际公约》确认了生命权、自由权和行动自由权，无罪推定，法律面前人人平等，权利受到侵犯时可诉诸法律，以及隐私权等一系列原则。个人的思想、良心和宗教自由，意见和言论自由，以及集会和结社自由也都得到明确。该公约禁止酷刑和不人道或有辱人格的处罚、奴役和非自愿劳役，以及任意逮捕和拘留。它还禁止鼓吹战争或各种基于种族、宗教或民族血统仇恨的宣传。此外，《公民权利和政治权利国际公约》还规定：所有人都有权自由选择结婚对象和建立家庭，并要求婚姻和家庭的责任和义务由伴侣之间平等分担；保障儿童权利；禁止基于种族、性别、肤色、民族血统或语言的歧视；将死刑限制在最严重的罪行上，保证死刑犯有权上诉要求减刑，并禁止对18岁以下的人判处死刑。① 截至2022年底，联合国成员国中有173个国家是《公民权利和政治权利国际公约》的缔约国。中国于1998年签署该条约，但尚未批准。美国于1992年批准了该条约，但宣布其条款"不能自动执行"（not self-executing）。

《经济、社会、文化权利国际公约》于1976年1月3日生效，重申并确认了个人和国家的基本经济、社会和文化权利，包括：赚取足以支持最低生活标准的工

---

① 《公民权利及政治权利国际公约》，联合国网站，https://www.un.org/zh/documents/treaty/A-RES-2200-XXI-2，访问日期：2023年4月11日；人权高专办重译版参见《公民及政治权利国际盟约（亦称"公民权利和政治权利国际公约"）》，联合国人权高级专员办事处网站，https://www.ohchr.org/zh/instruments-mechanisms/instruments/international-covenant-civil-and-political-rights，访问日期：2023年4月11日。

资的权利,同工同酬,平等的晋升机会,组织工会和罢工的权利,带薪或有补偿的产假,免费初级教育,以及版权、专利和商标的知识产权保护。该条约禁止剥削儿童,并要求所有国家合作结束饥饿。每个批准该公约的国家都必须向联合国秘书长提交报告,说明其在提供这些权利方面的进展。① 截至2022年底,《经济、社会、文化权利国际公约》有171个缔约国。中国已签署并批准该公约。美国在1977年由卡特政府签署了该公约,但从未批准该公约。

《世界人权宣言》和这两项公约合在一起被称为"国际人权法案"。

二、国际人权保护的争议

由于经济社会发展、法律和文化传统、国内政治制度的差异,各国在人权方面往往有不同的利益和理念,并受到国际政治经济环境的影响,国际人权保护出现了各种政治争议。即使从定义上讲,人权是普遍的,但各国在促进同样的权利方面未必有相同的利益及考虑,对不同权利的权衡排序也存在差异。各国都有维护自身主权的基本要求,并试图忽略或克制那些它们认为限制过多、成本过大的人权保护责任。此外,各国还可能在促进那些其政治对手试图克制的人权事项方面存在着策略性考虑。例如,冷战时期人权就深深卷入了两大阵营的意识形态竞争中,两大阵营对公民权利和政治权利以及经济、社会和文化权利表现出了不同的认识和强调程度。许多美国保守派人士质疑经济、社会和文化权利是否真的是普遍权利,认为它们只是与特定的阶级或群体有关。冷战结束前后,面对西方的人权政治化压力,一些亚洲国家领导人倡导"亚洲价值"理念,强调家庭和社区的权利以及社会政治稳定的目标与个人权利至少是同等重要的。国际人权不是固定的,而是政治经济斗争、思想价值辩论和社会文化互动的产物。关于"人类究竟拥有哪些权利"以及"当这些权利出现冲突时哪一种或哪些权利更为重要"等问题的辩论仍在继续。

国际人权是一个随时间演变的规范体系。人权并没有在所有的社会和政府中被内化为规范。例如,免于酷刑可能是影响最广泛和最深刻的人权规范之一,但过去数年间美国进行的关于恐怖主义嫌疑人待遇的辩论表明,即使对一些美国人来说,酷刑或接近酷刑的做法仍然是可以接受的。小布什政府通过重新定

---

① 《经济、社会及文化权利国际公约》,联合国网站,https://www.un.org/zh/documents/treaty/A-RES-2200-XXI,访问日期:2023年4月11日;人权高专办重译版参见《经济社会文化权利国际盟约(亦称"经济、社会及文化权利国际公约")》,联合国人权高级专员办事处网站,https://www.ohchr.org/zh/instruments-mechanisms/instruments/international-covenant-economic-social-and-cultural-rights,访问日期:2023年4月11日。

义一些做法(如水刑),试图辩称其不违反国际法,但没有得到其他大多数国家的支持,这从反面体现了反酷刑规范的力量。而特朗普甚至公开为酷刑辩护,说什么"只有愚蠢的人才会说它不起作用","即使它不起作用,那些被折磨的人也是活该,因为他们在做什么"。① 这些都表明,禁止酷刑规范的地位是模糊的,未能对美国政府的行为产生重大制约。

各种具体人权之间还经常出现价值和实践冲突,需要权衡。一个相关的问题是,一些权利比其他权利更重要吗?《世界人权宣言》和《公民权利和政治权利国际公约》中的一些权利确实在国际法体系中具有更特殊的地位,并如同《防范和惩治灭绝种族罪公约》等一样,比其他权利得到更为广泛的支持与深刻的认同。值得一提的是,《公民权利和政治权利国际公约》第四条允许在当局正式宣布紧急状态,危及国本时,缔约国可在绝对必要的限度内减免一些义务,但它同时也明确规定了少数不能据此克减的权利。这些权利包括:免受酷刑或残忍和有辱人格的惩罚,法律面前的人格得到承认,以及思想、良心和宗教自由。与此不同,《经济、社会、文化权利国际公约》中确定的权利并未排除由国家根据法律进行限制。

总的来说,国际人权保护仍然是一项正在发展的事业。人权本身也是政治斗争的对象,界定了政府对其公民承担着怎样的责任,其对本国公民的行为哪些是可接受的,哪些是不可接受的。各国和各社群对其有义务保护的权利看法不同,对哪些权利在被他人滥用时应该寻求强制执行有不同的看法。因此,我们不仅要研究人权法,还要注意其背后国家的偏好与互动,以更好地解释国际人权政治。

三、国际人权保护的动因②

个人和国家对保护世界各地其他人民与国家的人权状况表现出浓厚兴趣,并为此采取各种行动,例如实施制裁。这里涉及的研究问题有:为什么个人和国家会关心其他国家对待其公民的方式?反过来,作为主权实体,国家为什么要让自己接受他国和国际组织的约束和监督?在回答这些问题时,我们首先要思考人权问题的源起。

---

① Adam Serwer, "Can Trump Bring Back Torture?" (January 26, 2017), The Atlantic, https://www.theatlantic.com/politics/archive/2017/01/trump-torture/514463, retrieved April 11, 2023.
② 本小节参考了 Jeffry A. Frieden, David A. Lake, and Kenneth Schultz, *World Politics: Interests, Interactions, Institutions*, 4th edition, New York, NY: W. W. Norton, 2019, pp. 512-537.

（一）为什么会出现侵犯人权的问题？

人权问题的出现有多方面的原因，与一个国家的发展阶段和具体国情密切相关。首先，有些侵犯人权行为是由于发展水平与国家能力的缺乏而产生的。例如，许多低收入国家，其政府及领导人可能真诚地希望按照《经济、社会、文化权利国际公约》的要求向每个人提供免费初级教育，但苦于没有相应的资源和能力。其他一些政府可能无法充分控制其军队或警察等暴力机关，阻止各种侵犯人权行为，哪怕这些做法不是官方政策。认识到各国在执行能力等方面面临的困难，大多数人权法被制定为软法，被理解为国家应该努力实现的愿望或目标，需要相关国家进一步的政治建设与经济社会发展来逐步解决，而不是国家必须遵守并应该被追究责任的严格规则。① 国际社会需要做的是在可能的情况下给予必要的支持。西方一些国家经常有意无意忽略这一点，片面采取粗暴地点名羞辱或强制制裁的办法。与此同时，这些西方国家由于自身制度缺陷和利益集团操控等，也一再暴露出人权问题。

在不少情况下，一国政府会为了维护国家安全而采取限制人权的行动。试图以暴力颠覆国家政权的行为在各国都是犯罪行为，而非正常的政治行为。然而，这里的分界线又往往是模糊的，各个国家的具体国情也不同。一些国家将从事某些活动的个人作为罪犯起诉，而类似行动在其他地方却被认为是合法和正当的。同时，即使行动本身明显属于犯罪，如果个人没有得到正当司法程序被起诉和惩罚，同样是国家滥用权力。在臭名昭著的"麦卡锡运动"（1947—1957年）期间，美国政府将被怀疑信奉共产主义或其他左翼意识形态的美国人列入黑名单，监禁和驱逐出境。在"9·11"恐怖袭击之后，美国当局的一系列监听和监控措施广受批评。事实上，国家间战争或内战的存在与侵犯人权行为的增加密切相关。在为这些侵权行为辩护时，政府往往声称国家安全高于公民人权。不少政府还蓄意侵犯其公民人权以维护其自身统治。在这些情况下，国家本身没有受到攻击和威胁，但是政治对手被残酷镇压，以压制内部的异议，削弱和威慑反对者。在一些国家，对"他者"的恐惧以及维护统治的需要，往往与推动种族灭绝联系在一起，对某个族群进行系统性的迫害和谋杀，典型的例子就是卢旺达种族大屠杀。

对于某国政府侵犯或未能有效保障人权的原因，既涉及能力也涉及意愿，并没有单一的解释。一般而言，政府越弱或越不合法，它就越有可能侵犯人权。反过来，对于个人、团体和国家为什么要在国内和国外保护人权，也没有单一的解

---

① Wade M. Cole, "Mind the Gap: State Capacity and the Implementation of Human Rights Treaties", *International Organization*, Vol. 69, No. 2, 2015, pp. 405-441.

释。压制人权是国家和政府为保护自己不受实际和感知的威胁而采取的一种政治策略。同时，保护人权也可能是一种政治策略，各种政治行为体为了各种目的而使用这种策略。

（二）国家为何签署人权协议？

签署和执行国际人权协议意味着国家对自身加上一些约束，为什么国家会这么做？安德鲁·莫劳夫奇克（Andrew Moravcsik）提出，在那些刚刚实现民主化的国家，国内的民主体制尚不稳定。政治精英希望通过"授权"给国际人权机制，凭借国际人权规范，特别是具有执行约束力的国际机制，将新建立的民主规则和政策"锁定"，从而保护尚未巩固的民主体制，使它更难被国内其他势力颠覆。违反国际协议可能会付出某些代价——即使这种代价只是国际声誉的损失——也使政治倒退更不可能。签署国际人权协议限制了未来执政者作恶毁坏民主体制的可能，也增进了国内民主体制与人权政策的生存机会。通过加入并要求自己遵守国际人权法，新的民主化国家试图对政治改革作出更可信的承诺。国家如此作出承诺也并非全无代价。政府的选择取决于主权付出和内政收益二者间的权衡，正因此，新兴民主化国家在推动国际人权协议方面更为积极。① 贝斯·西蒙斯（Beth Simmons）则从国际制度国内政治效应的角度，对民主制国家政府及政治精英推动参与国际人权机制作了讨论。她强调国际人权机制的信息传递功能，特别是人权规制能够汇聚行为体预期，推动国内社会动员的作用。出于调整国内政治格局，进行信号传递和社会动员的目的，某些政府与政治精英将选择参与和支持国际人权机制，以推动国内民主化进程。② 莫劳夫奇克等人为自己的主张找到了一些经验证据支持，说明国际人权法是国家战略性使用以实现自身国内政治目标的工具。

按照这一逻辑推断，对国际人权机制最强烈的支持来自那些新生的民主国家。非民主国家和处在转型阶段的政府则缺乏兴趣。体制稳固的民主国家甚至可能同专制国家一道阻挠人权规范的建立。因为这些国家一方面顾虑所付出的主权成本，另一方面借助国际机制稳定国内政治的收益并不明显。这也解释了已建立的民主国家批准人权协议的较弱倾向，因为它们不太需要也不情愿通过国际协议来约束自己。以西方民主的代表性国家美国为例，它并不愿让渡主权给《公民权利和政治权利国际公约》这样的国际条约，或是让渡给像国际刑事法

---

① 这里一个典型案例是欧洲人权公约机制。Andrew Moravcsik，"The Origins of Human Rights Regimes: Democratic Delegation in Postwar Europe"，*International Organization*，Vol. 54，No. 2，2000，pp. 217-252.

② Beth Simmons，*Mobilizing for Human Rights: International Law in Domestic Politics*，New York: Cambridge Univerisity Press，2009.

院这样的国际机构来监督自身。不过,也有越来越多的西方国家认识到,在鼓吹人权的同时自身却不批准国际人权条约,是一种尴尬的矛盾,因此它们开始签署以前拒绝的协议。

此外,一些国家可能因为被其他国家诱导而签署国际人权条约。这些诱因可能包括财政援助或未来加入国际组织(如北约及欧盟)的承诺,这些组织在其他方面提供了好处。将人权标准作为援助或加入国际组织的条件,例如欧盟要求申请加入的国家在被接受之前签署并遵守一系列的人权条约。个人和国家寻求影响其他国家的人权状况,既有利他的动机,也有自利的考虑。

值得注意的是,今天一些区域贸易协定都包含一些关于人权的条款。有些协议是软性的,或者只是声明性的。这些条款将国家行为约束在国际行为标准之下,并威胁说如果定期审查中发现有大量侵犯人权的行为,将撤销相应的贸易和金融待遇。这些硬性规定将市场准入的具体物质利益与一个国家的人权实践联系起来。不过,具有讽刺意味的是,这背后很大程度上是因为那些希望自己免受进口竞争影响的国内贸易保护团体积极推动的结果。

当然,除了功利算计,不能否认国际人权保护的道德伦理动机。作为社会性动物,人类普遍拥有一定的同情心和同理心。这种恻隐之心可以成为政治行动的深刻动力。人道主义情感在国际上对诸如地震和海啸等自然灾害的反应中表现得最为明显。它也体现在对人权侵犯受害者的同情和支持上(即便这种同情有时候会被政治利用)。对人权的严重侵犯,如种族灭绝,强烈地刺激人类的良知,并促使个人和国家作出反应。最后,受同情心和价值观的驱动,社会化机制发挥了重要影响。人权非政府组织和更大的人权倡导网络在教育公众了解人权和人权实践,呼吁关注侵犯人权的行为,并在对一些国家施加压力方面发挥了关键作用。由于西方世界在这方面的主导地位,在此过程中,国际人权问题很大程度上也被片面框定在了西方国家所强调的所谓政治自由和公民权利上。

那么,鉴于目前的国际人权保护体系、对人权规范的广泛认同以及在促进权利方面日益增长的利益,各国是否真的在国外推动保护人权?就人权实践而言,我们可能看到的就像是半杯水,既可以说它不是空的,也可以说它不是满的。尽管国际人权机构不断发展,但大规模的侵权行为仍在许多地方发生。我们很难期望一国政府在国际上认真系统地促进人权,而把它们在与其他国家关系中可能寻求的所有其他利益排除在外。在二战等悲剧的基础上,在不断增长的跨国人权运动的支持下,在各种复杂心理与政治动机的驱动下,个人和团体现在越来越多地认识到国际人权是其国家利益的一部分,并要求他们的政府采取相应的行动。

（三）国际人权保护有效吗？

近几十年来，学者普遍认为，人权保护实践有了相当大的改善，但依旧可以追问：既然国际人权保护大为发展，为什么没有更大程度的改善？国际人权保护机制是否在很大程度上对国家行为带来了限制、约束和改变？签署人权条约的国家是否比没有签署协议的国家更好地保护其公民的权利？

关于国际人权协议对国家政策实践的影响，既有研究提供的答案是不一致的。值得一提的是，就研究设计而言，这个问题在因果识别上存在挑战。最可能签署人权协议的国家也是那些愿采取尊重人权政策的国家。如果只是研究签署协议和人权保护状况间的相关性，可能草率得出不正确的结论，即协议对实践有巨大的影响，而事实上，一些背后的因素，比如民主制度以及对政治和公民权利的关注，导致一个国家既签署人权协议又实际保护这些权利。由于这类研究因果识别困难及其各种测量问题，不同的分析发现了不同的结果。实际上，有一些研究发现，国际人权协议对实践没有影响，甚至在控制其他因素（如人均收入和经济增长）后，还呈现出某种统计上的负相关性。这表明国际人权协议的影响存疑。毕竟，国际人权法和大多数国际协议一样，都依赖于国家的执行。很大程度上，各国签署国际人权协议可能是为了其"表面价值"，而不是将之作为对更好人权保护的真正承诺。一些政府表面上接受了规则，实际上继续从事侵犯人权的行为。① 有学者通过以《禁止酷刑和其他残忍、不人道或有辱人格的待遇或处罚公约》（即《禁止酷刑公约》）为中心的经验研究，发现上述负相关结果主要源于那些"多党制威权政权"，它们既签署《禁止酷刑公约》，又以高于平均水平的频率使用酷刑。这些政权由于国内政治压力批准了国际公约，但是它们的统治又是不稳定的，因而也最有可能滥用权力，侵犯人权。②

不过，更多研究者认为，国际人权协议的签署还是改善了人权实践。③ 一些人主张，国际协议的积极效果需要与某些其他因素结合才能出现，这些因素包括特定的国内政治制度、强大的国内法院和法制、庞大的非政府组织、政治领导人

---

① Linda Camp Keith, "The United Nations International Covenant on Civil and Political Rights: Does It Make a Difference in Human Rights Behavior?" *Journal of Peace Research*, Vol. 36, No. 1, 1999, pp. 95-118; Daniel W. Hill Jr., "Estimating the Effects of Human Rights Treaties on State Behavior", *Journal of Politics*, Vol. 72, No. 4, 2010, pp. 1161-1174.

② James Raymond Vreeland, "Political Institutions and Human Rights: Why Dictatorships Enter into the United Nations Convention against Torture", *International Organization*, Vol. 62, No. 1, 2008, pp. 65-101.

③ Yonatan Lupu, "The Informative Power of Treaty Commitment: Using the Spatial Model to Address Selection Effects", *American Journal of Political Science*, Vol. 57, No. 4, 2013, pp. 912-925.

的预期任期以及针对特定权利侵犯行为的明确法律标准等。① 国际人权机制还是能产生积极的影响的,但只是在某些有限的条件下如此。

不过,即使国际人权制度在短期内的影响有限,效力存疑,但长期来看,它们可能对人权实践产生积极而深远的影响。国际人权机制的影响不仅在于对国家的约束力,还在于动员和赋能社会行为体,有时可以为大规模的政治变革做铺垫,有时也会被一些西方国家用来搞政权颠覆活动。1972年,欧洲安全与合作会议召开,试图解决二战遗留下来的政治和领土问题,并扩大东西方之间的经济联系。其间,西欧国家坚持将人权问题纳入议程,通过在其他问题上的让步,西方国家最终促使苏联和东欧国家接受"尊重人权和其他基本自由,包括思想、良心、宗教或信仰自由"作为基本原则之一。1975年的《赫尔辛基协议》确立了人权原则在整个欧洲的适用性,成为西方在东欧国家中动员反对派的楔子。尽管许多因素促成了1989年的东欧剧变,但《赫尔辛基协议》被广泛认为是这场政治地震的一个促成因素。② 这一案例值得我们认真思考。

(四)怎样能更好地推动国际人权保护?

尽管一些国家可能会被点名羞辱(naming and shaming),并受到各种制裁,但人权保护基本上是一个国家的内政问题,国际干预的能力与动机有限,政治选择性很强,很少有侵犯人权的国家真正受到惩罚,相反还有很多意料中或非预料的负面效果。从巩固统治和维持稳定的需要出发,一些国家领导人可能宁可承担国际制裁的有限风险,以确保自身的权威,而不是接受或遵从国际人权规则。尽管其他国家在原则上可能支持人权原则,但很少有国家能从国外更好的人权实践中直接获益。国家可能对执行人权标准有一定的兴趣,但前提是成本不能太高。结果,对绝大多数国家来说,这都导致了一种不一致,甚至是双重标准的人权外交政策。20世纪80年代末,萨达姆对伊拉克的库尔德人使用毒气,由于当时正处两伊战争,其政权却得到了美国的支持。这种不一致可能解释了为什

---

① Eric Neumayer, "Do International Human Rights Treaties Improve Respect for Human Rights?", *Journal of Conflict Resolution*, Vol. 49, No. 6, 2005, pp. 925-953; Beth A. Simmons, *Mobilizing for Human Rights: International Law in Domestic Politics*, New York: Cambridge University Press, 2009; Amanda N. Murdie and David R. Davis, "Shaming and Blaming: Using Events Data to Assess the Impact of Human Rights INGOs", *International Studies Quarterly*, Vol. 56, No. 1, 2012, pp. 1-16; Courtenay R. Conrad and Emily Hencken Ritter, "Treaties, Tenure and Torture: The Conflicting Domestic Effects of International Law", *Journal of Politics*, Vol. 75, No. 2, 2013, pp. 397-409; and Yonatan Lupu, "Best Evidence: The Role of Information in Domestic Judicial Enforcement of International Human Rights Agreements", *International Organization*, Vol. 67, No. 3, 2013, pp. 469-503.
② Daniel C. Thomas, "The Helsinki Accords and Political Change in Eastern Europe", in Thomas Risse, Stephen C. Ropp, and Kathryn Sikkink, *Power of Human Rights: International Norms and Domestic Change*, pp. 205-233.

么国际人权法往往是无效的。执行国际人权法律的成本很高。国际人权组织的"点名批评"可能会激怒一些政权,促使他们采取更加顽固的立场,而同时其他国家在一些重要战略问题上需要他们的合作。经济制裁给目标对象带来了压力,但也给制裁国的出口商等带来了成本。这些都能转化为政治压力,造成实践与表述上的不一致性。

那么,国家何时会采取国际人权保护行动?一般认为,在三种情况下,国家最有可能愿意承担一定代价,为执行国际人权法而付出努力。

首先,一些国家在面临显著国内政治舆论压力时可能采取行动去阻止他国存在的侵犯人权行为。如前所述,很少有政府在促进国际人权方面有内在利益。很多时候,一国政府只是迫于国内的政治压力才这样做。不过,国内压力很多时候只产生了一些表面敷衍的作为,比如对侵犯人权行为的无力谴责,或松散而无效的经济制裁。侵权行为越是令人发指,政府所面临的国内压力就越大,相关政府也越可能采取行动。

与之相关,跨国倡议网络的"回旋镖机制"在保护人权方面也发挥了重要作用。一个国家的受害者或其他倡导者如果无法影响自己的国家,往往会寻找途径使境外相关组织和人士注意到他们的困境。进而,后者可以迫使他们的政府对违法的政权采取行动。正是在这一点上,作为全球实践的监督者,跨国人权保护网络发挥了关键的作用。对于外界而言,某国内部的侵犯人权行为通常是隐蔽的。它们通常是针对那些虽然可能对政权构成潜在威胁,但却被排除在政治权力之外的个人和团体而实施的。侵犯人权的势力也有可能控制及堵塞被侵犯者公开其困境的可能途径。正是通过跨国联动网络,人权侵犯行为得以曝光,并利用国际压力来推动一国国内的人权保护。当然,在现实中,这一机制也可能为某一部分人所利用,为他们的政治利益服务。尤其一些西方国家利用这一机制干预他国国内政治,甚至策动所谓"颜色革命"。

其次,在现实中,国家更有可能对人权侵犯者采取行动的条件是,这样做有利于获得某些地缘政治利益。西方国家之所以在《赫尔辛基协议》的欧安会议程中提出人权问题,很大程度是将之作为对苏联及其盟国施加压力以进行政治和经济改革的另一种方式。萨达姆政权的人权记录在1990年8月伊拉克入侵科威特之后才在西方眼里成为问题,并在后来成为美国在2003年的伊拉克战争中把萨达姆赶下台的几大理由之一。要求其他国家改善人权状况本身是一个目标,但当西方国家对不同的国家不同的政权,采用双重人权标准时,它们也可能是更大的政治和经济斗争的工具。

最后,更有可能使国家对人权侵犯者采取行动的第三个条件是,当国际人权保护与国家主权和不干涉内政原则之间的矛盾能够被较好弥合时,相关行动将更具国际正当性,阻力和干扰更小。主权概念的核心是不干涉原则。因此,各国都不愿意相互批评,除非不干涉原则可以与其他原则相协调。例如,反种族隔离运动得到了广泛的支持,因为它不是作为外部干预,而是被塑造为反殖民斗争,是反对非洲大陆最后一个白人政权的反殖民斗争。在这样的议题框架下,黑人占多数的非洲国家不仅可以加入对南非的制裁,而且还可以积极促使西方国家加入解放斗争。[①]

总之,各国确实在促进国际人权并惩罚侵权者,即使只是以比倡导者所期待的更弱或更不一致的方式。当面临强大的国内压力和较低的执行成本时,各国确实采取行动在国外促进人权。然而,各国的人权政策往往是不一致的。人权很少是一个国家外交政策背后的唯一动机。政策不一致性可能使国际人权法相对无效。

第二节 人的安全

与国际人权保护的兴起相关联,人的安全之理念代表了学术界和政策界的部分人士为重新定义并扩大安全的含义而进行的尝试。这是个积极的变化,但也不乏争议。人的安全挑战了以国家为中心的传统安全概念,把个人作为安全的主要目标对象。人的安全是指公民的安全,而不是国家或政府的安全。因此,它引起了许多辩论。一方面,批评者怀疑这种方法是否会过分扩大安全研究的边界,以及将个人"安全化"是否是解决国际社会所面临的各种全球化挑战的最佳方式。另一方面,"人的安全"的倡导者认为这一概念在强调贫困、疾病、环境压力、人权侵犯以及武装冲突对人类安全和生存构成的危险方面是一个重要的进步。尽管有这些分歧,"人的安全"这一概念反映了人们越来越多地认识到,在一个快速全球化的时代,安全必须以人为本,以民众为中心,包括更广泛的关切和挑战,而不仅仅是保卫国家免受外部军事攻击。

一、什么是人的安全?

人的安全这一理念的起源可以追溯到联合国开发计划署发布的《1994 年人

---

① Neta C. Crawford, *Argument and Change in World Politics: Ethics, Decolonization, and Humanitarian Intervention*, New York: Cambridge University Press, 2002; Audie Klotz, *Norms in International Relations: The Struggle against Apartheid*, Ithaca, NY: Cornell University Press, 1999.

类发展报告》。根据这份报告,人的安全被分为四个主要组成部分:人的安全普遍关注所有地方的所有人,因为威胁对所有人都是共同的;人的安全诸要素是相互依赖的,因为对人的安全来说威胁不仅在国家疆界之内;人的安全通过早介入而不是晚介入较易达到;人的安全以人为中心,关心人如何在社会中"生存和呼吸"。该报告将"人的安全"的范围界定为包括七个方面:

- 经济安全:个人有保障的基本收入,通常来自生产性和有报酬的工作,或者在不得已的情况下,来自一些社会保障机制。
- 食品安全:确保所有人在任何时候都能在物质上和经济上获得基本食物。
- 健康安全:保证最低限度的保护,不受疾病和不健康的生活方式的影响。
- 环境安全:保护人们免受自然界的短期和长期破坏、自然界的人为威胁以及自然环境的恶化。
- 个人安全:保护人们免受身体暴力,无论是来自国家或外部国家,来自暴力个人或次国家因素,来自家庭虐待,以及来自掠夺性成年人。
- 社区安全:保护人们免受传统关系和价值观的丧失,以及宗派和种族暴力的影响。
- 政治安全:确保人们生活在一个尊重其基本人权的社会中,并确保个人和团体的自由不受干扰和控制。

"人的安全"之概念的兴起受到了四个方面的影响:拒绝将经济增长作为发展的主要指标,以及随之而来的"人类发展"即赋予人民权力的概念;国内冲突的发生率上升;全球化对经济金融、恐怖主义和大流行病等跨国危险的影响;以及冷战后对人权包括人道主义干预的强调。随着世界政治的进步,在后冷战时代,人民安全越来越受到关注。其中一个原因是内战和国家内部冲突的发生率上升,涉及巨大的生命损失、种族清洗、人民在境内和境外的流离失所,以及疾病的暴发。传统的国家安全方法对因文化、种族和宗教差异而产生的冲突不够敏感。另一个原因是民主化和冷战后对人权和人道主义干预的强调。国际社会有理由干预被指控严重侵犯人权的国家的内部事务。加速的全球化所引发的危机也使"人的安全"这一概念变得更加突出。

二、有关"人的安全"的争议和辩论

关于"人的安全",一直不乏争议。首先,对于"人的安全"是否是一个新的或必要的概念,以及将其作为一种知识工具或政策框架的成本和效益如何,这一概念的支持者和怀疑者存在明显的分歧。其次,对这一概念的范围和重点也有争论,主要是在这一理念的推动者内部展开。

对于"人的安全"的一些批评者来说,这个概念过于宽泛,没有分析意义,也没有政策应用价值。必须承认,现有的"人的安全"的定义往往是极其广泛和模糊的,包括了从身体安全到心理健康的所有内容,对政策制定者如何在相互竞争的政策目标中确定优先次序方面缺乏说明,而学术界对到底要研究什么也没有什么定论。另一类批评意见是,这样的概念只能给被压迫的受害者和国际社会带来虚假的希望,其定义被认为是过于道德化和理想化的,很大程度上是不现实的。对"人的安全"的第三种批评是,它忽视了国家作为安全提供者的作用。在当今时代和可预见的将来,国家的存在是个人安全的必要条件。实际上,"人的安全"的倡导者从未完全否定国家作为人类安全保障者的重要性。脆弱的国家往往没有能力保护其公民的安全和尊严。但是,在许多国家,人的安全可能而且经常确实受到他们自己政府的行动的威胁。至少,从人类安全的角度来看,国家不能被视为保护个人的唯一或确定来源,但同样不能忽视国家的正面作用,将其与国家对立起来。

围绕"人的安全"的另一个主要辩论发生在这个概念的范围和重心上,特别是它应该主要关注"免于恐惧的自由"还是"免于匮乏的自由"。前一观点是由加拿大前外交部长劳埃德·阿克斯沃西(Lloyd Axworthy,其在"保护的责任"发展过程中也扮演了重要角色)所阐述的,其重点是通过禁止地雷、在武装冲突中使用妇女和儿童、儿童兵、童工和小武器扩散,以及组建国际刑事法院、颁布人权和国际人道主义法等措施来减少暴力冲突中的人员伤害。与之不同,日本等国家则更倾向于后一种观点,并更接近联合国开发计划署的最初表述。它强调个人和社会有能力摆脱广泛的非军事威胁,如贫困、疾病和环境恶化等。

不过,对于这两种理解之间的差异不应被过度夸大,因为两者都将个人视为安全的指涉主体,并且都承认全球化和武装冲突性质的变化在对人的安全造成新威胁方面的作用。此外,二者都强调远离暴力是人类安全的关键目标,而且都呼吁重新思考国家主权是促进人类安全的必要组成部分。发展是安全的必要条件,正如安全也是发展的必要条件一样。寻求免于恐惧的自由而不解决免于匮乏的自由,就等于治标不治本。虽然武装冲突造成的死亡人数有所下降,但对个人安全和福祉的其他挑战仍然存在,且情况常常恶化。

"人的安全"代表了传统的国家安全概念的纵向和横向扩展(或深化和扩大)。在更广泛的意义上,"人的安全"有三个方面的特征:侧重于个人/人民作为安全的参考对象;多维性质(如前面所展示的);其普遍性或全球范围,适用于各种类型的国家和社会。下面是两个典型的例子。

一是武装冲突中保护平民。自第二次世界大战以来,武装冲突中的平民伤亡比例不断增加。第一次世界大战期间,平民占受害者的10%,第二次世界大战期间占受害者的 50%。在最近的战争中,他们占到了受害者的 80%—85%。这些受害者中有许多是儿童、妇女、病人和老人。此外,武装冲突中一些最严重的人类安全问题仍然需要解决,如使用儿童兵和地雷。儿童兵参与了近几十年来多数的武装冲突。武装冲突还对人类生活和福祉产生了间接影响。战争是经济混乱、疾病和生态破坏的一个主要来源,破坏了人类的发展,从而造成冲突和不发达的恶性循环。正如战争和暴力冲突在造成经济混乱、生态破坏和疾病方面的间接后果一样,贫困和环境恶化的程度也会导致冲突,表明免于恐惧的自由和免于匮乏的自由二者是如何密不可分的。

二是妇女、冲突和人类安全。性别与人的安全之间的关系有多个层面。联合国妇女和性别平等机构间委员会总结了五个方面:对妇女和女孩的暴力;在控制资源方面的性别不平等;权力和决策方面的性别不平等;妇女的人权;妇女作为能动者而非受害者。① 对妇女的暴力,特别是极端性暴力和强奸,可能成为冲突各方故意采取的策略,目的是破坏对手的社会结构。在受战争影响的地区,针对妇女的家庭暴力往往急剧增加,被贩卖的妇女成为强迫劳动者或性工作者的人数也在增加。妇女和儿童在难民和国内流离失所者中占据了大部分比例。

三、国际社会在促进人类安全方面的作用

由于"人的安全"这一概念的宽泛性和争议性,很难评估国际社会采取的可被具体视为"人的安全"措施的政策效果。其中,最重要的多边行动进展包括建立国际刑事法院(International Criminal Court,ICC)等。1997 年 12 月在渥太华签署的《禁雷公约》,禁止开发、生产、获取、储存、转让和使用杀伤人员地雷并要求签署国销毁现有库存。

联合国及其专门机构在促进人类安全方面发挥了重要作用。联合国维持和平与建设和平的行动迅速增加,减少了冲突,增强了人类安全的希望。联合国建设和平委员会于 2006 年正式成立。其目标是协助刚刚摆脱冲突的国家进行冲突后恢复和重建,包括机构建设和可持续发展。联合国开发计划署和世界卫生组织分别在消除贫困和疾病方面走在前列。其他联合国专门机构,如联合国难民事务高级专员、联合国儿童基金会和联合国妇女发展基金在将特定问题(如难民、儿童和妇女权利)纳入讨论议程,以及提供宣传和行动平台方面发挥了核心

---

① UN InterAgency Committee on Women and Gender Equality, "Final Communique: Womens Empowerment in the Context of Human Security" (7-8 December 1999), Bangkok. Thailand: ESCAP, https://www.un.org/womenwatch/iarwge/collaboration/Rep1999_WE.PDF, retrieved by April 11, 2023.

作用。

此外,非政府组织以多种方式为人类安全作出贡献,诸如作为冲突的信息来源和早期预警,为救援行动提供渠道(通常是在冲突或自然灾害地区率先行动),并支持政府或联合国发起的和平建设和恢复任务。非政府组织在促进可持续发展方面也发挥着核心作用。例如,红十字国际委员会就是一个以人类安全为使命的重要非政府组织。该组织成立于日内瓦,根据《日内瓦公约》的国际人道主义法律,拥有独特的权力,保护战争和国内暴力受害者的生命和尊严,包括战争中的伤员、囚犯、难民、平民和其他非战斗人员,并向他们提供援助。其他非政府组织包括无国界医生组织(紧急医疗援助)、救助儿童会(保护儿童)等。

"人的安全"的推进面临着严峻挑战。无论是被视为免于恐惧的自由还是免于匮乏的自由,"人的安全"之概念并没有取代国家安全。西方发达国家作为鼓吹者很大程度是伪善的。《2005年人类发展报告》估计,世界上的富国每贡献1美元援助的同时为其军事预算花费了10美元。而全球用于艾滋病毒/艾滋病的开支只相当于这些国家三天的军事开支。① 值得一提的是,对于发展中国家来说,国家主权和领土完整优先于个人安全,这有其历史与现实的合理性。例如,对发展中世界的许多国家而言,其边界是由殖民国家任意划定的,没有考虑到复杂的历史和现实,加强国家制度建设,加强国家治理能力是当务之急。美国在"9·11"袭击后发动反恐战争,这些都强化了国家对国家安全的强调。小布什政府质疑《日内瓦公约》的适用性,在伊拉克战争中放弃对酷刑问题的承诺,进一步破坏了"人的安全"的议程。可以肯定的是,"人的安全"要作为一个概念框架或作为国家政府和国际社会的政策工具被普遍接受,还有很长的路要走。

第三节 人道主义干预与保护的责任

一国内部出现的各种人道主义危机往往会引起国际关注,特别是种族灭绝等大规模侵犯人权的行为还可能被联合国安理会认定为"对国际和平与安全的威胁",导致国际集体干预,包括武装干预。虽然这类干预不符合联合国等集体安全组织创建的初衷,但在实践中却已成为这些组织当前工作的一大重点。2005年联合国世界首脑会议上,各方一致承诺遵守一项新原则——"保护的责

---

① United Nations Development Programme, *Human Development Report 2005: International Cooperation at a Crossroads: Aid, Trade and Security in an Unequal World*, New York: United Nations Development Programme, 2005, p.8.

任",成为相关国际规范引人注目的新发展。但是,"保护的责任"并不存在于社会真空中,而是与其他规范和利益相互作用,并受制于政治考验。随着实践的推进,新的挑战和困难也随之而来,包括政治上和行动上的困境。

一、人道主义干预争论

人道主义干预并非新现象,亦非西方世界的专利。冷战结束前后,随着两极格局的瓦解,由于领土、宗教、种族等原因而产生的各种形式的国内冲突与地区热点冲突频发,如何应对由此而来的人道主义灾难成为世界政治的热门话题。西方世界一些势力鼓吹人权高于主权,试图将所谓的"人道主义干预"确立为新的国际法规则,推动以"人道主义"和"保护平民"为理由的外部强制干预行动。这对以主权及不干涉内政原则为基石的传统国际秩序构成重大冲击,遭到了一大批国家的强烈批评和反对。它们对到底什么是人道主义干预、人道主义干预的授权以及谁可以进行干预等都提出了诸多疑问和反对意见。反对者们尤其担心:一旦开启人道主义干预的闸门,会严重侵蚀主权原则,威胁到它们的主权独立和国内稳定,而"人道主义"已成为强国推行霸权政治,干涉他国内政,追求一己私利的新伪装。人道主义干预存在明显的法理和伦理困境。一旦对人道主义干预打开绿灯,难以保证干预国不会滥用权力,也可能刺激和制造族群与宗教冲突等问题。

人道主义干预的实践发展也经历了一个起伏的过程。安理会在1991年针对伊拉克的第688号决议以及1993年针对索马里的第794号决议中将特定的国内冲突和人道主义危机解释为对国际和平和安全的威胁。1991年4月5日,安理会通过了第688号决议,谴责萨达姆政权对伊拉克境内许多地区平民的镇压,并认为"其后果威胁到该区域国际和平与安全"。随后美国和英国援引该决议在伊拉克北部及南部设立"禁飞区"。① 这是安理会首次确认一国内部事务会威胁国际和平与安全,从而进入了《联合国宪章》第七章的涉及范围,可以由安理会授权"采取必要之空海陆军行动"。② 然而,人道主义干预的发展很快超出了国际社会力量投入与意见一致性的限度,遭遇了一系列重大挫折和争议。国际社会在卢旺达种族大屠杀期间作为极为有限,而灾难后果又极为惨痛。极端的人道主义悲剧与有限的国际反应的极大反差,对联合国的信誉和声誉产生了巨大负面冲击,也震撼了人们的良知,刺激国际社会反思如何对大规模暴行进行恰当反应的问题。

---

① 《1991年4月5日第688(1991)号决议》(1991年4月5日),联合国数字图书馆,https://digitallibrary.un.org/record/110659,访问日期:2023年4月11日。
② 《联合国宪章·第七章》,联合国网站,https://www.un.org/zh/about-us/un-charter/chapter-7,访问日期:2023年4月11日。

但是,由此兴起的积极热情随后很快就为科索沃危机前后所出现的激烈争执所取代。北约以保护平民防止种族清洗作为主要借口对作为主权国家的南斯拉夫同盟共和国(简称南同盟)进行单方面武装打击和干预辩护。北约空袭南同盟缺乏联合国授权,对国际秩序构成严重冲击。其以人道主义为名、行强权政治之实的行径暴露了滥用人道主义借口为强权私利服务的巨大风险。中国、俄罗斯、不结盟运动和七十七国集团等对此表达了明确不满和反对,指出"人道主义干预"概念可能成为无端干预一个主权国家内政的借口。这种概念可能鼓励分离主义运动故意刺激政府犯严重的侵犯人权行为,从而引发有助于分离主义目标的外部干预。由于干预本身的困难,费用高,以及各国的利益不同,在实际干预时没有前后一致的准则,弱国被干预的可能性远远高于强国。科索沃干预的问题出现后,人道主义干预遇到严重抵制和挫折,继而引发了旨在解决政治僵局的一系列倡导和创新努力。

二、"保护的责任"的兴起和发展

"保护的责任"的出现反映了国际社会在国家主权与国际人道主义行动关系问题上讨论的新进展。2001年12月,由加拿大政府牵头一批基金会建立的"干预与国家主权国际委员会"(International Commission on Intervention and State Sovereignty, ICISS)发布了《保护的责任》报告。该报告提出,"主权国家有责任保护自己的公民免遭可以避免的灾难——大规模的屠杀和强奸,以及饥荒,但是如果对象国不愿意或者不能这样做时,这一责任必须由更为广泛的国家共同体所承担",就此提出了"保护的责任"这一新概念。[①]《保护的责任》报告直接地受到主权责任理念的影响。各国政府对其人口及国际社会负有责任,应当为内部冲突和严重侵犯人权行为的受害者提供必要的保护和援助。促进人民安全和福祉的首要责任依旧属于国家,但当政府无力或不愿这么做时,不仅大量公民将遭受痛苦和灾难,相关事态最终还会威胁到全球秩序。在这种情况下,国际社会对一国国内人道主义问题的积极介入特别是援助不应被视为削弱或否定了国家主权。[②]

---

① The International Commission on Intervention and State Sovereignty, "The Responsibility to Protect", p. Ⅷ, http://responsibilitytoprotect.org/ICISS%20Report.pdf,中文版可参见"2002年7月26日加拿大常驻联合国代表给秘书长的信"(附件),联合国文件 A/57/303, http://digitallibrary.un.org/record/474192,访问日期:2023年4月11日。
② Francis M. Deng, Sadikiel Kimaro, Terrence Lyons, Donald Rothchild and I. William Zartman, *Sovereignty as Responsibility: Conflict Management in Africa*, Washington, D.C.: Brookings Institution Press, 1996.

"保护的责任"概念提出后,在联合国秘书处等机构特别是安南秘书长的推动下,成为联合国改革的重要议题之一。经过各国间艰苦的谈判磋商,2005年联合国特别大会通过的《2005年世界首脑会议成果》文件(以下简称《成果文件》)正式采纳了"保护的责任"概念,提出了"保护人民免遭灭绝种族、战争罪、族裔清洗和危害人类罪之害的责任",文件第139段提出:

> 国际社会通过联合国也有责任根据《宪章》第六章和第八章,使用适当的外交、人道主义和其他和平手段,帮助保护人民免遭种族灭绝、战争罪、族裔清洗和危害人类罪之害。在这方面,如果和平手段不足以解决问题,而且有关国家当局显然无法保护其人民免遭种族灭绝、战争罪、族裔清洗和危害人类罪之害,我们随时准备根据《宪章》,包括第七章,通过安全理事会逐案处理,并酌情与相关区域组织合作,及时、果断地采取集体行动。我们强调,大会需要继续审议保护人民免遭种族灭绝、战争罪、族裔清洗和危害人类罪之害的责任及所涉问题,要考虑到《宪章》和国际法的相关原则。我们还打算视需要酌情作出承诺,帮助各国建设保护人民免遭种族灭绝、战争罪、族裔清洗和危害人类罪之害的能力,并在危机和冲突爆发前协助处于紧张状态的国家。[①]

《成果文件》所达成的"保护的责任"依旧在传统的秩序框架下运作,有其保守性的一面。国际社会的共识依然脆弱模糊。很多发展中国家担心"保护的责任"将侵蚀主权并为大国强制干预开绿灯,而美国等一些西方国家则担心因此增多负担并减少决定使用武力的行动自由。作为艰苦谈判后的妥协结果,《成果文件》使国际社会得以首次以宣言的形式表明,世界上大多数国家大体上接受国际社会整体对陷入特定情势的人民负有一定责任。但是,《成果文件》的形式同样表示"保护的责任"还只是一项政治承诺,并未形成新的国际法义务。[②] 最值得注意的还是,"保护的责任"的范围在此被限定为"保护人民免遭灭绝种族、战争罪、族裔清洗和危害人类罪之害的责任"。这些都属于既有国际法上业已禁止的大规模侵犯人权的行为。

2006年10月,潘基文当选为联合国秘书长后,继续致力于推进保护责任,任

---

① 《2005年世界首脑会议成果》,联合国网站 http://www.un.org/zh/documents/treaty/files/A-RES-60-1.shtml,访问日期:2023年4月11日。
② 关于"保护的责任"国际法地位的讨论,可参见 Ekkehard Strauss, "A Bird in the Hand is Worth Two in the Bush—On the Assumed Legal Nature of the Responsibility to Protect", *Global Responsibility to Protect*, Vol.1, No.3, 2009, pp.291-323; Carsten Stahn, "Responsibility to Protect: Political Rhetoric or Emerging Legal Norm", *American Journal of International Law*, Vol.101, No.1, 2007, pp.99-120.

命爱德华·勒克为其保护责任问题特别顾问。① 在与会员国和联合国机构广泛磋商的基础上,2009年1月潘基文向联合国大会提交了名为《履行保护责任》的报告。这是保护的责任规范化进程的又一重要节点。其基本主张是"虽然范围应保持狭窄,措施却需要深入"。在明确了法律概念和政治范围后,潘基文构建了"保护的责任"的三大支柱框架,并将之作为实施该原则的路线图。第一支柱是主权国家,即每一个国家都有责任运用适当和必要的手段保护其人民免遭种族屠杀、战争罪、族裔清洗和反人类罪的危害。潘基文强调,这一责任的渊源既在于国家主权的性质,也在于原本就持续存在的国家法律义务,而不仅仅在源于新近出现的对"保护的责任"的阐述和接受。第二支柱是国际援助与能力建设,即国际社会有义务帮助主权国家免遭上述罪行的危害,增强其人权保护能力。在第一和第二支柱的基础上进行预防是成功推行保护的责任的关键要素。第三支柱是及时、果断的反应,即在一国显然未能提供这种保护时,会员国有责任及时、果断地作出集体反应,并可动用联合国及其伙伴所拥有的各类工具。这些工具包括《联合国宪章》第六章规定的和平措施、第七章规定的强制性措施和第八章规定的与区域和次区域安排的协作。这一报告使落实"保护的责任"有了更为具体的内涵与实施标准。根据《联合国宪章》,第七章规定的强制措施必须得到安全理事会的授权。该报告强调这三个支柱是并列的,具有同等重要性。② "三个支柱"区分对于凝聚和凸显共识起到了很好的作用。

联合国大会对该报告进行了辩论。大多数国家欢迎秘书长的报告,指出2005年世界首脑会议代表了关于"保护的责任"的国际共识,并同意没有必要重新谈判该文本,支持秘书长确定的"保护的责任"的三大支柱,以及落实该原则的"狭窄但深入"路径。联合国大会同意,现在的挑战是落实"保护的责任",而不是重新谈判。③ 2010年,联合国秘书长提议设立防止灭绝种族和保护责任联合办公室,提供预警建议,帮助制定对重大危机的对策。

三、"保护的责任"的跌宕实践

"保护的责任"被逐步付诸实践,但结果并不一致。2006年4月底,安理会在

---

① Alex J. Bellamy, *Global Politics and the Responsibility to Protect: From Words to Deeds*, London: Routledge, 2010, pp.31-33.
② 联合国大会:《履行保护责任:秘书长的报告》(2009年1月12日),联合国数字图书馆,https://digitallibrary.un.org/record/647126,访问日期:2023年4月11日。
③ 联合国大会:《2009年9月14日大会决议:63/308. 保护责任》(2009年10月7日),联合国数字图书馆,https://digitallibrary.un.org/record/664559,访问日期:2023年4月11日。

其关于武装冲突中的平民保护的专题决议[第1674(2006)号决议]中正式引述了"保护的责任",但达成这一决议的过程并不顺利,辩论了很长时间。① 安全理事会已多次重申"保护的责任"原则,在处理中非共和国、科特迪瓦、刚果民主共和国、达尔富尔、马里、叙利亚、利比亚、索马里、也门和其他地区的危机时,安理会也一再将之纳入其行动决议中。联合国大会和联合国人权理事会决议也一再提及"保护的责任"。联合国秘书长每年发布报告,重点关注"保护的责任"的实施等问题。联合国大会对相关问题进行了多次辩论。

在结合具体问题应用"保护的责任"过程中的争论则更为激烈,这突出表现为围绕苏丹达尔富尔问题的交锋。安理会在关于达尔富尔局势的第1706(2006)号决议中援引了《成果文件》所界定的"保护的责任"。一些安理会成员在讨论过程中明确表示了保留意见。受此影响,随后的第1769(2007)号决议就回避了类似内容。2011年初,利比亚局势引起国际社会高度关注。2011年2月26日,安理会一致通过第1970(2011)号决议,认为在利比亚发生的针对平民人口的大规模、有系统的攻击可构成危害人类罪,并要追究那些袭击平民事件的负责者的责任。该决议据此对利比亚实施武器禁运,对卡扎菲及其主要家庭成员和同伙的资产予以冻结并实施旅行禁令,并将利比亚问题移交国际刑事法院。这也是联合国安全理事会有史以来首次理事国一致通过关于将某一案例移送至国际刑事法院的决议。② 随后,联合国大会在同年3月1日召开全体会议,通过了暂时取消利比亚在联合国人权理事会成员资格的决议。3月3日,国际刑事法院在荷兰海牙总部宣布,依据安理会的授权,从即日起对卡扎菲当局的危害人类罪予以立案彻查。

在阿拉伯国家同盟和海湾阿拉伯国家合作委员会的建议下,联合国安全理事会于2011年3月17日又通过有关利比亚局势的第1973号决议,称利比亚当局有责任保护其人民,认为在该国发生的针对平民人口的大规模有系统的攻击可构成危害人类罪。该决议要求"立即停火",并决定在利比亚设立禁飞区,以除了外国占领外的任何方法保护平民。结果,"保护的责任"成为西方国家对利比亚军事干涉行动的关键理由。最终,卡扎菲政权垮台,其本人被杀,利比亚国内冲突则没有停止,引发了新的争议。

利比亚的长期不稳定引发了强烈批评。一些国家,特别是俄罗斯、中国等,

---

① 联合国安全理事会:《第1674(2006)号决议》(2006年4月28日),联合国数字图书馆,https://digitallibrary.un.org/record/573969,访问日期:2023年4月11日;联合国安全理事会:《第五四三〇次会议(临时逐字记录)》(2006年4月28日),联合国数字图书馆,https://cigitallibrary.un.org/record/573967,访问日期:2023年4月11日。
② 联合国安全理事会:《第1970(2011)号决议》(2011年2月26日),联合国数字图书馆,https://digitallibrary.un.org/record/698927,访问日期:2023年4月11日。

认为北约及其盟国通过追求政权更迭,使用了不相称的武力,忽略了政治对话,超出了其保护平民的任务,安全理事会失去了对该行动的控制,增加了平民的伤亡。利比亚危机尚未过去,叙利亚危机就接踵而至。西方国家期待以利比亚模式介入支持反对派武装,推翻阿萨德政权,"保护的责任"再次成为讨论的关键概念。① 受到利比亚干预影响,国际社会在处理叙利亚危机的过程中发生了严重分歧。与利比亚危机中的迅速反应不同,安理会迟迟未能就叙利亚问题达成一致。各种矛盾的发酵与暴露使得"保护的责任"演进态势复杂化。

这一时期,一些力图对这一概念及人道主义干预进行完善修正的概念理念或标准被提了出来。面对西方世界在相关问题上的话语强势,以巴西为代表的一些国家,采取了一系列策略构建自己的新说辞框架,同西方世界展开竞争,试图引导"保护的责任"向更加平衡和有序的方向发展。巴西提出了"保护中的责任"的新概念,要求采取措施,确保安理会的决策更加透明和负责,确保那些根据安理会授权采取行动的人仍然对安理会负责,并接受安理会的指导。伴随着利比亚干预而来的是一系列争议与不满在叙利亚危机期间集中爆发,对于"保护的责任"的质疑、警惕与批判再次达到高潮。结果,"保护的责任"的讨论与应用逐步陷入平淡甚至沉寂。

如今,"保护的责任"已成为世界政治中各国政府、国际组织和非政府组织经常使用的重要外交概念,它日益成为世界讨论防止种族灭绝和大规模暴行以及应对这些行为的基本框架。一些国家还在国内基本法律中采纳了这一理念。② 它业已形成全球性的倡议和行动网络,特别是在联合国组织体系中设置了"保护责任问题特别顾问"及其办公室等专门职位与机构。它进而还衍生出"个人保护责任"(individual responsibility to protect)等一系列后续议程。"保护的责任"理念的发展过程始终伴随着各种各样的争议和曲折。不论是安理会辩论中的一些常任理事国,还是联合国大会讨论中的许多国家,都依然没有对"保护的责任"表示完全而明确的接受,相反还表达了明确的保留意见。即使是这一概念通常的支持者和鼓吹者,其态度和作为也不乏暧昧和矛盾之处。"保护的责任"的国际法地位依旧模糊,更难说已经被多少国家真正"内化"。③ 可以说,"保护的责任"争议缠身,实质进展还很有限,其前景也充满变数,还有很多工作要做,需要中国等发展中国家发挥更积极的引导和塑造作用。

---

① 《潘基文呼吁采取行动落实"保护责任"》(2012年1月18日),联合国新闻网站,https://news.un.org/zh/story/2012/01/166482,访问日期:2023年4月11日。
② 一些在多数时候保持怀疑和克制态度的国家如俄罗斯(在南奥塞梯和克里米亚问题上)也在使用这一概念为自身辩护。
③ Mónica Serrano, "The Responsibility to Protect and Its Critics: Explaining the Consensus", *Global Responsibility to Protect*, Vol. 3, No. 4, 2011, pp. 425-437.

小　结

今天,人权是国际政治的一个重要问题。无论是出于对他人福祉的关注,对共同人性的理解和维护民主的需要,还是纯粹的策略工具性考虑,个人、团体以及国家确实有动力促进国际人权保护。跨国倡议网络发挥了引人注目的作用。西方一些国家的人权观并不代表国际人权观,人权的定义应更加全面、丰富和均衡。国际人权法是一个国际制度和规范,它们的作用可能是积极的,但仍然是有限的,缺乏真正的和一致的执行,常常沦为政治工具。要辨别国际人权协议对国家行为的影响是非常困难的,需要在研究设计上小心处理。对发展中国家而言,主权独立、社会稳定与经济发展是更为首要的挑战,也是保护人权的基础。对一些政府来说,政权生存是一个关键核心利益。一国人权状况如何应由本国人民来评判。当前,人权政治化倾向有所上升,双重标准仍大行其道,侵蚀着人权的基本价值,也暴露出国际人权领域的"治理赤字"。

中国政府坚持人权普遍性与特殊性相统一,坚持集体人权与个人人权相统一,坚持民主与民生协调推进,坚持两类人权协调推进,走出一条适合国情的中国特色人权发展道路。中国坚决反对任何国家利用人权问题干涉中国内政。习近平总书记强调,"世界上没有放之四海而皆准的人权发展道路。人权事业必须也只能按照各国国情和人民需求加以推进。中国人权状况怎么样,中国人民最有发言权。各国首先应该做好自己的事情。中方不接受人权'教师爷',反对搞'双重标准'"。[①] 人权保障是构建人类命运共同体的重要组成部分。中国主张,各国应在平等和相互尊重基础上开展国际人权合作,反对将人权政治化和搞双重标准。中国是全球人权治理的参与者和助力者。中国始终秉持平等互信、包容互鉴、合作共赢的精神,全面深入参与国际人权合作,推动建立公正、合理的国际人权体系。

"人的安全"代表了传统国家安全的纵向和横向扩展(或深化和扩大)。在更广泛的意义上,"人的安全"有三个方面的特征:侧重于个人/人民作为安全的参考对象;多维性质;其普遍性或全球性,适用于各种类型的国家和社会。"人的安全"代表了某种进步的趋向,但仍是一个发展

---

① 中共中央宣传部、中华人民共和国外交部:《习近平外交思想学习纲要》,人民出版社、学习出版社2021年版,第71页。

中概念,这一理念无论内部还是外部都面对着巨大争议。随着中国实力、地位与影响的提升,应该从推动建设人类命运共同体出发,思考相关问题,引领相关实践。

冷战结束后,西方世界推动人道主义干预,引发巨大争议。"保护的责任"试图重新定义主权和基本人权之间的关系,推动国际社会帮助和支持主权国家履行其对公民的责任,以加强对弱势人群的保护,防止和应对种族灭绝、大规模屠杀和种族清洗事件。这一责任在 2005 年的世界首脑会议上得到了确认。此后,这一原则被多次认可,并开始影响到制度设计和政治实践。无论是在学术界还是政策界,对其存在的不足和漏洞(亦或者是"陷阱")都出现了为数不少且相当激烈的批评,甚至发展为相当激烈的交锋。伴随着利比亚干预而来的是一系列争议与不满在叙利亚危机期间集中爆发,"保护的责任"的讨论与应用在近几年逐步陷入平淡甚至沉寂。

思考讨论题

1. 如何理解国际人权保护背后的争议? 它们是因为什么形成的? 如何减少或解决这些争议,可能性有多大?
2. 什么因素影响和塑造了国家在国际人权政治中的表现? 如何评价国际人权保护的成就与局限?
3. 中国应该形成怎样的国际人权主张?
4. 什么是"人的安全"? 如何理解"人的安全"理念的内部争议? 如何处理"人的安全"与国家安全及国际安全的关系。
5. 如何理解"保护的责任"的发展演进及其在国际干预争论中的位置?

扩展阅读

[加拿大]阿米塔夫·阿查亚:《人的安全:概念及应用》,李佳译,浙江大学出版社 2010 年版。对"人的安全"理念作了较为全面的推广和介绍。

陈拯:《说辞政治与"保护的责任"的演进》,上海人民出版社 2019 年版。对人道主义干预与"保护的责任"演进作了理论分析。

Rosemary Foot, *China, the UN, and Human Protection: Beliefs, Power, Image*, Oxford University Press, 2020. 对中国参与国际人权治理与保护作了较为客观的研究。

第十章

技术与国际安全

本章导学

技术与国际安全存在着重大关联且日渐为人们所重视。技术变革对国际安全的影响，特别是大国间战略竞争与技术演进的关联性，成为重要的学术议题。同时，技术的迅猛发展给自然世界和社会关系带来了巨大的不确定性，从而带来了一系列新的威胁和危险，也为人们所普遍关心。本章讨论技术与国际安全，且由于相关议题广泛、复杂多面，以启发分析思路为目的。首先讨论技术革命与国家安全竞争的关联性问题，包含科技革命如何影响国际关系以及国家间的安全竞争如何影响技术创新与传播。其次，通过网络和信息安全与人工智能安全两个具体问题，说明技术革命与国际安全的复杂交互影响。

本章学习目标

1. 了解技术如何影响国际关系以及国际安全互动如何影响技术变革的已有讨论与研究思路，辨识其中的论证逻辑，能结合具体事例，提出并论证自己的思考；
2. 了解网络和信息安全的发展，思考网络空间与国际安全交互的机制，辨析网络强制与传统战略强制的异同，强化网络安全意识；
3. 了解弱人工智能时代的技术发展及其可能的影响，思辨技术变革及应用的恰当安全边界与相应对策；
4. 结合实际，思考网络信息安全和人工智能治理的中国之道，以及就相关议题参与国际竞争、开展国际合作的思路。

第一节 技术革新与国家安全竞争

重大技术变迁不断重塑世界历史和国际政治。技术领先可以帮助国家在高/低政治领域的国际竞争中谋取优势地位,甚至重塑世界政治与经济格局。同时,国际关系的发展状态与演化过程也会对技术变革与传播扩散形成刺激和限制。

一、技术革新如何影响国际关系

在传统安全领域中,关于技术革新塑造军事优势并改变战争形势,特别是进攻-防御平衡(offense-defense balance)如何影响世界政治格局的辩论由来已久。两次世界大战证明了机枪、坦克、大规模战略轰炸与核武器的惊人破坏力。对先进技术的掌握可以直接赋予一国军事优势。当今,主要大国更是纷纷大力扶持信息技术的研发,并积极将人工智能等前沿科技运用到军事领域,以谋求优势地位。军用技术领域的竞逐还不断颠覆传统的战争形态,并延伸到其他领域。随着战争形态与战争规律的转变,国际竞争态势也随之变化。

在经济领域,科学技术作为第一生产力,直接推动了产业的升级与革命,成为改变世界经济格局的根本性力量。人类历史的很长时间里,世界人均收入呈现周期性的上升和下降,人类社会长期处于贫困状态。直到工业革命的出现,重大的技术变迁使得世界经济走出了"马尔萨斯陷阱"。今天,科技成为决定国际分工网络的最核心因素,谁能取得技术创新的突破,就有可能占据优势地位,掌握结构性权力。

除经济之外,技术所带来的生活方式的改变也对文化、社会等领域施加了影响。技术创新提高了劳动生产率,产生了有益的经济影响,帮助减少了全球的极端贫困。同时,新技术也带来了新的不确定性、威胁和风险。任何技术变革都是一种再分配的做法。它可以创造新的赢家和输家,改变行为体的偏好,也可以导致社会规范变迁。对变化的期待和焦虑还催生了各种社会运动,这种影响也会外溢至国际政治领域,进而间接地塑造国际权力格局。技术变革继续降低跨境交流的成本,同时刺激政府加强管控。一个更加相互关联的世界也凸显了系统的脆弱性,正如新冠肺炎等大流行病所暴露的。国家与非国家行为体之间的关系也发生转变,像女权运动团体、维基解密这样的非国家行为体利用新技术来建立跨国运动。

除了分析不同的领域,还得考虑技术创新本身的多样性,作出类型化区分,从而更准确地评估它们的影响。我们可从两个维度区分不同技术,并分析它们对世界政治的影响。① 一是开发或采用新创新所需的固定成本与投资规模,二是技术创新面向公共部门还是私营部门。大多数重要的技术创新都属于"通用"技术,民用部门都可以利用。然而,不少技术创新的民用化空间是有限的。基于两个维度的交叉,可以有四种不同类型的技术。那些固定成本高但民用应用空间显著的发明是"战略技术"。虽然成本巨大但拥有不断增长的回报动力。这就需要国家干预,以获得并保持优势地位,避免对外国技术的依赖。民航大飞机可归入这个类型,当前5G技术的发展也是如此。固定成本高且民用应用有限的技术被归类为"威望技术",一般只有国家才有动力去开发这些技术。其中一些技术,如核武器,为政府提供了明显的效用。不过,由于不对称的巨大成本,这些更多是作为声望技术发挥作用。像协和超音速客机也可归为这一类,现阶段载人太空探索本身同样如此。固定成本低但私营部门兴趣和机会有限的技术是"公共技术"。虽然进入的障碍很低,但这类创新的成果经常具有很强的公共产品的性质。结果,私营部门通常对开发这类非竞争性和非排他性的技术的积极性较低。然而,如果技术能提供相当大的社会效益,可以设想政府有动力进行必要的投资。像大多数疫苗这样的公共卫生创新就属于此类。最后,固定成本较低、私营部门应用可能性较大的创新属于"通用技术"范畴。这些产品在开发时可能考虑到了公共部门的目的,但其商业应用是如此明显,以至于私营部门的活动推动了技术的发展。当前一个明显的例子是无人机的快速普及。进而,上述类型划分有助于考虑技术的扩散速度,以及大国对可能影响世界政治的新创新的反应。一项技术越是接近"通用"类别,它在全球范围内的传播就越快。固定成本越低,无论是物质的、组织的还是社会的,一项技术从领先者向落后者扩散的速度就越快。因此,通用技术的扩散最快,而威望技术的扩散最有限。

重大技术创新对国际关系在不同层面有截然不同的影响,不妨以核武器和互联网为例。

在权力分布的维度,核武器的存在改变了权力政治,它将摧毁力和防御力与以前被认为是大国地位所必需的其他能力(如常规力量)脱钩。其悖论性效果是,虽然进入核俱乐部的门槛很高,但对于落后国家并非不可克服。而一旦某国拥有了核武器,它的权力地位就变得不同寻常,即使该国在其他领域落后也是如此。互联网则改变了国家和非国家行为体之间的权力平衡。互联网的便利性与

---

① 本小节以下讨论基于 Daniel W. Drezner, "Technological Change and International Relations", *International Relations*, Vol.33, No.2, 2019, pp.286-303.

低门槛极大地降低了非国家行为体组织和行动的成本。社交媒体和其他在线应用在"颜色革命"和"阿拉伯之春"中的使用就是典型例子。但是,面对网络技术的冲击,各国政府也以相当快的速度学会了如何监管互联网以服务其国家安全与其他利益。

在利益分布的维度,核武器对世界政治的颠覆性影响在于,它改变了冲突是一项零和竞争的概念。[1] 核武器的破坏力引发的国际合作水平比预期的要高,引发了一个致力于核军备控制和核不扩散的制度复合体。与此同时,互联网被认为可以推动劳动生产率和经济增长的增长,因而人们曾期望对其监管将采取更加合作性、非零和的方法。但耐人寻味的是,对互联网的监管形成了各种讨价还价,分歧此起彼伏。国家安全特别是政治安全考虑往往占据优先地位。像脸书和谷歌这样的公司从巨大的网络外部性中获利,且外溢影响巨大。结果,核武器的破坏力反而导致了更多的合作,而创新的正和性质以及更多的相互依存很难说促成了网络空间的更多合作。

在理念和信息分布的维度,技术被普遍认为对国际体系中规范的传播有直接影响。新技术对社会世界的影响本质上是不确定的。这种不确定性会使人难以设想哪些规范、规则和行为准则是合适的。新的技术创新可能会试图复制邻近技术的规则及做法,但是将旧的规范类比到新的领域也可能会导致严重的偏差。这一动态在有关核武器和网络空间的规范的演变中得到了体现。核武器技术的不断创新加强了对其的禁忌,破坏力的增加反而使得这些武器的使用变得越来越难以想象。与此同时,围绕网络空间的规范环境也随着时间的推移而不断演变,至今并没有一个稳定的共识。

二、国际竞争如何影响技术革新

许多国际关系学者将技术视为一种外在冲击,通过军事、经济力量分布以及社会关系网络的变化来探究技术变迁对国际政治与安全的影响。不过,因果关系也可以有另一个方向。国际体系的变化也可以对技术变革的速度和轨迹产生明显的影响。

对于技术创新的动力,经济学相关文献侧重于用国内经济变量来解释技术创新的变化。诸如市场规模或创业能力的分配、资本市场的可用性及复杂性等因素被认为是关键,即使在考虑国家的作用时也是如此。不少学者关注制度安

---

[1] Nina Tannenwald, "The Nuclear Taboo: The United States and the Normative Basis of Nuclear Non-Use", *International Security*, Vol. 53, No. 3, 1999, pp. 433-468.

排与技术变迁,强调保护财产权、包容性制度(inclusive institution)和分权制等因素。缺乏自由市场和制度化的产权就被不少西方经济史学家用以解释中国没有保持对欧洲的技术优势的关键原因。[①] 不少政治学者强调国家能力对塑造重大技术变迁所发挥的作用。基于战后东亚经验的研究强调发展型政府通过有选择的产业政策等举措推动技术革新。国家能力是重大技术变迁得以展开的重要政治前提。不少学者将国内政治体制作为关键的解释变量,认为更加专制的政府对可能破坏国内现状的创新更加警惕。这就是沙皇俄国在工业革命期间不愿意采用创新技术的原因。不同利益集团以及政治文化等对技术变迁也有重要影响,技术变革的主要障碍往往在于根深蒂固的国内利益和政府为保护这些利益而采取的政策。

虽然不乏分歧和争议,上述实证文献已经确立了关于技术变革的几点共识。研究和开发工作集中在相对较少的高度发达的国家,大多数国家在大多数时候都采用国外的新技术;采用新技术是昂贵的和破坏性的,技术的采用并不是无代价的或自动的。最重要的是,采用新技术会破坏现有的经济和社会安排,而且在历史上一直受到各种自利性的现状力量的抵制。政府及其政策是减缓或加速技术采用的关键因素。政府既可以促进也可以压制技术的采用。政府"能做什么"和"要做什么"都是重要的。

国际竞争,尤其是没有直接暴力冲突情况的安全竞争,对技术扩散有重要影响。外部威胁与新技术的采用之间有密切的联系。特别是,为生存或主导地位而竞争的前景可能会迫使各国改变政策,推动技术创新及其扩散。无政府国际体系的竞争压力与国家安全的自助性质要求各国适应新技术,否则就会面临生存的威胁。这种强大的外部刺激使得国家有动力克服各种内部阻力,促进了技术创新与扩散。越来越多的研究开始关注和强调国际体系中权力的分散与竞争是如何激励领导人改变政策,使技术的采用更有可能。例如有学者指出,工业革命起源于英国,很大程度因为它是一个岛屿,拥有比欧洲大陆国家更高的安全度。同时,英国又是欧洲国际体系的一部分。为了保持其相对地位,它有动力投资于科学和技术。[②] 西欧从10世纪时的相对落后到18世纪后掌控世界经济霸权的显著发展,是一个在分散的政治-经济单位之间的竞争中产生的。不少学者进而用体系权力的分配来解释为什么工业革命起源于欧洲而不是中国,认为近代欧洲的无政府状态下为生存、财富和权力而竞争,刺激了对军事改进的不断探

---

① David Landes, "Why Europe and the West? Why Not China?", *Journal of Economic Perspectives*, Vol. 20, No. 3, 2006, pp. 3-22.
② Joel Mokyr, *The Lever of Riches: Technological Creativity and Economic Progress*, New York: Oxford University Press, 1992.

索。这与当时中国在东亚的区域主导地位形成对比。因为霸主没有动力投资于破坏性创新,而其他国家认为自己与霸主之间的差距太大,无法克服,或因为巨大的安全压力而过于关注短期收益,从而阻碍了技术创新努力。

根据上述逻辑,国际体系结构转变与全球技术浪潮周期紧密相关。如果体系是高度竞争性的,各国就必须对自己的生存和安全更加担心,抵制技术变革的成本上升,而采用技术变革的收益也上升,使政府更愿意推出促进采用技术的政策。如果国际体系对领导人的威胁不大,他们的倾向可能是屈服于国内利益集团的压力,延缓技术变革。在面对国内对新技术的强大阻力时,国际体系中的竞争压力产生了关键的激励。正是这种国际竞争中的时间和系统的变化,支撑着全球技术浪潮。同时,在供给的层面,处于技术前沿的政府更有可能倡导强有力的知识产权保护。这种政策的连带效应是限制技术的跨国传播。① 政府也有可能限制对军事能力有重大影响的技术的获取和扩散。就像市场经济中的企业一样,当权力集中在少数国家时,既得利益者可能会发现更容易协调,以减缓技术扩散和采用的速度。更多的强国意味着更难相互协调,控制技术的传播和防止其扩散,以保持主导地位。这对前沿技术(如制造计算机芯片的设备和技术)和与关键军事基础设施密切相关的技术(如导弹制导系统)来说尤其重要。

相关研究的另一个主题是大国竞争与技术革新的关联。一般认为,考虑到边际收益递减效应,随着时间的推移,技术霸主大概率无法保持创新速度,只能在一个特定历史时期保持高技术革新率。② 技术革新停滞不前的原因往往是政治性的。自满的霸主促进消费,而不是对创新的必要公共产品进行投资。霸权者常常遇到"帝国过度扩张"的陷阱,将稀缺的资本从所需的技术投资中转移出来。这些解释并不相互排斥。对霸权的挑战者来说,这是一个技术追赶期。技术落后的国家在追赶中具有后发优势。除了安全考虑,国家对于威望的争夺也被认为是推动大规模科技投资的重要因素。声望是一种位置性物品。最明显的技术威望投资的例子是冷战时期超级大国为载人航天项目分配的巨额资金。苏联 1957 年发射的人造卫星和 1961 年的载人航天对美国及其威望产生了明显的影响,于是后者投入大量资源来追赶和超越苏联。据估计,美国阿波罗计划在其高峰期占联邦政府所有支出的 2.2%,是曼哈顿计划的两倍多。③

---

① Susan K. Sell, *Power and Ideas: North-South Politics of Intellectual Property and Antitrust*, Albany: State University of New York Press, 1997.
② Joel Mokyr, *The Lever of Riches: Technological Creativity and Economic Progress*, New York: Oxford University Press, 1992, p.207.
③ Paul Musgrave and Daniel Nexon, "Defending Hierarchy from the Moon to the Indian Ocean: Symbolic Capital and Political Dominance in Early Modern China and the Cold War", *International Organization*, Vol.72, No.3, 2018, pp.591-626.

大国竞争影响技术革新有多种具体机制。其一就是技术瓶颈的突破。大国权力竞争会强化其对技术自主性的诉求。霸权国与挑战国竞争最激烈的时期，同时也是双方政府在技术进步问题上发挥显著作用的时期。历史上，大国政府往往通过政府资助和政府采购影响技术变迁。在世界政治的权力转移时期，出于对国家安全的考虑，霸权国与挑战国政府往往加大对科学技术，尤其是军用科技的政府资助和补贴，且对成本和不确定性的敏感性显著下降。这样大规模的采购让新技术产品克服价格障碍，获得了足够的回报与发展机会，锻炼了科研队伍，积累了技术能力，成为促进重大技术变迁的重要动力。

大国竞争影响技术传播与创新的另一个表现是大国的对外科技政策。鉴于大国之间更容易构成安全竞争与经济竞争，掌握技术优势的大国往往倾向于防止技术流向竞争者。当领导国面临竞争者的安全竞争时，它往往会加强对后者的技术交流限制，包括进口限制。一个国家要取得技术优势，往往离不开庞大的市场体量。不少技术产品要实现规模经济，降低生产成本有赖于庞大的市场。凭借自身经济体量的优势，霸权国不时实施技术进口限制，或限制竞争对手的高技术产品进入本国市场。此举不仅缓解了霸权国高技术产业承受的国际压力，还限制了竞争对手通过出口获得资金、积累经验、积累制造能力、实现规模经济。同时，在面对直接、迫切的大国战略竞争压力时，一国获得其他大国的支持就变得更加重要。维系自身霸权的需要会促使霸权国向盟友和伙伴转让技术，以争取支持者，对抗竞争者。

第二节 网络和信息安全

信息一直是国际安全互动的重要方面。自 20 世纪 90 年代以来，计算机网络技术快速发展普及，信息存储和传递的准确性、传输速度与范围得到了极大的提升和扩大，在国际关系和安全中的作用日趋多样化，其对政治事务的重要性也在增加。由于信息和通信技术在后工业化社会生活的各个方面的扩散，掌握信息的产生、管理、使用和操纵的能力已成为一种重要的权力资源。进入信息时代，相关技术的政治权力属性被进一步放大。网络空间成为继陆地、海洋、天空、太空之后的又一个战略空间。这一方面为信息的流动和共享带来了极大便利，另一方面也滋生了许多全球性问题，如黑客攻击、网络犯罪、网络恐怖主义等，使得世界各国的信息安全都面对着严峻挑战。网络空间更成为国家间重要的竞争舞台。网络和信息安全在当今世界是关系全球互动的方方面面的重大基本要素。

一、网络信息安全的问题构成

今天人们讲"信息安全"(information security),主要是指"网络安全"(cyber security),针对的是"网络空间"(cyberspace)。按照国际电信同盟的定义,网络空间是指由计算机、计算机系统、网络及软件支持、计算机数据以及用户等要素构成的物理或非物理的领域。在这样的空间,如果有用户利用网络发动攻击,那么就会造成安全问题。这类攻击,按照国际标准化组织的界定,是指在网络空间"试图摧毁、披露、改变、使无效、偷盗、获得未授权的进入或使用对特定组织有价值的任何东西"。[①]

网络攻击通常具有恶意的人为威胁。在技术层面,网络攻击可能采取以下几种形式与手段。一是向一个作为目标的信息系统植入恶意软件(malware),扰乱计算机操作、收集敏感信息,或是获得专用计算机系统的访问权。这些恶意软件包括计算机病毒(computer virus)、特洛伊木马(trojan horse)、间谍软件(spyware)和蠕虫(computer worms)等。二是拒绝服务攻击(denial-of-service attacks)。这类攻击的目的是使某些服务被暂停甚至导致主机死机,使预期的用户无法访问计算机资源。三是网络钓鱼(phishing)。这是一种获取用户信息的攻击方式。网络攻击主要有以下几种类型:一是网络恶意破坏,如对网站的黑客攻击;二是网络犯罪,包括窃取知识产权、勒索、盗取身份信息等;三是网络恐怖主义,例如入侵计算机控制系统导致飞机撞机、核燃料泄漏等恐怖事件;四是网络战,如通过计算机系统对敌对国家发起破坏性的攻击,尤其是对通信系统的攻击等。

从行为体的角度看,网络攻击与网络安全问题可以分为黑客个人攻击、非国家行为体的网络犯罪和恐怖主义活动,以及国家行为体所支持的网络战。一般而言,从个人到集团再到国家行为体,它们对网络安全的威胁程度是逐渐增加的。值得注意的是,网络安全既是关于这个新的地方/空间所造成的不安全,也涉及使其变得(更)安全的做法或过程。在安全政策中,网络空间具有双重作用:它既是一个攻击载体,对国家和社会有价值的物体和服务可以通过它受到威胁(在和平时期和冲突期间),也是一个行动领域,随着互联网在全球的扩散,云计算、社交媒体和智能手机的发展意味着日常生活的更多方面与网络世界交织在一起。这也意味着网络攻击有可能对经济增长和国家安全构成更大的威胁。实际上,互联网技术出现和发展之初,强调开放性,并没有重视安全问题。其商业

---

① ISO 17799/BS 7799 Information Security Certification.

化应用主导下的网络快速增长,加剧了其"安全赤字",随着各种经济和战略利益的介入,包括各种国家安全和情报机构的介入,网络问题变得更加复杂。

网络安全在安全政治中得到了越来越多的关注,尽管有可能发生涉及关键基础设施的重大的、系统性的、灾难性的事件,但目前绝大多数情况下公开的计算机网络漏洞多数是商业和间谍问题。然而,对网络冲突升级潜力的高度不安,使得这一问题在各国普遍地日益高度安全化。越来越多的国家正在利用网络空间达到战略其目的,导致国家行为体试图基于更多安全的需要或是借口在虚拟领域(重新)建立其权威。如果没有国家行为体的参与和承诺,一个安全、可靠和开放的网络空间显然是不可能的。除了网络犯罪,另一个大问题是网络窃密:这是一个情报机构的世界,他们期望在国际领域不受约束和不受限制地行动。其中,与网络窃密攻击有关的国家行为(以及相关的指责与污蔑)正在成为重要的国际政治议题。

面对各式各样层出不穷的网络威胁,各种行为体都需要尽可能地保护自己的信息系统的安全。针对网络攻击,首先需要维护网络实体即物理层面的安全,所涉及的是与信息存储和传递相关的硬件设施。其次是维护运行安全,指对网络与信息系统的运行进行保护,主要涉及的是操作系统、数据库、应用系统等软件方面的安全。最后是维护数据安全,即在信息的收集、处理、存储、检索、传输、交换、显示、扩散等过程中,保护数据不受外界的侵扰,保障信息依据授权使用。

在网络时代,信息系统所面对的威胁发生在具有很大不确定性的虚拟空间,攻击者、攻击途径和作为目标的信息系统都具有不可知的特点。结果,围绕信息安全的互动呈现出微妙的不对称性。信息安全的维护者虽然有确定的保护目标,但却面对不确定(或者说是不可知)的威胁因素。伴随着全球信息技术的发展,虽然维护安全的手段在不断更新,隔绝威胁因素的"防火墙"越来越强大,但各种有害程序的变种层出不穷,攻击工具和攻击方式也越来越复杂,系统安全漏洞似乎也越来越多。在大多数情况下,人们只有在信息系统发生问题时才能够确定遭到了网络攻击。但即使在这时候,对于攻击者是谁,怎样进行的攻击,这些仍然是不确定的。这种不对称状况表明,维护信息安全的被动模式是很难改变的。

与之关联的还有网络空间的战略强制问题,既包括已引起注意的以网络攻击为中心的威慑问题,也包括威逼(勒索与讹诈)问题。一般认为,网络武器溯源难、易扩散、无法直接造成人员伤亡等特性限制了其战略强制效果,但在特殊条件下也能够摆脱上述条件的束缚,从而取得成功。① 战略强制的可信性离不开强

---

① 此处讨论部分参见刘子夜:《论网络胁迫成功的条件》,《国际政治科学》2020年第2期,第148—184页。

制能力,但与核打击能力等相比,对网络强制能力的评估要困难得多,准确衡量一国的网络实力在现阶段几乎不可能实现,大国在占据更多网络资源的同时也更容易遭受网络攻击。同时,通常用于传递决心的昂贵信号在互联网领域也缺乏有效性与可行性。公开发出网络威胁会让对方有所防备,影响胁迫效果。最后,被强制对象的成本-收益计算也存在特殊性和复杂性。

此外,安抚和保证举措在互联网领域也受到特殊限制。网络武器的易传播性和不可控性很难使被强制者相信自己妥协后能免遭伤害。网络攻击同传统军事行为相比更具隐蔽性,网络攻击的多样性、分散性和机动性使得发动攻击通常要比停止或限制攻击容易得多。在这里,进攻优势进一步放大了承诺问题。网络领域的攻防具有"相互确保欺骗"(mutually assured deception)的特征:攻击者可以伪造身份,防止事后追责和报复;防御者也可以故意设置诱饵或散布虚假信息。① 不过,匿名性并非网络武器的固有属性,而是一种可供选择的攻击策略。网络武器的使用者可以根据实际需要隐藏或揭示自己的身份。

网络强制的实施策略分为"网络惩罚"(cyber punishment)和"网络拒止"(cyber denial)两类:前者旨在增加被强制者的成本,后者旨在降低被强制者的收益。这两种策略既可以针对民用目标,也可以针对军事目标,但本质上都是通过操纵对方对成本-收益的心理感知来改变其行为。但网络惩罚和网络拒止在实践中很难奏效。网络攻击不能直接造成人员伤亡,这使网络惩罚无法让被胁迫者付出难以承受的抵抗成本。此外,网络攻击所造成的伤害通常是暂时的,网络拒止不能有效降低对手的收益。

二、典型的网络安全互动

行为体发动网络攻击,可能是没有明显政治目的的网络犯罪,也可能是具有政治目的的网络战(cyber war)。国际安全研究,关注的是在网络空间展开的国际政治互动,重点是网络恐怖主义和以国家为主角的网络空间的对抗。国家作为信息系统的使用和管理的主要责任者与维护者,也会参与虚拟平台的国际互动,使之成为政治冲突与合作的延伸。

在现实中,网络冲突和重大网络攻击已一再成为外交层面摩擦的重要原因。例如,中美间因谷歌事件、华为事件、网络间谍案等引发的冲突,美国与欧盟国家因"棱镜门"监听事件导致的摩擦等,都属于此类。这类冲突可能涉及网络安全

---

① Erik Gartzke and Jon R. Lindsay, "Weaving Tangled Webs: Offense, Defense, and Deception in Cyberspace", *Security Studies*, Vol. 24, No. 2, 2015, pp. 316-348.

的多个层面,解决方式主要是外交磋商。当然,如果问题得不到解决,冲突就可能升级,并导致现实国际关系的恶化,包括一方对另一方进行攻击和制裁。

(一)网络战

这种互动最典型的表现就是网络战。以国家为主角在网络空间进行对抗,就构成所谓的网络战,即一个国家(或国际组织)以造成损害或破坏为目的,付诸计算机病毒或拒绝服务攻击等手段,攻击另一个国家的计算机或网络的行动。这样的攻击是一种特殊的"战争",直接对象就是对方的重要网络系统,目的是使之陷入瘫痪状态。网络时代,国家的政治经济社会运作一刻也离不开信息的传递与保存,离不开信息关键基础设施。诸如军事、经济、金融、能源、供水等重要部门的信息网络系统在网络空间都是可被攻击的具有重大价值的目标。2010年6月,安全专家发现了针对西门子公司工业控制系统的"震网"(Stuxnet)病毒。这一款世界上首个投入实战舞台的网络武器,可以定向攻击真实世界中的基础设施的电脑核心控制软件,并且代替其对其他电脑发布指令。该病毒具有极强的隐身和破坏力,能自我复制。任何一台设备只要和染毒设备相连,就会被感染。由于这一次网络攻击的定向目标是破坏伊朗的离心机,因此美国和以色列被怀疑是病毒的制造者。但是,由于国家在网络空间面对的攻击来源是不确定的,要确定一个国家对另一个国家发动网络战是困难的。在这种情况下,人们只能以受攻击的确定性来进行界定,即只要一个国家在网络空间受到攻击,那么不论谁是攻击者,所造成的事件都可以界定为具有国际政治意义上的网络战。实际上,几乎没有国家会承认发动了网络战。这种情况也构成了网络政治的一个重要特点。

(二)基于网络的恐怖主义

在当代网络政治中,恐怖主义与反恐斗争实际上一直是人们关注的主题。基于网络的恐怖主义(或者说网络恐怖主义)是指将网络作为犯罪工具的恐怖主义。网络恐怖主义具有政治指向性,属于恐怖主义的类型之一。它是一种新的恐怖战术,在形式上有别于传统的恐怖主义。这种形式上的区别主要体现在三个方面:其一,传统的恐怖主义通常受制于特定的时空条件,而网络恐怖主义突破了时空条件的限制;其二,传统的恐怖主义通常表现为杀人、爆炸、绑架等硬暴力,而网络恐怖主义则主要表现为恐怖宣传、蛊惑、招募等软暴力;其三,传统的恐怖主义隐蔽性差,易于追查,而网络恐怖主义隐蔽性强,难以发现。它可以通过网络远程对目标设施的通信和控制系统发动攻击,通过干扰正常的秩序和恐吓来达成政治目的。

在传统恐怖活动备受打压和网络科技发展日新月异的双重背景下,主体的分散化和行动的分散化既是恐怖组织的无奈之举,也是主动选择。于是,网络恐怖主义成为其重要手段。"基地"组织、"伊斯兰国"等国际恐怖组织在遭到各国军事力量的严厉打击后,开始通过网络在全球招募党羽。这一方面为国际恐怖组织源源不断地输送了有生力量,另一方面催生了网络恐怖主义"独狼",导致网络恐怖主义行动的分散化。网络恐怖主义的出现使得恐怖主义隐蔽性更强,打击更加困难。网络成为国际恐怖主义的重要活动空间。值得一提的是,欧美国家深受国内极端右翼恐怖主义威胁,"白人至上"主义组织、"新纳粹"组织针对少数族裔的袭击在新冠肺炎疫情期间愈演愈烈。无论何种形式的恐怖主义,在网络上都能找到生存和发展壮大的空间,网络已成为各国打击恐怖主义的"主战场"。

网络安全问题已经成为我国面临的最复杂、最现实、最严峻的非传统安全问题之一。关于网络安全领域国际竞争与大国网络安全博弈,既是技术博弈,也是理念博弈、话语权博弈,中国要加快提升对网络空间的国际话语权和规则制定权。中国应同各国一道,加强对话交流,有效管控分歧,推动制定各方普遍接受的网络空间国际规则,制定网络空间国际反恐,健全打击网络犯罪司法协助机制,共同维护网络空间和平安全。

三、网络安全治理

网络空间频发的各种安全问题,特别是由此而引发的国家间冲突,凸显了维护信息安全的极端重要性。对于参与网络互动的行为体来说,维护网络安全与维护传统安全是有很大区别的,这是因为网络空间互动具有若干在实践中形成的特殊属性。

一是开放性。在技术层面,网络空间是由许多自愿互联的自主网络组成,倾向于以开放性为基础,任何独立的网络都可以并入其中,任何人只要遵循相关的网络协议,都可以进行访问,接收并发送信息。互联网的分散结构表面上使国家无法监管。业已形成的通行网络规范试图对审查制度加以拒斥和规避。这一特点决定该空间不受国界和领域的限制,其外延可以在世界范围无限延伸,具有典型的全球性。网络用户得益于这种全球性,网络安全问题也来自这种全球性。

二是分权性。网络空间的组成部分都是有管理的,可以设置和执行自己的政策,但网络整体却没有绝对的控制力量,呈现一种无政府状态。整个网络的运行,特别是对于行为体在网络空间的行为,并不存在一个中央管理机构。管理实际上是由相互联系的多方利益攸关者(multi-stakeholder)共同实施的,所涉及的行为体包括国家(政府),也包括非国家行为体。互联网的创造者对国家破坏或阻止网上活动的努力抱有极大的怀疑态度。

三是私有性。尽管这个空间在整体上被认为具有共有性、共享性和共同性，类似于公海、太空那样的"全球公域"，但实际上它是由数以千万计的私人、公共、学术、商业和政府资源组成的，是经由电信技术相互连接的一个全球系统，其硬件和信息都具有私有性。虽然这个空间存在可以共享的信息，诸如被特别允许访问的网页和数据，但更多的信息是不能任意共享的，是有访问限制的。在这个空间，每个利益攸关者都有一定的所有权和管理权。事实上，任何超越权限的进入、使用和获取信息，都是非法的，并构成安全威胁。维护网络安全就是要确保网络空间的合法使用。

上述属性，塑造了维护网络安全模式的特点与模式。网络的开放性，决定网络安全互动域不受国别地域限制，没有行为体能够单独应对和解决这样的问题；网络空间的分权性，决定网络空间既有全网域安全问题，也有独立网络的安全问题；网络整体处于无政府状态，决定每一个独立网络都必须有"自助"应对安全问题的能力；网络的私有性，决定每一个利益攸关者都有维护安全的责任。网络空间的这几个属性，决定信息安全依然只能依靠"自助"。每个利益攸关者都必须有安全应对能力，不存在也难以形成一个拥有解决安全问题的集中性权威。在当今的国际体系中，这意味着每一个主权国家都需要有健全的安全机制、能力建设与适宜的信息安全战略。网络安全治理需要寻求审慎中庸的政策路线，不应追求所谓的"绝对安全"，滥用"国家安全"理由，限制正常信息通信技术发展与合作。对于网络威胁的表述必须保持充分的信息和良好秩序的平衡，同时要尽量避免出现成本过高（比如隐私侵犯和行动限制）而收益不确定的过度反应。

信息技术革命日新月异，数字经济蓬勃发展。数据安全的风险和挑战也日益突出，亟待达成反映大多数国家意愿和利益的全球网络空间国际行为准则，规范网络空间行为，促进网络和信息安全。中国曾与上海合作组织其余国家一道在 2011 年向联合国大会递交了《信息安全国际行为准则》（联合国大会文件 A/66/359）并在 2015 年再次递交该准则的更新草案（联合国大会文件 A/69/723）。但是由于种种原因，该行为准则至今尚未能在国际社会达成共识。

解决网络安全问题的根本在于通过多利益攸关方参与的全球治理，建立起普遍适用的网络空间秩序。中国主张，推进全球互联网治理体系变革，应该坚持尊重网络主权。主权平等原则应该适用于网络空间。应该尊重各国自主选择网络发展道路、网络管理模式、互联网公共政策和平等参与国际网络空间治理的权利，不搞网络霸权，不干涉他国内政，不从事、纵容或支持危害他国国家安全的网络活动。

中国主张，推进全球互联网治理体系变革，还要努力维护和平安全。各国应该共同努力，防范和反对利用网络空间进行的恐怖、淫秽、贩毒、洗钱、赌博等犯罪活动。不论是商业窃密,还是对政府网络发起黑客攻击,都应该根据相关法律和国际公约予以坚决打击。维护网络安全不应有双重标准。促进开放合作,促进公平正义。各国应该推进互联网领域开放合作,丰富开放内涵,提高开放水平,搭建更多沟通合作平台,创造更多利益契合点、合作增长点、共赢新亮点,推动彼此在网络空间优势互补、共同发展,加强沟通、扩大共识、深化合作,做到发展共同推进、安全共同维护、治理共同参与、成果共同分享,共同构建网络空间命运共同体。

第三节 敏感技术与国际安全

今天的世界,人们对技术的进步效应深信不疑,但对于技术的负面潜能的忽视在过去给人类带来了不小的伤害。① 虽然技术解决特定问题的能力让人印象深刻,但技术本身,包括其现实性影响与不确定影响,常常就是这些问题出现的主因。人工智能技术的快速发展对国际关系特别是国际安全的影响引起了普遍关注。在敏感技术冲击国际安全以及相应的全球安全治理努力方面,核安全及核安全治理提供了有益的参照。

一、弱人工智能的安全冲击

现代意义的人工智能研究最早可以追溯到 20 世纪 40 年代,而真正的突破出现在 2010 年前后,新一代计算机在运算速度和信息处理能力方面得到大幅提升。互联网特别是移动互联网的发展改变了人类的生活方式,使得网络成为人们获取日常生活数据最集中、最便捷的渠道。来自网络搜索、电子商务、社会媒体、科学研究等不同领域的海量数据迅速累积,为人工智能的飞跃提供了关键基础。

当前的人工智能发展热潮以大数据为基础,以深度学习为核心,构建从海量且复杂的信息源中提取、识别和构建体系的能力。在那些任务目标明确且相关数据丰富的领域中,深度学习算法能够在短时间内针对特定问题提出超过人类学习能力的解决方案,并形成颇具价值和潜力的应用性成果。在很短的时间内,人工智能技术就在图像识别、语音识别、机器翻译、自动驾驶甚至棋类竞赛等复

---

① 最典型的例子是滴滴涕(学名双对氯苯基三氯乙烷,缩写 DDT,是一种农药,曾广泛用于控制病虫害)产生了严重的不可预期的后果。

杂的应用场景中获得了飞速的进步,基本达到了满足人类相关需求的标准,具备了商业投资的价值,并很快成为资本市场追捧的热点,迈过产业化的门槛,对社会生产和人类生活开始产生直接影响。本轮在深度学习引领下的人工智能技术发展,将使人类社会逐渐步入被称为"弱人工智能"(Artificial Narrow Intelligence,ANI)时代的发展阶段。不过,必须指出的是,当前的深度学习模型依旧是通过"训练"与"学习"来解决问题,模型设计者本身并不能准确地知道该模型在解决问题时发现了哪些特殊认知规律。能够跨领域解决问题的通用人工智能(General AI)不大可能在现有的理论框架中出现,通用人工智能的出现或许还需要几十年的时间,因此,人类社会或许将在未来相当长的一段时间内处于这样的弱人工智能时代。这也成为我们分析讨论相对稳定的基础。在弱人工智能时代,深度学习所带动的领域性人工智能技术发展会在三个层次产生影响。[①]

其一,在具体议题领域层面,部分人工智能技术可以直接服务现实需要,从而改变各行为体在该领域的力量对比,为国际体系增加新的不稳定因素。目前在人工智能技术的推进过程中,新技术的应用主要集中于经济收益较高的部分民用领域,直接针对国际政治活动的研究仍然处于起步阶段,但在战略决策辅助系统和智能军事系统两个领域,人工智能已表现出成为国际政治活动参与者重要辅助性工具的潜力,而随着技术水平的不断提升,在该领域的技术代差将给国家力量对比带来不可逆的影响。那些掌握优势的国家,可能由此获得乘数效应的加持,进一步拉大与其他国家的差距。但技术扩散的过程及最终效果还有待观察。

其二,在社会制度层面上,人工智能技术的领域性扩散将对现代社会的经济发展模式产生重要的影响,进而推动权力分配方式、国家治理模式以及社会结构的演变,最终影响世界政治的演进。目前,所有领域性的人工智能技术进步都指向一个共同的目标,即实现以机器替代人类劳动,这也就意味着在经济体系中资本力量的快速扩张和劳动力要素的持续削弱。同时,由于技术突破的难度差异,这种替代效应在不同领域的不同劳动形式间又有着明显差异。在新的技术条件下,各国的产业结构可能出现难以预计的变化,全球经济体系将出现结构性的调整。同时,在人工智能技术获得广泛应用的背景下,传统的科层制组织形式或许已不再适应新的技术环境。既有军队组织体系和国家战略决策咨询体系都遵循严格的科层制原则,但人工智能技术以扁平化、网络化和高度协同化的方式推动体系运作,以等级和命令为核心的科层制体系完全无法适应这一新的形态,传统

[①] 此处及本节以下论述参考封帅:《人工智能时代的国际关系——走向变革且不平等的世界》,《外交评论》(外交学院学报)2018年第1期,第128—156页。

的组织结构或将因新技术的采用而作出调整。同时,资本与技术在经济活动中的地位获得全面提升,而劳动力要素的价值则受到严重削弱。作为资本挤压劳动力的重要进程,行业的财富分配也将呈现明显的分化状态,最终在政治权力分配中获得充分的反映。各层次要素需要经过长时间磨合才能形成稳定的权力边界。同时,这一过程是否会进一步刺激全球资本主义体系的生产过程,制造出新的系统性经济危机也值得考虑。

其三,从思想层面上看,跨时代技术变革的影响会逐步扩展到整个社会生活,并最终反映在政治与社会思想的变迁进程中。而这些思想理念也将反过来影响国际关系和国内治理。面对人工智能技术的快速发展,想象空间与不确定性被极大打开,人类社会正进入一个思想领域相对困惑而迷茫的阶段。一方面,世人对人工智能技术进步的成果充满期待遐想。另一方面,世人又无时不刻不在担忧人工智能对人类文明未来可能形成的反噬。人类社会的价值与思想理念将在弱人工智能时代面临重构的压力,各种理念的碰撞将长期存在。重塑人类社会的思想理念与价值标准,也将成为社会科学研究介入人工智能议题的重要路径。

具体到国际安全领域,引发注意的是人工智能对战略博弈与军事系统的介入。当前,人工智能技术与国际关系直接相关的应用主要集中在战略决策系统和军事系统两个领域,战略决策与军事参谋关系国家的根本利益,所有国家都会努力提升自己在这两个领域的能力,对于新技术的研发与应用始终保持积极的态度。这两个领域成为连结人工智能与国际关系的桥梁,成为弱人工智能新技术介入国际关系的优先领域。

在传统意义上,国家参与战略博弈的过程更多依赖政治家的直觉与判断,而深度学习算法的飞速进步,则使得人工智能决策辅助系统逐步显示出其在该领域的明显优势和发展潜力。基于深度学习算法,人工智能系统有望提供更加精确的风险评估和预警,能够以更快的速度提供更多不同于人类常规思维方式的战略选项。首先,人工智能系统能够以人类无法比拟的工作效率阅读和分析数据,并通过算法模型的"学习"和"训练",在短时间内掌握人类分析人员需要用较长时间训练才能获得的情报分析能力,具有人类所不具备的快速反应能力。其次,人工智能系统具有多线程处理能力。深度学习算法的另一个重要优势是可以从错误中学习,并且在反复互动过程中更加准确地掌握博弈对手的策略特征。最后,在战略博弈过程中,人工智能系统能够最大限度地排除人为因素的干扰,提高战略决策的可靠性。只要技术进步的大趋势不改变,人工智能将注定改变现有的国际战略博弈过程,国际行为体之间的战略关系也将发生重大变革。

不过,人工智能技术在战略决策辅助中也有明显局限,不应对其过分神化。

一方面，人类战略互动本身是动态复杂的，各种创造性和随机性的偏差本身就很难用模拟来实现。在现实的战略博弈过程中，人类决策者往往会追求模糊且不可衡量的目标，具体的战略目标体系会随着现实利益关系的变化而不断动态调整。能否把握不同目标定位之间的微妙关系常常被认为是衡量决策者智慧的标尺。但是，深度学习算法的特点要求在博弈过程开始前必须提前设定战略目标与范围，并且以此对系统展开"训练"，人工智能无法理解既有目标之外的非意图性影响，从而在现实政治活动中会遭遇诸多意外挑战。另一方面，深度学习算法需要依托大数据，但在弱人工智能时代，数据搜集过程本身还需要人工参与，而人类自身的意图会潜移默化地影响数据搜集过程，最终形成的数据集会将数据搜集者固有的倾向与偏见保留下来，在这样的数据环境中，人工智能的比较优势往往会受到侵蚀，而来自数据搜集者的偏见最终也将体现在战略博弈的策略中，反而扭曲和干扰决策的有效性。机器学习的快速发展确实提高了人类的统计预测能力。人工智能预测模型有效的基础是大量准确可靠的有用信息，而人类的判断将决定什么样的模式和结果在哪种情形下对谁是有意义的。只有当人工智能能够获取到高质量的数据、使用这项技术的组织能作出明确的判断时，人工智能才能优化他们的决策。

进而，人工智能技术在军事领域的扩散，可能带来军事环境的系统性改变。在军事技术层面，智能化武器系统不仅能够使人与武器实现实质性分离，更将战争活动完全变成武器系统的任务，使实际伤亡率无限趋近于0，而且能够最大限度地提升武器的使用效率和不同武器之间的协作。而当人工智能武器系统与传统模式的军事力量在战场上相遇，战争的法律与伦理观念将受到极大冲击。有人认为，智能化武器的使用将使消灭敌人有生力量等传统作战法则失去实际意义。对这一点恐怕还可以商榷。然而技术的发展将进一步加剧国家间常规军事力量对抗的不平衡状态。常规对抗将越来越不再是合理的战略选项，不对称战争和非常规对抗将成为主要方式。此外，人工智能技术的进步可能再次在短时间内放大军事主体间力量的差距。新的不平衡状态可能会使预防性战争重新抬头。大国必须追求人工智能技术并运用于军事领域，以维持其大国地位，而寻找新的不对称作战方式则将成为中小国家军队或实力较弱的武装组织的主要发展方向。在这种状况下，以人工智能技术为核心的新的军备竞赛将很难避免，全球安全体系和伦理基础都将面临严峻的考验。

但是，人工智能技术推动的竞争优势，核心还是人的能力，因为数据和判断仍然依赖于人。一方面，判断完全依赖于人，人工智能的效用函数是由人来设计和管理的，系统的目标设定和结果评估也是由人来负责；另一方面，数据也依赖于人，数据基础设施建设、数据管理和清理、数据政策制定和实施都需要人来进行。需要注意的是，人工智能目前在商业领域获得成功的两个条件——高质量的数据和明确的判断，在军事领域不一定能够发挥作用。在军事领域，判断受到指挥意图、交战规则、行政管理和道德领导等无法自动化处理的因素影响，因此人工智能的军事应用并不能削弱人类在军事中的重要性。虽然军事行动的目标、交战规则、操作程序常常是确定的，但在充满了不确定性的战争中，不可预测、无法事先判断的风险随时可能出现。用克劳塞维茨的话来说，要应对战场上的"迷雾"和组织中的"阻力"，就必须充分发挥指挥官的"天赋"即判断力。同时，数据的重要性提高，将加剧战略竞争对手在这两个领域的冲突竞争。在战略竞争中，竞争各方也可以通过操纵和破坏数据、表现出难以预测的行为，来扰乱对方的判断和预测。对私人信息的隐瞒和欺骗动机的加强，增加了协调的困难，刺激着由数据和判断引起的冲突加剧。

随着人工智能技术在各种应用领域的不断扩展，人工智能技术变革将从根源上对全球经济结构与政治治理模式产生系统性的影响，推动国际体系深层次的变革，其后果更加难以估量。当适应新技术的新体制推广开来，发展中国家将面临更加严酷的国际竞争压力。快速扩大的力量差距使传统的国际关系主体间互动模式被迫发生重大改变，以主权国家平等为基石的国际社会的稳定结构也将面临严重的外部压力。如有学者指出的，人工智能技术的突破对国际关系最为深远的影响恐怕将是通过间接路径实现的。人工智能技术正在越来越多的领域内向机器替代人类劳动这一基本目标迈进。一旦实现，它将改变人类生产的基本形态，也将改变社会经济的基本结构。从全球范围来看，国家间的财富分化将进一步加剧，全球经济与治理体系，乃至整个国际体系都可能发生深刻的系统性变化。

人工智能时代的到来将使人类进入一个变革愈发迅速且不均衡的世界。同时这一切都有巨大的不确定性，本身就容易带来普遍的不安和恐惧，以及相应的反应，使之成为国际安全研究的热点问题。事实上，对于正处于社会变革进程中的人，很难预设处于变革临界点的国际关系行为主体会作出怎样的选择，也很难提前设计国际体系合理的重构方案。但可以确定的是，随着持续的技术进步，动荡与不确定的风险会不断累积，国际体系变革将是不可避免的结果，与时代特征相契合的新体系只有在反复磨合之后才能最终形成。保守主义者对于人工智能技术的恐惧，与进步主义者对于人工智能技术的希冀，都有其合理性与局限性。我们应该以冷静而客观的态度理解和思考人工智能技术对于世界的影响，在变革且更趋不平等的世界中创造更加稳定、合理、体现人类文明与尊严的体系与制度，这也将是新时代国际关系研究的核心主题。

二、核安全及其治理[①]

如果说人工智能体现了正在快速发展的技术的潜在影响及其不确定性所带来的安全挑战,那么核安全则代表了较为成熟的技术已造成的安全风险。随着核技术的发展,核材料的极大破坏性,使其存在本身就意味着巨大的威胁和危险。核技术的发展与应用始终伴随着安全关切,需要加以切实管理。核安全所涉及的内容本应包括核武器、军用核材料、民用核材料以及相关核设施,但人们通常所关注的核安全主要是民用核材料以及相关核设施的安全。

(一) 核安全:日增的危险与治理的必要

冷战期间,人们已意识到核安全风险,但关注对象主要是国家。除了核试验爆炸,三哩岛和切尔诺贝利核泄漏事故给人们敲响了警钟,认识到核安全问题的严重后果。冷战结束后,苏联解体带来了核设施、核材料、核技术失控风险,这导致国家间展开实质性合作,加强核安保。美国向新独立的独联体国家提供帮助,使其加速销毁战略武器,提高对相关国家核武器和核材料的保护、控制和衡算等。这种核安保合作持续进行了 20 多年,取得了巨大成就,有效地防止了核武器或者核材料落入不法分子之手。此后,类似国家间有关核安保的合作扩展到其他国家。

核安全引发普遍关注则始于"9·11"恐怖袭击。美国将极端主义和技术的危险结合视为自身面临的最严重威胁。核安全风险的确呈现出增强趋势。首先,恐怖组织有制造核恐怖的意愿。核材料失窃的风险始终存在。出于能源安全考虑和温室气体减排需要,不少发展中国家致力于发展核电,这可能进一步导致核安全风险。美国已经成功地将其关注的核安全议题塑造成了国际社会共同关注的安全议题。

虽然加强核安全基本是国家的责任,但国际合作和全球治理不可或缺。在今天,与核有关的事故,不论是因为天灾,还是因为人祸,其影响都将超越一国甚至超越一个地区,乃至具有全球范围的政治、经济影响。如果各国之间没有有效的出口管制合作、情报共享和探测协调,核恐怖将难以防控。因而,有关核安全的有效治理必须是全球治理。

(二) 核安全治理的演进

核爆炸的威力激发了各国对核武器和核材料进行管控的动力。管控核武器

---

① 本节内容主要基于樊吉社:《核安全全球治理:历史、现实与挑战》,《国际安全研究》2015 年第 2 期,第 20—39 页。

主要通过核不扩散机制实现。之后,国际社会的核管控努力转向核材料,成为核安全全球治理的缘起。冷战期间的核安全全球治理主要体现为对和平利用核能的管理,加强对核材料、核技术转移的控制,防范无核国家借发展民用核能之机发展核武器。这期间的制度建设包括:成立国际原子能机构,谈判达成《不扩散核武器条约》(确立了国际原子能机构的国际法律地位),谈判达成《核材料实物保护公约》(Convention on the Physical Protection of Nuclear Material, CPPNM),建立桑戈委员会(Zangger Committee,ZAC)和核供应国集团等多边机制来规范核设备与核材料的转让,等等。

国际原子能机构是全球治理核安全的最初制度性安排。国际原子能机构有三个工作支柱:一是保障与核查,根据与各国缔结的法律协定核实各国核材料与核活动只用于和平目的,并对此进行保障核查;二是安全与安保,包括制订安全标准、安全规范以及安全导则,帮助成员国适用这些标准、规范和导则;三是科学与技术,包括对卫生、农业、能源、环境和其他领域中的核应用提供技术和研究支持。国际原子能机构初期的保障监督体系仅限于研究堆和实验堆,后来逐步扩展到所有反应堆以及后处理厂和燃料制造厂。

《不扩散核武器条约》的签署增加了对国际原子能机构的授权,强化了对核交易和核活动的管控。该条约1968年谈判成功、开放签署并于1970年生效。防扩散与促进和平利用核能成为国际原子能机构的重要使命,这也恰好与《国际原子能机构规约》中所规定的三个工作支柱相对应。此后,所有民用核能的合作都少不了国际原子能机构的参与。该机构在推进核能民用的同时,通过核查、巡视等保障监督措施防范民用核设施与核材料转为军用或者其他用途。过去几十年中所有涉及核扩散的案例中,包括伊拉克、朝鲜、伊朗、叙利亚等,国际原子能机构始终是国际社会依托的重要力量。如果国际原子能机构发现民用核设施或者核材料转为其他非民用用途,它将发出警告,甚至提交联合国安理会。

其他进一步强化核物项管控的多边机制也在20世纪70年代形成,此即"桑戈委员会"和"核供应国集团"。1975年11月,几个核供应国在伦敦成立"核供应国集团",又称"伦敦俱乐部"。该组织经过讨论,形成了对敏感核物项出口的"转让准则"和"触发清单",严格限制敏感核物项和与核相关的两用品和技术的出口,并要求核物项及其两用品的出口应该有全面保障监督(comprehensive safeguards)措施、实物保护措施等。另外一项加强核安保的制度建设是《核材料实物保护公约》。该公约于1980年3月开放签署,并于1987年生效,成为民用核材料实物保护领域中唯一的国际法文书。公约的主旨是保护核材料在国际运输中的安保,防止未经政府批准或者授权的集团或个人获取、使用或扩散核材料,并在追回和保护丢失或被窃的核材料、惩处或引渡被控罪犯方面加强国际合作。

虽然冷战时期的核安全全球治理具有鲜明的防扩散特点,但这些早期的制度构建为后来在全球范围内提升核安全奠定了基础,也是防范核恐怖主义的早期壁垒。

冷战结束后的第一个十年,无论是美国为代表的西方还是整个国际社会,核心的关切是横向核扩散,亦即核武器、核材料、核技术及其两用品向无核国家的扩散,而国际原子能机构在伊拉克和朝鲜的发现与遭遇强化了这种认知。对于核安全,"9·11"恐怖袭击事件是分水岭。如果说此前的核安全全球治理重在防范国家行为体获取核材料、核技术,甚或核两用品以发展核武器,此后的重点则转向防范恐怖分子或者恐怖组织制造核恐怖。之后,核安全全球治理呈现加速趋势。

"9·11"恐怖袭击发生后,联合国安理会迅速通过第1373(2001)号决议,该决议的内容之一是呼吁各国就恐怖主义组织拥有大规模杀伤性武器所造成的威胁展开情报交流、加强合作以防范恐怖主义非法运送核、化学、生物和其他潜在致命材料。2003年10月,卡迪尔·汗的核走私网络的帷幕被揭开,国际社会对地下核黑市的关注大大提升。次年4月,联合国安理会通过1540(2004)号决议。这项决议专门针对非国家行为体可能涉足大规模杀伤性武器这一威胁,"确认需要进一步协调国家、次区域、区域和国际各层面的努力,以便加强全球对这一严重挑战及其对国际安全的威胁作出的反应"[①]。它首次要求联合国成员国采取执法行动应对大规模杀伤性武器的扩散,并要求各国提交执行该决议的报告。2009年9月24日通过的联合国安理会1887(2009)号决议表示"严重关切核恐怖主义的威胁,并确认所有国家都须采取有效措施,防止恐怖分子获得核材料或核技术援助"[②]。

受应对核恐怖主义风险推动,核安全全球治理的制度建设得到显著加强。核安全峰会作为重要的平台得以出现。时任美国总统奥巴马在其2009年4月的布拉格演讲中称,核恐怖主义是全球安全最迫切和最极端的威胁,誓言在四年内强化全球核材料的安保。美国在2010年主办首次核安全峰会。此后,核安全峰会又多次举办。核安全峰会凝聚了国际社会有关强化核安保、防范核恐怖主义的国际共识,成功地将加强核安保、反对核恐怖主义提升到国际议程,不但强化了现有国际规范,而且突出了国际合作的必要性,敦促各国执行现有的国际规约和联合国决议以加强核材料安保,并推动了一些单边、双边和多边加强核安保

---

① 联合国安全理事会:《第1373(2001)号决议》(2001年9月28日),联合国数字图书馆,https://digitallibrary.un.org/record/449020,访问日期:2023年4月12日。
② 联合国安全理事会:《第1887(2009)号决议》(2009年9月24日),联合国数字图书馆,https://digitallibrary.un.org/record/665529,访问日期:2023年4月12日。

的承诺、协议与合作发挥作用。

这一时期,各国对《核材料实物保护公约》进行了修订。公约原本仅适用于国际运输中的核材料,修订扩大了公约的适用范围,增加了核设施,并且将国内使用、存储和运输的材料也列入公约适用范围。该公约要求各国在追回和保护丢失或被窃的核材料、在惩治或引渡相关犯罪人员领域加强国际合作,减轻或尽量减少蓄意破坏所造成的放射性后果。国际社会加强核安保的另一个举措是达成《制止核恐怖主义行为国际公约》(The International Convention for the Suppression of Acts of Nuclear Terrorism, ICSANT)。2005年4月,联合国大会通过了这个公约。该公约明确指向非国家行为体,将非国家行为体非法持有或者使用核材料、核设施都视为犯罪行为,强调各国应采取包括立法在内的必要措施,确保涉恐行为受到严惩。该公约还规定了收缴或者以其他方式获得放射性材料、装置或核设施后的处置办法。除了上述制度建设,"9·11"事件之后,各国为加强核安保展开的双边或者多边合作显著增多。

如前所述,核安保问题超越国界,跨越地区,甚至影响全球。与各国危险评估、核安全意识养成同步的是核安全全球治理水平的逐步提高。冷战时期,核安全全球治理主要关注核材料扩散、核材料运输安保,主要防范对象是无核国家;现在的核安全全球治理基本实现了全面覆盖,不仅仅是核材料、核设施、核技术,还包括了国内立法,将涉核非法活动入罪,主要防范对象是恐怖组织等非国家行为体。有效减少当前核材料的存量并管理未来的核材料增量将是未来的核心挑战。国际合作仍然面临平衡的挑战。对很多发展中国家而言,发展核电和加强核安保存在着竞争关系,涉及有限的资金和资源如何分配的问题,这些国家如何平衡发展核电和加强核安保的关系至关重要。同样,每个国家发展程度不同,发展中国家在加强核安保方面不仅需要其他发达国家提供人员培训、情报共享,还可能需要资金和技术支持,发达国家能否在不附加政治条件的前提下与发展中国家展开合作仍有待观察。

加强核安保既需要国家履行其责任,也需要国际合作。归根到底,核安保是国家的责任,有赖于每一个国家的努力。各国能否履行核安保国际法律文书规定的义务,能否全面执行联合国安理会有关决议,能否建立国内的核安保法律框架,尚存不确定性。虽然国际社会已经达成了一系列规则,但加强核安保需要国际原子能机构更强有力的保障监督措施,更具有"侵入性"的巡视,这在某种程度上需要多数国家提供必要的协调与合作。核安全议题并非存在于真空之中,各主要国家在核安全问题上进行合作的意愿必然受到其他政治因素的影响,这也是未来进一步强化核安全和核恐怖治理可能面临的重要挑战。核安全全球治理虽已经取得了不小成就,但依然面临严峻的挑战,各国仍然需要高度重视,密切合作,推进协调,唯此,核恐怖虽未必能够被彻底消除,但有望将其风险降至最低。

核安全是全球安全治理体系的重要一环,是保障核能持续发展的"安全阀",是防范核恐怖主义的"防火墙",是增进地区安全互信的"助推器"。加强国际核安全体系,是核能事业健康发展的基本前提,更是推进全球安全治理、构建新型国际关系的重要环节。中国主张,应坚持理性、协调、并进的核安全观,建立公平、合作、共赢的国际核安全体系,努力打造核安全命运共同体。人类要更好利用核能、实现更大发展,就必须应对好各种核安全挑战。强调发展和安全并重,以确保安全为前提发展核能事业;权利和义务并重,以尊重各国权益为基础推进国际核安全进程;自主和协作并重,以互利共赢为途径寻求普遍核安全;治标和治本并重,以消除根源为目标全面推进核安全努力。中国倡议,以公平原则固本强基,以合作手段驱动发展,以共赢前景坚定信心,为核能安全造福人类提供强有力、可持续的制度保障。要强化政治投入,把握标本兼治方向;强化国家责任,构筑严密持久防线;强化国际合作,推动协调并进势头;强化核安全文化,营造共建共享氛围。

小　结

技术变革与国际关系的交互关系日渐密切,成为当前的学术热点。技术变革对国际关系有不可否认的影响,但世界政治的变化也影响了技术变革的步伐。技术变革是一种再分配和再调整的动力,它改变了行为体的力量平衡和偏好,并推动对新的规范和组织进行战略构建。考虑到技术本身的性质,以及公共部门介入推动创新的程度,不同类型的技术变革效果是不一样的,需要具体分析。

政府政策与国际关系在决定技术扩散程度方面发挥关键作用。国家有多种国内和国际措施来限制或推动技术创新及扩散。领导人试图平衡国内对变革的激烈抵制和国际环境的压力。在一个竞争更加激烈的国际环境中,国家有更大的动力去推动、促进和/或资助新技术的采用。特定的国际体系特征可能与全球技术浪潮有关。一个更分散的体系可能会导致技术变革方面的更好结果。大国竞争是技术创新和扩散的重要变量。当前中美技术政策的走向也预示了未来重大技术的变迁。

网络安全越来越成为国际安全博弈的重点。由于网络空间安全问题的模糊性、隐蔽性和不对称性,传统的维护国家安全的手段很难有效应对。网络强制指利用网络武器促使对象采取特定行为或不要作出某种行为,包括网络驱使和网络威慑两种形式。网络武器的特殊性决定了网络强制成功的条件不同于传统的战略强制。网络战与网络恐怖主义正在成为国际安全的重要挑战。网络的开放性,网络空间的分权特点以及网络的私有性决定信息安全依然只能依靠"自助"。每个利益攸关者都必须有安全应对能力。网络安全全球治理机制的塑造正在成为国家间竞争的一个热点。

人工智能及相关前沿科技加速应用于安全领域,可能促使国际竞争发生历史性变化。人工智能技术对军事领域的改变是全方位的,从军事武器到战略设计、从全球军事力量平衡到军事伦理,都将不可避免地受到冲击。作为一种颠覆式创新,人工智能技术将给社会政治体系各层次与维度带来系统性与不确定的影响,有可能重构人类的社会组织形态,推动各种国际行为体的内部变迁,进而引发国际体系的深刻变革。国际体系的主体、结构、运行规则等关键要素都可能将随之发生巨变。

国际社会对核安全风险的认知经历了一个漫长的演变过程,就核安全风险的关注对象而言,最初主要关注有核国家隐秘的核攻击,后来是关注无核国家以发展民用核能的名义进行核扩散,最终是兼顾国家行为体的核扩散和非国家行为体即恐怖组织的核恐怖行为。核安全风险关注主体和关注对象的演变直接影响到核安全全球治理参与国家的数量、核安全全球治理的力度和效果。

思考讨论题

1. 不同类型的技术创新对国际体系的不同侧面有着怎样的影响?结合实例加以论证。
2. 如何理解国际政治体系与国际安全竞争对于技术创新与扩散的影响?结合实例加以说明。
3. 借鉴本章已有讨论,结合其他具体领域和具体议题(如生物安全、转基因技术等),分析技术变革从哪些方面改变了我们对于国际安全的理解?
4. 如何理解网络安全中多重主体与利益的碰撞?网络安全全球治理应如何处理这种复杂关系?
5. 如何理解人工智能对世界政治的冲击?

扩展阅读

黄琪轩:《大国权力转移与技术变迁》,上海交通大学出版社 2013 年版。从国际层次的政治变迁探寻大国重大技术变迁的驱动力。

沈逸:《网络安全博弈与中美战略关系稳定》,复旦大学中美新型大国关系协同创新中心,2016 年。从安全视角对中美战略博弈中的网络维度进行了分析。

中国国际战略研究基金会:《应对核恐怖主义:非国家行为体的核扩散与核安全》,社会科学文献出版社 2012 年版。分析了非国家行为体的核扩散与核恐怖威胁以及中国的应对实践。

第十一章

环境与气候变化

本章导学

环境问题日趋严重，以气候变化为代表，已成为关系人类前途命运的重大挑战。广义的环境安全包括不可再生和可再生资源的安全供给问题，包含资源安全和能源安全等概念；而狭义的环境安全则主要涉及环境污染和生态破坏以及可再生资源的短缺对社会经济和国家安全的影响。本章旨在解释国际环境问题的成因，对国际安全的冲击，以及开展环境保护合作的障碍。本章将展示环境问题全球化与国际环境合作与全球环境治理的发展过程，检讨环境问题的成因，以及国际体系对全球环境治理合作的影响和制约，讨论在此过程中的合作障碍与讨价还价问题，强调尽管有广泛的共同利益，但国家间的合作存在着集体行动问题等挑战。个人、团体和国家在谁承担减少有害环境行为的成本方面存在利益冲突。国际制度促进了环境合作，主要方式是加强信息分享和核查遵守情况。跨国倡议网络和非政府组织在监督环境协议的遵守方面发挥着重要作用。

本章学习目标

1. 了解环境安全与全球环境治理问题的由来和发展，深化气候与环境问题对于中国国家安全影响的认识，提升环保意识；
2. 能利用社会科学特别是国际关系知识，分析环境治理难题的由来和根源，思考治理和解决之道，能就相关问题如何形成、问题解决障碍何在、治理和适应之道何在等形成并论证自己的看法。

第一节 环境安全

环境问题由来已久。人类进入工业文明时代以来，生产力的惊人进步使得人类改造自然的能力空前增强。人口的激增、城市化的加速发展以及对自然资源的滥用大规模地改变了环境的组成和结构，改变了环境中的物质循环和能量传递关系，打破了地球生态系统平衡，对地球环境造成了前所未有的巨大压力，人与自然深层次矛盾日益显现。气候变化、生物多样性丧失、荒漠化加剧、极端气候事件频发，给人类生存和发展带来严峻挑战。

一、环境问题的全球化

具体而言，近代工业社会以来环境问题（以环境污染为主线）的演变大致可分为四个阶段。一是公害发生期（18世纪末—20世纪初）。这一时期西方国家先后完成第一次和第二次工业革命。煤炭的大规模应用和冶炼业的发展对大气和水域造成污染。二是公害发展期（20世纪20—40年代）。这一时期的环境问题突出表现在三个方面：石油在燃料构成中的比重大幅度上升，石油污染日趋严重，20世纪40年代洛杉矶光化学烟雾事件就是石油污染的典型案例；煤烟和二氧化硫的污染继续发展；有机化学工业的发展使有机毒物对环境的污染问题日益突出。三是公害泛滥期（20世纪50—60年代）。随着石油、煤炭等能源的生产和消费的急剧增长，二氧化硫等有害气体的排放大增，此外又出现了由原子能利用带来的放射性污染以及由农药等有机氯化物的大量生产和使用带来的有机氯化物污染。公害事件不断发生，如伦敦烟雾事件、日本的水俣病事件等。四是环境全球化时期（20世纪70年代以来）。世界环境形势继续恶化，环境问题跨国化、全球化趋势越来越明显，同时保护环境的努力也开始全球化。20世纪60年代末，瑞典科学家发现大气污染所形成的酸雨对瑞典的湖泊和森林造成严重破坏，大声疾呼加强国际合作以应对跨国环境问题，成为1972年联合国人类环境会议的起因。自此，环境问题的跨国性和全球性开始引起世界的关注。

环境问题的全球化表现在多个维度。首先，环境问题的发生范围是全球性的。从生态角度看，地球的岩石圈、大气圈、水圈、生物圈和人类圈都出现全面的环境污染和生态破坏；从国际关系角度看，世界各国都面临严重的环境问题。20世纪中叶之后，环境污染和生态破坏迅速从发达国家向发展中国家蔓延。如今世界上空气污染最严重的城市都在发展中国家。环境污染与生态破坏并存且相互作用加剧了发展中国家环境问题的复杂程度。其次,环境问题的影响和后果是全球性的。气候变化、酸雨、臭氧层耗竭、生物多样性的丧失等都对全球的生态系统产生不良影响。地球上的任何区域(包括北极和南极地区),地球上的任何人群(无论栖居地如何偏僻),都难逃环境问题所造成的负面影响。最后,环境问题的解决努力是全球性的。由于世界各国均不同程度地产生了环境问题,而这些环境问题常常跨越国界。由于环境问题的来源是全球性的,全球性环境问题大于各地区环境问题之和,因此任何一个或几个国家单凭自身的能力都无法有效地加以解决。

二、环境问题与国家安全:以气候变化对中国的影响为例①

环境问题正在成为重大的国家安全和国际安全问题。一个典型的例子是气候变化正在从多个侧面对中国国家安全产生不同程度的影响。以下举例展示环境与中国国家安全的复杂性联系。

(一) 气候变化威胁中国的国土安全

在全球气候变暖的背景下,气候变化对中国国土安全的负面影响正在逐渐显露。主要表现之一就是气候变化导致20世纪90年代以来海平面上升趋势明显,中国的部分陆地面临被淹没的现实和潜在威胁。《2022年中国海平面公报》明确指出:"近40年来,中国沿海海平面呈加速上升趋势,其长期累积效应造成海岸带生态系统挤压和滩涂损失,影响沿海地下淡水资源,加大风暴潮、滨海城市洪涝和咸潮入侵致灾程度。同时,沿海地区地面沉降导致相对海平面上升,加大灾害影响程度。"②未来中国海平面的长期上升趋势将不仅淹没更多土地,而且将威胁沿海基础设施安全,给沿海地区经济社会发展带来多方面的不利影响,严重影响中国的经济和社会发展。

(二) 气候变化威胁中国的军事安全

近年来气候变化导致的极端气候事件增多,威胁到人员、装备和设施安全,影响武器装备效能发挥及部队作战行动,对部队战斗力的形成和提高构成制约,对中国国防和军队建设的不利影响正在上升。为此,2008年中国专门成立了解放军军队气候变化专家委员会。值得注意的是,气候变化还可能引发中国与邻

---

① 本节讨论主要基于张海滨:《气候变化对中国国家安全的影响——从总体国家安全观的视角》,《国际政治研究》2015年第4期,第11—36页。
② 自然资源部:《2022年中国海平面公报》(2023年4月14日),中国海洋信息网,http://www.nmdis.org.cn/hygb/zghpmgb/2022nzghpmgb/,访问日期:2023年5月22日。

国的紧张局势,甚至造成局部冲突,对中国军事行动的能力和资源产生了更大压力。例如,中国西部冰川的变化涉及周边国家的水资源利用。一旦冰川水资源变化导致河川径流减少,可能会导致水资源争夺和跨国移民潮,引发国际争端和冲突。在此背景下,《2008年中国的国防》白皮书第一次将自然灾害列为对中国国家安全的威胁并提出军队应具备履行多样化军事任务的能力。[1]

(三)气候变化危及中国的社会安全

在气候变化背景下,中国极端气候事件频发,对中国的社会安全构成严重威胁。气候变化,特别是极端气候事件对中国人身体健康的影响愈发明显。直接影响主要包括日益增加的自然灾害(如热浪强度和持续时间的增加等)导致的疾病(如心脏和呼吸系统疾病)或死亡。间接影响错综复杂。气候变化引起的各种极端气候现象导致生态系统紊乱,造成传染病和自然疫源性疾病的增加和流行区域的扩张。同时,生态环境恶化,给人们的生产、生活与健康造成严重的损失,导致贫困加剧和移民增加,如果处置不当,极易引发群众不满,导致环境群体性事件的增加,影响中国社会的稳定。最后,极端天气频发,对交通出行影响增大,也可能引发社会冲突。

(四)气候变化影响中国的经济安全

气候变化对中国的经济安全影响重大,主要表现在:气候灾害影响范围呈现不断扩大的趋势,影响趋于严重,直接经济损失不断增加。同时,重大工程面临的气候风险日益凸显。2014年,中国工程院第一次发布的《气候变化对我国重大工程的影响与对策研究》指出,气候变化的影响在一些重大工程的运行中已经显现。此外,"一带一路"倡议的实施也面临气候安全风险。最后,气候变化还对中国海洋经济产生消极影响。气候变化导致海洋酸化,海洋赤潮灾害频发,严重影响中国的海洋经济,如近海养殖业。

(五)气候变化危及中国的资源安全

首先,威胁中国的水资源安全。气候变化正在加剧中国水资源固有的脆弱性,集中表现为加剧中国淡水资源短缺形势和供需矛盾,威胁中国的供水安全。气候变化对中国水资源的影响还表现为引发冰川退缩,最终加剧水荒。值得注意的是,短期内,冰川的加速萎缩可导致河川径流增加,但随着冰川的大幅度萎缩,冰川径流趋于减少,势必引发河川径流的持续减少,不仅减少水资源量,更使冰川失去对河川径流的调节作用,导致水资源及生态环境恶化的连锁反应。其

---

[1] 《2008年中国的国防》,中国政府网,http://www.gov.cn/zwgk/2009-01/20/content_1210224.htm,访问日期:2022年6月22日。

次,威胁中国的粮食安全。气候变化对中国农业的影响具有两重性,有利有弊,但弊大于利。中国的"西气东输"工程和中俄石油天然气管道都经过大面积的冻土地带,气候变化导致冻土逐步消融,其运行安全的风险在上升。最后,随着国际气候机制的日益强化,全球气候治理对中国的约束越来越强,对中国以煤炭为主的能源结构调整和新能源的发展产生明显影响。

(六)气候变化影响中国的政治安全

气候变化对中国政府的国家治理能力构成日益增大的压力,处理不当,可能导致相关群体性事件的发生,使民心受到侵蚀,进而影响中国政治体系的稳定性,带来政治安全风险。

总之,气候变化正在对中国的国家安全产生广泛的影响。这些影响有利有弊,但总体上是弊大于利。中国不仅应该把应对气候变化纳入国民经济和社会发展规划,还应该将其置于总体国家安全观的框架下统筹规划。

三、环境问题的社会根源

环境问题的根源是多学科共同探讨的热门话题。既有研究提供了一系列值得注意的分析视角和观点。

(一)人口视角

人口视角即人口过快增长说。其基本思路是,在其他条件不变的情况下,人口增加越多,对各种自然资源的需求就越大,对生态环境的压力也越大,并且导致经济活动的不理性增加,而地球的资源和承载能力是有限的,最后必然产生环境危机。

(二)技术视角

技术视角即科学技术失控说。这一思潮主要反映在当代生态运动之中。当代生态运动强调,科学技术固然带来了地球表面的繁荣,但却严重破坏了地球生态系统的稳定性和有序性,而地球生态系统对人类的生存发展更为基本。科学技术创造了现代物质文明,却又为毁灭文明提供了高效手段。

(三)经济发展视角

在经济发展视角下,经济增长说将环境问题的根源归结为人类的经济增长极限到来的表现,而发展失衡说则认为将人类的经济发展与环境问题画等号过于简单化,实际是将保护环境与发展经济对立起来,经济发展并不必然产生环境危机,真正导致环境问题的是发展不足和发展失当。1972年的《联合国人类环境会议宣言》指出:"在发展中国家,多数的环境问题,是发展不足造成的……在工业化国家,环境问题多半是因为工业化和技术发展而产生的。"该宣言提出了一条新的发展道路——"可持续发展",即"满足当代人的需求,又不对后代人满足其需要的能力构成危害的发展"。[①] 可持续发展思想已成为当今世界的主流思想,深化了人类对环境与发展关系的认识。此外,在世界银行等组织看来,环境破坏的原因在于市场缺陷和政策失误。

(四)社会文化视角

社会文化视角即人类价值观危机说。该学说认为,环境恶化是因为长期以来作为人类主流价值观的人类中心主义对人类的实践活动产生了直接的指导作用。全球环境问题源自积累和剥削体系以及支配体系的内在动力。生态危机主要源自资本主义的生产方式,即以追求利润最大化为宗旨的资本主义生产方式。

(五)公共政策理论视角

公共政策理论视角主要强调集体行动难题说。当自然资源产权不存在或没有被履行时,即当自然资源是开放的时候,没有个人会来承担环境退化所造成的全部损失,而且也不存在对自然资源使用进行调控的机制,结果就是资源开发过度,这就是加勒特·哈丁提出的著名的"公地悲剧"理论。要避免这个悲剧,有两种政策可供选择,即实行私人产权或坚持由国家管理资源。公共品和集体行动的视角对国际关系和全球治理有重要影响,特别是制度主义将之作为分析基础,我们将在下节重点讨论。

实际上,全球环境问题是综合性问题,而非仅是人口问题,或经济问题,或技术问题,或观念问题。迄今为止,对于环境问题,最为深刻的思考来自马克思主义经典作家。马克思和恩格斯曾精辟地提出"人们对自然界的狭隘的关系决定着他们之间的狭隘的关系,而他们之间的狭隘的关系又决定着他们对自然界的狭隘的关系"。[②] 人与自然的和谐发展只能伴之以人与人之间的社会关系的进步才能实现。要从根本上解决环境问题,就要把环境问题纳入解决整个社会问题的总体框架之中。

第二节 全球环境治理的合作难题

全球性环境问题的解决有赖于全球性的国际合作,这是国际社会的基本共

---

① 联合国:《联合国人类环境会议报告书》,联合国数字图书馆,https://digitallibrary.un.org/record/523249,访问日期:2023年4月12日。
② 《马克思恩格斯文集》(第一卷),人民出版社2009年版,第534页(注1)。

识。一系列全球性问题的出现使世界各国的可持续发展面临严峻挑战。环境问题已从过去一国内部的技术和社会问题演变为当代国际关系中重大的政治经济问题和安全问题。全球环境问题的出现与治理的障碍在很大程度上是国际政治问题,有着深刻的国际政治根源。

一、环境外交与全球治理的兴起

环境外交的实践可以追溯到19世纪初。1815年,莱茵河中央航运管理委员会成立,这是国家之间为管理公共环境资源——国际水道——而开展的早期外交活动。国际同盟1920年成立后召开过保护野生动植物和防止船舶海上排污的国际会议。1940年美洲国家组织成员签署了《西半球自然保护和野生生物保护公约》。但在1972年以前,国际环境外交是零星的、非全球性的、边缘性的外交活动。1972年,联合国人类环境会议在斯德哥尔摩举行,首次将环境问题列入全球政治议程,同时环境问题也同可持续发展问题联系在了一起,真正意义上的国际环境外交从此兴起。作为联合国人类环境会议的一项重要成果,联合国环境规划署在同年成立并成为国际环境外交的重要推动力量。

此后,随着国际环境外交力度加大,一系列重要的国际环境协定得以达成,如1973年的《保护世界文化和自然遗产公约》及《濒危野生动植物种国际贸易公约》、1976年的《禁止为军事或任何其他敌对目的使用改变环境的技术的公约》、1980年的《南极海洋生物资源养护公约》、1982年的《联合国海洋法公约》、1985年的《保护臭氧层维也纳公约》、1987年的《蒙特利尔议定书》以及1989年的《控制危险废物越境转移及其处置巴塞尔公约》等。更重要的是,环境外交开始进入制定和实施实质性与具体化的政策措施阶段。有些国际环境条约要求承担实质性义务,如1987年的关于减少损耗臭氧层物质的《蒙特利尔议定书》(于1989年生效)及其修正案对破坏臭氧层的物质制定了具体的限控时间表。它创造了三个"第一":第一个在存在科学不确定性的情况下将风险预防原则作为采取迅速行动依据的有约束力的国际环境协定;第一个为达到目标而采取贸易制裁措施的国际环境协定;第一个将发达国家与发展中国家的责任进行明确区分的国际环境协定。

但是,一直到20世纪80年代后期,环境外交并未受到大多数国家的足够重视。其主要原因是:美苏对峙的冷战格局使传统安全议题处于国际关系的核心地位,掩盖了其他问题;环境问题是新议题,大部分国家都不太熟悉;对环境问题的紧迫性缺乏足够认识;环境问题的不确定性在一定程度上妨碍了各国达成共识;环境问题逐渐涉及环境与发展的关系,在政治上相当敏感。20世纪80年代末90年代初,国际形势发生了根本变化。环境议题异军突起,国际社会对其紧迫性有了新的认识。20世纪80年代末90年代初以来,环境问题已成为重大的国际关系问题。联合国环境与发展大会的举行拉开了环境外交时代的大幕。联合国环境与发展大会于1992年6月3日至14日在巴西里约热内卢举行。会议取得重要成果,通过了两项条约和三项文件,即《联合国气候变化框架公约》《生物多样性公约》,以及《里约环境与发展宣言》《21世纪议程》《关于森林问题的原则声明》。联合国环境与发展大会被公认为环境外交史上的重大里程碑,使环境问题成为国际关系的中心议题之一,标志着环境外交时代的到来。贯穿《里约环境与发展宣言》及《21世纪议程》的可持续发展思想成为各国的普遍共识,为国际环境外交规划了大的方向。特别是大会确立了"共同但有区别的责任"原则,为后续国际环境谈判提供了指导性原则。此后,世界主要国家纷纷将环境外交明确列为其外交战略的重要组成部分。国际环境谈判正向纵深发展。[1]

二、国际体系与环境治理合作的障碍

为什么全球环境响应越来越多,全球环境治理日益加强,但全球环境却持续恶化?对于这一问题,直接的答案是:因为全球环境治理的速度赶不上全球环境破坏的速度,或者各国承诺与行动之间的差距太大。进一步追问:为什么全球环境治理的速度赶不上全球环境破坏的速度?为什么各国承诺与行动之间的差距会这么大呢?其中,最重要的是必须明确全球环境治理合作的障碍所在。

"公地悲剧"被普遍用于描述我们当前的许多环境挑战。那些共享的草地、湖泊、森林和渔场往往因为个体基于私利理性的过度使用及排放而严重退化。我们在全球层次也面对着类似问题。以地球的大气层和全球气候变化为例,我们现在就面临着全球性的"公地悲剧"。因为人们可以从他人保护环境的努力中获益,同时却能从自身的排放等行为中获得私人便利和利益。即使人们都更喜欢清洁的环境,但人们还是想避免承担减少污染与破坏的各种成本。由于不少人都在做同样的算计,人们基于自利的互动结果,集体性地造成了生态系统的退化。类似地,污染排放国并没有承担他们所造成污染的全部后果,而一国对自己实施更严格的环境控制,也在给其他没有付出类似高代价的国家带来好处。结果,各国都被诱惑寻求搭其他国家的"便车",而全球环境则受到负面影响。

我们今天面临的大多数环境挑战要么与公共产品有关,要么与共有资源有

---

[1] 本小节以下讨论参考了 Jeffry A. Frieden, David A. Lake, and Kenneth Schultz, World Politics: Interests, Interactions, Institutions, 4th edition, New York, NY: W. W. Nerton, 2019, Chapter 13, pp.540-583。

关。这种对象的公共属性可能是自然形成的，比如地球有一个单一的大气层，我们都受到臭氧层变薄和气候变暖的影响。公共产品和共有资源更可能是由社会实践和法律产生的，且可以通过不同的社会实践和新的法律制度而被改变。解决或至少缓解"公地悲剧"有两种可能的策略：或者明确产权，或者可以通过法律、规范或合作协议来规范他们的行为。例如，《京都议定书》创建了碳排放交易体系，实质上是将以前的公共物品私有化。在此之前，大气层被视为全球公共资源，任何人都可以自由使用，即使这种使用产生有害的温室气体排放。然而，《京都议定书》限制了碳污染总量上限，然后通过排放权在各方之间分配这一资源，改变了分配和激励机制，从而改变人们的行为，推动更好的环境实践。

国际环境保护合作作为一种集体行动，至少受到五个因素的影响。第一，集体行动问题的严重程度通常因团体规模而异。行为体群体越大，他们就越有可能相互"搭便车"，而群体越小，行为体就越有可能为解决问题作出贡献。这有助于解释为什么酸雨问题在20世纪70年代后相对容易地形成了合作治理。酸雨污染主要是一种区域性现象，主要降落在大型燃煤工业中心的下风处。每个酸雨地区涉及的国家数量有限。比如：美国的排放影响主要落在它自己和加拿大；英国的排放影响大都落在斯堪的纳维亚半岛；西欧的排放影响大都落在东欧。这是促进《远距离越境空气污染公约》及其任择议定书谈判的一个关键因素，该公约于1979年完成，以控制、削减和防止远距离跨国界的空气污染，现在拥有来自几个酸雨地区的51个成员国。成员国一起将硫排放量比1980年的水平减少了60%以上。[①]

影响国际环境合作的第二个因素是问题本身的复杂性和严重性。有些环境问题的定义简单，后果明确。1995年，联合国环境规划署界定了12种特别危险的化学品。这些持久性有机污染物具有毒性、难以降解、可产生生物蓄积以及往往通过空气、水和迁徙物种做跨越国际边界的迁移并沉积在远离其排放地点的地区，随后在那里的陆地和水域生态系统中蓄积起来。这类问题迅速得到了针对性的处置。各国从1998年开始就《关于持久性有机污染物的斯德哥尔摩公约》进行谈判，条约在2001年完成，并于2004年生效。截至2023年4月，有186个国家加入了该条约。类似的针对具体问题的条约，如《控制危险废物越境转移及其处置巴塞尔公约》，也以较快速度达成。

第三，在其他问题上有着反复或频繁的互动（联系）的群体将能够通过互惠和惩罚策略促使彼此进行环境治理合作。北美和欧洲的酸雨问题得到妥善解

---

① Keith Bull, Matti Johansson, and Michal Krzyzanowski, "Impacts of the Convention on Long-Range Transboundary Air Pollution on Air Quality in Europe", *Journal of Toxicology and Environmental Health*, Vol.71, No.1, 2008, pp.51-55.

决,因为相邻的国家在许多方面频繁互动(例如,加拿大和美国是彼此最大的贸易伙伴之一),并且预计在可预见的未来也会有密切的互动。因此,下风向的国家有很多机会来限制和惩罚上风向的邻国,如果后者不遵守《远距离越境空气污染公约》的条款。

第四,当公共物品与一些私人物品以某种形式捆绑在一起,从而使公共利益作为某些获得私人利益的努力的副产品提供时,环境合作治理也会得到促进。热带雨林吸收了大量的碳,从而有助于减少全球气候变化问题,它们又是许多不同物种的家园,从而提高了生物多样性。如果保护雨林能为当地人提供控制水土流失和生态旅游的机会,这些土地所有者将有动机积极采取保护措施。另一个例子是,随着20世纪80年代禁止氟利昂的压力增加,杜邦公司从中看到了一个增加利润的机会。虽然该公司是相关产品的主要生产商,但是,作为替代品的主要创新者,杜邦公司同样可从该禁令中获益,甚至占据更大优势。这就为杜邦公司提供了重要激励来参与和推动治理。

第五,当行为体的规模不同(如国家)或对公共产品的偏好强度不同时,可能会出现一个小团体,这一个或少数行为体从公共物品中获得足够的利益,以至于他们愿意承担为所有人提供该物品的成本。例如,减少臭氧消耗的好处对美国来说足够大,以至于它愿意承担单方面禁止氟利昂和领导国际社会反对使用氟利昂的初始成本。美国生产了世界上30%的氟利昂,仅从减少皮肤癌发病率的角度来看,美国所节省的费用就足以证明付出重大努力是合理的。经过最初的不情愿,美国在谈判中发挥了领导作用,产生了有效的《保护臭氧层维也纳公约》和《蒙特利尔议定书》。

相比上述那些成功例子,气候变化就属于特别难达成合作的环境治理问题,因为:它影响到全球所有国家,且不确定性不小;化石燃料仍是当今的主要能源,涉及几乎每个国家经济和社会的所有方面,使任何解决方案都变得非常复杂;迄今为止,世界上最大的温室气体生产国美国缺乏领导动力。气候变化问题的这些特点只导致了暂时性的进展,首先是《联合国气候变化框架公约》,然后是《京都议定书》,以及最新的《巴黎协定》。

三、环境问题的治理之道与制度安排

针对上述各种问题,现实中发展和采取了一系列创造性的制度设计,来解决问题,推动合作。

(一)创造产权:份额、上限及排放权交易机制

许多经济学家都认为对碳排放征税,迫使污染者为向大气中排放碳付出代

价,是解决应对气候变化中固有的集体行动难题的最有效方法。通过征税,碳燃料的价格将更充分地反映强加给社会的成本。然而,这种碳税不受排放碳的行业和消费者的欢迎,因为他们将为这些行业的产品支付更高的价格费用。现实中的努力重点是建立碳排放交易规则。在执行《京都议定书》的过程中,欧盟基本上创建了温室气体排放的产权和交易规则,自2005年以来,欧盟一直使用排放交易计划来管理碳排放。在该计划的早期阶段,企业被根据其先前的排放情况授予免费发放额度,然后企业可以购买和出售这些额度。这些额度确定了对任何特定年份可释放到大气中的温室气体数量的份额,实质上是对一定数量的污染物创建了一种产权。同时,排放额度的数量每年都会下降一些,以迫使总排放量减少。经济学家认为,碳排放权交易是最有效的分配方式。那些发现减少温室气体排放最困难的人将竞拍额度。其他人可能会发现有更便宜的替代品,如提高能源效率或投资可再生能源。除了在内部购买和出售信用额度,欧洲国家还可以从发展中国家购买排放额度,日本也建立了一个类似的系统。由于发展中国家在《京都议定书》下没有碳上限,这些减排量为清洁发展机制(Clean Development Mechanism,CDM)所记录管理。由于发展中国家的减排量被欧盟或其他地方发达国家的允许排放量的增加所抵消,清洁发展机制并没有减少全球总排放量。建立清洁发展机制的真正目标是通过为有资格获得可销售排放额度的项目提供激励,增加对发展中国家绿色能源的投资。

　　《巴黎协定》签订后,对发展中国家的激励措施出现了变化调整。根据该协议,每个国家都需作出确定的自主贡献。国家自主贡献可以通过每个国家选择的方式实现。国家可以自主设定一个温室气体上限,一个可再生能源目标,或一个需要保护的森林面积。如果选择温室气体排放上限,国家可以实施一个上限及交易系统,甚至可以将该系统与欧洲排放交易系统连接起来,以便其公司可以与其他国家买卖额度。中国正在积极发展国内的碳排放交易系统。2017年12月9日,中国正式启动了一个全国性的碳排放交易体系。在地方试验十年后,全国碳排放交易体系于2021年7月16日正式上线,成为世界上最大的碳交易市场。尽管各个国家计划中的细节不同,但所有的限额交易机制都试图创造排放的产权,创造激励机制来更好地管理环境。

　　(二)监管

　　禁止捕鲸则代表了另一种环境治理的方式——监管。像国际捕鲸委员会(International Whaling Commission,IWC)这样的组织,借助许多不捕鲸的成员国的加入,通过建立可执行的法规来解决集体行动问题。与一般的渔业资源一样,鲸在过去被过度开发。为了解决这个问题,捕鲸业在1946年自愿成立了国际捕鲸委员会。为了将年度捕捉量限制在维持可持续再生的范围内,每个国家都被 IWC 的理事会分配了年度配额。这一时期,由于理事会几乎完全由捕鲸国的代表组成,每个成员国都在积极游说将其配额设定得越高越好,结果,IWC 设定的总配额远远高于能够让鲸的数量自我再生的配额,而鲸的数量急剧下降。从20世纪60年代初开始,每年的捕获量从大约15 000头下降到了当前的不足5 000头。正是在此时,环保主义者开始从保护鲸的角度关注捕鲸问题。他们发现任何缴纳会费的国家都可以加入国际捕鲸委员会,于是为那些本来可能不属于该组织的国家支付了年费。截至2023年4月,国际捕鲸委员会有88个成员国,其中只有少数几个捕鲸国。随着成员国构成的变化,该委员会终于在1982年颁布了全面禁止商业捕鲸的禁令,并在1985年生效。事实证明,这些措施是有效的。自20世纪70年代以来,一些鲸种群已经大大恢复了。

总而言之,"公地悲剧"和集体行动问题是国际环境合作的重要障碍和挑战。对单个行为体来说合理的选择有时会造成集体的悲剧性结果。在某些条件下,集体行动比其他条件更容易解决。社会可以通过规则和条例来改变我们个人的动机,从而更好地保护当地和全球环境。

第三节　全球环境治理中的"讨价还价"

环境治理不仅涉及合作,有关环境的政治斗争往往涉及谁承担更清洁环境的成本等讨价还价问题,更重要的是它还涉及国家对于生存与发展空间的争夺。尽管大多数人可能对环境有共同的兴趣,但任何改善环境的政策都会产生收益分配问题,一些人、群体和国家将不得不放弃以前被允许的活动或做法,而赢家则将享受一个更绿色的世界带来的好处。关于成本-收益分配的博弈严重阻碍缓解环境退化的尝试。

以气候变化为例,气候变化问题持续升温意味着全球气候博弈越来越激烈。全球气候博弈的实质是各国在承认地球资源和承载能力有限的前提下力图在未来世界能源、资源分配和温室气体排放空间的分配中获得尽可能大的份额。简单地说,全球气候博弈是能源和排放空间之争,是未来世界经济发展模式之争,也是关系各国在未来国际格局中地位的博弈。气候变化问题是环境问题,更是发展问题,同时还是重大的国际政治经济分配问题。国际气候变化谈判因此被公认为冷战后最重要的多边谈判之一。

一、外部性问题与"讨价还价"

全球环境政治的讨价还价是多层次的。在这些讨价还价分析中,涉及的一个关键分析概念是外部性,即行为人的决策对该行为人以外的利益攸关者的影响。当外部性存在时,决策者并不承担自身行动的所有成本,或享受其所有的收益。外部性造成了讨价还价问题,其中一方的收益是由另一方的损失带来的。问题是谁受益,谁支付成本。这就提出了以下问题。为什么往往是那些破坏环境,或会因环境限制而蒙受损失的人赢得了政策辩论?为了回答这些问题,我们必须研究环境政治中的赢家和输家。

(一)国内赢家和输家

几乎所有的环保替代政策都会产生相对的输家和赢家。因此,各方会向政府施加压力,使政策向自己喜欢的方向改变。相关政治经济学分析通常将赞成加强监管的大多数人与少数特殊利益集团对立起来。现实中,有些行业或企业期待通过不支付外部成本(包括对他人造成的伤害,如环境污染)来提高自身利润。那些随意排放污染物的企业,避免了处理废物或以环境安全的方式处置废物的费用。这种转嫁成本甚至增加了企业的利润,降低了其成本,使其更具竞争力。因此,这些企业和行业有足够的动力反对更严格的环境监管法规。此外,尽管一些企业可能不直接破坏环境,但该行业能在较宽松的环境法规中获得更多利益。同时,国内和国外的竞争压力制约着企业改善环保效能的积极性。经济全球化进程使国内企业与外国厂商竞争,更加剧了这种压力。随着竞争的加剧,企业可能试图通过游说取消或削弱监管。这种对监管环境松紧的竞争会在环境政策方面产生压力。

与从更环保的环境中获益的大多数人相比,因更严格的环境法规而损失的行业和团体相对较少,更容易克服协调和集体行动问题,也就更有动力介入公共决策过程去影响政府政策。相反,环境清洁的好处在社会中的分配是分散的,而受益者会受到集体行动问题的制约。因为利益分散在许多个人或团体身上,很少有人有强烈的兴趣去游说他们的政府改变目前的做法。不过,由于技术更新与情势变化等原因,人们的算计方式也会发生变化。当改变的成本不高时,即使是政治上强大的行业也会屈服于对更严格的环境法规的要求。此外,一旦在国内被监管,企业可能会努力游说,要求政府推动建立国际协议,通过对外国企业推行同样更严格的监管,来使竞争环境更加公平。①

---

① Elizabeth R. DeSombre, *Domestic Sources of International Environmental Policy: Industry, Environmentalists, and U.S. Power*, Cambridge, MA: MIT Press, 2000.

（二）国际赢家和输家

讨价还价不仅存在于国家内部，也存在于国家之间。在这种情况下，环境恶化的成本不仅由向大气层排放污染物的国家承担，例如，由邻国或所有国家承担，同时环境保护的好处可能为未付出成本的他者所分享。这种情况造成了一个令人困扰的问题：谁从宽松的环境标准中获益，更重要的是，哪些国家应该为创造一个更清洁美丽的世界而付出代价。

环境问题使发达国家和发展中国家产生严重分歧。历史上，最大的污染者是欧洲和北美的发达国家。自1850年以来，近三分之二的累计碳排放量是由这些国家排放的。① 即使在今天，美国人均使用的能源和排放的污染物也远远多于其他国家。美国人口占世界人口的4.5%，却造成了世界上15%以上的碳排放。在世界范围内，平均每个人每年产生4.9吨的碳。美国人平均每年排放16.1吨。② 历史上，发达国家对环境的累积和持续影响最大。同时，发展中大国的碳排放也在迅速上升。通常情况下，国家在达到一定的发展水平之前会增加污染，然后开始增加污染控制和投资清洁技术。③ 但是，每个国家在其发展过程中选择解决污染问题的确切时间是不同的。发展中世界可以采取一些最简单的步骤来防止环境进一步恶化。由于发展中国家的工业通常使用旧的和效率较低的技术，许多能源改进可以以相对较低的成本进行，并能减少大量温室气体排放。类似地，世界上大部分的热带森林，作为我们最大的生物多样性宝库和重要的碳汇所在地，都在发展中国家。它们的存在为全球社会创造了一个积极的外部性，而对它们的破坏将创造一个消极的外部性。关注温室气体排放的人们认为，保护这些森林是一个优先事项。但在短期内，当地居民可能倾向于开发这种资源为自己赢得生计。于是，谁应该或愿意支付让这些森林不被开发的费用呢？

即使发达国家认识到由于他们过去的做法和目前积累的财富，他们对环境保护负有更重大的责任，一些发达国家仍然要求把他们的努力与发展中国家的更大贡献联系起来。讨价还价经常因此陷入政治僵局。1997年《京都议定书》之后的十年就是这样的情况。美国不愿意加入《京都议定书》，发展中国家也不愿意作出控制排放的坚定承诺。2009年的《哥本哈根协议》达成共识：所有国家，而

---

① Mengpin Ge, Johannes Friedrich, and Thomas Damassa, "6 Graphs Explain the World's Top 10 Emitters" (November 25, 2014), World Resources Institute, https://wri.org/blog/2014/11/6-graphs-explain-world%E2%80%99s-top-10-emitters, retrieved by April 13, 2023.
② PBL Netherlands Environmental Assessment Agency, "Trends in Global CO2 Emissions: 2016 Report", 2016, http://edgar.jrc.ec.europa.eu/news_docs/jrc-2016-trends-in-global-co2-emissions-2016-report-103425.pdf.
③ Gene N. Grossman and Alan B. Krueger, "Economic Growth and the Environment", *Quarterly Journal of Economics*, Vol. 110, No. 2, 1995, pp. 353-377.

不仅仅是发达国家,都要作出具体承诺,以缓解气候变化。2011年,联合国气候变化大会在南非德班举行,欧盟与最不发达国家和小岛屿国联手,在推动美国和发展中大国承诺做更多事情方面找到了共同利益。然后是2015年的巴黎会议的国家自主贡献方案。即使根据该协议提交的国家计划本身并不包含发展中国家对碳排放的大幅削减,但所有国家共同承担减排责任的原则现在已经牢固确立。

二、环境治理难题的国际体系根源[①]

首先,归根到底,全球环境治理难题是国际政治问题,其根源是国际体系的无政府状态和不平等性。国际政治无政府状态导致国际体系是自助的体系,自助的体系又导致国际社会在利益上的竞争性。与无政府状态相伴的不安全感导致落后国家普遍实施赶超战略,追求超常发展。超常发展强化经济发展优先意识,加剧发展失调,对环境造成破坏。一方面,超常发展常常导致国家忽视自身客观条件,包括资源和生态条件,盲目蛮干、追求短期效益,导致发展失调,最后对环境造成严重破坏。另一方面,超常发展往往使国家将经济发展置于优先地位,即使明知其环境后果,但为了尽快赶超他国,也会暂时牺牲环境。

其次,国际体系的不平等也决定了国际环境合作的有限性。应对全球环境挑战,需要进行深入的国际环境合作。国际环境合作的实质就是要对全球自然资源和环境容量进行重新分配,是对未来发展权益和空间的谈判,而这必然会触动发达国家的政治经济优势地位。因此,发达国家迟迟不愿与发展中国家进行深入的国际环境合作。在不平等的国际体系下,这就意味着将触动发达国家在现有国际体系中的优势地位。而国际政治的现实是,发达国家不会因为保护环境而放弃其在世界的主导地位,发展中国家也不会因为保护环境而放弃发展,甘愿"久居人下"。当时任美国总统的特朗普宣布打算让美国退出《巴黎协定》时,他辩称希望保护美国的经济和就业,并认为其他国家应承担更多应对气候变化的成本。发达国家迟迟不愿意采取实质性的合作和援助措施,这使国际环境合作举步维艰,困难重重。

最后,国际环境保护面对的挑战还在于它是针对未来的讨价还价。此处的悖论是,人们越是关心未来,越是关心未来的环境,相关问题就越是利益攸关,关系重大,这种政治博弈就越激烈。对于环境保护的倡导者来说,对未来环境的重

[①] 本节内容主要参考张海滨:《环境与国际关系:全球环境问题的理性思考》,上海人民出版社2008年版。

视促使他们进入政治舞台来改变政策。所以他们今天愿意付出更大的努力来推动保护环境的政策。对于那些因收紧环境法规而遭受损失的人来说，对未来的更高估价也可能会动员他们进入政治舞台，试图保护他们现在享有的有利政策。人们对未来的重视程度越高，环境对赢家就越重要，而对输家来说，遵守法规的成本也就越大。与对未来讨价还价的问题相关的更大挑战是如何在当前决策中代表后代利益。我们要为子孙后代留下一个美丽的地球家园，这是世界各国应该共同承担的责任。

三、国际制度与环境合作

人们对国际制度促进国际环境安全合作抱有期待。在国家内部，政府在环境治理方面发挥着重要作用。政府管制不是一个完美的解决方案，未能制定足够恰当有效的环境保护措施，但是政府权威性地分配资源的能力有助于缓解集体行动的问题，否则会使环境合作更加困难。国家法律和政策是实施国际环境合作的主要手段。即使国家通过谈判建立了国际制度，它们的大部分规定也是通过国家立法和政策权威性地执行的。例如，《濒危野生动植物种国际贸易公约》是最早也是最成功的环境保护条约之一，其成员国在国际层面上作出决定，各国政府必须通过海关等机构执行对濒危物种的贸易限制。跨国的环境问题和解决方案仍然需要强大、有效的国家治理体系与治理能力来将愿望转化为实践。

在国际体系中，没有更高的权威可以迫使国家进行合作。在全球环境问题上，各国仅限于通过国家层面的法律来实施自愿合作。相对于由权威机构管理的外部性，主权国家之间的国际合作总是更加困难和脆弱。国家之间相互试图"搭便车"，过度开发其共享资源。制度不是万能的。在缺乏环境合作的利益和国家间有效交易的情况下，国际制度本身不能创造成功。不过，国际制度确实可以通过提供信息、制定标准和核查遵守情况，促进致力于环境治理的国家间的合作。

（一）设定目标和提供信息

大多数环境条约，包括最成功的条约，都是以软法的形式构建的。虽然硬法看起来很有吸引力，正因为它包含了对不遵守行为的惩罚，但往往很难让各国同意接受它。实际上，即使各国同意合作，他们往往选择作出比软法更有限的灵活性承诺。软法通常可以是期望性的——设定目标，如将全球变暖控制在2℃以内。像《濒危野生动植物种国际贸易公约》这样的有效条约，其重要区别不在于执行本身，而在于其承诺的明确性。它有详细的附录，对数千种特定物种的贸易作出了明确的限制。这类期待性和抱负性规定的优点是,它鼓励各国达成长期、困难的解决方案,并允许他们在面对新情况时接受并调整其方法和目标。由于大多数环境协议都是基于对问题的科学判断,随着科学的发展,需要不断地更新政策。国际环境协议经常被有意设计成一个动态和灵活的过程。

国际组织为起草公约的决定和协议的内容提供信息。联合国环境规划署和世界气象组织于1988年成立了政府间气候变化专门委员会(Intergovernmental Panel on Climate Change,IPCC),将世界各地的科学家聚集在一起,分析和评估关于气候科学的知识。1990年发表的IPCC的第一份评估报告,直接促成了1992年的《联合国气候变化框架公约》。1995年的第二次评估报告则为《京都议定书》奠定了基础。IPCC每次评估都有成千上万科学家的参与,对谈判周期作出了贡献。如果没有坚实的科学数据,包括来自社会科学的数据,就很难知道如何认识和适应气候变化。同样,各国需要一个充分知情的审议过程来考虑如何应对不断变化的条件。《巴黎协定》延续了这一做法,采用了五年期审查程序,期待通过要求每五年进行一次科学审查和评估,鼓励各国通过反复的互动,承担更宏伟的目标。①

(二)设定标准和核查遵约

除了设定目标并提供信息外,国际环境机构还可以通过建立行为标准来支持合作。尽管每个问题领域和协议都有其独特的特点和历史,但各国往往通过谈判达成框架公约,确立所有国家都能同意的一般原则。例如,《生物多样性公约》指出,多样性是所有国家都有义务保护的"人类共同关心的问题"。该文件包括开发和使用遗传资源的附加原则。旨在减少碳排放的《联合国气候变化框架公约》也有类似的结构。在建立这样的框架后,各国在一些问题领域开始谈判更严格的环境保障措施,规定具体排放限制,禁止某些做法,或以其他方式界定不可接受的行为。《生物多样性公约》有两个更具体的议定书,即《卡塔赫纳生物安全议定书》(关于生物安全)和《名古屋议定书》(关于遗传资源),而《联合国气候变化框架公约》首先推进了1997年的《京都议定书》,然后是2015年的《巴黎协定》。

环境制度的有效性可能取决于核查遵守情况的难易程度。出于这一原因,完全禁止比限制排放更容易核实;这一事实有助于说明《保护臭氧层维也纳公约》和随后的修正案在禁止氟利昂方面的成功。对于氟利昂,执法工作可以集中追踪任何产品的销售,禁止使用的明确规定使打击变得简单。相比之下,对碳排

---

① Joeri Rogelj, Michel den Elzen, Niklas Höhne, Taryn Fransen, et al., "Paris Agreement Climate Proposals Need a Boost to Keep Warming Well below 2 ℃", *Nature*, Vol.534, No.7609, 2016, pp. 631-639.

放的限制更难执行,因为要面对不可胜数的独立行为体。大气中存在一些碳的证据并不是作弊的证据。要证明一个国家没有履行其对全球变暖的承诺,需要对排放量进行长期的持续监测——这是一项更为艰巨的任务。

除了政府官方监测和报告外,跨国环境倡议网络在核查国际环境协议的遵守情况方面发挥了重要作用。大多数环境协议都依赖于排放的自我报告。由致力于环保的活动家组成的密集网络减轻了政府监督彼此表现的任务,从而促进了合作。1982年国际捕鲸委员会全面禁止商业捕鲸之后,各成员国每年都会向IWC报告其科学捕鲸活动,由于非政府组织的这些努力,相对准确地独立核实这些自我报告是可能的。日本继续以科学研究的名义捕鲸。科学捕鲸的有限范围使绿色和平等非政府组织能够追踪捕鲸船队,观察他们的行动,经常拍摄捕杀过程,并对捕获的每一头鲸进行编目,有时还试图扰乱捕鲸行为。

（三）为决策提供便利

有效的环境协议往往还提供了一个分析讨论的场所和一个达成决定并执行的基础平台,并给非政府组织提供了参与的渠道。几乎所有的主要环境协议,包括《生物多样性公约》和《联合国气候变化框架公约》等,其核心决策结构都是在多数情况下每年召开一次的缔约方会议,但必要时会更频繁。这些公约下的规则变化、新议定书和其他决定只能在缔约方大会上进行。在《巴黎协定》之前,《联合国气候变化框架公约》每年举行四到五次初步缔约方会议。此外,像《生物多样性公约》这样的复杂协议有许多较小的小组和附属机构,处理政策和技术问题,并将其建议提交给缔约方会议。如果没有一个周期性的论坛和不断进行的谈判,各国不太可能取得诸如《巴黎协定》这样里程碑式的突破。

（四）解决争端

任何协议的一个关键方面是提供处理冲突的机制。环境等全球公共问题治理需要各国走到一起,寻找共同点。通过预期反复的互动,各国可以提出关切并寻求解决。国际环境协议通常缺乏正式的争端解决机制。相反,大多数条约依赖于各国自己的诚意,在多边环境中解决分歧。《蒙特利尔议定书》是规定如何对不遵约行为进行惩罚的全球环境协议,但这一机制的重点仍然是促进而不是强制遵守。从根本上说,任何环境条约都取决于参与者的同意。没有一个超国家的政府可以对那些选择不参与的人强制执行决定。像《蒙特利尔议定书》这样的条约之所以能成功,是因为最积极的成员国能够向不情愿的成员国提供足够的压力("大棒")和劝诱("胡萝卜")。《巴黎协定》更多依靠的是对所有国家的社会规范性压力,而不是争端解决机制。这种方法效果如何,还有待观察。

作为全球生态文明建设的参与者、贡献者、引领者,中国坚定践行多边主义,努力推动构建公平合理、合作共赢的全球环境治理体系,积极推动国际社会共同构建人与自然生命共同体。对于全球环境治理,中国的基本主张是:坚持多边主义,坚持以国际法为基础、以公平正义为要旨、以有效行动为导向,维护以联合国为核心的国际体系,遵循《联合国气候变化框架公约》及其《巴黎协定》的目标和原则,努力落实2030年可持续发展议程;强化自身行动,深化伙伴关系,提升合作水平,在实现全球碳中和新征程中互学互鉴、互利共赢。要携手合作,不要相互指责;要持之以恒,不要朝令夕改;要重信守诺,不要言而无信。坚持共同但有区别的责任原则。共同但有区别的责任原则是全球气候治理的基石。发展中国家面临发展经济、应对气候变化等多重挑战。要充分肯定发展中国家应对气候变化所作贡献,照顾其特殊困难和关切。发达国家应该展现更大雄心和行动,同时切实帮助发展中国家提高应对气候变化的能力和韧性,为发展中国家提供资金、技术、能力建设等方面支持,避免设置绿色贸易壁垒,帮助他们加速绿色低碳转型。

作为最大的发展中国家,中国采取切实行动应对气候变化,更加积极、建设性地参与全球气候治理,已成为不可或缺的重要参与方。中国力争2030年前实现碳达峰、2060年前实现碳中和。这是中国领导人基于推动构建人类命运共同体的责任担当和实现可持续发展的内在要求作出的重大战略决策。中国承诺实现从碳达峰到碳中和的时间,远远短于发达国家所用时间,需要中方付出艰苦努力。中国秉持"授人以渔"理念,通过多种形式的南南务实合作,尽己所能帮助发展中国家提高应对气候变化能力。中国还将生态文明领域合作作为共建"一带一路"重点内容,发起了一系列绿色行动倡议。

小　结

环境安全背后是公共品、外部性和集体行动问题。尽管每个人和每个国家都对一个清洁美丽的世界有兴趣,但他们也更愿意搭别人的"便车",为自己节省减排成本,同时从别人的减排等中获益。即使"搭便车"可以被克服,行业和国家之间仍然会就谁应该承担政策变化的成本进行艰难的讨价还价。集体行动问题因替代性政策解决方案的分配后果而变得更加复杂。每个政策都会产生赢家和输家。个人、团体和国家在谁承担减少有害环境行为的成本方面存在利益冲突,富国通常要求普遍削减,而穷国则往往认为他们应该在收入增加之前基本不受昂贵的限制。

如何分配成本会影响到行为体在环境相关问题上成功合作的可能性。最后,国际制度在促进和规范臭氧消耗和全球气候变化的合作方面发挥了作用。1970年以来,国际环境法律与机制形成了一个复杂的网络,来管理全球公共资源。它已经形成了自己的模式,包括依赖科学机构为谈判者提供信息,以及需要灵活和适当的协议。国际制度促进了环境合作,主要是通过加强信息分享和核查遵守情况。标准越清晰,越容易核实,各国就越有可能成功合作。跨国倡议网络和非政府组织在监督环境协议的遵守方面发挥着重要作用。

人们越来越体验到环境恶化与气候变化的威胁和危险,并看到更清洁的能源和更有效的环境保护的好处,我们在未来将继续面临许多环境挑战,包括物种损失和大气污染的影响,但过去经验会给我们带来希望。中国是全球生态文明建设的参与者、贡献者、引领者,正努力推动构建公平合理、合作共赢的全球环境治理体系,积极推动构建人与自然生命共同体。

思考讨论题

1. 全球环境安全问题的出现与国际环境合作治理经历了怎样的发展历程?又如何影响着世界政治的发展?
2. 立足总体国家安全观,气候变化对中国国家安全有何影响?
3. 从国际政治的视角,全球环境治理存在哪些障碍?有哪些克服和缓解困难的办法?
4. 国际制度能够在环境治理合作中发挥怎样的作用?国际制度在何种情况下更能发挥作用?
5. 中国应如何在气候、环境和生物多样性等领域作出贡献,推动构建人类命运共同体?

扩展阅读

Ken Conca and Geoffrey D. Dabelko, eds., *Green Planet Blues: Critical Perspectives on Global Environmental Politics*, 5th Edition, Westview Press, 2014. 有关全球环境政治的经典教材。

张海滨:《气候变化与中国国家安全》,时事出版社2010年版。对环境与中国国家安全关系进行了经典分析。

薄燕、高翔:《中国与全球气候治理机制的变迁》,上海人民出版社2017年版。对中国与全球气候治理关系演变作了经典分析。

于宏源:《环境变化和权势转移:制度、博弈和应对》,上海人民出版社2011年版。系统分析了国际环境制度、环境政治博弈与中国环境外交。

第十二章

全球卫生安全

本章导学

人口增长与结构变化、都市化进程、生活方式改变、贸易与旅游繁荣、规模农业与养殖业发展、生态系统退化、气候变化和新型传染病密集出现等,这一切既使得每一个人的健康与他人或他国公众的健康密不可分,也使任何一个国家都无法无视或独自应对无视任何国境线的公共卫生威胁。于是,全球公共卫生自然成为国际安全和全球治理的重大议题。本章讨论全球卫生安全问题:首先梳理全球公共卫生问题的典型表现,特别是聚焦跨国传染性疾病的安全化,反思存在的不足缺陷,以及随之而来的争议;其次讨论全球卫生治理的性质、机制和障碍;最后结合新冠肺炎疫情的早期反应,探讨国际关系知识就这一问题的分析价值。

本章学习目标

1. 了解全球卫生安全问题的现状,增强对诸如抗菌素耐药性等问题的重视,能自主了解其现状并跟踪其趋势;
2. 评价全球公共卫生问题安全化的现有发展及其缺陷不足,针对相关争议,形成并论证自己的观点;
3. 了解全球卫生治理的性质和发展现状,思考其障碍与限制所在;
4. 对国际社会对新冠肺炎疫情的早期应对形成自己的评价,尝试提出并论证自己的分析。

第一节　全球卫生安全问题

全球化产生了过往人类历史任何阶段都无法比拟的巨大流动性,生物个体的高度流动也带来了公共卫生威胁和挑战的全球性。全球卫生安全的宗旨是捍卫人类健康,重点是消除、防范和应对各种能够跨境传播、严重危害公众健康或具有潜在灾难性毁伤力的公共卫生安全威胁。这些威胁主要是传染病、抗菌素耐药性、空气污染和核生化事件。虽然全球卫生安全的立足点依旧是主权国家的卫生安全,主要是国家治理的范围,但后冷战时期,可持续发展的需求越来越把"人的安全"置于核心地位,就相关问题开展国际合作的呼声也日益强烈。

一、公共卫生问题的全球化

健康与安全显然是相关的。全球化带来的人员和货物流动的增加、一系列传染病的出现或重新出现、规模巨大的移民和难民潮、噩梦般的生物恐怖威胁、对现代药物日益增长的抗药性,越来越多的公共卫生和安全问题不像过去那样容易受到国家解决方案的影响。全球公共卫生安全越来越受到重视,并在近年新冠肺炎疫情的冲击下达到了一个前所未有的水平。

一般认为,存在四种可能影响人类命运的全球卫生安全威胁,分别是传染性疾病、抗菌素耐药性、空气污染和核生化事件。它们具有这样一些共同特点:跨域性强,可影响广阔地区内庞大公众群体的健康;冲击力强,极易引发大范围社会恐慌,扰乱甚至瘫痪正常的经济与社会秩序;隐蔽性强,往往看不见、摸不着;不确定性强,新变化几乎总是领先于科学的进展;防范、侦测和应对困难,必须依赖现代化国家治理体系、科技实力,以及国际社会所有行动方的通力合作才能有效应对。[①]

> **抗菌素耐药性**
>
> 按照世界卫生组织定义,当细菌、病毒、真菌和寄生虫等微生物发生改变,使用于治疗它们所引起感染的药物(包括抗生素)变得无效,就出现了抗菌素耐药性(antimicrobial resistance,AMR)。细菌繁殖和进化的速度比人类

---

① 徐彤武:《当代全球卫生安全与中国的对策》,《国际政治研究》2017年第3期,第15—20页。

快百万倍,且能通过基因突变适应新环境。所以,任何抗微生物新药问世后都难以避免耐药性。目前,治疗艾滋病、结核病和疟疾这三大传染病的药物(包括中国科学家发现的青蒿素)都遭遇到病菌越来越顽强的抵抗。

愈演愈烈的抗菌素耐药性问题迫使国际社会开始行动。2016年9月21日,继二十国集团领导人杭州峰会作出承诺后,联合国大会召开抗菌素耐药议题高级别会议并通过政治决议,这是联合国历史上第四次健康议题专门会议。2017年3月16日,联合国宣布成立应对抗菌素耐药国际协调小组,以切实推进相关工作。

中国是世界头号抗菌素(尤其是抗生素)生产和消费国,也是误用和滥用抗菌素人数最多的国家。由于新型抗菌药物研发能力不足,抗菌素销售管制不严,医疗和农林水产养殖业长期滥用抗菌素,制药企业废弃物排放不达标,以及公众合理用药意识不强等多种因素耐药病菌导致的医疗和健康难题屡见不鲜。2016年8月5日,中国政府发布《遏制细菌耐药国家行动计划(2016—2020年)》,世界卫生组织称之为人类应对抗菌素耐药性努力的"转折点",因为"没有中国发挥领军作用,全球抗菌素耐药问题的战争将很难打赢"。抗生素耐药性是一个值得后续高度关注的问题,但目前国际关系学界的注意程度相对不足。

对全球卫生安全的认识,涉及对一系列相关问题的思考和讨论,例如:哪些卫生与健康议题与"人的安全"关联度最高?什么是全球卫生安全的主要威胁?这些威胁与主权国家安全有何联系?这些影响将在多大程度上改变世人的安全观?事实上,对全球卫生安全的讨论一直存在两个互相联系的视角:保护视角和防备视角。"保护视角"把全球卫生安全理解为国际公共卫生的一种普遍受控的状态,即保护公众健康不受威胁或损害。它并不意味着解决所有公共卫生问题,而是只涉及那些紧迫威胁人类健康或具有灾难性损害力的议题,如大规模传染病疫情。如此便不难理解,为什么世界一半人口将患近视症的前景和烟草消费每年害死700多万人等重大公共卫生问题通常不被视作对全球卫生安全的威胁。"防备视角"把全球卫生安全理解为针对严重公共卫生安全威胁所必须采取的防范、准备与应急行动,而不再仅仅局限于单纯的反应和控制。代表性的是世界卫生组织2007年度世界卫生报告。这份报告认为,各国应当做好一切准备,最大限度地降低公众群体健康(collective health of populations)在面临严重(acute)卫生安全威胁时所表现出来的脆弱性,而这里所说的公众样体可以是任何跨越地理区域界限或国境的人群。①

总之,全球卫生安全具有三个层面内涵:居民个体的生命与健康、主权国家的卫生安全,以及世界范围的公共卫生安全。它的宗旨是保障基本人权,目标是捍卫全人类健康,焦点是公共卫生,出发点或立脚点是国家卫生安全。任何国家,若无法保障本国公民的卫生安全,就谈不上与其他行动方一起争取和维护全球卫生安全。同时,在各国相互依存的世界上,面对公共卫生的威胁或挑战,谁都做不到独善其身。通力合作是维护各国乃至全球卫生安全的必然要求。

二、传染性疾病的安全化

在全球公共卫生问题中引起最多最集中关注的就是各种跨国传染性疾病。人类文明史也是一部与瘟疫和病毒不断斗争的历史。历史上,中世纪欧洲的黑死病等都曾极大地影响当时的国际政治经济格局,乃至整个世界历史的走向。新的传染病和现有疾病的新形式一直在加速出现。这可能是城市化进程加快以及货物和人员流动速度加快的副产品,也可能是微生物世界正在发生的变化而与上述社会力量无关。此外,现代生物学正在直接和不经意地导致实验室中新病原体的产生。问题来源表现出严重的不确定性和复杂性,给卫生治理带来巨大挑战。

传染病作为公共卫生问题为何会成为重要国际安全议题? 这大致有三个原因。第一,这些疾病的传播可能对国家要保护的人民的健康和福祉构成直接威胁。由于这类疾病传播无孔不入,即便是通常较为安全富足的西方发达国家也不能幸免。第二,疾病大流行可能导致社会混乱,并威胁到国家的有效运作:如果大量的人员死亡或不愿/不能去工作,经济和公共服务就会受到威胁;如果当局无法应对,暴力和混乱就会出现;如果国家不能提供基本的防疫保护,人们对国家的信心就会下降;由于富人或特权阶层可以获得更好的药物或医疗服务,社会不平等现象更加凸显,可能导致公共秩序混乱。因此,国家的稳定性可能会受到威胁,弱国可能会陷入崩溃,正如人们在西非爆发埃博拉病毒时担心的那样。第三,大规模的流行病也可能导致经济衰退:迫使政府增加卫生支出占 GDP 的比例;由于工人缺勤和技术人才的流失而降低生产力;由于缺乏商业信心而减少投资;等等。重大流行病对宏观经济影响可能非常大,有可能使相对较弱的穷人和已经贫穷的人更加贫穷,从而影响国家为个人提供安全和福祉的能力。对有关国家

---

① 世界卫生组织:《构建安全未来:21 世纪全球公共卫生安全》(2007 年),联合国网站,https://apps.who.int/iris/bitstream/handle/10665/69698/WHR07_overview_chi.pdf,访问时间:2022 年 2 月 25 日。

来说，其成本可能非常大，但在全球化经济中，其影响也可能会波及全世界。

一个典型的例子是艾滋病。艾滋病的流行不仅导致了广泛的人道主义关切，而且已被联合国安理会明确界定为一个国际安全问题。这一疾病对经济和治理的影响被普遍认为是对国家稳定的重大风险。艾滋病在一些地方造成了特别严重的社会经济问题，例如社会因艾滋病毒/艾滋病而变得两极分化，对政治进程产生不满，或者由于对援助的依赖而导致民主发展的潜在风险。艾滋病毒感染和艾滋病的耻辱还可能导致在工作中和/或在社会上受排斥，在感染者和病人中造成疏远和怨恨。这些人可能会变得容易发生暴力犯罪或追随暴力领袖。第二个关注点是包括军队在内的安全部队中艾滋病毒的高感染率。第三个引起国际关注的热点则是艾滋病对维和行动的影响。由于世界上的许多冲突都发生在艾滋病毒高发地区，维和人员可能会面临更多感染艾滋病毒的风险。他们也可能成为疾病传播的媒介。

类似于艾滋病，2003年的"非典"疫情、2012年的中东呼吸综合征、2013—2015年的西非埃博拉疫情、2015—2016年的巴西寨卡疫情和2016—2017年的黄热病等引发了人们对全球性公共卫生问题的更多关注。在20世纪90年代，世界卫生组织发起了"全球卫生安全"倡议。1998年，美国克林顿总统在国家安全委员会中增加了一名国际卫生事务特别顾问。此外，美国总统办公室设有全球卫生安全和生物威胁高级主任以及全球卫生和国际发展主任。2014年9月，奥巴马总统指出西非激增的埃博拉疫情"对我们所有人都有深刻的政治、经济和安全影响，不仅仅是对地区安全的威胁……它是对全球安全的潜在威胁"。①2014年，联合国安理会宣布埃博拉疫情"对国际和平与安全构成威胁"，并成立了联合国埃博拉应急特派团，这是有史以来第一个联合国卫生特派团。

三、全球卫生问题安全化的不足与争议

不过，上述这些努力和相关工作大都植根于一个狭隘的、有争议的健康与安全关系的概念，即集中于处理那些可能威胁到发达国家的病原体，并将发展中世界设定为问题来源。批评者认为，这种安全化是不恰当的，偏离了解决全球卫生健康问题的初衷。将全球卫生主要作为一个安全问题来对待，实际上进一步鼓励了国家特别是发达国家的自利及自我中心性质的反应，并加剧了卫生方面的差异与不平等，阻碍对疾病的积极迅速应对，反过来可能促进疾病的暴发和传

---

① Jeff Mason and James Harding Ciahyue, "Citing Security Threat, Obama expands U. S. role fighting Ebola" (September 16, 2014), Reuters, https://www.reuters.com/article/us-health-ebola-obama-idUSKBN0HB08S20140916, retrieved by Feburary 25, 2022.

播。很明显,跨国传染病被安全化了,既不全面,也不均衡。不应该是只有那些有可能威胁到西方世界的疾病才被定义为安全威胁。这些问题都在新冠肺炎疫情中进一步暴露。

将公共卫生问题安全化是吸引更多资源和意识的有效策略,但结果是发达国家只有在国家领导人认为某种疾病威胁到本国安全时,才会通过世界卫生组织提供大量的双边卫生援助和资金。这进一步强化了普遍的趋势和偏见:发达国家合作遏制来自发展中国家的疾病,一旦这些国家确保了自己的人员与贸易路线安全,那么参与和贡献兴趣就会减弱。同时,这种安全化也增强了对他国的警戒心态,而不是全球合作。结果,世界卫生组织因多年的预算削减和发达国家的支持减少而被削弱。在西方国家将埃博拉疫情定为安全威胁之前,世界卫生组织就未能对2013年西非的埃博拉疫情作出快速反应。

这种狭隘的安全化带来了一系列值得反思与批判的问题。第一个问题是:什么在控制议程?目前,显然是自身安全,而人道主义和全球福祉则是次要或边缘的。目前的辩论是由那些被视为威胁国家利益、区域稳定或国际安全的健康风险所主导的,并不一定旨在促进一个更为普遍健康的世界。因此,不少每年造成数百万人死亡的疾病——包括结核病、疟疾和腹泻病——不被视为全球公共卫生风险,而生物恐怖主义等则一度占据议程主导地位。此外,以往的全球卫生安全化主要是一个由西方主导的议程,所讨论的是国际卫生问题如何威胁到西方世界的安全利益。这当然不是说西方的政策完全没有人道主义层面的考虑,而是说在将健康和卫生问题安全化的过程中,西方的国家安全利益被优先化为中心,结果关注的范围、政策的影响往往是有限的。

第二个问题是被视为国家安全议程一部分的健康问题的范围相对狭窄。一些传染病,如结核病和疟疾,以及非传染性疾病,如与烟草有关的疾病和心血管疾病,通常都不被认为是议程的一部分,尽管它们每年造成数百万人死亡,并可能通过国际协调行动得到缓解,但却不被重视。第三个问题是指涉对象的问题:谁的健康受到威胁,谁的安全受到威胁?这种安全化是通过国家安全中介的,并没有接受人类安全或健康安全的概念,尽管健康对个人来说是必须的,但国家安全的观点将参照物放在国家层面。烟草泛滥就不被视为全球健康安全问题,同时尽管生物恐怖主义造成的死亡更多是猜测性的威胁,而不是真实的危险,但对国家的破坏风险是如此之大,以至于它显然在议程上显得突出而根深蒂固。后面的两个问题很大程度都源于第一个问题。

当然,对各种突发事件的反应缓慢、不充分和不协调,也从反面证实了对传染性疾病采取安全化方法的必要性。这一过程即便存在诸多缺憾和偏差,毕竟帮助产生了一波对全球健康的兴趣,并帮助创建了一个充满活力的、跨学科的、以政策为导向的领域,为一系列新问题带来了宝贵的组织架构、政策工具和专业知识,出现了形成某种跨国性共同体的端倪。这一领域得益于对医学、政治、人权、经济、发展和安全的研究,提高了相关问题在国际关系研究中的地位。对于公共卫生方来说,将卫生安全化提高了相关议题政治地位,从而有可能将更多的资源用于紧急的卫生需求。

总之,全球卫生安全绝非孤立议题,而是一个融合政治、经济、军事、外交、生态、流行病学乃至宗教、文化的综合性领域,是"人的安全"的一部分。国际体系秩序失范,脆弱国家持续存在,财富分配不公加剧,贸易与不安全的食品和药品以及人类行为导致的地球环境退化都是其重要成因。将卫生健康和国家安全联系起来的努力往往优先考虑对可能威胁到发达国家的病原体的防御,而忽视有望改善紧迫的健康问题的全球合作。追踪传染病对国家安全影响的早期努力产生了积极的结果,包括成功地吸引了对卫生问题的关注和资源,也刺激了一波将卫生作为全球治理问题的学术兴趣。

第二节 全球卫生治理

全球卫生治理关系到怎样看待当今的发展赤字、治理赤字,确定国际公共产品的范围。卫生与健康议题的"安全化"(securitization)对人权、法治和全球治理,对国际政治研究和政府决策都有着重要影响。

一、公共卫生安全的全球公共品属性

全球卫生某种意义上是一个类似于全球环境政治的全球公共领域。公共卫生危机不再单单是一个医学问题。对全球性公共卫生安全问题的性质进行分析能够更好地分析其症结所在,从而促进更加有效的全球卫生治理。公共卫生安全有以下三个方面的特征。[1]

(一)公共卫生危机在全球范围内的负外部性

在一个边界开放、跨边界活动频繁的全球化世界里,一地或者一国的公共卫生危机,尤其是大规模传染病的暴发,无论发生在哪个地方,都可能会对周围国家乃至全世界造成影响。国家边境的传统防御及边境管控工事不能防范疾病或传病媒介的侵入。在当今世界各国相互依存的状态下,区分国内健康问题和国

---

[1] 晋继勇:《公共卫生安全:一种全球公共产品的框架分析》,《医学与社会》2008年第9期,第7—8页。

际健康问题正在失去其意义,并且常常会产生误导。

一般情况下,公共卫生安全本来是国家向本国国民提供的公共产品,然而由于一些国家的贫困以及治理不善等问题,投入不足,应对不力,就很容易导致传染病的肆虐等问题,给其他国家和国际社会带来严重影响,呈现出公共卫生危机的负外部性。首先,一国之内的公共卫生危机如果管理不善,将会蔓延成地区性的甚至全球性的公共卫生危机。在跨国传染病大流行的情况下:任何一个国家的公共卫生安全短板都会导致外部风险的大量涌入,形成安全风险洼地,并进而形成次生风险;任何一个国家的相关风险积累到一定程度又会外溢成为区域性甚至全球性的安全问题。其次,国内的公共卫生危机可导致各种跨国流动与交往的紊乱乃至阻断,造成全球性的经济及社会损失。国内的公共卫生危机不但给本国造成经济损失,而且对全球经济也会产生影响。最后,国内的公共卫生危机还可能带来一系列的混乱,制造各种社会矛盾和对立,危及全球安全。

各种事实已经一再证明传染病暴发与大流行对国家、区域和全球安全是一种威胁。例如在一些非洲国家,传染病问题带来了国家治理失败现象,成为滋生恐怖主义的温床,从而助长了国际生物恐怖主义。由于传染病暴发而导致的难民问题也成为地区的不稳定因素。这些公共卫生危机也不利于联合国维和行动。最典型的是大部分维和部队部署的地区都是艾滋病高发区,维和人员面临感染艾滋病的风险,并可能导致维和人员成为艾滋病的载体,将疾病传播到其他地区。如果大量维和人员感染艾滋病,那么维和部队的战斗力和有效性大打折扣,从而不利于全球安全。

(二)公共卫生安全的非排他性

全球公共卫生安全是一种全球范围内的集体性福利。一旦实现了全球公共卫生安全,比如消灭或者控制了某种传染性疾病的流行,或者某个国家单方面付出努力,取得某些成果,世界各国都会享有收益,无论某个国家是否为之付出努力。即那些在实现跨国和全球公共卫生安全行动中没有作出任何贡献的国家也能享受到一定的好处。例如,2001年设立的"全球抗艾滋病、结核和疟疾基金"(Global Fund to Fight Aids, Tuberculosis and Malaria)促进了全球公共卫生安全,它的受益范围具有全球维度,没有把任何国家排除在外。

(三)公共卫生安全的非竞争性

仅就其本身而言,一国对公共卫生安全的享有并不会减损其他国家享有公共卫生安全。相反,一国的公共卫生安全会促进地区乃至全球公共卫生安全。例如,如果某个国家根除了天花和小儿麻痹症,实现了在这一维度的公共卫生安全,会促进而非减损其他国家的公共卫生安全。各国合作,特别是冷战时期美苏通过各自努力根除天花等案例说明,在公共卫生安全领域,国家之间的关系是互利而非冲突的。

公共卫生危机在全球范围内的负外部性以及公共卫生安全的非排外性和非竞争性说明,全球公共卫生安全带有较强的公共产品性质。全球公共卫生问题的解决取决于全球公共卫生产品的供应情况。进而,公共卫生危机能否得到有效治理,既取决于各国的认知和应对,更要求全球合作。从理论上讲,公共卫生安全所具有的全球公共产品性质使得世界各国把自利(self-interest)内嵌于全球公共卫生产品的提供过程之中。然而,也正是出于这种"自利"的动机,发达国家很容易把发展中国家存在的一些暂时"事不关己"的公共卫生问题"高高挂起",或在自己也面临相关挑战时以自身利益为优先,漠视其他国家及国际社会的整体利益。在当前世界范围内公共卫生技术水平和能力建设体系两极分化的现实下,大国往往以传统的国家安全战略思维方式决定是否参加国际合作或者援助他国。最终是否面临疫情全球传播后的本土传播风险决定了发达国家的治理方式。发展中国家生存环境差、防控能力弱、话语权不强,是全球公共卫生链条上的薄弱环节。进入 21 世纪以来,疫情大规模暴发的地区往往是卫生设施状况堪忧的亚非拉地区。当像新冠肺炎疫情大流行这样的事态前所未有地冲击到发达国家自身时,全球公共卫生治理更加陷入混乱,而发展中世界存在的各种短板,则使得疫情的后续发展面临极大的不确定性。

二、全球公共卫生安全机制

全球卫生治理涉及的治理主体和治理方式众多,经过长时间的法规演变和组织协调,形成了目前的基本框架。按参与全球卫生治理主体的重要性和活跃性划分,当前的治理主体包括:由世界卫生组织、世界银行、七国集团、二十国集团、金砖国家组织、盖茨基金会、全球疫苗免疫同盟(Gavi, the Vaccine)等一些具有既定卫生外交战略、影响力较大的双边措施的卫生强国集团及机构所组成的核心圈;第二层由国际货币基金组织、联合国艾滋病规划署(The Joint United Nations Programme on HIV/AIDS, UNAIDS)、国际劳工组织(International Labour Organization, ILO)等其他联合国组织以及一些工业化国家和其他发展中国家组成;最外层由大多数非政府组织、跨国公司、研究机构、社区和个人组成。[①] 其

---

① Richard Dodgson, Kelley Lee, Nick Drager, "Global Health Governance, A Conceptual Review", in John J. Kirton ed., *Global Health*, London: Routledge, 2009, pp. 436-444; Eduardo Missoni, Guglielmo Pacileo, and Fabrizio Tediosi, *Global Health Governance and Policy: An Introduction*, London: Routledge, 2019, pp. 77-81.

中，中国等非西方大国的贡献和重要性日渐提高，正在寻求更大的影响力。平心而论，主要西方国家在全球卫生安全领域的"领跑者"地位稳固。中国已跻身于第一"跟跑者"阵列，但综合实力、影响力和话语权仍有不足。

全球公共卫生安全合作与治理的方式主要包括四种形式。一是国家之间直接的双边或多边合作。这不仅为全球卫生治理提供了大量的资金支持，也通过贸易、知识产权等其他领域的拓展实现药品检测的有效治理。二是国家借助国际组织作为平台载体展开的多边合作。这些政府间国际组织既包括世界卫生组织之类的医疗卫生领域的国际组织，也包括贸易、人权等领域的组织。这种方式的治理更中立，同时兼具专业性，可以在相关领域提供全球卫生治理所需的国际公共产品。三是公私合作伙伴关系，指政府、政府间国际组织同至少一家企业或基金会开展三方合作。与企业建立伙伴关系有利于政府间组织在卫生治理条件较差的地区获得治疗资源并开展行动，比如疟疾药物投资和国际艾滋病疫苗行动都是公私合作的成果。四是非政府组织、个人、跨国公司等行为体自发运作。这种方式具有灵活、效益相对较高、分布广的特点，可以在更具体的方面产生影响。

2001年的"9·11"事件和其后美国发生的"炭疽案"，使得卫生安全议题在发达经济体的国家安全战略及其全球战略中迅速占据优先位置，以美国为首的西方七国集团率先采取了行动。在美国动议下，2001年11月7日，七国集团和墨西哥的卫生部长、欧盟及世界卫生组织的代表在加拿大首都渥太华创立了"全球卫生安全计划"（Global Health Security Initiative，GHSI）。2014年2月13日，29个国家响应美国倡议，在世界卫生组织、世界动物卫生组织、联合国粮农组织、欧盟、非盟、世界银行和国际刑警组织支持下发起"全球卫生安全议程"（Global Health Security Agenda，GHSA）。同年9月26日，在西非埃博拉疫情的危急时刻，美国白宫高调主办全球卫生安全议程高级别会议。如果说全球卫生安全计划旨在保卫发达国家的卫生安全"核心阵地"，那么，全球卫生安全议程就是要构建全球性的卫生安全"防御体系"。这个议程包容了国际社会各行动方对卫生安全的关切与需求，吸引了众多发展中国家。其可支配资源与能力实际上超越了世界卫生组织的"卫生应急计划"（WHO Health Emergencies Program），在诸多方面补充完善了2005年版《国际卫生条例》（The International Health Regulations，IHR 2005）这一最重要的卫生安全国际法。可以说，全球卫生安全议程与世界卫生组织和《国际卫生条例》一起构成了现今全球卫生安全框架的三大支柱。

如前所述，与其他问题领域相比，全球公共卫生实际上有许多有利于合作的特性。由于这一领域的非竞争性，如果行为体能相信其他人都将选择合作的话，各方就不存在背叛的动机，而是会选择积极合作。典型的例子是，即使在冷战高潮时期，美国和苏联也在消除天花方面进行了合作。虽然双方并没有太多的彼此协调，但彼此间带有声誉竞赛色彩的投入显著推动了问题的解决。当然，在相关努力中，各国总是希望减少自己的合作成本和负担，虽然并没有太强的占他人便宜的动机，但是一些国家对于其他方面的投入程度存在较强的不信任。现实主义者认为，分配之争是合作的关键障碍。但是，在公共卫生领域，不作为的代价如此之大，这些对相对收益的担忧会有所减弱。

全球卫生安全和环境保护一样，也确实存在着一定的集体行动和"搭便车"等典型问题，但程度可能小于环境保护。全球公共卫生治理的关键障碍还在于各方利益与能力分布的高度不均衡不对称，各方在问题敏感性和脆弱性上的情况和判断也存在差异。发展中国家生存发展环境差、防控能力弱、话语权不强，是全球公共卫生安全链条上的薄弱环节，也是问题的多发区。低收入国家或中低收入国家的公共卫生体系脆弱并缺乏灵活有效的公共卫生反应机制，不但难以为本国民众提供卫生保障，而且在全球卫生治理中缺少话语权。美国等西方强国依然占据话语权和规则制定权，也承担着更多责任。他们在一般情况下面对的威胁和危险较小，主动作为、推动合作的积极性有限，而当它们自身也遇到切实而巨大的挑战后就更是如此。这种威胁、利益与能力分布的高度不对称性是全球卫生安全面临的关键挑战。

结果，历史上全球公共卫生领域的安全合作基本是在有足够能力和意愿的大国基于自身的利益考虑，主动提供公共产品的情况下推动的。往往一个主导国家愿意并能够带头提供公共产品，其他国家才可能愿意作出自己相应的贡献。在卫生领域，21世纪以来，美国一直是全球艾滋病毒/艾滋病工作的主要资助者，通过双边计划、总统艾滋病紧急救援计划等，美国对多边全球抗击艾滋病、结核病和疟疾基金等提供了大量的支持。客观地讲，西方发达国家凭借自身先发优势和科技优势为全球卫生事业作出了不小贡献。

但是，上述结构性背景与现实发展使得全球公共卫生在一定程度上成了西方发达国家主导下的俱乐部产品。美国和其他西方发达国家掌控着全球卫生安全治理的议程设置。几年间，世界贸易组织、世界银行有逐渐超越世界卫生组织而成为全球卫生治理主体的趋势。西方发达国家在其中占据着主导地位。发展中国家所得收益只是发达国家基于自身考虑提供的副产品。只有正视并缩小南北公共卫生能力差距，增加发展中国家在全球卫生治理机制中的参与度、代表权和决策权，才能有效地解决全球公共卫生产品供应不足和分配不合理的问题。

除了部分国家主导下的俱乐部产品之外，寻求促进合作和集体行动的另一种方式是创建国际组织并将职权委托给国际组织。通过汇集信息、集中资源和协调行动，国际组织可以发挥大多数国家无法独立完成的职能。国际组织的相对中立性使它们更有可能得到国家的信任，从而获得并分享关于疾病监测和暴发状况的信息。

为应对全球卫生挑战，全球卫生治理机制需要进一步完善各种关键职能。第一，领导和协调，例如建立指导政策制定的规范、价值和规则，确定优先事项，组织全球公共卫生谈判和构建共识，倡导跨部门的全球卫生合作，以及在全球和区域层面推动促进实现全球卫生治理目标的伙伴关系。第二，组织公共物品供给，特别是与知识和技术相关的公共物品的供给。例如提供统一的规范、标准和指导方针，鼓励新技术的研发，探索、发展和供给新健康工具，以及共享相关知识等。第三，外部性管理。该项职能主要是防止或减轻一国状况对其他国家带来的负面影响，如卫生监测和信息共享、协调全球疾病防范和应对等。第四，动员全球团结，包括全球卫生的联合融资，如发展融资、卫生发展援助等，以及提供能力与技术援助、危机中的人道主义干预、为弱势群体代理发声等。

三、全球公共卫生合作治理的障碍

当前，全球公共卫生治理的最大问题是挑战的全球性和应对的国家性。一是协调行动的困难。在席卷全球的疫情面前，世界各国的情况和应对很不一致，有的各行其是，有的以邻为壑。二是协调与执行机制的无力。国际问责机制的欠缺导致外部性管理比较困难。在全球范围内，国际社会尚不具备公共卫生的高度权威机制，霸权国的单边主义挑战又干扰了世界卫生组织的协调工作。在地区范围内，缺少地区公共卫生危机应对机制，即使在欧盟内部也因各自为政而难以协调。三是协调思想的困难。民粹主义、单边主义、强权政治等强势回潮，形成叠加势能，不断冲击着国际抗击疫情的有效合作。

国际组织有赖于国家在各方面的投入和支持。世界卫生组织作为在全球卫生治理领域最具有权威性与普遍性的机构，在促进全球卫生治理方面在不同时期、不同程度上发挥了引领者、协调人、保证人和信息中心的作用。像世界卫生组织这样的国际组织具有专业知识等方面的优势，这使它们具有针对具体问题的影响力，但它们总是受制于作为其委托人的国家的利益，后者决定了它们的能力大小，包括其资源、领导人、成员和方向的总体水平。如果卫生危机影响或涉及一个强大的成员国，世界卫生组织就难免会受到限制。

国际合作还受到卫生问题政治化的负面影响。所谓卫生问题政治化，就是以卫生议题为手段来追求政治目标，将卫生议题作为外交政策的工具。以新冠肺炎疫情应对为例，全球卫生问题政治化体现在两个层面。一是个别国家将卫生问题政治化,恶化了全球卫生治理所需要的国际合作政治基础。二是个别国家向世界卫生组织引入政治议题,导致世界卫生组织超出管辖范围而引起该机制功能紊乱和制度超载。将卫生议题政治化来追求一国的政治目标,无疑与全球卫生治理的目标背道而驰,不利于全球卫生合作的开展。

值得一提的是,世界卫生组织的资金来源主要依靠成员根据其相对财富支付的分摊会费和各国(和非政府行为体)为特定目的所提供的自愿捐款。2008年金融危机后,不少成员国决定削减世界卫生组织的预算。结果,世界卫生组织越来越依赖自愿捐款。在2000年,世界卫生组织的预算在分摊会费和自愿捐款之间大致各占一半。自那时起,虽然分摊会费保持不变,但自愿捐款已占到世界卫生组织资金来源的80%左右。而这类自愿捐款是基于成员国及跨国公司等对某些特定问题的偏好,比如在防治肥胖症方面的努力。世界卫生组织不仅受到这些限制,而且与需求相比,其总体资金充裕水平也很小。

需要注意的是,国际组织也可能受到其自身官僚主义的影响。自成立以来,世界卫生组织一直实行权力下放,区域办事处拥有相当大的权力,这在西非埃博拉危机中产生了负面效果。甚至在埃博拉危机之前,世界卫生组织的影响力就已经降低了,因为它被认为存在官僚主义的惰性。结果,国际社会不少组织和个人转而对全球疫苗免疫同盟等其他组织进行资助,因为它们被认为反应更迅速,专注于垂直、特定疾病的干预。这类新组织的崛起是全球卫生领域更加分散的制度复合体的一部分。结果,机制复杂化与机制间竞争抬升了交易与协调成本。世界卫生组织和联合国系统其他相关组织的一些条例存在重复管辖的问题。具有不同利益偏好和具体卫生治理项目的组织固然在各自具体的领域促进了卫生治理,但是由于缺乏整体性的协调机制,也导致全球卫生治理政策相互折冲、交叉重叠以及全球卫生资源的浪费。随着全球卫生决定因素的多样化和全球卫生治理领域行为体数量和影响力的日益增加,全球卫生治理协调机制呈现出碎片化的趋势。

总之,作为超越国界的全球挑战,公共卫生问题既考验一国的治理模式和治理能力,也考验全球治理体系与能力。各国在能力和意愿间存在严重不均衡不匹配。国别性的治理路径所带来的治理碎片化、状态无序化、目标差异化、权力分散化无法应对公共卫生问题的全球性、外溢性和普遍性。由于全球卫生治理的效率最终取决于国际机制的运转情况,非均衡的机制无法有效解决全球公共卫生问题对各国和全人类的普遍挑战,容易造成治理的低效、不公平、滞后与错位。面对公共卫生危机的紧迫挑战,由于客观上的认知局限、主观上的动机欠缺、实践上的行动滞后,全球卫生治理迟缓与低效。而全球卫生治理之所以容易碎片化,根本原因也在于能力与利益分布错位和不均衡,无法达成持续有效的共识。

第三节　对新冠疫情早期应对的检讨

2019年出现的新型冠状病毒（SARS-CoV-2/COVID-19，简称"新冠病毒"）可能是21世纪上半叶最具影响力的国际事件，颠覆了现代生活、全球化和国家之间的关系。新冠肺炎疫情大流行彰显了全球性时代的风险特征。如果说在一战与二战时人们仍然可以发现方寸安生之地，那么新冠病毒已经威胁到全球几乎所有的国家，对全人类造成了普遍不安与严重恐惧。新冠病毒肺炎疫情（简称"新冠肺炎疫情"）的全球流行及应对，折射出了全球公共卫生安全乃至国际安全的复杂现实。

一、新冠肺炎疫情大流行与安全危机

新冠肺炎疫情可能是近一个世纪以来，死亡人数最多、传染范围最广的全球流行传染病。它比埃博拉病毒更容易传播，比H1N1禽流感更致命，且爆发流行于全球经济相互连通的核心区域。在高度相互依存的条件下，它带来的后果超出人们想象，对国际社会的控制更具挑战性。除了出现比较大规模的人群感染和一部分人群的死亡，疫情带来的安全风险还有随之而来的对经济和社会的严重和深远影响。新冠肺炎疫情一度使人类社会陷入前所未有的半瘫痪状态。为了阻断新冠肺炎病毒传播，防止疫情持续蔓延，一些疫情严重的国家相继采取对内断路封城、禁绝社交、停工停产，对外关闭边界等非常措施。人类社会几乎从未如此普遍地为防控传染病而全面大规模停摆。这些别无选择的极端手段也使世界经济遭到难以承受的重创。服务业、制造业大幅度萎缩，全球产业链、供应链大面积断裂，世界期货市场与股市剧烈震荡。新冠肺炎疫情演变为全球公共卫生大危机的"大变局"。这场灾难对国际关系、世界经济、社会文化和人类未来行为方式的影响尚不可估量。

可以说，肆虐全球的新冠肺炎疫情，是世界进入现代发展阶段后暴发的最大的公共卫生事件，也是人类社会面临的一场灾难。这是一场大疫情，也可能是大衰退，联合国秘书长古特雷斯就称，这是自联合国成立以来最大的公共安全威胁事件。

二、应对新冠肺炎疫情的多重障碍

无政府状态下，国家主要依靠自助来应对包括冠状病毒在内的威胁。贸易和旅行的相互依赖造成了对冠状病毒的共同脆弱性,且无法由一国独自解决,产生了强大的国家间合作的需求。即便一个国家能保护自己不受病毒感染,如果其他国家做不到,结果还是很容易受到来自境外疾病传播的种种威胁。各国也无法仅通过国内生产来满足自己应对危机的各种需要。即便仅就医疗而言,全球一体化的供应链意味着他们将依赖进口医疗用品、口罩、药品和机器。一些国家还缺乏独自应对这一疾病的资金。很少有国家能够收集有关传播轨迹的必要信息,或者投资于治疗病人并最终阻止病毒所需的疫苗和药品。除了资金和物资投入,对财政刺激等的政策协调是必要的。考虑到新冠肺炎疫情的空前巨大和急迫危机,缺乏积极有效的国际合作有点令人费解。国际关系研究能够为认识这一问题提供怎样的帮助?①

(一)国际层次

如前所述,考虑到意愿与能力的普遍不匹配,全球卫生安全合作往往有赖于大国的积极投入。但是由于内外部的原因,有实力的大国可能变得不那么愿意和不能够提供公共品,同时其他国家虽有意愿但由于实力等方面的限制而无力开展行动。新冠肺炎疫情大流行以来,虽然中国在自身控制疫情之后,已开始向其他国家提供捐赠和援助,但是过去一段时间,深陷自身种种问题困扰的美国等西方国家,长期没能在新冠病毒防治问题上发挥主导作用。话虽如此,但还远不能说这是由于其实力的衰弱。美国仍然是最发达与富有的国家,在全球卫生安全与治理中的利益关联性也最大。其意愿不足恐怕更多与国家层次或个人层次的原因有关,而随着美国领导人的更迭,情况发生一定变化。同样,疫情暴发后,面对空前压力,其他发达经济体依然延续此前以自身国家安全为中心的治理策略。不恰当的策略和做法使欧洲和北美相继丧失了控制疫情蔓延的最佳时机,各自为政的治理策略导致了威胁的快速蔓延。全球疫苗生产和供给也出现了一系列问题。

值得一提的是,大国之间的竞争态势也影响到公共物品的提供。相互依赖的脆弱性已经被一些国家部分武器化,试图利用他人对自己的依赖来为自己谋取战略利益。但是,伴随着中国的崛起而出现的地缘政治紧张与意识形态冲突升级并不是充分的解释。如前所述,地缘战略的竞争和不同的政治制度都没有阻止美国和苏联合作消灭天花的行动,这种战略竞争态势也可能会产生合作竞赛。鉴于问题的性质,美国和中国必须合作,既要应对公共卫生危机,还要应对

---

① 以下讨论在分析思路上参考了 Joshua Busby, "What International Relations Tells Us about COVID-19" (April 26, 2020), E-International Relations, https://www.e-ir.info/2020/04/26/what-international-relations-tells-us-about-covid-19/, 访问日期:2022 年 3 月 5 日。

其经济和社会后果。

就国际组织的行动而言,疫情发生后,作为全球卫生领导中枢的世界卫生组织,立即采取启动多家实验室、建立全球检测网络、总结推广经验等举措。但由于疫情来势迅猛、发展超乎想象,尤其是国际法授权不足或缺失,世界卫生组织在统筹调配全球力量、资源和手段等方面难免有些力不从心。特别值得一提的是,在这场危机中,世界卫生组织再次严重受制于成员国和外部机构的支持不足。2020年2月初,世界卫生组织就已发出紧急呼吁,要求提供6.75亿美元以资助其抗击新冠病毒的工作,但截至4月20日,该组织仅收到3.77亿美元,距离最初的筹资呼吁已近三个月。不仅如此,特朗普还在2021年4月7日暂时搁置了美国对世界卫生组织的捐款。① 在特朗普宣布这一消息时,美国已经拖欠了近1亿美元的两年未缴分摊会费。虽然世界卫生组织是协助发展中国家准备和应对工作的主要行动体,但其资源和能力没有达到可以或应该达到的程度。

值得注意的是,世界卫生组织对美国等国家进行有效监控与影响的资源与渠道非常有限。国际组织和条约的致命弱点一直是它们有限的执行力,特别是相对于强国而言。例如,世界卫生组织通常反对旅行限制,认为它们在阻止疾病传播方面效果有限,尽管可能会减缓传播,但是要付出相当大的经济代价。但是,世界卫生组织早期却因反对旅行禁令而受到时任美国总统特朗普等人的批评,也无力阻止美国或其他一些国家实施旅行禁令,更不能惩罚他们这样做。世界卫生组织处于一个困难的境地,因为它依靠成员国来获取信息,而它并没有能力强迫各国提供关于疫情的信息。

（二）国家及个人层次

国家层次的各种变量既可以解释个别国家对疫情的反应,也可以解释合作面临的挑战。现代化的国家治理体系和治理能力是保障国民安全、维护全球卫生安全的基础。由于发展水平、治理体制、社会习俗和文化心理不同,各国应对重大灾难和危机的能力和方式存在很大差异。在国家治理层面,虽然西方世界曾被假定具有多方面的优势,可以改善应对疫情大流行的表现,但结果并非如此。就现有证据而言,政体类型、行政体制等似乎不是区分各国表现的有力变量。比如,美国的联邦制作为一个更加零散的体系,内部经常缺乏协调,美国民主体制的衰败更是削弱了其实施一致有效抗疫政策的基础能力。一大表征就是

---

① 在此前两年间,美国总共提供了世界卫生组织近15%的资源,约8.93亿美元,其中近四分之三是自愿捐款,这些资金大部分用于消除脊髓灰质炎。以上数据转引自 Joshua Busby, "What International Relations Tells Us about COVID-19" (April 26, 2020), E-International Relations, https://www.e-ir.info/2020/04/26/what-international-relations-tells-us-about-covid-19/,访问日期:2022年3月5日。

总统权力的扩张与滥用,特朗普政府一再拒绝听取和采纳科学家的建议,更放大了这一问题。西方政治学者普遍认为,国家的政治体制同样影响到国际合作。西方文献认为,所谓的民主伙伴间更具合作能力,是因为他们被认为有能力作出可信的承诺。但是,在新冠肺炎疫情应对过程中西方民主国家间不断出现的矛盾似乎也在冲击着这种认识。

我们还可以检讨其他的国家层次变量。在冷战思维、保守主义、民粹主义的驱动下,一些西方政客已将崇高的卫生事业高度权力化、政治化、工具化,成为维系霸权地位、实施霸凌行为、谋求"绝对安全"的平台载体。比如,美国政府在2020年间的一系列作为很大程度上与总统特朗普本人的信念和气质有关。就其本身而言,特朗普政府有着极为强烈的选举政治考虑,并有动机通过攻击中国等其他国家以及世界卫生组织转移对其自身反应的指责。通过将疫情带来的健康和经济破坏归咎于中国,特朗普试图将其核心支持者的不满情绪引向外国。这种推卸责任并污名化中国做法的突出表现是美国在联合国安理会上坚持要求其他国家在病毒名称上加上"武汉"或"中国"的标签。虽然这些行动都没有成功,但这种行动破坏了安理会发表联合声明和采取其他积极措施来应对危机的能力。特朗普政府还以该组织及其领导层偏向对中国示好为借口决定不支持世界卫生组织,基于其顽固偏执的零和世界观,特朗普敌视多边主义国际合作,将之视为外国占美国便宜的渠道。由于其"美国优先"外交,美国已经背离了其在以往艾滋病毒/艾滋病和埃博拉等危机中的主导角色,加速并更加显在性地呈现出了百年未有之大变局与当前国际秩序的危机。

如全球对新冠病毒的反应所表明的那样,没有任何一种形象或层次的分析能提供完整的解释,但综合考虑多层多重因素,我们对全球抗疫合作为何一直不理想有了更好的认识。世界卫生组织面临着授权、资金和权力有限的问题。特朗普连任的失败不会消除阻碍国际和国内合作的结构性障碍,也不会修复对制度和关系的损害。但是,他的去职确实为国际合作带来了更多的机会。各国迫切需要发展合作机制,确保发展中国家获得医疗用品和药品。需要制定规则,减少国家间的竞争性获取医疗用品的行为。世界需要合作开发新的治疗方法和疫苗。疫苗互认、减少和取消旅行限制的时机则是在转入重启前另一个需要积极的国际合作的领域。

三、建设人类卫生健康共同体

主权国家是全球卫生治理中最主要的角色,维护全球卫生安全是国际社会各方的集体责任,需要深化国际社会各行动方的合作。习近平总书记指出,重大传染病和生物安全风险是事关国家安全和发展、事关社会大局稳定的重大风险挑战。① 在应对新冠肺炎疫情等重大传染病过程中,中国加强同世界卫生组织沟通交流,同有关国家特别是疫情高发国家在溯源、药物、疫苗、检测等方面加强科研合作,在保证国家安全的前提下,共享科研数据和信息,共同研究提出应对策略。

公共卫生问题是全球性挑战。中国是全球公共卫生安全治理的受益者、倡导者、推动者。新中国成立以来,中国人民曾一再受到了来自四面八方的帮助,在向国际社会不断学习中借鉴经验、补足短板、提高本领。2014 年埃博拉疫情在西非肆虐之际,中国率先驰援几内亚、利比里亚、塞拉利昂三国,开展了新中国历史上规模最大的援外医疗行动,先后提供了四轮总价值 7.5 亿元人民币的紧急援助,派出 1 000 多人次专家和医疗人员赶赴一线参与救援,在疫区及时援建治疗中心,在国际援非抗疫行动中发挥了示范作用。新冠疫情发生后,中国付出了艰苦努力和巨大牺牲,始终把维护本国人民及别国在华人员的生命安全和身体健康放在首位,以积极、公开、透明、负责任的态度,主动同世界卫生组织和国际社会分享经验、开展合作和信息交流,在力所能及的范围内尽全力提供援助,受到国际社会的广泛赞誉。中国在发展公共卫生事业、履行国际义务、参与全球公共卫生治理方面取得重要进展,全面展示了我国秉持国际人道主义和负责任大国的形象。

习近平在 2017 年 1 月访问世界卫生组织总部时指出,卫生问题是全球性挑战,推进全球卫生事业,是落实联合国 2030 年可持续发展议程的重要组成部分。② 在第 73 届世界卫生大会视频会议开幕式上,习近平发表了题为《团结合作 战胜疫情 共同构建人类卫生健康共同体》的致辞,明确表达了中国愿与世界各国开展国际合作、携手抗击疫情、共同构建人类卫生健康共同体的重要主张。③ 中国的国情和国力决定了其尚不足以充当维护全球卫生安全的领导者,但是,中国可以在坚持合作安全、维护世界和平、带动全球经济增长的同时,成为全球卫生安全事业发展的强大驱动器。

中国要有效应对卫生安全挑战,在坚持开放包容、合作共赢精神的同时,应量力而行,有所侧重聚焦多边机构、卫生安全大国和"一带一路"沿线发展中国家三个方面。

---

① 中共中央宣传部、中华人民共和国外交部编:《习近平外交思想学习纲要》,人民出版社、学习出版社 2021 年版,第 73 页。
② 同上书,第 174 页。
③ 习近平:《团结合作战胜疫情 共同构建人类卫生健康共同体——在第 73 届世界卫生大会视频会议开幕式上的致辞》,《人民日报》2020 年 5 月 19 日,第 2 版。

首先，应切实加强同以世界卫生组织为代表的联合国机构等多边国际组织的合作。中国承诺，面对世界的风云变幻，将坚持多边主义，坚决维护以世界卫生组织为代表的全球卫生多边体制的权威性和有效性，加强对世界卫生组织工作的参与和支持，模范遵守《国际卫生条例》等一系列有关全球卫生安全的国际法规则。同时，更加积极地参加复合型多边全球卫生机构。由主权国家联合企业、慈善基金会、医疗科研机构、学术团体等行动方基于伙伴关系组建的复合型机构，政治敏感度较低，一般能较好地做到公平、透明和民主治理，越来越成为完善全球卫生安全治理的重要途径。中国同全球疫苗免疫同盟等早已建立良好关系，且从受援国转变为捐赠方，但仍有很多可以发挥更大作用的空间去利用。

其次，加强和扩大同卫生安全先进国家的交流与合作。发达国家在捍卫自身卫生安全、开展相关国际合作中积累了丰富经验，其许多有益理念和做法，包括法律规章、行政措施、应急和预警机制、卫生发展援助、产学研一体化、公众教育等都值得我们认真研究、学习和借鉴。通过深化与一些西方国家各个层面、多种形式的交流与合作，中国不仅能更加有所作为，还可扩展视野，进一步熟悉全球卫生安全的国际规则。

最后，高度关注"一带一路"沿线的卫生安全脆弱国家。"一带一路"促进了各国人员和货物互联互通，客观上也便利各种有害物种、传染病、抗菌素耐药菌、核生化恐怖主义威胁等的跨境传导。在"一带一路"建设中，中国结合2030年可持续发展议程目标，大幅度提升医疗卫生与健康合作的地位和金额，创新中国的对外卫生发展援助，建设健康丝绸之路，这既是发展中国家的迫切需求，也是中国自身国家安全利益所在。中国应把对外卫生发展援助的重点转向增强最不发达国家公共卫生体系与能力的建设上来。针对"一带一路"沿线国际社会公认的卫生安全风险高危国家，如阿富汗、巴基斯坦和撒哈拉沙漠以南非洲诸国，应当在充分论证基础上形成因地制宜的方案，提供优先支持。

小 结

进入新世纪以来，公共卫生问题在国际安全议程中的位置不断上升，并在新冠肺炎疫情发生后达到了一个前所未有的高度。这种关注主要集中在三种与健康有关的风险上：传染病的传播、艾滋病毒/艾滋病和生物恐怖主义，而抗生素抗药性等问题也正日益变得重要。虽然对健康和卫生问题的安全化关注是为紧迫的全球性挑战争取更多政治支持（和资源）的一种手段，但就使健康和发展议程从属于国家安全需要而言，其风险和争议也是巨大的。

全球公共卫生安全合作的基本挑战是在一个可能存在私人利益竞争的环境中能否务实有效地提供公共产品,而提供这种产品的成本与收益可能分布极不均衡,各国间的能力与意愿分布也存在错配。当至少有一个强国有足够的利益,愿意付出代价和承担风险来为所有人提供公共利益时,相关国际合作更有可能发生。而当这些国家发生冲突,或其意愿和投入受到这些国家内部原因的限制时,全球卫生安全合作就会被削弱。

全球公共卫生安全治理不仅限于卫生领域,而是广泛涉及政治、经济、科技、外交等诸多方面诸多层次,是多元参与、利益协调、资源整合的综合体。但是,多主体的核心层无法形成有效的全球卫生治理领导力,世界卫生组织在执行决策时也往往受到多重压力以及内部组织问题的掣肘。在大国领导力缺失的情况下,各相关方遵循其自身行为方式,双边与多边合作往往出于自利而凌驾于全人类健康安全和全球合作之上。全球公共卫生合作治理的未来取决于能否妥善处理好国际体系与国际机制、国际组织与主权国家、国家间权利与义务、政府机构与社会参与、公共产品投入与产出等关系和矛盾,切实解决好治理的碎片化、状态的无序化问题。

针对新冠肺炎疫情暴露出来的各种短板和不足,国际社会应共同推动改革,加强政策对话和交流,推动各方将人民生命安全和身体健康放在第一位,把公共卫生安全置于国际议程的优先位置,完善公共卫生安全全球治理体系,探索建立全球和地区防疫物资储备中心等,提高突发卫生事件应急响应速度。当前治理体系改革之难的根本还在于消除国际政治经济社会发展的不均衡、不平等、不公正的根源。这需要时间和相向而行的不懈努力。今天的中国正处于一个极其重要的历史关头。中国的总体国家安全、中国人民的命运比以往任何一个历史时期都更加与世界的和平、安全和发展息息相关。高度重视和坚决捍卫全球卫生安全,构建人类卫生健康共同体,既是实现中国梦的必然要求,也是构建人类命运共同体的应有之义,需要我们不懈努力。

思考讨论题

1. 公共卫生问题的全球化经历了怎样的过程?如何影响了世界政治发展?
2. 立足总体国家安全观,各种全球公共卫生问题对中国有何影响?结合抗生素耐药性等具体事例进行分析。
3. 公共卫生问题的安全化经历了怎样的过程，存在哪些争议，新冠肺炎疫情的出现反映了其哪些缺陷和问题？
4. 结合新冠肺炎疫情应对，说明全球公共卫生合作存在哪些障碍？国际组织和国际机制能发挥怎样的作用？又存在怎样的限制？如何加以改进？
5. 如何检讨国际社会对新冠肺炎疫情的早期应对？政治因素在其中扮演了怎样的角色？这些对于继续推进构建人类卫生健康共同体有何启示？

扩展阅读

Colin McInnes, Kelley Lee, and Jeremy Youde, eds., *Oxford Handbook of Global Health Politics*, Oxford: Oxfrod University Press, 2020. 全面系统地介绍了全球卫生政治研究的前沿进展。

Simon Rushton and Jeremy Youde, eds., *Routledge Handbook of Global Health Security*, Oxford: Routledge, 2014. 从多角度展示了全球卫生安全研究的前沿进展。

晋继勇:《全球公共卫生治理中的国际机制分析》，上海人民出版社 2019 年版。全面分析了国际机制在全球卫生治理中的作用与局限，以及背后的原因。

汤蓓:《安全化与国际合作形式选择——以美国的艾滋病问题援助为例（1999—2008）》，上海人民出版社 2014 年版。讨论了艾滋病的"安全化"以及对外交政策与国际合作的影响。

主要参考文献

习近平:《习近平关于总体国家安全观论述摘编》,中共中央党史和文献研究院编,北京:中央文献出版社2018版。

习近平:《论坚持推动构建人类命运共同体》,中共中央党史和文献研究院编,北京:中央文献出版社2018版。

习近平:《习近平关于中国特色大国外交论述摘编》,中共中央党史和文献研究院编,北京:中央文献出版社2020版。

中共中央宣传部,中华人民共和国外交部编:《习近平外交思想学习纲要》,北京:人民出版社、学习出版社2021年版。

李少军:《国际政治学概论》,上海:上海人民出版社2019年版。

李少军、李开盛主编:《国际安全新论》,北京:中国社会科学出版社2018版。

阎学通、徐进编:《国际安全理论经典导读》,北京:北京大学出版社2009年版。

余潇枫:《非传统安全概论(上、下卷)》,北京:北京大学出版社2020年版。

(菲)梅里·卡巴莱诺-安东尼编著:《非传统安全研究导论》,余潇枫、高英等译,杭州:浙江大学出版社2019版。

王帆、卢静:《国际安全概论》,北京:中国人民大学出版社2016年版。

朱明权:《国际安全与军备控制》,上海:上海人民出版社2011版。

(英)阿兰·柯林斯主编:《当代安全研究》,高望来、王荣译,北京:世界知识出版社2016年版。

(美)爱德华·A.库罗德兹:《安全与国际关系》,颜琳译,北京:世界知识出版社2018年版。

(俄)B.M.库拉金:《国际安全》,纽菊生、雷晓菊译,武汉:武汉大学出版社2009年版。

(以)伊曼纽尔·阿德勒,(美)迈克尔·巴涅特主编:《安全共同体》,孙红译,北京:世界知识出版社2015年版。

(加)巴瑞·布赞、(丹)奥利·维夫、迪·怀尔德:《新安全论》,朱宁译,杭州:浙江人民出版社2003年版。

(加)巴里·布布赞:《人、国家与恐惧:后冷战时代的国际安全研究议程》,闫健、李剑译,北京:中央编译出版社2009年版。

(加)巴里·布赞,(丹麦)琳娜·汉森:《国际安全研究的演化》,余潇枫译,杭州:

浙江大学出版社 2011 年版。

(法)夏尔-菲利普·戴维:《安全与战略:战争与和平的现时代解决方案》,王忠菊译,北京:社会科学文献出版社 2011 年版。

李彬:《军备控制理论与分析》,北京:国防工业出版社 2006 年版。

唐世平:《我们时代的安全战略理论》,林民旺、刘丰、尹继武译,北京:北京大学出版社 2016 年。

朱锋:《国际关系理论与东亚安全》,北京:中国人民大学出版社 2007 年版。

张海滨:《气候变化与中国国家安全》,北京:时事出版社 2011 年版。

Jeffry A. Frieden, David A. Lake, and Kenneth A. Schultz, *World Politics: Interests, Interactions, Institutions*, 4th edition (New York, NY: W. W. Norton, 2019).

Alan Collins ed., *Contemporary Security Studies*, 5th edition (Oxford ; New York: Oxford University Press, 2019).

John Baylis, Steve Smith, and Patricia Owens, *The Globalization of World Politics* (Oxford ; New York: Oxford University Press, 2016).

Alexandra Gheciu and William C. Wohlforth eds., *The Oxford Handbook of International Security* (Oxford: Oxford University Press, 2018).

Paul D. Williams, *Security Studies: An Introduction* (New York: Routledge, 2018).

Peter Hough, *International Security Studies: Theory and Practice* (New York: Routledge, 2015).

Myriam Dunn Cavelty and Thierry Balzacq eds., *Routledge Handbook of Security Studies* (New York: Routledge, 2017)

防衛大学校安全保障学研究会編『安全保障学入門』(新訂第 5 版)、亜紀書房 2018 年。

后 记

无论是课程,还是教材,都有容量的限制,也都有结束的时候。本书也是如此。必须承认,章节有限,还有不少重要的议题没有能够得到探讨,比如国际战略、情报与决策,国际发展与安全,国际经济安全,能源、资源与安全,宗教与文化安全,海上安全,区域安全秩序等。好在这些议题都有很好的专著和教材可供参考。一些章节也有许多重要的问题没有探究,比如影响战争胜负的因素、战争的终止与战后和解、常规武器扩散与控制等,再比如性别、意识形态等因素与安全等,好在这些也有不错的研究论文可供阅读。世界是复杂多元、变动无限的,思考和探究也是无止境的。什么是还没考虑的,是我们准备暂停某个思索过程时需要反问自己的?

如果这本书对你有什么用处的话,那么它完全不归功于我,我至多只是个"导游"与知识的搬运工(当然,如果这本书存在什么缺点和不足的话,也请相信这并不全都怪我)。阅读本书后,希望你不仅对国际安全问题有了更广泛深入的了解,对于如何思考国际安全问题也有了更多的认识。归根结底,我们研究世界政治与国际安全是因为这样做可以让我们努力解决关于我们自己和我们世界的重要而有趣的困惑,从而更好地应对现实与未来的各种挑战。这本教材无法为所有问题提供明确及最终的指引(所有的结论都是暂时的,特别是对于不少问题的分析、解答还存在着诸多的争议),但相信能增进你对某些现象的理解。更重要的是,它试图为你提供进一步独立思考的工具和助力。在信息时代,"事实"(和伪装成事实的断言)过分丰富,最宝贵的是完善自己的分析框架,淬炼自己的分析技巧,完善对塑造我们世界的力量进行批判性分析的能力,最终应用于构建更加安全繁荣的世界的实践努力。

本教材由本人独立编写完成。编写过程中,大量参考了国内外已有代表性教材及诸多高水平的专著和论文,并获益良多,难以一一注明(参见主要参考文献),特此说明并致谢。疏漏难免,还请见谅并不吝赐教。感谢复旦大学国际关系与公共事务学院,感谢复旦大学出版社,感谢领导和同事们。最重要的,感谢我求学与从教路上的老师(特别是我的导师朱锋教授、张海滨教授和田中孝彦教授)和学生们。

陈 拯

2022 年 8 月 13 日

图书在版编目(CIP)数据

国际安全导论/陈拯编著.—上海：复旦大学出版社，2023.7
新时代国际关系教材系列
ISBN 978-7-309-16757-3

Ⅰ.①国…　Ⅱ.①陈…　Ⅲ.①国家安全-世界-高等学校-教材　Ⅳ.①D815.5

中国国家版本馆 CIP 数据核字(2023)第 025252 号

国际安全导论
GUOJI ANQUAN DAOLUN
陈　拯　编著
责任编辑/张　鑫

复旦大学出版社有限公司出版发行
上海市国权路 579 号　邮编：200433
网址：fupnet@ fudanpress.com　　http://www.fudanpress.com
门市零售：86-21-65102580　　团体订购：86-21-65104505
出版部电话：86-21-65642845
杭州日报报业集团盛元印务有限公司

开本 787×1092　1/16　印张 21.25　字数 393 千
2023 年 7 月第 1 版第 1 次印刷

ISBN 978-7-309-16757-3/D・1154
定价：63.00 元

如有印装质量问题，请向复旦大学出版社有限公司出版部调换。
版权所有　　侵权必究